Introduction of Contemporary Broadcast Television

新闻传播专业“十三五”规划教材

当代广播电视概论

(第2版)

孟建　黄灿　著

中国传媒大学出版社

·北京·

孟建，教授，博士生导师，享受国务院特殊津贴。现任中国传播学会副会长，复旦大学视觉文化中心主任，复旦大学国际公共关系研究中心主任。多年从事广播、电视、电影方面的教学和研究，有一批学术成果问世。

黄灿，南京师范大学文学院影视系讲师，第八届校青年教师教学大赛十佳教师，复旦大学视觉文化中心特约研究员。主要从事广播电视美学、播音主持艺术方面的教学和研究，在《现代传播》等专业刊物上发表论文多篇。

第 2 版修订说明

本书的修订版主要增加了两块内容，一是在相关章节中加入了“感性传播”的分析，尤其是“表演性主持”的因素。这一因素虽有争议，但毕竟是当代中国广播电视领域的一个重要的、且独有的现象，颇值得人们思考和玩味。二是在“结语”中更新了一些对当代中国广播电视事业发展起到重要作用的新媒体力量，包括移动互联技术、视频分享网站、播客等等。事实上，这些新锐的力量不仅正在深刻地改变广播电视媒介的版图，更是广播电视发展的未来，甚至是一场真正的“人类交往的革命”，是值得大书特书的章节。时间紧迫，未及深入展开，有待在日后的再次修订中予以深化研究和探讨，或许在下一版中我们将开辟专门的章节对此问题进行探讨。在此，先向读者们预告，也是表达一种工作不力的歉意。

目录

CONTENTS

导　论

理解广播电视媒介的意义和方法

内容提要：广播电视媒介是当代社会重要的社会装置，它们的信息传播对社会进程产生了重要的影响。学习广播电视概论相关内容的意义在于两点，一是要理解广播电视媒体运作的基本知识，为学习“广播业务”“电视编辑”等课程打下理论基础；二是提升自己关于广播电视媒介的素养，能以一种健康、独立的眼光和心态读解广播电视传播的信息。全面研究广播电视媒介需要具有跨学科的眼光和视野，其中主要包括：传播学、社会学、符号学、政治经济学等。

美国传播学者斯蒂文·小约翰曾经说过：“我们的生活中最为普通的活动——我们对之不以为然的事物——在我们试图去了解它们时便成了巨大的谜。”[①]的确，人类的传播活动就是如此。传播像空气一样弥散在我们周围，但我们浑然不觉，正如我们随时都在呼吸却很少意识到空气的存在。

本书所涉及的主题——“广播媒介和电视媒介的奥秘”也是这样：日常生活中的看电视、听广播是最稀松平常的事情，以致我们忽略了这两种媒介潜移默化的影响和作用。这其中一个最重要的命题就是，我们一出生就处在一个广播电视媒介信息包围的环境中[②]，于是我们自然而然地以为广播电视是这个世界上理所当然的组成元素，也很少会去考虑广播电视媒介从技术到制度，乃至传播出来的信息都是由这个社会的另外一群人发明创造出来的，他们和我们一样是活生生的人。因此，广播电视媒介是典型的“人工环境”，我们受这个环境的影响，其实就是间接地受到另外一群人，即广播电视专业工作者以及他们背后的管理者、拥有者和指导者的影响。于是，貌似是人与机器的关系的我们和广播电视媒介之间，其实是一种人与人之间的关系，也就是一种社会关

---

① 〔美〕斯蒂文·小约翰著，陈德民、叶晓辉译：《传播理论》，中国社会科学出版社 1999 年版，第 3 页。

② 西方社会关于“电视的一代”是指二次世界大战后在“婴儿潮”中出生的人，他们的出生正好赶上电视媒介的飞速发展，因此也就成了人类历史上第一批从小看电视的人。

系。我们无法逃脱这种关系，只能尽可能地使它变得对我们有利，最终控制或驾驭它，这或许就是我们必须了解广播电视媒介的理由。

本书的内容主要针对两类阅读人群：一是广播电视媒介的工作者和希望成为广播电视媒介工作者的人群（新闻传播专业的本科生）。本书将给他们提供一个全面了解广播电视媒介的路径，让他们拥有较为坚实的媒介背景知识，以便更好地完成本职工作。二是对广播电视媒介充满好奇心，力图认识这两种媒介进而认识自己的普通读者。本书将向他们揭示广播电视媒介的运作奥秘，以及广播电视文化对社会和人群产生影响的路径和机制。通过对本书的阅读，读者将提升自己关于广播电视的媒介素养。事实上，在当代社会，“认识你自己”这样一个古老的西方神谕绕过广播电视媒介是无法完成的。

一、对广播电视媒介运作宏观理解的意义

我们首先来谈谈本书对于第一类读者的意义，即对广播电视总体性认识的意义。

广播事业发轫于20世纪20年代，而电视事业的真正发展是在20世纪40年代后期，它们所存在的社会背景都是所谓的现代社会，运作上都遵循“现代性”[①]的逻辑，因此，广播电视是现代社会的产物。现代社会运作的最大特点是社会分工日益细致和明确，任何一项社会工作都被细分成若干彼此独立又环环相扣的环节。细致的专业分工导致生产效率的提高，也形成了所谓的“专家系统”。比如，麦当劳的食品生产：做汉堡包被分解成“烤夹饼、把烤好的夹饼放到面包上、在上面浇上专门的沙司、放上生菜和番茄、包裹汉堡包”。[②] 每个工序都是一个独立环节，由专门人士完成，这样既保证了产品的质量，也保证了工作效率的最大化。总之，专家的专业化服务是现代社会的典型特征。信息传播工作也一样，这其中就包括广播电视媒介的运作。

首先，广播电视事业的飞速发展是现代社会分工的产物，即随着社会进步，整个社会出现了职业的信息传播工作者，他们拥有专业的采集、编辑、发布信息的技巧和能力，他们拥有使用专业的媒介技术的资质和权力，他们发布信息的权力受到相应的法律、法规的保护，他们因为职业地传播信息而获得相应的报酬。广播电视媒介的工作

---

① 现代性，顾名思义即现代社会的属性，即相对于传统社会，学者们发现现代社会出现了诸多相异的特性。比如都市化浪潮的进展引发的陌生人群在都市的聚居，进而形成所谓的现代社会的大众(mass)；远离乡村和土地，割裂了与自然的直接联系，这直接导致了现代都市人的“怀旧”；现代科技的发展导致了人们所谓的“进步”观念和对宗教神性的“祛魅”；民主化的进程导致了人们对所谓“个体性”的追求等等。社会分工也是现代性的特质之一。参阅〔英〕齐格蒙特·鲍曼著，欧阳景根译：《流动的现代性》，上海三联书店2002年版；张凤阳：《现代性的谱系》，南京大学出版社2004年版；〔英〕安东尼·吉登斯，田禾译：《现代性的后果》，译林出版社2000年版。

② 〔美〕乔治·里茨尔著，顾建光译：《社会的麦当劳化》，上海译文出版社1999年版，第44～45页。

者就是这样的社会阶层，他们被赋予了使用广播电视媒介专门传递信息的权力，拥有使用广播电视媒介技术的技能，并且因为称职地完成了社会赋予的传播任务而获得相应的社会权力、资本以及报酬。

其次，广播电视工作流程同样被细化成若干环节，每个环节的工作都由专业人士来完成。比如一个运转正常的电视机构往往包括这样一些部门：媒介管理机构、信息制作机构、媒介技术机构、媒介营销机构、媒介行政机构。一个电视台越是现代，或者说运作的效率越高，则它的每个部门的专业化程度将越高。更重要的是，作为电视台的核心机构——信息制作机构，目前细分的趋势也越来越明显，除了信息生产环节的细分以外（比如一般电视台都拥有专业的电视制作技术人员、专业的信息采编人员和节目策划人员等等），随着信息类别的细分，信息制作的专业性也越来越强。比如CCTV-5（体育频道）播出各种体育类电视节目，CCTV-8（影视频道）偏重播出时下优秀的电视连续剧，CCTV-11（戏曲频道）围绕着中国传统戏曲艺术制作和播出电视节目。这便要求这些频道的工作人员必须拥有相关的背景知识，方能有效地进行专业化的电视信息传播。比如文艺素养对于综艺频道，体育知识和背景对于体育频道等等。但是，过于专业的背景知识和技能又会局限人们的视野，使之成为一个只懂一门技能的专才，这样的人才是缺乏事业发展的后劲的。

广播电视媒介内部的专业化细分导致了相应的媒介教育也越发专业化。目前中国的广播电视教育进行的都是广播电视节目内部专业人才的培养。比如在一般的新闻院系中往往设立广播电视新闻专业，这是专门培养广播电视新闻人才的；而在一些专业院校比如中国传媒大学，则更是将广播电视媒介作为整个大学的专业研究对象，按照广播电视媒介工作的业务领域，分为电视与新闻学院、戏剧影视学院、播音主持艺术学院等专业学院和系科。

“分工”和“专业化”虽然能带来专业的知识技能和服务，但是其缺陷也是显而易见的，就是“专业化”知识带来的“片面化”的工作技能乃至生活方式。比如从事广播电视工作的人往往只能接触某一个层面的内容，而缺乏对整个广播电视媒介的宏观理解和把握。而作为初学者，更是只能以受众的身份通过“看电视”“听广播”来获得对这两种媒介的感性认识，无法了解其内部诸多环节的联系和相互作用的机制，更不要说理解广播电视媒介作为一种社会装置在整个社会系统中的作用以及与其他社会装置的联系。这样的理解显然是有缺憾的。事实上，广播电视媒介的运作是和社会各个层面紧密联系在一起的，如果没有一个社会发展的宏观视野，也就无法准确地理解广播电视的本质，同样也就无法具体地做好广播电视工作。

所以，本教材的内容，首先针对传播专业的学生，它将为新闻学、广播电视艺术学、广告学、公共关系等传播类专业的同学提供关于广播电视媒介及其相关理论的总体性的知识，这包括两方面的内容：一是了解广播电视媒介内部诸多环节的运作以及它们之间的关系；二是阐释广播电视媒介与其他社会部门之间的关系和相互作用的情况，这两类知识将为他们进一步拓展自己的业务学习打下一个良好的电子媒介知识的基础。

二、提升广播电视媒介素养的意义

理解广播电视媒介是现代人认识自己和认识世界的重要组成部分。换言之，广播电视就像一扇窗户，透过它们，我们可以看出社会变迁和人性的奥秘，这无疑是几千年来人们一直孜孜以求的事情。一方面，广播电视克隆了一个符号（声音和图像）的世界，解读了符号的含义，也就从某种意义上认知了我们身处的大千世界；另一方面，广播电视媒介深深地镶嵌在我们的日常生活中，极大地影响了我们的思维、情感、认知方式等人性的结构形式，正如加拿大著名学者麦克卢汉所说："媒介是人的延伸。"这意味着它们将成为人自身的一部分，它们不仅仅是人类信息传播的工具，而且就是人类自己（眼睛或者耳朵）。于是，理解广播电视的奥秘，也就能理解身处广播电视文化熏陶的人类的某些本质。这包括两个层面的内容：

第一，广播电视媒介的信息传播将影响到我们对客观现实（真实界）的看法。

如果说，"今天的新闻是明天的历史"，那么，将这句话中的"新闻"置换成"电视"也是完全恰当的。在当今社会，电视几乎完全克隆了真实世界的样本，各式各样的新闻节目和纪录片，让观众足不出户就知晓大千世界发生了什么事情。同时，这也让我们产生了一种电视依赖，即我们真的认为电视所描绘的图景就是真实的社会现实。有一部电影或许可以说明这个命题——《再见列宁》。

《再见列宁》讲述了这么一个故事：前民主德国青年阿列克斯的父亲逃往了敌对国——联邦德国，母亲因此深受打击，于是将自己所有的热情投入到社会主义建设当中，成为一位忠诚而积极的社会主义活动家。1989年东欧剧变，母亲亲眼看见参加游行的阿列克斯被警察抓走，随即心脏病突发而陷入了深深的昏迷中。8个月后当她醒来的时候，柏林墙已经倒塌，她身处一个正在发生着的社会剧变之中——民主德国已经不存在了，社会主义也就此不存在了，但自己却浑然不觉。医生说她的心脏不能再受任何刺激，否则就有生命危险。这种社会变迁当然不能让她知道。为了保护母亲脆弱的心脏，阿列克斯决定让民主德国在自己的家里继续存在。于是他在家里营造了一个社会主义德国的景观，所有的家具都没有任何变化，所有的食品也都是过去的社会主义的老牌子，尽管是阿列克斯用社会主义旧的瓶子装进了资本主义新的食品。最重要的是母亲要看电视，通过电视新闻报道，母亲才能真正深信社会主义还在继续。因此，阿列克斯必须维持早已停播的民主德国新闻。于是，他和一个想当自由电影导演的朋友，利用过去的电视镜头编纂了大量虚假的民主德国新闻，以此让母亲相信社会主义德国形势一派大好。于是，在母亲眼里，原本是民主德国居民逃往联邦德国的电视画面被解释成资本主义德国的公民投奔社会主义——反正都是德国人在爬过柏林墙逃跑,说他们是民主德国人也可以,联邦德国人也可以;本来是资本主义美国的可口可乐进入了民主德国,却被解释成社会主义可口可乐公司的巨大实力;德国统一后,原联邦德国公民的正常迁徙被解释成联邦德国经济衰败,社会保障丧失,人们生存困难而往社会主义的逃避……阿列克斯的母亲在儿子精心营造的电视谎言中深信着社会主义德国的伟大胜利。直到临终前夕,阿列克斯的女友终于告诉了她真相。此刻,她再看着儿子精心为她一个人制作的不复存在的民主德国电视新闻,心中的情感已经超越了对社会主义德国意识形态的爱,只剩下母子之间的柔情,她说"精彩极了",不再是夸耀所谓的社会主义建设的成就,而是儿子阿列斯克苦心孤诣的一片爱心。这种柔情背后是这个母亲曾经感受到的那种精彩的、貌似真实的电视新闻欺骗。

一般观众对这个故事的逻辑表达是深信不疑的,因为它符合我们对电视的看法:电视用画面来纪实社会,产生了明确的真实性,也造就了人们过度地依赖所谓的"眼见为实"。传播学者李普曼对此有更加深入的评述。他在其著作《舆论学》当中,把"环境"(真实存在的世界)和"拟态环境"(比如我们对这个世界的个人感觉)作了重要的区分,该书第一章的题目就叫作"外部世界与我们头脑中的图景"。他用了大量的事例说明,是媒介在我们的头脑中描绘了如此众多的图像。[①] 当然,李普曼所分析的时代是广播处于成长期,而电视还未诞生的时代,但这个道理用在广播电视媒介特性的分析上更为恰当。因为广播电视,尤其是电视媒介所传递的信息更加符合李普曼所谓的"世界图像"的特性。报纸、杂志等印刷媒介还要通过文字激发受众的想象来营造他们头脑中的世界景观,而广播电视干脆就直接用感性的声音和画面将世界景观直接呈现给受众。对于受众来说,这将更为直接和令人信服。

第二,广播电视媒介的信息将影响到我们对理想世界(想象界)的构想。

广播电视这一功能的发挥,是通过广播电视艺术的传播来完成的。这涉及艺术的本质,即人类的一个永恒命题,关于希望和梦想对现实的感召作用。

关于艺术的起源和本质的探讨,古今中外不同背景的思想家和学者都有各自不同的说法,至今也未有统一结论。但是,关于艺术的功能,不同的理论却殊途同归。这就是,艺术建构了一个理想化的、相对于现实更加美好的符号空间,这个空间是一个"可能的世界",也是一个"应该"的世界。艺术的功效在于让人们在日常生活中接触到另外一种可能的美好,由此反观出现实生活的不如意,进而产生心向往之的动力。于是,现实生活就被感召了,人们也在日常生活中获得了改变生活的动力和勇气。在这个意义上,德国哲学家布洛赫说,艺术就是建构一种"希望",人们在审美过程中通过艺术能够获得生活下去的方向和动力。阿多诺则更进一步,他认为艺术对生活具有一种引导

---

① 〔美〕李普曼著,林珊译:《舆论学》,华夏出版社 1989 年版,第 1～6 页。

作用，他称之为“救赎”的作用。人们沉浸在陈腐、异化和无趣的现实生活中是没有什么希望的，此时只有在艺术领域中，人们才能获得生命的价值，对这种价值的追求则构成了艺术的社会功能。

从这个意义上说，艺术的“美”是同时连接着“真”和“善”的。正如赵汀阳所说的，艺术效果是一种“跨可能世界”的感觉，艺术“既有日常生活的身份又同时有着另一个世界的身份，从而使得一个日常东西明明是日常世界的东西，但却又好像是另一个世界对日常世界的‘悬搁’。只有这样一种暧昧的存在身份才特别能够造成对例行公事(routine)的无聊生活感觉的有效疏远，从而显示出事物的卓越性(the virtue of a thing)。这很可能正是人们的心灵渴望”[①]。也就是说，艺术所显示的世界给人的感觉“应该是真的”——之所以是“真的”，是因为大家觉得艺术符合真实世界的运作逻辑。之所以“应该是”，那是因为这种真实在现实生活中根本不存在。我们以一种最常见的电视艺术——电视剧来说明这个命题。

电视剧是用电视的传播手段讲故事，它是现代社会中最日常化、大众化的艺术文本。电视剧一般篇幅很长，即可以在一个较长的时间段里讲故事，这意味着它可以更大规模地模仿现实生活。这也造就了在所有的电视剧题材中，现实题材或者纪实题材占有非常重要的地位。现实题材的电视剧往往模仿现实生活的运作逻辑，让人们感到它是“似真的”，即这样的事情如果发生在现实中是完全可能的。同时，它对现实生活的表达又是具有“超越性”的，即它的叙事是指向一个相对于现实的更加美好的世界。我们以2007年在中国大陆热播的电视连续剧《士兵突击》为例来进行该命题的解释。

《士兵突击》的纪实风格非常明显，剧中军人的装束、所使用的武器装备以及部队的规范、条例等等无不是参照中国军队的现实状况，因此具有很强的逼真性。这种视听语言建构出来的真实导致观众看这部电视剧的时候非常投入，并且很容易将其和日常生活中的元素结合起来。比如很多观众看过这部电视剧后会不由自主地爱上剧中人，甚至在网络上讨论这些军人中“谁最适合嫁”。班长史今无疑是这部电视剧中被成功塑造的大众情人，很多女性宣布爱上了他，这就是文艺欣赏过程中一个司空见惯的现象，即把作品中虚构的人和事，当成现实生活中可能有的、应该有的人和事，进而投入自己的感情。这种情感背后的逻辑就是：这些人和事要是真的就好了，他们也应当是真的。观众如果形成了这样的想法，就会对他们的现实生活产生相应的影响，比如《士兵突击》的女性观众也许会要求她们的男友或者丈夫具备史今的品质。这样，虚构的电视艺术就对真实的现实生活产生了影响。尽管这种真实可能不存在，至少它不在电视剧的“真实世界”（电视剧的策划、拍摄、播出等流程）中存在，比如扮演史今的演员张译就坦陈自己的性格根本不像史今，“史今”这个角色也是他自己的偶像。然而对于

---

① 赵汀阳：《挥霍和拯救感觉》，载《赵汀阳自选集》，广西师范大学出版社2000年版，第205页。

这种真实，观众在看电视剧的时候是接触不到的，即便接触到了，也不会动摇他们看电视剧时候的审美感知，因为电视的视听语言给人的是直接的感官的震撼力。

除了电视剧，各种类型的广播电视艺术也都力图唤起受众这种既认同又渴望的接受心态。比如广播音乐节目主持人(DJ)进行语言表达时，主持的语速、语态、用声、节奏通常会配合音乐的情绪，目的是通过听觉唤起听众的感觉，营造出特殊的广播音乐艺术空间，以成为人们暂时脱离现实生活的寄托。中国电视界独有的电视曲艺节目，要么通过嘲笑、反讽引发人们哈哈大笑(相声、小品)，要么通过展示民间的曲艺技巧(杂技)使得人们获得相应的轻松和愉悦……林林总总的电视节目都遵循着上述艺术的普遍规律，构成了人们晚间休闲的主要方式。

三、理解广播电视媒介的方法

关于本书的阅读需要辅助两方面的学习行为：一是对广播电视媒介相关信息的接触和理解；二是相应的理论基础的积淀。这二者，将对本书的阅读更有帮助。首先是对广播电视媒介相关信息的接触与理解，这需要培养自身感性直观的能力。

1. 感性直观的思考路径

感性直观是我们通过自身的感觉(视觉和听觉)对广播电视媒介的相关内容进行欣赏、理解和评价，它包括两方面的内容：

(1)对广播电视文本的直观

对广播电视文本的直观就是看电视、听广播。任何广播电视的信息都会引起受众本能的反应，这是对广播电视信息感性直观的开端。比如，当我们打开收音机，一定会听到相应节目的声音，这个声音要么是人的声音比如节目主持人的语言、广播剧演员的对白，要么是一段音乐，也可能是自然的音响等等。而听到这段声音的时候，一定会伴随听觉产生相应的本能的反应：这段声音是悦耳还是刺耳，是让人激动、振奋还是沉静、温柔等等。这种直观的反应不仅构成了我们接受和理解广播节目的开端，而且直接影响到广播的效果。看电视也一样，当我们打开电视机第一眼接触屏幕的时候，首先产生的是一种本能的感官判断，看到的画面(主持人、演员或者对话的场景、自然的风光等)是美好的还是丑陋的，是亮丽的还是阴沉的，是迅捷且令人激动的还是缓慢又让人郁闷的等等，这种由直观引发的情绪直接决定了观众继续往下收视的心情和选择。我们通常认为，广播电视的信息传播是一种视听艺术，它们直接诉诸人们的听觉和视觉。受众不需要过于投入，就可以进入传播情境中，因此广播电视是一种感性的媒介，也就是麦克卢汉所谓的“热媒介”。但是，这同时也蕴含着另一种危机，即只要受众在接受信息的过程中感觉不舒服，就可以随意地游离于整体的传播情境之外。这种不舒服的理由也许非常细微，比如可能仅仅是因为不喜欢主持人的音色，或者是不喜欢某一组电视画面的色调，他们都会很容易转台，脱离相应的媒介传播语境。

对广播电视媒介的理解，我们是从对其信息的感觉开始的，这也是理解广播电视媒介本质的基础和前提。因此对于学习这门课程的同学们来说，保持自己收看电视和收听广播的兴趣十分必要。

(2)对广播电视媒介生产以及广播电视传播所产生的社会现象的直观

对广播电视信息的直观只是我们理解广播电视媒介的第一步。往下我们应当以广播电视传播信息为中心展开两个方向的探究和思考——往前我们要直观广播电视媒介信息的生产过程，往后我们要直观广播电视传播所产生的社会现象，换言之，就是要对这些信息产生的原因和后果进行反思。这就需要我们进行进一步的直观。

首先，对广播电视媒介生产进行直观就是借助自身的感官直接感受广播电视媒介工作者的工作过程，这有一点像"田野调查"的研究方法。在我国目前的高校新闻传播教育中，一般是通过"媒介实习"的方式来解决这个问题的。学生们进入广播电台或电视台，参与其中的工作，在亲身体验中感受媒介的本质。其实，这种方法对于广播电视的研究者也同样重要，因为对媒介的直观有时能形成极具说服力的研究成果。比如，香港学者马杰伟曾经加入香港无线电视台，以主持人的身份参与其系列电视片《香港传奇》的制作，在节目制作中，他注意观察制片人、编辑等人的工作、言行，通过反思在电视生产第一线获得的资料，得出了"电视反映了香港社会强势的资本主义""电视营造的时空是一种美学化的过去"等结论①，充分说明了直观对于理论反思的意义。

对于还在学校里读书的学生来说，进入广播电台或电视台开展实际工作的直观毕竟不是一件容易的事情。于是，另外一种直观的方法就显得非常重要，这就是对广播电视媒介实务工作的二手资料的阅读，这种间接的直观方法也能帮助我们理解广播电视媒介的生产过程。

在这方面，最易获得的资料无疑是广播电视从业人员自己撰写的关于实务工作的专著。比如，曾任中央电视台新闻采访部主任、新闻评论部主任、新闻节目中心主任的孙玉胜2003年推出了《十年——从改变电视的语态开始》，书中孙玉胜用自己的亲身经历描述了中央电视台从1993年到2003年的新闻改革历程，披露了改革历程中诸多鲜为人知的细节。学生通过阅读这些细节，能够部分地起到直观广播电视实务工作的作用。例如，孙玉胜在介绍1997年香港回归直播报道时提到了这样一个细节：由于天气等原因，导致电视直播人员对入港部队进入香港的时间了解有误，如此，原先设计好的画面和解说都用不上了，此时，幸亏主持人的现场反应较快，及时补了一些话才把这段时间对付过去了。事后，孙玉胜等人意识到，演播室是做直播节目最重要的一个枢纽，当现场出现不可控因素的时候，直接将画面切到演播室是调整直播进程的一个有

① 马杰伟：《香港记忆》，香港次文化有限公司1999年版，第20～27页。

效手段。这一经验在之后央视的历次大型直播报道中都得到了充分的印证。通过这类阅读,学生们可以感受到鲜活的媒介现象,了解媒介文化生态,部分地起到媒介实习的作用。

其次,要对广播电视所引发的社会现象进行直观,这种直观同样可以分为两个层次:

一是对自己周边的与广播电视传播相关的社会生活保持敏锐的观察力和好奇心,由此直观广播电视所产生的社会影响。中国社会在20世纪70年代末进入广播的黄金时代,80年代中期进入电视时代,可以说,这两种媒介几乎贯穿了中国改革开放30年的历程。而借助这两种媒介,我们便能较为轻松地了解广播电视媒介传播的相关事件。比如,70年代和80年代出生的孩子很多都有过为看电视而与家长老师之间发生矛盾的经历,这种矛盾是中国电视发展过程中存在于民间社会的典型现象。从媒介专业主义的角度来看,这是属于"儿童与电视"的研究范畴,它涉及儿童教育(教育学的命题)、中国社会的家庭关系(社会学的命题)等等。再比如,始于1983年的央视春节联欢晚会连续举办了30多年,除夕夜看春晚已经成为许多中国人的一种习惯,被称为中国春节文化的"新民俗"。那么,这种"新民俗"产生了什么样的社会效果?对中国人的年文化有什么影响?循着这样的感性直观去进一步思考,就有可能更深入地理解中国电视媒介的本质和社会功能。

二是要注意关注各种大众传播媒介关于广播电视传播特色的报道,这些往往是具有普遍意义的广播电视文化现象。比如《南方周末》专门开设过关于电视的专版。2004年,这个版面推出了"亮点——2004年度电视表现",盘点了当年热门的电视节目《超级女声》《1860新闻眼》《雾都夜话》等,分析了节目内容及其取得的社会效果;2006年,推出"2006年电视剧五大现象"专题报道,陈述这一年中广泛存在的涉案题材、古装武侠题材、军事题材等电视剧的发展状况。2005年,新华网报道了沈阳电视台举办所谓的"少儿格格"大赛,在比赛中,学龄前的小女孩身着比基尼上台模仿成人的各种姿态,在网络上引起了种种争论。这些争论有的涉及电视伦理问题,有的则涉及幼儿教育和健康成长问题。从中可以看出,这些电视以外的媒介报道,一方面讲述了电视传播的热点现象,另一方面也多少表达了自己媒介的立场,了解这些电视现象的内涵和本质也是理解广播电视媒介发展不可或缺的。

如果我们把"直观"上升到学理层面,那么它无非是一种观察社会的方法。值得注意的是,我们要尽可能地将这种观察变成所谓"介入式的观察",即尽可能地进入广播电视媒介运作的过程——从媒介生产到媒介接受。当我们开始有意识地观察一种现象时,其实已经把我们自己从这种现象中脱离了出来,以一种"他者"的眼光来看待它,这就是一种研究者的态度。无论是观察广播电视工作者的工作状态,还是研究广播电视所产生的社会效果,这种态度都是必需的。这能保证我们将自己浸润于广播电视媒介中的时候仍然保持独立自省的意识。菲利普·休辛格对英国广播公司就做过这样的观察。他花了90天的时间在BBC位于伦敦的播音馆和电视中心（Broadcasting House and Television Center）待着，深深进入BBC的文化氛围中。然后，他和其中的95位工作人员进行了交谈，在此基础上，他完成了《整合现实：BBC的新闻报道》，非常有说服力。①

对广播电视媒介的理解，仅仅有直观还是不够的。直观是任何人都能够做的事情，而研究则需要一定的专业知识，这种专业知识的基础就是相应的理论背景。休辛格的上述著作并不仅仅是记录他所观察到的现象，更重要的是反思这些现象的结果——“休辛格运用新闻生产（news production）的理论，并观察多大程度上这些理论在其研究对象的行为中被体现出来”“每当观察告一段落，他都必然要思考自己的观察所得”②。这说明，在直观之后一定要有反思意识，而反思就需要有相应的理论工具，比如休辛格所使用的“新闻生产理论”。可见，理解广播电视媒介还需要一定的理论基础。总的来看，和理解广播电视媒介相关的理论还有几种范式，下面分别介绍。

2.结构主义和符号学的研究路径

之所以我们首先要理解结构主义和符号学，是因为广播电视的所有运作都可以还原成符号的传播，从这个角度来观照广播电视媒介，可以更清晰地透视广播电视传播的本源。

提到符号学，就要提到被誉为“符号学之父”的索绪尔，他是公认的符号学先驱。他提出的所指与能指的区别，标志着符号学的诞生。他认为，符号，或者说语言单位，是概念与音响形象的结合，比如汉字“树”是“shu”（音响）和“树”的字形（形象）与概念（生长在土地上的具有躯干的植物）结合在一起的产物；而英语中的“树”也是“tree”（音响）和“生长在土地上的具有躯干的植物”（概念）的结合。这里，概念是所指，音响、形象是能指，两者的结合就称为符号。法国哲学家罗兰·巴特发展了索绪尔的观点，他着重探讨符号意义是如何产生的，接受者又是如何解读意义的，因为读者解读的意义并不一定总是与制作者的意义相一致。这就涉及符号所构成的社会认知结构的问题。

结构主义认为，人类自创的语言、文字、图像等种种“符号”被人类自己用来表征所处社会中的某些意义与价值，正是因为大家都认可一套统一的符号接受体系，人们才能彼此沟通、相互理解。因此，我们可以得出这样的结论：所谓的“符号体系”就是人们认知世界的结构，或者说，是“结构”赋予了“符号”的意义。脱离了这个符号所构成的

① 〔英〕简·斯托克斯著，黄红宇、曾妮译：《媒介与文化研究方法》（*How to Do Media and Culture Studies*），复旦大学出版社2006年版，第147～148页。

② 同上。

结构体系，人们就无法沟通，世界的交往、文明的传承就无法实现。举个简单的例子，当我们说“秋天到了，树叶变黄了”，这似乎是在陈述一个客观的自然现象。但如果没有一个符号的先验结构，那么我们就无法进行这句话的表述。比如，一个中国人要想说明或者理解这句话的含义，必须先掌握“秋天”“到了”“树”“叶”“变”“黄”这些词汇，而词汇及其含义的掌握是在人的成长（社会化）过程中一步步被教授的，他们和自然界中的对应物之间的关系是人为确定的。换一个文化系统，这种确定就需要另外一套符号体系，比如，美国人要表达同样的意思就必须先掌握“leaf”“tree”“autumn”“fall”，尽管这些词汇从形态到发音都和中文完全不同，但表达的意思却别无二致。这就是说，中国人和美国人在表达同一个意思时，要经过不同的符号管道。

从结构主义和符号的立场来看，任何广播电视节目的传播背后都有意识形态因素的支配，这就是所谓广播电视语言符号背后的“结构”。这要求我们必须透过广播电视媒介的文本，对广播电视媒介进行更为全面的研究，进而知道符号背后的意义。

在有关广播电视的研究中，这种符号学方法的使用有时非常有效。比如，巴特运用意识形态的方法进行符号隐含意义的分析。他的路径是先分析符号的字面意义（denotation），然后再分析它的言外之意（connotation），而“言外之意”才是符号传播的最终目的。他在分析一种名叫“潘泽尼”的意大利食品的广告中得出：这则广告暗示着所谓的“意大利性”。首先，公司名字听上去很意大利，广告中出现的面条和调味汁都是意大利本土的产品，广告所表现的农产品是红、黄、绿三种颜色，这三种颜色正好是意大利国旗的颜色等等。所以这则广告貌似在推广食品，实际上是在推广意大利这个国家的形象。

再比如ABC（美国广播公司）在1987年一则关于暴风雪的报道中，同期声是一位参议员正在抱怨政府已经花了纳税人大量的金钱抵制雪灾造成的损害，但同时摄像机却向观众展示了他所说的纳税人正享受着不受工作和经济规则束缚的自由。于是菲斯克就此揭示了这则电视新闻的真正含义：政府在夸自己——我在努力救灾，但公众们却在享受难得的自由。[①]

但是，单纯的符号学研究是完全不足以还原广播电视媒介本质的，因为对广播电视符号的解读是完全站在研究者（解读者）个人的立场上的，这种立场使得相应的理解显得过于主观。简·斯托克斯曾经如此评判过单纯的文本研究（也是符号研究）的局限如此，我们就必须把研究的对象进一步拓展开来，不是从文本和文化的角度考察广播电视的传播，而是从媒介生产的角度进行研究和理解，这就是政治经济学方法的引入。

---

① 〔美〕约翰·菲斯克著，杨全强译：《解读大众文化》，南京大学出版社2001年版，第170～171页。

3.政治经济学的研究路径

之所以要引入政治经济学的方法观照广播电视媒介，是因为政治、经济因素是广播电视存在和运作的原始动因之一。比如美国作为世界广播电视事业的发源地，其广播电视媒介的诞生与经济利益是紧密联系在一起的。世界上第一家广播电台KDKA的成立，其动因是为了推销收音机——无线电运营商希望人们为了能够收听节目而去购买收音机。后来，在与报纸媒介的竞争中，电台的经营者又逐渐意识到广告的作用，广播广告开始出现，给广播电台带来了滚滚的财源。我国广播诞生的情况亦是如此。20世纪20年代，一些外国的广播器材经营商为了在中国推销无线电器材，率先在上海、天津等中国大城市开办了广播电台，比如美国商人奥斯邦1923年在上海创办中国第一家电台——中国无线电广播公司，其初衷就是为了在中国推销收音机。可见经济效益是广播电视事业诞生之初就着力追求的目标。

政治因素同样是广播电视事业发展的动力性因素。典型的莫过于中国共产党领导下的广播电视事业的发展。1940年12月30日，在距延安西北19公里的王皮湾村，延安新华广播电台开始播音，标志着我国人民广播事业的诞生。延安新华广播电台立足于解放区，以国民党统治区的人民群众和国民党军官为主要宣传对象，开展了富有战斗性和说服力的革命宣传，有力地配合了中国共产党领导的革命武装斗争。1958年5月1日，我国第一座电视台——北京电视台建立。同年，播出了我国的第一部电视剧——《一口菜饼子》。这部剧通过剧中人物“姐姐”的倒叙，回忆了“旧中国”人们缺衣少食的穷苦经历，教育“弟弟”要懂得珍惜粮食。显然，这部电视剧是为了配合当时中共中央提出的“忆苦思甜”“节约粮食”的宣传精神而制作的政治教材。应该说，这一时期的绝大多数广播电视作品，都具有明确的政治教育主题，是对当时政治经济文化政策的宣传性演绎。①

传播学的一个分支理论——传播政治经济学可以帮助我们更为直接地进入对广播电视媒介的政治经济分析。传播政治经济学主要关注两个相互关联的问题：一是分析政治、经济压力与限制对传播与文化实践的影响，以及在资本主义制度下资本是如何左右传播的内容与形式的；二是研究传播产业在信息化全球资本主义资本积累过程中的上升地位，这是根植于马克思主义政治经济学理论基础的。② 在传播政治经济学的视野下，广播电视媒介像整个资本社会一样，是完全遵循现代社会政治、经济的运作逻辑，政治力量和经济力量对其发展起到了至关重要的作用。

4.社会学的研究路径

社会学是从社会整体出发，通过社会关系和社会行为来研究社会的结构、功能、发

---

① 尹鸿：《意义、生产与消费：当代中国电视剧的政治经济学分析》，《现代传播》2001年第4期。

② 鲁曙明、洪俊浩主编：《传播学》，中国人民大学出版社2007年版，第516页。

生、发展规律的综合性学科。在社会学中，人们不是作为个体，而是作为一个社会组织、群体或机构的成员存在，所以，社会学存在的前提就是认可人与人、人与组织之间关系的重要性。

从社会学的角度研究大众传媒的传播现象贯穿了整个传播学理论的发展历程。传播学诞生伊始，社会学的理论体系和方法就是其研究的重要借鉴对象。尤其是社会学的试验和社会调查方法的使用，这典型地反映在拉扎斯菲尔德和霍夫兰的"媒介效果研究"中。时至 20 世纪 60 年代，欧洲的传播批判学派开始在广义的社会学意义上借用各种社会批判理论，尤其是马克思主义、文化研究和对各种反叛思潮的社会学分析，来探讨媒介与社会大系统之间的关系。他们所追求的是关于媒介"组织和职业的社会学研究"，其研究中心是考察"媒介的生产关系、内部组织结构、职业分工、内部权力结构以及在与社会各行业、阶级的关系中所扮演的意识形态和文化角色"①。简言之，从社会学的角度来看，广播电视等大众传媒就是要将这两种媒介看成是社会的子系统，考察其内在结构和运作规律，同时也考察它们和其他社会组织之间的联系，最终使我们能够透视出广播电视媒介对人的影响。

从社会学研究广播电视媒介主要有如下的主题：

(1)广播电视的社会化与社会的广播电视化

广播电视媒介的社会化是指在当代社会中，广播电视媒介越来越成为一个不可忽视的特定的社会组织。一方面，它们是整个社会运作中不可缺少的一部分。在日常生活中，听广播和看电视成为当代都市人必不可少的生活内容，情景戏剧、体育运动、谋杀案审理、快餐商业广告、遥远地方发生的战争等等都通过广播电视源源不断地进入我们的家庭。广播电视媒介像空气一样弥散在我们的文化之中，它们的渗透面之广、影响力之深，极大地作用了我们对世界的看法。法国哲学家鲍德里亚甚至指出，电视媒介在虚构一个我们认为真实、其实却并不存在的"超真实"。比如很多年轻观众在看过电视剧《士兵突击》后，相信中国军队就像电视剧里塑造的那样，以至于提到中国军队，他们就会想到《士兵突击》，至于军队是否真的如此，一般是不会去想的，因为声画语言将人塑造得太逼真了。事实上，《士兵突击》播出后，曾有军人对剧中的一些失真细节提出批评，认为与中国人民解放军的真实情况存在不少相冲突的地方。其实，观众对这些细节的虚假是无所谓或者说是没有感觉的，因为电视声像语言的逼真性遮蔽了它。这就是鲍德里亚所批判的，大众在接收电视传媒的内容时，只是要求获得其中的娱乐性场面，因为电视的画面冲击力太强，导致观众拒斥和消除了电视信息中的意义，从而进一步消除了传媒资讯与现实之间的界限。同时电视传媒迎合着大众的心理，通过娱乐性的"狂欢文化"场面，"复制"着大众的口味、兴趣、幻想、生活方式，传媒

---

① 鲁曙明、洪俊浩主编：《传播学》，中国人民大学出版社 2007 年版，第 60 页。

的操纵实际上是从外部控制了大众的意识，从而造就出当代社会中的电视观众。

在特殊的社会事件中，广播电视的作用就更加不容忽视了。2008年5月12日，四川汶川发生了里氏8.0级地震。这场突如其来的灾害夺取了数万人的生命，也造成了地震灾区电力、通讯中断和道路阻塞。在这种情况下，广播成为了实现社会动员与社会整合最有效的媒介。在震感强烈的成都，第一个发布具体的地震消息的是电台，第一个发布都江堰市受灾严重的也是电台。在灾区，政府空投数万部收音机，为还处在封闭状态的灾区打开了一扇“天窗”。灾区群众通过广播，及时了解到党中央、国务院关于抗灾救灾的安排部署；基层的干部通过广播，安抚群众情绪，组织生产自救。当手机、电视等常规通讯设备都失去作用时，广播不但成为获取信息的唯一渠道，更是将各方面的社会力量集结在一起：从中央抗震救灾总指挥部到救援部队，从卫生防疫部门到当地政府，从救灾的交通、电力、通讯等部门到救灾志愿者和普通听众，这些部门和力量都通过广播第一时间通报和接收各类信息，再加上广播记者深入前线，通过海事卫星电话回传的“现场播报”，这种立体的集结方式，构筑了抗震救灾的“集结号”，所产生的社会整合与行动能力空前强大与高效。①

另一方面，我们也要看出，由于广播电视媒介在运作过程中和其他社会系统之间存在千丝万缕的密切关系，所谓的媒介“客观公正”和“独立性”将越来越不可能。任何广播电视媒介都是在一定的政府机构管理下，在相应的经济机构支持下，同时与作为传播内容资源的各种文化部门保持着密切联系，方能有效运作。任何一个社会组织的动作，都会对广播电视媒介的顺利运作产生影响。如此，我们更需要用一种系统论的视野，理解和研究广播电视媒介，即研究与广播电视媒介相关的社会关系——广播电视媒介与政治、经济、文化等各个部门以及受众之间的关系。

社会的广播电视化，是指当代社会中个人和公众的政治、经济、文化等各项生活，越来越紧密地与广播电视等大众传媒联系起来并通过它们来实现。媒介在当代社会中扮演着越来越重要的角色，离开了媒介，人和社会是不能想象的。曾经有个笑话形象地说明了这一点：某会议即将开始，主办方和所有嘉宾都已落座，报社记者也准备妥当，但会议却迟迟不开始，原因是在等电视台记者，因为会议如果不在电视上被报道，那么从某种意义上说，就等于白忙一场。可见，广播电视，尤其是电视的社会功能不容忽视。其实，类似的事例在现代社会中司空见惯，比如在所谓的公共关系策略中，媒介曝光被看作是十分重要的、必须实施的策略之一。我们看到一些演艺界明星为了增加自己的人气，常常通过炒作的方式保持一定的媒体曝光度。当某一社会事件发生时，如果政府官员对媒体的态度是开放和透明的，那么就会减少媒体的猜测，很多不实的言论就不会冒出来，政府也就会在与媒体的博弈中占据主动，而不至于陷入不断向媒体和公

---

① 栾轶玫：《建立“紧急广播”国家系统——兼议国家电台在汶川地震中的表现》，《视听界》2008年第4期。

众解释的恶性循环。当然，要彻底理解这一点，需要我们了解广播电视的社会功能。

(2)广播电视的社会功能

理解广播电视的功能，就是掌握广播电视媒介对社会产生了什么样的影响，这些影响是如何发生的。关于广播电视的社会功能，诸多的媒介功能学说可以给我们提供借鉴。

拉斯韦尔在 1948 年提出，传播媒介具有三大功能，即：监视环境、整合社会和继承社会遗产。拉扎斯菲尔德和默顿认为，媒介可以授予人或事以地位、促进社会准则之实行、宣传社会目标、组织社会行动、维护现存的社会秩序、麻醉受众精神、助长社会顺从主义以及导致大众审美与鉴赏力的退化等等。丹尼斯·麦奎尔认为媒介的功能包括："窗口"功能——帮助人们拓展视野，认知外部世界；"镜子"功能——折射社会进程；"把关人"功能——媒介决定人们将接受什么样的信息；"论坛（平台）"功能——作为大家都能发言的"公共领域"而存在。麦克卢汉干脆说"媒介就是信息"，他大力强调的是媒介技术的功能，即新技术导致的新媒体会给人们带来一种崭新的生活方式。

上述学者所总结的媒介功能大都适合我们理解广播电视的社会功能，但值得注意的是，特定的媒介功能是特定时空的产物，它和广播电视所属地区的政治、经济、文化的性质是联系在一起的。换言之，不同地区、不同时代的广播电视的功能是不一样的。因此，要理解广播电视媒介的社会功能，必须将其纳入具体的社会环境中考察才有意义。

比如在我国，由于实施的是社会主义的政治制度，所以比较强调广播电视的宣传功能、舆论引导功能和社会动员功能，尤其是在社会发生重大危机事件的时候。上文所述的在 2008 年抗震救灾过程中，中央向地方空投和下发收音机就是一个典型的例子。同样，在 1998 年抗击洪水的过程中、在 2003 年抗击"非典"的战斗中、在 2008 年初抗击冰雪的斗争中，我国的广播电视媒介都发挥了重要的作用。相同的功能西方媒介也同样具备，但是性质和特色却不同。比如，四年一度的美国大选中，总统候选人常常通过媒介动员为自己多拉选票，这是广播电视的社会动员功能在美国社会中的体现。中国国际广播电台和中央电视台第九套节目，担负着向海外介绍和宣传中国的任务，因此，它们理所当然要具有全球化的视野，或者说文化全球化的功能；但是，同样是这一功能，美国三大广播公司依附着美国"文化帝国主义"的路径完成自己全球化的过程，相对于中国广播电视的对外传播，具有明显的霸权性质。

(3)广播电视与人的社会化

所谓的社会化是人逐渐适应社会并和社会逐步融合的过程，"对于社会，社会化是使新的个人适应有组织的生活方式，并教给他们那社会的文化传统的过程。社会化把人这样的动物变成人（社会意义上的人——作者注），变成社会的成员。由于这种转变，大多数幼儿成长为完全的社会人，能够使用其父母的语言，能够适应他们社会的文化"[①]。所以，社会化有两个层面的含义：第一个层面是个人意义上的，即社会化首先是个人自我发展的过程。从孩提时代开始，我们通过不断地与社会中的其他人发生关系，进而获得了某种身份，建立和发展了自己的价值观和欲望，最终开掘和运用出自己的潜力，完成了有意义的一生；第二个层面是社会意义上的，即社会化是社会对个人的整合，它是通过一定的规范，把个人整合到社会的系统中去，把不愿意社会化的个人排斥出这个系统，这样便保持了社会自身的稳定和发展。从这个意义上说，"社会化"的力量是一种外在于个人本性欲望的力量，是对人本性中和社会发展不相符合的那一部分的规范。

广播电视对于人的社会化具有特别突出的意义，尤其是对儿童和青少年，影响更为巨大。西方社会自20世纪70年代，逐渐进入了所谓的电视时代，诸多的社会学家开始关注电视对人的影响。这其中，"电视暴力"对儿童的影响是他们关注的核心之一。比如安德森搜集了1956～1976年20年间67项关于电视暴力和儿童攻击性行为之间的关联研究，发现其中3/4的研究结果表明，电视暴力与儿童攻击性行为之间存在着某种关联，只有3%的结果显示观看暴力镜头会减少儿童的攻击性行为。还有研究发现，尽管儿童自身的社会化过程没有完成，但他们也绝不是单纯地被动接受电视信息，而是有自己独特的解读方式，所以，豪爵和奇普认为电视对待暴力的态度（如何制作和传播暴力的信息）对个人的成长具有真正的影响[②]。总之，电视的传播会对儿童的成长产生重要的影响。

不仅仅是儿童，广播电视媒介对成年人的"再社会化"也有重要意义。例如在我国由计划经济向市场经济转轨的过程中，由于经济结构的转型，许多原国有企业职工面临下岗，下岗再就业成为一个突出的社会问题。面对剧烈的社会转型，下岗职工们固有的劳动技能、思维方式乃至人生观、价值观可能落伍了。他们虽然是成年人，但是从某种意义上来说，他们对变动中的社会并不了解，就像儿童面对自己所不熟悉的社会一样。所以，这些成年人必须要经过再学习才能更好地适应社会，而此刻，电视新闻就可以在这方面起到一定的作用。

电视新闻可以报道全国工人下岗的情况，告诉工人这是经济体制转型期间中国特有的现象，这样，下岗职工就会对自己所处的困境有一个客观的认识。更重要的是，下岗工人凭借电视可以知道下岗是一个普遍现象，并不仅仅是自己和自己周围的小群体单独遭受的厄运，这样在心灵上就不会孤单，被社会主流文化抛弃的感觉就会平和一些；最重要的是，电视通过展示一些成功的下岗再就业工人的情况，用活生生的形象对

---

① 〔美〕L. 布鲁姆等著，张杰等译：《社会学》，四川人民出版社1991年版，第120页。

② 〔英〕安东尼·吉登斯著，李康译：《社会学》，北京大学出版社2003年版，第434～435页。

下岗职工的出路给出一系列的典范。在这方面，中国各级电视台都做过类似的节目。如央视的《半边天》《劳动·就业》《东方时空·生活空间》都一度集中关注过这一社会问题。比如《半边天》就报道过哈尔滨香坊粮库一名名叫刘先芳的下岗女工。8年来，她经历了下岗的彷徨、生活的艰辛、探索的困惑、不屈不挠的奋斗，从一名曾经扫过铁道线、缝过麻袋、炸过油条的普通下岗女工，成长为香坊粮库的第一位翻译，先芳外语微机学校的校长。她的这一过程可以说是下岗职工的传奇。在电视屏幕上，观众可以通过照片看到刘先芳以前的形象，再通过情景再现等方式接触到刘先芳过去普普通通的家庭状况；当然，观众通过镜头也能看到身为翻译、校长乃至美国跨太平洋服务联合会中国东北地区总代理的刘先芳以及她现在富裕而风光的现实生活。这些现实是活生生地被画面展示出来的，对于普通观众来说，极具真实性。这对身为成年人的下岗职工的再社会化具有非常好的示范作用和激励作用，用社会学的话语来说，就是鼓励他们按照电视画面所展示的方向构建一个理想化的自我。那么，一个可能的思维过程就会在某些下岗职工脑海中被建构起来：刘先芳是下岗职工，我也是下岗职工；刘先芳可以成为一个翻译、一个校长，成为被新型社会接纳的人才，那么也许我也可以。如此，通过这样的电视新闻专题片，下岗职工会对自己有一个新的社会定位，也就是有了一个新的社会角色的预期。

成年人之所以需要“再社会化”，就是因为他们原先（童年和青少年时期）构建的自我已经被社会宣布无效，那样的自我无法适应社会现实的发展。用社会学家库利的话来说，他们要重新向社会这面镜子观照。社会的这面镜子发生了很大的变化，所以，他们重新观照后所折射出来的影像自然也就不同了。广播电视是成人社会化的镜子之一，因为在很大程度上人们会将广播电视的信息和客观现实等同起来，通过它们，判断真实的社会究竟是什么样子，进而在这样的社会中找寻自己恰当的位置。

正如著名的社会学家布尔迪厄所认为的那样，社会学是一种具有显著政治性的科学。按照布尔迪厄的理解，作为一种解放的工具和“慈悯”的工具，社会学粉碎遮掩着权力运作和支配关系的种种神话，揭示行为必然性和所谓社会法则背后隐含着的历史关联，而一旦人们掌握了有关于此的必要知识，就可以从政治上瓦解它们。所以，社会学被一些学者认为是“社会问题学”，也是非常有道理的。所以我们经常会发现，社会学家会对社会的“负面”特别感兴趣，在这方面，犯罪、疾病、贫困、流民、福利缺失等等已经成为社会学研究的经典课题。对广播电视媒介进行社会学视野的观照也应当延续这种社会学的精神，这就是敏锐地关注着广播电视媒介对社会的负面影响，进而思考解决这些问题的方式和方法。从这个意义上说，电视与儿童健康成长、广播音乐与现代人的身份认同、电视与色情暴力、电视公共领域等等是广播电视研究中的永恒命题。

5.传播学的研究方法

我们之所以最后才将传播学列入理解广播电视的研究方法体系中，是出于两个方面的考虑：一是广播电视媒介产生的所有行为和后果都可以被看成是传播现象，传播学的很多研究成果都是直接关于广播电视媒介本质和发展的；二是传播学自身的学术身份暧昧，其本身就具有跨学科的意蕴和内涵。因此，在理解广播电视媒介的过程中，既不能忽略传播学的理论，又不能形成所谓的传播学霸权主义。这一点，对于新闻传播专业的学生尤为重要。

借鉴传播学的研究方法理解广播电视，就要理解所谓的“传播学精神”，即传播学是凭借什么成为一门独立学科的。这就涉及传播学的核心命题——传播效果。

传播研究是在20世纪20～30年代欧美等发达资本主义国家中出现的。这一研究出现的重要背景之一，就是报纸、广播、电影等大众传媒在西方社会中的飞速发展导致了所谓的“大众传播”，成为影响社会进程的一个重要因素。比如，从20世纪20年代开始，美国总统候选人便使用广播媒介作为自己竞选宣传的工具，从这个意义上说，广播的使用已经可以决定一个国家的政治格局了。到20世纪30年代时，广播的广告费用已经大大超过了报纸，成为所谓的传媒巨头，对社会经济生活的影响与日俱增。传媒巨大的传播效果催生了传播学实证学派的研究路径，即拉斯韦尔、拉扎斯菲尔德等人通过心理学、政治学、社会学等等理论和方法的路径，探究广播等媒介的传播效果究竟是什么，以期更加准确地认知社会。同时，为了商业和政治选举等方面的需求，效果研究也势在必行。比如广告商需要知道自己广告的效果如何，以确认所花费的广告费是否值得；总统竞选班底需要了解总统候选人的某一次广播演讲的传播效果，由此进一步调整竞选策略。总之，实证研究是把媒介看作有用的工具，进而特别关注传播效果的问题。研究者们会不断进行这样的追问：“暴露于不同媒介的是哪些人？他们具体偏爱什么？不同的传播方式会产生什么样的效果？”等等。总之，是因为媒介的传播在社会中变得重要了，传播效果影响社会变迁了，传播研究和媒介研究才有可能在诸多学科中独立出来，成为“传播学”。

传播学的实证主义研究对于我们理解广播电视是非常重要的，它提醒我们，广播电视媒介的任何行为、现象等都是以传播效果，或者说是以传播“强效果”为中心展开的。广播电视媒介工作者在制作信息的过程中，出于专业精神的考虑，往往追求最强的传播效果。而正是因为强效果，广播电视媒介才会对人和社会产生重要影响。所以，从传播学的角度来看，“效果研究”是基础中的基础，不了解广播电视的传播效果，就无法准确掌握广播电视的运作机制和在社会体系中所扮演的角色，对它们的价值判断和伦理判断也就无从谈起。

传播学的发展还有另外一个分支，就是批判学派。这是从纳粹德国逃到美国的一批犹太学者在20世纪30年代后期，针对大众传播和传媒带来的与传播学实证学派完全不一样的研究取向和方法。这些学者深受欧洲思辨哲学传统的训练和熏陶，并深受马克思主义思想的影响，对资本主义社会的种种弊端采取批判态度。同样，对资本主义社会中传媒的运作、传播效果的发挥也持批判态度。比如，到了美国以后，他们把美国社会的大众传播现象与德国纳粹利用广播进行的法西斯主义宣传进行联系对比，进而提出美国大众传媒会不会也起到助长法西斯倾向的作用的疑问。在这样的背景下，阿多诺等人认为，广播等大众传媒是最具霸权的媒体，因为它们实施的是一对多的单向传播，个人的意志容易影响到众多人的思想。所以，广播、报纸、电影等媒体虽然是文化机构，但它们都遵循资本主义社会大机器生产的逻辑，也就是说，它们是文化工业。文化工业的信息传播所产生的社会影响都是负面的，比如信息的“单一性和同质性”，传播过程所导致的“意识形态的控制性”，传播效果的“虚幻性”[①]等等。我们可以看出，批判学派有两个不一样的特性：一是注意分析和研究包括广播电视在内的大众传播媒介传播的负面效应，指出这种效应的种种不好的元素所在，提醒人们注意并抵制；二是所采取的研究方法不是实证研究的方法，而是(哲学)思辨的方法，是社会文化精英们凭借自己卓越的思考能力对现实作出理论的判断。传播学批判学派的思想对我们理解当代广播电视传播也是非常有意义的：一方面，我们要注意广播电视传播的负面效应，也就是，其传播是如何给人类和社会带来伤害的，广播电视技术的发展是如何背离人们的主观美好愿望的。这一理论前提尤其对我们理解电视与社会弱势群体的关系之间有着极为重要的意义，比如电视关于女性、儿童、农民传播的不公正和负面的作用。另一方面，通过批判学派，我们能够超越具体的传播效果的思考，进入对广播电视传播的人文思考，进而在更宏观的视野中考察广播电视媒介对人类社会的影响，尤其是评价广播电视媒介伦理学上的意义。

最后介绍一下本教材的结构和框架。

本书首先介绍广播电视媒介发展的历程，分世界(西方)和中国两个部分来分别介绍。同学们学习这一部分内容的目的是了解广播电视发展的历史脉络，初步明了我们今天所熟悉的广播电视媒介是如何一步一步形成的(这是第一章和第二章的内容)。在此基础上，我们将分析广播电视媒介运作的基本规律，分析哪些社会元素对其发展将起到支配性的作用(这是第三章的内容)。

其次，我们将介绍广播电视符号传播的基本原理，因为这是广播电视媒介发挥自身功能的基础，也是广播电视媒介作为一个社会子系统得以在社会中得到普遍认可的合法性理由。只有了解了广播电视符号传播原理，我们才能进一步了解广播电视媒介的其他特性(这是第四章和第五章的内容)。

再次，我们将向同学们介绍广播电视媒介中最重要的节目类型——新闻节目，通过对广播电视新闻节目的学习，我们要明白这样一个框架，即广播电视的符号传播最终必须以节目——栏目——频道的形式表现出来，这是任何广播电视媒介运行的基本

① 鲁曙明、洪俊浩主编：《传播学》，中国人民大学出版社2007年版，第96页。

模式（这是第六章的内容）；随后，我们将向同学们介绍广播电视另一类重要的节目类型——文艺节目，即虚构的广播电视节目的传播规律和运营逻辑（这是第七章的内容）。

接下来第八章我们将探讨广播电视节目的市场营销，并力图通过这一章的表述引导同学们进一步思考广播电视媒介的资本运作问题。因为在市场经济条件下，广播电视媒介的传播大都会被纳入市场的体系，即广播电视拥有者无可避免地会去考虑经济效益和资本效益。那么，信息传播如何变成经济效益，这种经济效益如何增值为更大的经济效益，这是本章我们要探讨的主要内容。

最后，我们将探讨——如何达到"善"的广播电视媒介传播的境界，广播电视的媒介伦理究竟如何（这是第九章的内容）。如此，从历史渊源的探析到对理想广播电视媒介传播的思考，最终形成关于广播电视媒介基础的理论框架，争取给同学们一个相对完整的广播电视媒介的理论体系。

思考题：

1. 举例描述广播电视媒介对当代中国社会政治、经济和文化方面的影响。
2. 理解传播学、符号学和社会学的基本理论，思考这些理论和广播电视研究之间的关系。

第一章

世界广播电视发展史论

内容提要：广播电视媒介的发展遵循着如下的逻辑线索：传播技术发明——传播政策和制度完善——生活方式的形成——经典的广播电视文本的出现——广播电视文化的成熟。而从20世纪20年代，广播事业诞生以来，广播电视媒介几乎见证了20世纪发生的所有重大历史事件，成为记录现实的有力工具。同时，广播电视媒介还大力发展文艺和娱乐类节目，为受众提供消遣，并塑造他们的精神世界。

我们可以从历史进步的角度来理解广播电视媒介：首先，广播电视媒介的诞生和发展得益于技术的进步，它们都曾因人类新锐技术的发明走上历史舞台，并一再因技术革新而不断迸发新的活力；其次，广播电视媒介是在一定社会体制的作用下伴随着技术的进步而逐渐形成的"社会装置"，它"镶嵌"在整个社会系统中，并为社会系统的正常运作发挥着重要功能；最后，广播电视媒介因为对社会的发展产生了重大的影响，进而影响到人类的生存状态，于是，特定的广播电视文化形成了。

本章将通过对世界广播电视媒介发展历史的扫描，渐次分析以下三种范式的广播电视媒介，即作为技术的广播电视媒介、作为事业（社会装置）的广播电视媒介以及作为文化的广播电视媒介，从而为总结广播电视媒介的发展规律奠定基础。

第一节　广播电视媒介发展的背景：传播技术的进步轨迹

广播电视最初是作为人类技术的新发明而存在的。纵观人类历史长河，单个技术的发明往往是偶然的，但某一类别或某一系统的技术发展背后却拥有"人类需求"的社会动因，即任何一种技术发明都是历史的必然。在特定的历史条件下，人类不发明这样的技术，就一定会发明功能类似的其他技术以满足自己的需求。从"人类需求"的层面上来看，广播电视技术的发明满足了人类一种本能的需求——克服时间和空间的限制，而这一需求的本质在于人类对自身不断拓展的渴望。媒介技术的发明得益于人类以下两种内驱力（本能）的作用。

一、克服空间限制的需要

克服空间限制，意味着人类有能力了解和掌控更宽广的地理范畴，这就需要增加物质形态的传递和信息形态的传播两种能力。在拉丁语系中，“Communication”既有“交通”（人类社会物质形态的流动）的意义，又有“传播”（信息的流动）的含义。也就是说，若想克服空间限制，只有两种方法：一是通过各种交通工具亲自到达远方；二是通过各种传播工具了解远方的信息。关于前者，人类不断发明各种交通工具以满足自己的需求，从古代的原始车辆到今日的宇宙飞船，人类社会随着交通工具的不断发达，所占有的空间也不断扩大；关于后者，人类则不断发明更有效的传播媒介以满足需求，而每一种新媒介的发明，都导致了人类能够更快、更远地获取信息。整个人类传媒的发展史，就是一部人类不断克服空间限制的历史。

最初是口语传播的时期。在这一时期，人类没有任何超越自己身体以外的媒介，他们只能依靠自己的肉身器官即眼、嘴、喉咙、肢体来传递信息。这个时候，传播的限制，就是人自己肉身的限制。尽管后来人类发明了一些辅助性的媒介来帮助传递信息，比如所谓的“结绳记事”①，但是，这些传播工具都是非常简陋和原始的，无法传递一些复杂的内容。于是，当文明发展到一定程度时，必然会被新的传播方式所取代，这就是图像、语言和文字的发明，即人类社会抽象的符号体系的形成。

1. 图像传播

正如亚历山大·马沙克（Alexander Marshack）所说：“人类开始制作图像并保存这种象征性的记录……是在25000年前，即在真正的书写被发明之前就开始了”②，图像是被许多考古发现证明了的人类最早使用的传播工具。比如，在澳大利亚，考古学家曾经在河边发现过一些刻有鱼形图案的石块，之后他们从河里果然捞上了一模一样的鱼。考古学家就此推断，这些刻在石头上的鱼形图案就是远古人们传达信息的工具：是先在河里打上来鱼的人要告诉后来人这条河里有这种鱼的信息。

图像的信息沟通功能不仅体现在原始社会的日常生活中，更体现在原始人的“自

① 在《九家易》里有这样的记载：“古者无文字，其有约誓之事。事大，大结其绳；事小，小结其绳。结之多少，随物众寡，各执以相考，亦足以相治也。”

② Alexander Marshack, “The Art and Symbols of Ice Age Man”, *Communication in History*, New York: Longman, 1999, P. 5.

我传播”[1]中，即人会以图像为工具进行各种心灵活动。此时，图像就是一种象征的符号体系。许多研究表明，原始人的绘画具有“图腾”的意味，即图像是另外一个更加灵异和神圣世界的象征。比如，李泽厚就认为，1973年发现的新石器时代彩陶盆纹饰中的舞蹈图案，就代表着原始的图腾活动，“具有强烈的巫术作用或祈祷功能”[2]。在原始人看来，这些图像是另外一个更加神异世界的神灵，即彼岸世界在此岸世界的一个表征，这个表征是人自己想象出来的，就是说人是在和人自己构想出来的神灵进行交流。这种信息交流活动是在人体内部完成的，是一个封闭的体系，但如果作为神灵象征的图像缺失了，这种自我交流的信息传播也就不存在了。

但是原始社会的图像传播受到的限制太多了。一方面，图像传播的信息不明确，画在洞穴内壁上的一头鹿，可能说明洞穴附近有鹿，也可能是献给神灵用作祭祀的象征，即图像传播具有很强的含混性；另一方面，原始社会的图像符号都是固定在洞穴、树木等固体物上的，极不利于信息的传递——它要求人要亲自走到信息面前才能够开始传播——是人走向信息符号，而不是符号走向人，这种传播方式无疑是非常原始和低效率的。人类必然要发明新的符号和媒介来推动自身的进步，这就是语言的诞生。

2. 语言传播

语言首先是以口语的形式出现的。口语是一种有声的信息传播方式，相对于图像，它的优势在于语言信息的传播与接受可以依附人的肉身（喉咙和耳朵）而存在。于是，人自身作为传播媒介，走到哪里，语言就会被带到哪里，这造就了人类历史上第一种职业的信息传播者——吟游诗人。

在欧洲，吟游诗人是历史文化的传承者，同时也是当时的新闻记者。他们一方面用歌曲传诵历史事件、讲述英雄史诗，以富有韵律的形式表达对世事的感叹，便于百姓传播、理解和记忆；同时，他们也吟诵一些当代的事情，比如风俗时政、乡野传奇，被称为“报纸小诗”（Newspaper Song），诗歌易于记忆的节奏和诗人四处游荡的经历都有利于现实社会中信息最大规模地传播。在口语时期，吟游诗人口中的诗歌和故事成为传播面最广的文本，著名的《荷马史诗》就是这样被传颂下来的。[3]

中国古代虽然没有明确的“吟游诗人”的概念，但是也有类似的角色，而且诗歌也是以口语的形式出现的。中国最早的诗歌总集《诗经》由风、雅、颂三个部分构成，其中的“风”大都是民间诗歌，而“采风”就是收集民间流传的歌谣，这充分说明了口语在文

---

① 所谓“自我传播”，通俗地说就是自己和自己之间的信息传播与接受，因此它是以心理活动和思维活动的形式表现出来的。按照温德尔的观点，人体自身是一个信息传播系统，这个系统由感受刺激、神经传导、大脑活动和肌体反应等若干环节和要素构成，这些要素和环节同时也是人的身体的固有功能。参阅郭庆光：《传播学教程》，中国人民大学出版社1999年版，第74页。

② 李泽厚：《美的历程》，安徽文艺出版社1994年版，第20页。

③ 同上书，第104页。

化传播尤其是日常生活的文化传播中的巨大作用。另外，相当多的中国民间文化的文本都是以口语形式广泛传播的，比如中国品类众多的曲艺艺术——京韵大鼓、山东快书、河南坠子等，在古代都是靠曲艺艺人走街串巷流传下来的，许多艺人自己并不识字，但还是凭借着优秀的语言和记忆能力将历史、传奇等说得活灵活现，产生了重要的社会影响。

口语传播最大的劣势是信息过耳不留，无法保存。同时，由于口语传播依靠传播主体的肉身作为传播媒介，所以传播的范围十分有限。就像许多优秀的中国民间说唱艺术，曾经是靠面传心授、口耳相传一代代传承，然而，随着某一位艺人的离世，伴随着这位艺人共生的许多技艺都将面临失传和消亡。从传播学的角度看，艺人自身既是"信源"，又是"媒介"，传播的广度极为有限，信息也不易保留。最终，是文字的发明解决了这个问题。

3. 文字传播

文字的发明对于人类社会最大的意义在于，人类社会形成了一个抽象而逻辑严密的象征世界。在这个世界里，最早被使用的文字是象形文字。象形文字的字形与所代表的事物的形状十分相像。但是，文字越发展，其抽象程度就越高，逻辑也就越严密。如此一来，人认字首先需要学习运用文字的规则，比如语音、语义、语法。我们不妨比较一下作为象形文字的汉字和作为拉丁语系的英文在表意方面的差别。比如要表达"采摘"的意思，汉字的"采"是"一只手放在植物上"，这是模拟现实中的动作而形成的；英文的"采"是"plunk"，这六个字母和现实生活中"采"的动作没有任何联系，它是按照文字的构词逻辑形成的，而这种逻辑是人依靠现实生活经验无法获得的，必须经过专门学习。正如麦克卢汉所说的："字母表是视觉分割和专门化的技术，它引导希腊人去发现可以分类的数据。"[①]拉丁文字完全脱离了象形文字"形"的限制，用独立的语法规则指示着大千世界，表达着各种复杂的意思。

文字的发明使得信息记录变得很方便，更重要的是，文字可以记录复杂的内容，而且文字信息的准确性也比图像强得多。文字发明以后，人类社会的各种典籍出现了，这就是书籍的发明。文字利于保存，开始出现所谓抽象的文化积淀，这个时候，人类渐渐进入卡西尔所描述的状况："人不再生活在一个单纯的物理世界中，而是生活在一个符号宇宙中。语言、神话、艺术和宗教是这个符号宇宙的各部分，它们是织成符号之网的不同丝线，是人类经验的交织之网。"[②]如果说，语言、图像是人类象征世界的一部分，那么这个象征世界则是混乱、肤浅、即兴、多义且不易保存的。文字的世界彻底改

---

① 〔加〕埃里克·麦克卢汉、弗兰克·秦格龙编，何道宽译：《麦克卢汉精粹》，南京大学出版社2000年版，第141页。

② 〔德〕卡西尔著，甘阳译：《人论》，上海译文出版社1985年版，第33页。

变了这一状况，严整、有序、深刻、易于保存（也就易于文化的传承）成为文字世界的典型特征。

图像和文字是人类传递信息了不起的发明，但承载图像和文字的媒介却是笨重的和难以传递的，因为信息传递的速度取决于人类搬运物质的能力。在加拿大传播学者英尼斯的眼中，这类媒介是“偏向”于时间的媒介，即这类媒介——古埃及人使用的泥土、古巴比伦人使用的石块——上面的文字比纸张、兽皮上的文字更容易长久地保存，但它们不是偏向于“空间”的媒介，即不利于远距离地运输和传递，信息的传播依旧受到很大限制。[①] 因此，如何长距离地传递文字，成为传播革命的下一个方向。

4.印刷传播

文字的发明使信息变得轻便和简单，而纸张和印刷术的发明则将这种轻便和简单真正地发挥出来。人类的传播第一次大规模地突破地理的限制，真正“偏向于空间”的媒介诞生了。

纸张和印刷术都是中国人发明的。公元105年，东汉的蔡伦制造出结实耐用的植物纤维纸。到了7世纪的唐代，中国已经出现了雕版印刷，之后的1045年，宋代的毕昇发明了胶泥活字印刷。中国的这两项发明广泛流传到东亚和西方各国，为推动人类传播的发展作出了重要贡献。

纸张轻巧，携带简单，运输传递也十分方便。同时，印刷术使得大规模的信息复制成为可能，于是，信息（知识）由垄断走向普及，随之引发了巨大的社会变革。比如，施拉姆曾就印刷媒介和文艺复兴之间的密切关系，说道：

> 究竟是文艺复兴促进了印刷媒介的发展，还是印刷促进了文艺复兴的思想和观念，这并不是一个很重要的问题。究竟是大众媒介促进了传统村庄的变化，还是村庄的变化促进了媒介的传入，也不是很重要的问题。有一系列的相互作用。书籍和报纸同18世纪欧洲启蒙运动是联系在一起的。报纸和政治小册子参与了17世纪和18世纪所有的政治运动和人民革命。正当人们越来越渴求知识的时候，教科书使得举办大规模公共教育成为可能。正当人们对权力的分配普遍感到不满的时候，先是新闻报纸，后来是电子媒介，使普通平民有可能了解政治和参与政府。[②]

---

① 英尼斯认为：“根据传播媒介的特征，某种媒介可能更加适合知识在时间上的纵向传播，而不是适合知识在空间上的横向传播，尤其是该媒介笨重而耐久，不适合运输的时候；它也可能更加适合知识在空间中的横向传播，而不是适合知识在时间上的纵向传播，尤其是该媒介轻巧而便于运输的时候。所谓媒介或倚重时间或倚重空间，其含义是：对于它所在的文化，它的重要性有这样或那样的偏向。”见〔加〕哈罗德·伊尼斯著，何道宽译：《传播的偏向》，中国人民大学出版社2003年版，第27页。

② 〔美〕威尔伯·施拉姆、威廉·波特著，陈亮等译：《传播学概论》，新华出版社1984年版，第18页。

施拉姆充分概括了印刷媒介对政治、文化和社会变迁的作用，而这种作用的基础正是印刷媒介轻巧便捷的传播力。信息可以凭借纸张传递到遥远的地方，那么图像和文字所负载的知识和信息就能最大规模地发挥作用。

5. 电子传播

电的发明和应用使人类的传播能力又跨上一个新的台阶，从传播的广度来看，人类“无远弗届”的传播梦想真正成为可能。自18世纪荷兰科学家莱顿和意大利科学家伏特分别用“莱顿瓶”和“蓄电池”制造出电流、英国物理学家法拉根据电磁现象发明了发电机之后，电就被人类制造并征服。

“电”用于传播的革命性意义在于，它大大加快了信息传播的速度。“电”在空气中的传播速度每秒可达30万公里，因此，负载着电的信息也就获得了同样的速度，传播空间的障碍被大大地突破了。许多科学家为此作出了巨大的贡献，莫尔斯发明了电报，使得信息首先能以光速在电线上传播；波波夫、马可尼等人发明了无线电传送技术，又使信息可以脱离电线以电磁波的形式在空气中传播，而不需要依附任何有形的材料；随后萨尔诺夫等人将广播技术推向成熟。几乎与广播发展同一阶段，在法国人勒布朗，德国工程师尼普可夫、威勒，英国人贝尔德，美国发明家詹金斯等人的努力下，电视技术也在不断发展。于是，通过无线电，人们不仅能够传播声音的信息，而且还可以传递图像的信息。

电子传播颠覆了文字信息和印刷媒介的传播逻辑。用麦克卢汉的话来说，就是电子媒介使人类社会重新“部落化”。原始社会的人们是以“部落”方式聚居的，又因聚居而交流密切——这种交流往往都是人际传播。后来，各种传媒出现了，尤其是报纸、书籍、电话、广播等大众传媒的出现，使人们即便相隔千里也可以获得远方的信息，保持密切的联系。于是，人们可以与人隔绝却不与世隔绝，这个时候，人类社会“去部落化”了，不聚居在一起也可以顺畅地联系。但是，当电子媒介发展到一定程度以后，部落化又重新开始了，这表现为人们可以被媒介虚拟地聚集在一起，就像今天当除夕夜举家团圆的时候，世界各地的许多中国人都会围坐在电视机前观看春节联欢晚会。

以上是对人类传媒历史发展阶段的一个大致扫描，从中我们不难得出，人类传播技术的发展遵循这样的方向：传播的速度越来越快，传播的空间越来越广。这样，人类将可以了解更多更远的信息，获取更为丰富的见识，从而为更有效地征服自然、改造自然，推动人类文明的进步奠定基础。

二、真实地模仿、复制客观现实的需要

同样能证明广播电视技术发展必然性的是人类不断发展的模仿、复制现实的需要。

人类会不断地用各种信息技术来复制客观现实，即人有利用自身模仿能力创造模仿物的能力。人类社会从图像开始的媒介变革，一方面大大提升了人们信息传递的能力，同时也提升了他们利用符号手段模仿客观世界、模仿自然的能力。模仿，也是人类生存的一种本能，总的来看，这种行为有助于拓展人类“知（认知，如科学活动）、情（情感愉悦，如审美活动）、意（伦理和道德，如信仰活动）”三方面的能力。

1.模仿行为的功能

模仿能够促进人们更多更好地认知客观现实。思想家早已通过各种方式证实，人类很多发明都是通过模仿自然界来完成的。据此可以最终推断，模仿具有发现真理的功能。

这首先体现在孩子“社会化”的过程中，模仿是孩子认知周遭环境的一个非常有效的手段。德国思想家本雅明对模仿曾经有过诗意的描述，在《捉蝴蝶》中他谈到一个孩子该怎样才能抓住蝴蝶——那是需要模仿才能实现的，他说：

> 我的这个夙愿（抓住蝴蝶——作者注）后来是这样得以实现的：我让自己随着我所迷恋的那对翅膀的挥舞而起伏，随着他们的晃动而漂移，那个古老的猎手格言开始在我们之间起作用：当我的肌肉每一根纤维都调动起来去贴近那个小动物，当我自己将幻化为一只飞舞的蝴蝶的时候，那蝴蝶的一起一落就越来越近似人类的一举一动，最后擒获这只蝴蝶就好像是我重新为人的必须代价。①

在这里，本雅明想用“捉蝴蝶”来说明模仿是“对自然的同化”，那么，模仿就是人类的行为与自然的融合，通过模仿人类可以掌握更多的自然奥秘和能力。

人类不仅仅通过单纯地模仿自然界的表面现象来使自己的认知范围更宽广，同时他们还会模仿自然界中隐含的深层次的道理和规则，即将这种模仿上升到理性层面。人类的很多发明都是通过模仿自然界来完成的。比如，借助模仿鱼鳔使鱼沉浮的原理，人类发明了潜水艇，而对于潜水艇来说，密封舱就是一个巨大的人工鱼鳔；通过模仿蝙蝠利用超声波辨别方向的本领，人类发明了雷达，这样就可以发现辽远的天空中肉眼看不见的物体。类似的例子举不胜举，这说明模仿是人类通向理性世界，获得科学认知的通路之一。

其次，模仿有“善”的指向，即在所有的“模仿”中，模仿“应该是”的东西是人类“模仿”的价值指向。亚里士多德在《诗学》里早就提到，戏剧不仅仅要模仿“事物本来的样子”，还要模仿“事物应该有的样子”，这里所谓的“应该有”其实就是一种道德指向。

---

① 〔德〕瓦尔特·本雅明著，徐小青译：《驼背小人：1900 年左右的柏林童年》，上海文艺出版社 2003 年版，第 28 页。

英国思想家科林伍德就模仿的道德指向曾经提出过一个假说，他认为：

> 在任何虚拟活动的背后或许总有一个动机，即渴望获得某个东西，如果虚拟实现了，我们就可以享受或占有这个东西。这意味着一个人对自己实际所处的情境感到不满，又不企图运用实际手段去实现一个更令人满意的事物状态来补偿这种不满，而是凭借想象一个更满意的事物状态来得到一个人能够从中得到的满足。①

在科林伍德看来，模仿是一种"虚拟活动"，具有两个层次。第一个层次是对"真"的模仿，如果模仿成功，"就可以享受或占有这个东西"。前文所说的潜水艇、雷达等发明成果便是人类通过模仿而占有的东西。第二个层次是对"善"的模仿，即对"一个更加令人满意"的事物状态的模仿。这种模仿的成果往往是一些符号，比如一些艺术作品，包括我们在广播电视媒介中看到的更美丽的人（灯光、摄像、化妆打磨出来的）、更美丽的爱情故事（编剧、导演、演员等合作制作出来的）等等。

最后，模仿可以给人带来快感，即模仿具有美学意义。至于为什么如此，目前还没有严密的科学证明。但是，我们可以随意地从日常生活经验中感知到这种乐趣的存在。比如对于学龄前的儿童，我们很难发现他们会在游戏的过程中感觉疲惫，他们始终玩兴很浓，直到倦意袭来突然睡去。在那些能给孩子带来快乐的游戏中，大量的是模仿行为。比如，男孩和女孩分别扮演爸爸、妈妈，共同抚养他们的孩子（这个孩子通常是由一个布娃娃替代的），他们会假设各种生活情景，给孩子（布娃娃）穿衣、吃饭、玩耍、讲故事等等。由于这只是模仿行为，并非真实生活（现实生活中父母照顾孩子往往会非常疲劳），孩子们便会轻松地获得巨大的感性愉悦。即便是成年人，在他们情绪低落、意志消沉的时候，也往往会不经意地选择通过模仿的方式使自己重拾快乐，比如现代都市中的许多年轻人喜欢到电子游戏厅去减轻压力，其实就是一种对拳击手、赛车手、枪手等角色的扮演模仿，以达到放松和愉悦的目的。当然，成年人通过模仿获得快乐的最佳途径还是欣赏各种艺术品，包括广播电视媒介传播的各种电子艺术文本。

的确，艺术的模仿能给人带来巨大的快乐。首先，艺术创作的过程本身会产生巨大的愉悦感。柏拉图说，艺术家创作艺术品时进入的是一种情感激越、思致横溢的"迷狂"状态，而尼采干脆以"醉酒"来形容，认为艺术品是"酒神精神"的产物，这都说明了艺术创作过程中蕴藏着的无以言表的感性愉悦。其次，艺术品的信息接收同样能带来巨大的快乐，这是我们用感觉"内模仿"艺术品的方式获得的快乐。美学家汤姆森曾经用这样一个例子来解释"内模仿"，他说，观看一个花瓶的时候：

> 双眼盯着瓶底，双足就压在地上。接着随着瓶体的向上提起，她自己的

---

① 〔英〕罗宾·乔治·科林伍德著，王至元、陈华中译：《艺术原理》，中国社会科学出版社1985年版，第141页。

身体也向上提起，随着瓶体上端展宽的瓶口的向下压力，自己也微微感到头部的向下压力，……有一套完整的平均分布的身体适应活动伴随着对瓶的观照。正是我们自己身上的这类动作的完整与和谐才是和谐的整体这个理智的事实相适应的。①

可见，“内模仿”的审美运动悄悄存在于我们观赏艺术品的时候，也正是它带给了我们巨大的审美接受愉悦。再比如观看动作片时，尽管我们的身体固定在影院的座椅上，然而内在的感觉却随着激烈的动作场面一刻不停地读解片中的一招一式，甚至产生跃跃欲试的冲动。如果认同并欣赏片中动作的美，那么观影结束后，我们甚至还会尝试模仿这些动作。这种艺术传播过程中的“内模仿”又被称作“移情”，即把自己想象成艺术作品中的那个主体，用上述汤姆森的话来说，就是如果我们把一只花瓶当成艺术品，那么，我们就会在内心将自己等同于那个花瓶，我们的内心会随着花瓶的形状而运动，通过这种对艺术品的模仿，能够获得巨大的快乐。

正是因为有上述种种需求，人类才具有一种持久的内驱力并最终发明了广播电视技术。一方面，广播电视媒介是对人类传播能力的突破（这是人类的一种本能），它们帮助人类超越空间和时间的限制，获得更远更多的信息，不仅将地球变成了一个村落，而且还用电子信号记录信息、记载历史，比如今天我们随时可以通过录音、录像回味、理解历史上发生的事件，品味历史人物的喜怒哀乐；另一方面，广播电视媒介提升了人们模仿的能力（这同样也是人类的本能），人们用广播电视技术塑造了一个音像世界，这个世界既能客观地反映周遭现实，提升人们的认识能力，同时也能超越现实，按照人们的希望塑造一个理想世界，反映出人们的伦理追求和美学追求。

2. 媒介技术的进步与模仿行为的进化

随着媒介技术的进步，人类模仿的能力不断获得提升。这首先表现在模仿的逼真性越来越强。

原始人刻画在岩壁、树木、陶器上的图画，是对客观现实最直接的模仿。很长一段时期内，人们都把像与不像作为模仿技艺高低的标准。古希腊有这样的传说，画家宙克什斯和帕哈休斯比赛绘画，宙克什斯先画了一串葡萄，引得群鸟飞来啄食，于是为此洋洋得意；而帕哈休斯画了一幅幕布，这块幕布如此逼真，以至于宙克什斯对他说：“快把幕布拉开，让我们看看你画了什么吧！”当宙克什斯意识到自己这个错误时，十分钦佩地说，我只是欺骗了鸟儿，而我的对手却欺骗了一个艺术家。这个故事的真实性令人怀疑，但却说明了古人对逼真的模仿技艺何等推崇。

这种推崇在摄影术诞生后就终结了，因为在逼真性方面任何绘画的技艺都比不过

---

① 朱光潜：《西方美学史》，人民出版社1979年版，第621页。

摄影。但是，摄影只能拍摄静态的画面，于是人类又发明了电影和电视，记录流动的影像。为了更加真实地模仿和复制现实，人类又自觉地发展各种音频技术，将声音的制作和复制与流动的画面结合起来，这就是有声电影的诞生。随着色彩进入电影和电视，人类对世界的复制达到更为逼真的程度，即更倾向于一种全息复制。科技发展到今天，人类模仿外界事物的能力已经达到很高的水平，不要说影视作品中的高科技特技可以完全欺骗人们的视听感官，即便在其他领域，这种探索也从未止步。作家王小波以他艺术的敏感触摸到这种技术将会给人带来的后果：

> 盖茨先生想出一种东西，叫作VR紧身衣，这是一种机电设备，像一件衣服，内表面上有很多伸缩的触头，用电脑来控制，这样就可以模仿人的触觉。照他的说法，只要有二十五到三十万个触点，就可以完全模拟人全身的触感——从电脑技术的角度来说，控制这些触头简直是小儿科。有了这身衣服，一切都大不一样。比方说，电脑向你输出一阵风，你不但可以看到风吹杨柳，听到风过树梢，还可以感到风从脸上流过……VR紧身衣的概念就是如此。①

相信总有一天，计算机技术对人感觉的模拟完全可能达到真假莫辨的程度。

其次是模仿的层次越来越深入。

图像只能模仿世界的表层，而要模仿更深层次的逻辑、道理，还有人们的情感、心灵和精神世界，就会显得比较乏力。这种情况直到文字诞生以后才有所改观。文字诞生后，人类开始有能力进行一些深层次的模仿，即不仅模仿世界的外观，而且通过文字语言的叙述不断激发自身的想象和思考，进而模仿客观世界的内部逻辑或者人的主观心灵过程这样一些没有特定外形表现的内容。理论思考、科学研究其实都起源于这种模仿。

印刷术诞生以后，人类的模仿能力发展成复制能力，单个的作品开始被大规模地复制和扩散。如果说，《圣经》用文字符号模仿了一个"上帝的世界"，那么印刷术就将这个模仿的世界推广到了可能到达的每一个角落。中世纪，只有教士这类特权阶层才能体悟到的由阅读带来的模仿的快乐，在文艺复兴时期，每个只要能识字并拥有《圣经》的人都能获得。而电子传媒技术的诞生和发展，使得人们复制的能力更加强大，电影、电视、广播用声音和画面营造（模仿）了一个全息的、活生生的世界。

模仿的能力在传媒技术的推动下不断进步，最终发生了一种性质上的"逆转"，即从模仿变成了"仿拟"。模仿一定是有一个原本的，对原本的模仿形成了所谓的"摹本"。但当人类的模仿技术足够发达之后，就可以脱离客观世界，即脱离"原本"创造一

① 王小波：《盖茨的紧身衣》，http://www.10000top.com/book/book_content.asp?btypeid=1667&id=135。

个完全是自己想象中的世界。这种脱离原本的纯粹的符号创作，法国思想家鲍德里亚称之为“仿拟”，仿拟出来的符号作品被称为“拟像”。在当下社会中，影视中的卡通人物，电脑游戏中的虚幻故事，包括大量的影视作品，都是典型的拟像，即这些形象都是由人类根据自己的想象创作出来的，在现实生活中并不对应着一个真实的范本。可见，是模仿技术（同样也是信息传播技术）的进步导致人类的创造力得到了最深刻和自由的发挥。

第二节　广播电视技术发展的轨迹

一、广播技术的发展

1. 远距离传播信息的电子技术——无线电的发明

19 世纪中叶，人类实现了远距离的有线信息传播。此时，远距离信息传播的需求也迫在眉睫，尤其是在美国。19 世纪 30 年代，美国的铁路建设取得了飞速发展。为了保证铁路运输的安全和高效，人们需要发明一种比火车行驶速度更快的信息传播工具，以便在火车到站之前把信息传递出去。1844 年的春天，莫尔斯实现了技术的突破，他用自己发明的电报传递了人类历史上第一条电子信息“上帝创造了什么”，这条信息从华盛顿被即时传递到巴尔的摩，意味着人类实现了同步的远距离信息传播。1878 年，贝尔发明了电话，一句“过来，华生，我需要你”，第一次通过电线实现了人类语言的即时传递。但此时，人类的远距离信息传播还离不开电线这一媒介通路，这无疑是信息跨越空间的限制和障碍。于是，人类着手探索如何使电子通信摆脱电线的束缚。

两位科学家首先从理论上论证了远距离通信的可能，他们是苏格兰数学家马科斯韦尔和德国物理学家赫兹。1864 年，马科斯韦尔提出了著名的电磁波存在的理论，他预言，未来有一天，人类将以光速发射电子信号到别的地方而不通过任何电线。1888 年，德国科学家赫兹在其公布的实验结果中证实了电磁波的存在，从而证明了马科斯韦尔理论的正确性。赫兹的名字也最终成为电磁波频率的单位。当赫兹发现电磁波的消息传到俄国的时候，科学家波波夫于 1894 年改进了无线电接收机并为之加装了天线，使其灵敏度大大提高。1896 年，他成功地用无线电进行了莫尔斯电码的传送，距离为 250 米。这一实验应验了马科斯韦尔此前的预言，证明了人类的信号完全能够以电磁波的形式实现空间传播。

1897 年 5 月 18 日，另一位研究无线电的年轻人——马可尼改进了无线电传送和接收设备，并在布里斯托尔海峡进行无线电通信取得成功。这一次，信息传播了12公里。1898年，英国举行了一次游艇赛，终点设在离岸20英里的海上。《都柏林快报》特聘马可尼为信息员。他在赛程终点用自己发明的无线电报机向岸上的观众及时通报了比赛结果，引起了很大的轰动。这被认为是无线电通信史上的第一次实际应用。紧接着，马可尼在英国建立了世界上第一家无线电器材公司——英国马可尼公司。

随后，无线电技术开始了其在商业和军事上的广泛应用。1901年，英国的无线电报能发送到大西洋彼岸，不过当时的天线是用风筝牵着的金属导线。1902年，在英国与加拿大之间正式开通了越洋无线电报通信电路，使国际电报通信跃入到一个新的阶段。由于无线电通信不需要昂贵的地面通信线路和海底电缆，因而很快受到人们的重视。它首先被用于敷设线路困难的海上通信。第一艘装有无线电台的船只是美国的“圣保罗”号邮船。后来，海上无线电通信接二连三地在援救遇险船只的行动中发挥作用，从而初露头角。波波夫的那句名言：“要是我能指挥电磁波，就可飞越整个世界”，正在逐步成为现实。

而发生在1912年的一场海难引发了社会普通公众对无线电传播技术的浓厚兴趣，这就是泰坦尼克号的沉没。当时，号称“永不沉没”的豪华巨轮泰坦尼克号在大西洋上遭遇了冰山碰撞并引发了严重的沉船事故。事故发生后，泰坦尼克号迅速用电报发出求救信号。消息传到美国，举国震惊，人们都急切地想知道事情发展的最新情况。当时许多业余的无线电操作人员都试图用自己的机器与正在沉没的泰坦尼克号取得联系，其中就包括广播史上赫赫有名的戴维·萨尔诺夫。基于对萨尔诺夫优秀的业务水平的信任，当时的美国总统下令关闭所有的私人电台，只保留萨尔诺夫电台与泰坦尼克号联系的畅通。对于广播来说，这次事件有两个意义：

第一，广播首次作为大众传播媒介登上历史舞台。大众传播是专业的传媒人员通过大众媒体对非特定的大众进行信息传播的一种社会形态。在电报技术刚刚发明的时候，它还仅仅是作为一种“点对点”的传媒存在（电话同样也是这种性质），是广播造就了电子传媒的大众传播的形态。在广播媒介中，信息可以由专业的信息制作者（广播记者、编导等）通过专业的媒介（广播节目制作和发射的工具）向非特定的大众（所有有收音机并能够接受到广播电波的听众）传播信息。电子信息传播就此具有了社会性、普遍性的特征，因此，广播媒介有可能被普及，并最终成为一种大众文化。

第二，作为大众传媒，广播显示了较之报刊等印刷媒介迥然不同的品质和特征，并对印刷媒介形成了咄咄逼人的挑战态势。面对“泰坦尼克沉没”这样的突发事件，印刷媒介显示了相对于电子媒介“时效性不足、现场感缺乏、传播慢、覆盖面有限”的劣势，而广播正是在这些方面弥补甚至是填补了报刊媒介的不足。此时，广播已经蕴含了日后对印刷媒介形成严峻挑战的种子。这就涉及了媒介发展史中的一个重要命题——广播早期发展和报纸媒介的关系。这是一种新旧媒介相互借鉴又相互压制与反抗的关系，详细内容将在第三节的第三部分予以描述。

2. 声音录制、存储技术的发展

广播一方面是一种信息传播技术，另一方面也作为机械复制技术存在，即它不断提升“模仿能力”，这就涉及人类对声音的录制和编辑能力。即只有录音设备发展起来，广播节目才能够真正变得多元，且播出灵活，可控性强。

人类记录声音的技术要追溯到1857年，当时法国科学家斯科特发明了声波振记器，这是最早的原始录音机。1877年，美国科学家爱迪生发明了一种录音装置，它可以将声波变换成金属针的震动，然后将波形刻录在圆筒形腊管的锡箔上，当金属针再一次沿着刻录的轨迹行进时，便可以重新发出留下的声音。这个装置录下了爱迪生朗读的《玛丽有只小羊》的歌词：“玛丽有只小羊羔，雪球儿似的一身毛”，这8秒钟的声音成为世界录音史上的第一声。随后的1878年，爱迪生成立了制造留声机的公司，生产商业性的锡箔唱筒，这是世界上第一代声音载体。

1887年，美国人伯里纳发明了唱盘（或者称为唱片）和横行唱针，从此，录下来的声音可以长期保存并进行复制了。唱盘是世界上第二代声音载体，正是由于它的大规模复制的功能，才直接催生出了唱片产业，这个产业对流行音乐的诞生和发展产生了至关重要的影响。随后，丹麦科学家包尔森利用电话传声的原理发明了钢丝录音机，这就是第三代录音设备，但这一设备因为对钢丝质量要求高且不易携带，依旧没能普及。

第四代录音设备——录音机的发明真正成就了录音机的广泛流行和实际应用。1935年，德国科学家福劳耶玛以纸带和塑料袋作为带基，并在基面上涂上氧化铁，正式替代了笨重的钢丝。用这种方法制造的磁带不但重量轻，而且有韧性，便于剪切，携带方便，价格便宜。最重要的是，它使声音的录制变得更加灵活简便。磁带的发明，推动了广播录音新闻、广播流行音乐等的飞速发展，大大促进了广播事业的推广，同时，也使录音机和各种音频制品更容易走进千家万户，尤其是在20世纪70年代日本人高篠静雄发明了随身听（Walkman）后，音乐可以被随身携带，从而加速了流行音乐的普及和广播音乐的发展。

目前，新一代录音技术是数字录音技术，这种技术是20世纪80年代发展起来的，此时，出现了激光唱盘，即所谓的CD。从理论上说，激光唱盘是永不磨损的，它可以反复地用于音乐广播。之后，从CD，到MD盘（Mini Disc）、MP3、MP4播放器，今天世界上大多数的广播电台都在使用数字式的高保真录音设备。

3. 收音机技术的发展

收音机是听众接受广播信息的设备。严格地说，广播任何功能的发挥都要依赖收音机的普及。

最早诞生的收音机是矿石收音机。1906年在无线电通讯的基础上，美国科学家邓伍迪和皮卡尔德利用矿石晶体进行试验，发现了它的检波作用，即矿石能够接收电磁波并从中获取能量，转化为电流，供发声设备发声。他们将矿石与几种简单的组件连接，就可以接收到广播节目。矿石收音机的弱点是不能发大信号，微弱的声音只有通过耳机才能收听。而且，矿石收音机获得最佳的频道位置也比较难。

对早期无线电广播发展贡献最大的发明是真空管。1904年，在马可尼公司工作的英国科学家弗莱明用真空管中的阴极和阳极控制电流的方向，发明了二极管。1906年，美国人德佛雷斯特在弗莱明的发明上做了一个小小的改动，增加了第三样东西——栅极，这就是三极管。三极管可以增加电子信号的强度，增大真空管的检波效应。这对广播具有革命性的意义，它意味着听众可以脱离大型设备和耳机的限制随意地收听广播，广播就此成为人类社会伴随性最强的媒介。不仅如此，如果振荡三极管，还可以产生连续的高频电磁波，用于声音和音乐的广播非常有效。1908年，德佛雷斯特在巴黎的埃菲尔铁塔上广播唱片节目，被25英里以外的法国军事电台收听到。两年以后，他又在纽约大都会歌剧院实况直播歌剧，尽管当时有干扰，但还是有不少听众收听到了歌剧演出。事实证明了三极管对音频接收的良好效果。

比三极管更为先进的广播接收设备是晶体管。1947年，美国贝尔实验室的三位科学家——布莱顿、肖克利和巴丁发明了晶体管。相对于真空管，晶体管的最大优势在于体积小、耗电少、音响效果更好，而且具有抗电击能力。为此，他们三人都获得了诺贝尔物理学奖。配备了晶体管的收音机一方面使得广播“伴随性收听”的特征越发明显——这一特征成为广播在大众传媒家族中最独特的优势，同时，它良好的音乐效果也为后来广播音乐节目的繁盛奠定了技术基础。

二、电视技术的发展：图像和传播能力的双重进步

1. 光电效应和荧光效应：图像制作和显示的理论基础

“光电效应”是电视发展的核心技术基础，它是指当光照射到某种物质的时候，该物质会产生电，电力的强弱取决于光线的强弱，它们之间的关系是成正比的。最先发现这一现象的是英国工程师史密斯。他发现金属物质硒是一种发电体，其产生电流的能力随着光线照射的强度而变化。这一原理的发现为电视摄像机的诞生奠定了理论基础。依据这一原理，人们就可以把客观世界中的“光信号”（如自然景观）通过相应的技术设备转化成“电信号”（如电视图像），发送或者贮存起来。

电视接收设备即电视机的理论基础是荧光效应。荧光效应的原理与光电效应正好相反：当电流冲击荧光物质时，会导致该物质发光，而发光的强弱也与电流的强弱成正比。1839年，法国科学家白克勒尔发现，给某种化学物质充电，可以使其发光。这

样，人们就可以把“电子信号”转为“光信号”。荧光效应成为电视荧光屏工作的原理，荧光屏上闪烁的亮点颗粒正是电子流冲击荧光物质的结果。

总之，人类依据光电效应原理获得了捕捉、录制图像的能力，而“荧光效应”原理最终使图像得以显现。摄像机和电视机构成了最基本的电视设备系统。

2.图像分解和扫描技术

图像分解和扫描技术，是把光电效应和荧光效应这种科学原理转化成摄像机和电视机的关键技术。如果说，光电、荧光效应是电视媒介发展“理科意义”上的基础，那么图像分解、扫描技术就是电视媒介发展“工科意义”上的根本。

1875年，美国人凯瑞发明了图像分解技术，这是一种模拟人眼的装置，也可以说是最早的电子摄像头。到了1880年，法国人勒布朗发现了眼睛扫描事物的原理——这是将图像分解成许多像素来完成的。于是，人们只要先将图像分解成像素，再用一根电线将它们顺序地传播出去，图像展示的三维空间就变成了像素构成的线性(时间)传递了。当然，这种连续过程非常迅速，肉眼几乎不能分辨。依据这一原理，机械扫描图像的方法很快就被发明出来了。1884年，德国工程师尼普可夫用一个布满螺旋状小洞的圆盘成功地传送了流动的图像，但是电视的真正发明，还是要等到20世纪。

3.机械电视和电子电视的发明

世界上最早的电视机，公认为是由被称为“电视之父”的贝尔德发明的。发明电视的时候，贝尔德还是个不到20岁的英国青年，当时无线电技术已经广泛应用于通讯、广播了。世界上许多伟大的科学家和工程技术大师，都想发明能传播图像的电视机，贝尔德是其中一员。他用一只盥洗盆做框架，把它和一只破茶叶箱相连，箱上安装了一只从废物堆里捡来的电动机，它可转动用马粪纸做成的四周戳有小洞洞的“扫描圆盆”，还有装在旧饼干箱里的投影灯。几块透镜及从报废的军用电视机上拆下来的部件等等。这一切凌乱的东西被贝尔德用胶水、细绳及电线串联在一起，成了他的实验装置。贝尔德知道电视机的原理：应该把要发送的场景分成许多小点儿，暗的或明的，再以电信号的形式发送出去，最后在接收的一端让它重现出来。

经过多次试验，直到1925年，贝尔德终于取得成功，当年的10月2日清晨，他成功地将日夜相伴的试验木偶比尔的脸庞传播到他简陋的机械电视机上。1926年，他又向英国皇家学会的40多位成员以及新闻界做了演示，在电视屏幕上成功地播映出一名办公室勤杂工的活动影像。与此同时，美国科学家詹金斯、贝尔实验室的工程师艾夫斯也都成功地进行了机械电视传播的试验，都获得了成功。

机械电视的发明虽然令人欣喜和震惊，但是，它的缺点也十分突出。比如，机械电视过于笨重，在一次转播过程中，贝尔德的机械电视甚至将地板都压塌了；再比如，机械电视工作时噪音太大，这对录制现场是很不利的。正是由于这些缺点的存在，电子电视应运而生。

电子电视的核心技术是显像管。1878年，英国科学家克鲁克斯发明了阴极射线管，在此基础上，德国的布劳恩发明了一种简单的电子显像管，这种观察电信号的视觉仪器后来被称为"布劳恩管"。1904年，俄罗斯圣彼得堡大学物理学教授罗辛发明了实用的阴极射线管，这是将"布劳恩管"应用于影像传递的最早尝试。1923年，罗辛的学生佐里金发明了光电显像管装置，这是全电子电视的关键部分。佐里金为它这个发明取名为 inconoscope(影像管)。这个词是根据古希腊语的"形象"——eikon 和"看见"——skopein 变形组合而成。1928年，在 RCA(美国无线电公司)的支持下(投资5000万美元)，佐里金的科研小组正式发明了第一支光电显像管，佐里金给它命名为 Kinescope，kine 是"运动"的意思，scope 是"观察仪器"的意思。1929年5月9日，佐里金小组进行了首次电视摄像展示。他以一台35毫米的电影放映机拍摄的画面作为节目来源，接收装置是全电动的，没有一点机械的成分，图像效果非常清晰。

4. 电视记录和传播技术的进步

对电视发展产生重要影响的技术还应当包括图像记录(录像)技术和传播技术。

(1)电视录像技术的发展

电视刚刚诞生的时候，由于缺乏录像设备，所有的节目都必须现场直播。比如早期的电视有"小电影"之称，因为电影是当时电视节目的主要来源，转播的影片就是银幕上正在放映的电影——电视镜头直接拍摄银幕。这时，电视镜头所摄录的电子媒介图像是无法保留的。

美国和日本对于电视记录技术的研发，走在了世界的前列。首先是美国。美国人先是考虑融合电影胶片记录图像的手段来解决电视面临的技术难题。1947年，被称为"电视屏幕录像机"的设备问世了。到了1953年，美国每年用于记录电视节目的胶片长达1亿英尺，但是屏幕录像机拍摄的画面质量始终不及电视直播的画质。磁带录音机的出现，启发了人们用同样的技术手段保存图像的愿望。由于美国地域辽阔，全国被分为好几个时区，直播节目很难覆盖全国，在这样一种社会现实情况下，磁带录像技术首先在美国发展起来了。1956年4月，美国的安培克斯公司在国家广播协会内部展出了第一台实验性的磁带录像机，这台录像机的体积比一辆小汽车还大，价值7.5万美元。1959年美苏首脑会谈时，美方人员用这台录像机悄悄录下了时任美国副总统的尼克松和赫鲁晓夫之间著名的"厨房辩论"，这是世界上第一次新闻录像。当这场舌战被重新播放时，苏方人员大为吃惊。随后，这盘录像带被带回美国，通过电视迅速向全美播放，顿时，尼克松和赫鲁晓夫成了世界上最早的两位通过录像技术被人知晓的明星。从此，录像机便引起了公众的兴趣和注意。

日本在录像机技术方面的研制后来居上。著名的东芝公司，发明了双磁头斜切线的方式，替代了美国安培克斯公司的横切线录像方式，成为被世界普遍使用的专业录像机标准。1972年，荷兰飞利浦公司开发的录像机可以随时录制电视机中正在播放的节目，从而敲开了家用录像机市场的大门。日本胜利公司等录像机企业也随后跟进，直至70年代末盒式磁带录像机正式进入家庭，人们可以有选择地观赏自己喜欢的视频节目。在这样的背景下，一个庞大的录像节目市场诞生了。1986年，世界电影业从盒式录像带获得的收入首次超过了电影院票房的收入。

尽管录像机起初只是用来收录节目，只作为记录载体使用，但制片商和技术人员很快就意识到它也可以用于制作电视节目。对于电视制片商来说，只要有人能解决对录像带进行编辑的问题，录像机就有希望成为胶片制作的廉价替代物，也可以很方便地对直播节目进行录像，使之更加紧凑。在这种情况下，电视节目的磁带编辑技术应运而生了。

早期的电视节目大都采取直播的方式，因为当时还没有发明录像机，没有能够记录节目的载体。当时的电视节目要么是用切换传送法进行现场直播，要么就是利用电影摄影机对准电视接收机屏幕把图像拍摄在胶片上，经过洗印加工后播出，这种方法不仅成本高，而且画面质量也差。50年代末期，人们用放大镜对磁带上的磁迹进行定位，然后使用切片器在标明画面界限的磁迹上进行剪切，最后再用极薄的金属胶带把两段录像带粘接起来完成镜头的组接，这就是所谓的机械编辑。这种编辑方法与电影剪辑有相似之处，因此也被称为剪辑。为了使磁带剪辑更加简便易行，安培公司于1958年推出了一种录像带剪接机，其他厂家纷纷仿效安培公司的做法，专业化的磁带编辑方法就这样诞生了。

与现今的技术水平相比，这种机械式的磁带剪辑法显得粗糙，而且编辑精度不高。电子编辑系统的出现解决了这些问题。第一台电子编辑机于60年代初问世，它所带来的“电子编辑”的概念，是依据电子控制的原理，运用快进和快退功能在磁带上寻找编辑点，还可以利用暂停功能控制录像机的录制和重放。这样，编辑画面时再也不必剪断录像带了。一般来说，只要有一台编辑放像机、一台编辑录像机和一台编辑控制器就可以完成磁带的编辑工作：通过电子方式，首先把录制好的多个原始素材按照艺术的要求进行筛选，然后按顺序转录到另外一盘磁带上，再配上对白和音效，使之成为一个完整的节目。这是电子编辑刚出现时的基本形式，并延续至今。

现在，录像机正逐渐被可写式数字光盘所取代，而后者将是下一代音像和计算机通用的主流产品，具有高保真、反复录放和贮存容量大等优点。可写式数字光盘的前身是只读式数字光盘——DVD，它的容量是普通光盘的13倍，单面可存贮一部133分钟的电影，其画面的清晰度是电视的4倍，并有8个声道，可实现环绕立体声效果，既可在电脑屏幕上放像，也可在电视屏幕上放像。不过，这种光盘和光盘机都无法录像。而可写式数字光盘既能放像又能录像，完全可以代替录像机的功能。紧随着数字录像方式诞生的是数码音像编辑系统，即所谓的非线性编辑系统。和线性编辑方法不同的是，它不需要通过快进和快退来找寻编辑点，而是可以根据需要随意地在计算机的硬盘上直接截取画面，大大提高了编辑效率，这无疑要比线性编辑进步得多。

(2)电视传播技术的发展

电视的传播技术历经了微波无线传播、卫星传播和光缆传播三个阶段。

电视诞生后相当长的一段时期内，人们只能通过微波的形式传递信息。但是，微波是直线传播的，在弧形的地球表面，传播范围十分有限，传播信号也容易受到气候、建筑物、地形的影响。人们采取了种种办法来克服微波传播的劣势，比如将微波发射台建在山顶，或者将微波发射塔尽量建高（法国的埃菲尔铁塔作为一个高大建筑就担任过电视传播工具的角色），还会每隔一段地区建立一个微波中继站，让微波通过中继站不断被转播出去。但最终解决这个问题的还是卫星传播技术的发展。

这一技术的源头可以追溯到 1945 年。当时，英国科普作家克拉克在一份专业杂志上发表了一篇名为《星际转播》的文章，最早提出了卫星转播的思想，他由此被称为“通讯卫星之父”。在克拉克看来，提高微波站的高度是解决微波传播范围窄这一问题的关键，如果将微波站建在太空，那么其涵盖能力就能够超过任何地球表面的中转站。按照克拉克的计算，只要有三颗通讯卫星就能够覆盖整个地球。克拉克的构想为整个电视界带来了巨大的商业价值，也为人类带来了巨大的福利。

人造卫星的发射成功为克拉克的构想提供了现实可能性。1957 年 10 月 4 日，苏联在拜科努尔发射场发射了世界上第一颗人造地球卫星，并被送入轨道。1960 年，美国发射了“信使 2 号”通讯卫星，这是人类历史上第一颗主动式的通讯卫星①，即它既能够接收又能够发射无线电讯号，由此实现了广播电视节目的远程传播。1962 年 6 月 19 日，美国航空航天局和美国电话电报公司合作发射了“电星一号”通讯卫星，这颗卫星首次成功转播了电视讯号。在此之后，美国相继发射了“同步 2 号”“同步 3 号”等通讯卫星。其中，“同步 3 号”是第一颗固定的可以从事洲际电视转播的通讯卫星。1964 年 10 月举行的第 18 届东京奥运会便是经过“同步 3 号”卫星实况转播至美国和欧洲各地的，这是人类第一次用卫星来实况转播体育比赛。

1964 年 8 月 20 日，国际通讯卫星组织成立。次年 4 月，该组织的第一颗国际商用同步卫星——“晨鸟”发射成功，标志着世界进入国际卫星传播的时代。尤其是在电视新闻传播领域，过去国际新闻的影片或者录像带必须利用飞机传送，时效性差，有了“晨鸟”之后，重大的新闻事件就可以同步传播了。

直至今天，我们依旧依赖通讯卫星给我们带来及时、便捷的电视新闻服务。

---

① 在 1946 年，美国海军无意中发现，他们发射到月球上去的一个雷达信号竟然被反射回来。于是后来美国海军利用月球作为连接华盛顿和夏威夷之间的通讯中继工具。那么，像月球这样单纯反射却无控制能力的卫星被称作是“被动式卫星”，月球被称为最原始的被动式通讯工具。而人类后来发射的各种通讯卫星都是可以实行严格控制的“主动式卫星”。

接收卫星的电视信号需要专门的卫星天线，价格昂贵，安装也比较麻烦。所以，在世界很多地方，包括我国在内，通讯卫星频道传送的节目一般通过线缆进行分配，这就是有线电视。卫星和线缆相互结合的有线电视，是电视信号传播的主要方式。

有线电视是以同轴电缆或光导纤维传送节目并进行放大分配的电视系统。我们知道，早期的电视微波发射不稳定、信号微弱，再加上山脉、高层建筑的影响，一些偏远地区的人们无法稳定地收看电视节目。有线电视的投入使用，大大改善了上述状况。① 在使用过程中，人们逐渐发现了有线电视的诸多优势，主要包括：不受各种干扰，具有良好的传播效果；频带宽、频道多，选择范围大。重要的是，有线电视可以进行双向交流，根据用户的需要进行针对性的服务，尤其是20世纪90年代以后，人类进入互联网时代，电视光缆和互联网的光缆可以合而为一，进而有可能开辟崭新的人类传播格局。

第三节　广播事业的诞生和早期发展

技术是广播事业诞生的基础。但是，广播事业的发展仅仅依靠技术是不够的，它还需要社会制度和各种政策的支持。在此，尤其值得注意的是，技术的本质是客观、公正的，没有任何意识形态的因素，然而，运用技术的人和组织人的社会制度是千差万别的，这才形成了世界各国面貌各异的广播电视事业。

在现代社会，一种媒介技术要演变成社会系统，或者说演变成一种媒介事业，一般需要经历如下历程。首先，社会对这种技术的普遍需求引起了商家注意，在经济利益的驱动下，相应的媒介生产机构和媒介产业率先形成。随后，媒介的广泛影响将引发政府机构以及其他社会团体的关注，相应的政策法规慢慢出台，知识精英阶层会从社会公益、伦理道德的角度对媒介的社会影响进行批判，促使形成相应的媒体道德。最终，媒介变成了社会一个不可或缺的“领域”或“装置”。

一、广播事业的发轫

20世纪20年代，广播的技术已经基本成熟。当时，很多一次世界大战中受过无线电通信训练的人成为了业余无线电爱好者。他们组装的矿石收音机，让一些商业公司意识到广播媒介将带来可观的经济效益。

---

① 线缆电视其实是模仿广播的做法，英国在这方面走在了世界的前列，她早在20世纪20年代就产生了有线广播。

1920年，西屋电器公司一位名叫弗兰克·康拉德的工程师开始了自己的广播试验。他在位于匹兹堡的一间车库中播放唱片、朗读报纸，受到矿石收音机听众的热烈欢迎。这一现象引起了西屋电器公司高层的关注，于是决定制造收听效果更好的品牌收音机投放市场。为了扩大销售量，西屋公司在匹兹堡最高建筑的顶层修筑了演播室，从此，康拉德在专业的演播室里播音了。这个演播室就是世界上第一家广播电台，它的呼号是KDKA。目前，这家电台还在播音，是世界上历史最悠久的广播电台。

KDKA电台证明了广播市场的存在。很快，西屋电器公司又在芝加哥等其他城市相继开办广播电台，通用电器等公司也不示弱，紧随其后。截至1922年底，美国的广播电台达到570家，到了20年代末，几乎半数的美国家庭拥有了收音机。

广播也在欧洲大陆和日本等亚洲国家发展起来。1919年，马可尼公司获准建立实验性的广播电台，拉开了英国广播事业发展的序幕。1922年，经邮电大臣授权，英国6家大电器制造商以及数家小电器公司合伙组建的英国广播公司即BBC（British Broadcasting Company）正式成立，这是英国乃至欧洲广播事业早期发展的代表。而在日本，1926年8月6日，东京、大阪、名古屋等三家社团法人广播电台在中央放送局的协调统率下，共同组成了日本广播协会，即赫赫有名的NHK，它与BBC的性质相近，都是国家授权经营的非盈利组织。

总之，20年代是世界各地广播电台纷纷诞生的年代，这一新生事物为政府的管理提出了新的课题，当今世界通行的广播电视管理机制也是在这一时期形成的（电视诞生以后基本上延续了广播的管理机制）。

二、广播管理体制的形成

当今世界上存在的三大广播电视体制都是在20世纪20年代形成的。

首先是以美国为代表的商业型广播电视体制①。

美国的哲学和政治经济学理念都是反对政府对自由实施任何形式的限制。因此，这种理念也反映在政府对广播的态度上。但是，广播的频道资源毕竟有限，为了占领收音机市场，众多的商业电器公司纷纷设立自己的电台，这就给广播听众的收听带来了一个令人头疼的问题——不同电台之间的干扰。因为可以获得较好收听效果的频率就那么几个，那么多电台挤在上面，相互干扰，听众不胜其烦。加上在泰坦尼克号事件中，众多无线电爱好者的广播频率严重干扰了泰坦尼克号和外界的救援联系，这使得对广播进行体制上的规范和约束得到了社会公众的认可。

与后来商业化广播电台大行其道不同的是，早期的广播倾向于施行公共机构型的

① 值得注意的是，美国并不是单纯地实行一种商业化的广播体制，也有国营的广播事业，如美国之音，或者公共机构型的广播事业，如美国教育电视网。但是，商业化的广播电视机构是它的主流。

广播体制。这是与美国的自由主义精神相吻合的，即要建立一种能够让公众自由使用的广播体制。直到1922年，情况发生了改变。这一年，美国电话电报公司(AT&T)建立了WEAF电台，率先将广告业务引入广播经营，并提出了商业化的广播经营理念：人人有权进入广播，付费即可进入广播。虽然这种方式引发了社会尖锐的批评，但却得到了当时负责管理广播的美国商业部部长胡佛的支持。同时，为了减少因电台众多而造成的频道混乱，他还采取了三级分类的电台体制：具有最大发射电力和播出范围的清晰频率的电台，中等的区域电台，以及服务于小地区、被限定在日间播出的地方电台。WEAF凭借这条法令成功地说服了决策者，它服务于最广大的公众，所以理应获得最清晰的电台频率，而其他的非商业性的广播频率只获得了低一级的广播频率。商业性的广播电台开始在美国处于支配性的地位。

1928年，FRC发布“第40号总命令”，大规模地分配广播频率。它宣布，空中的频率资源有限，无法满足所有思想、宗教、政治、经济等学派建立空中喉舌的要求。但是，如果这些团体需要某一方面的信息，它们就能够通过市场意见表达出来，然后，商业广播电台就可以在全方位的节目中以播出部分意见的形式播出这些材料。这条法令意味着，公共意见表达的渠道是商业化的广播媒介。FRC的频率分配，大大加强了商业广播电台的地位。

其次，我们来看以英国BBC为代表的公共机构型的广播电视体制。

与美国相反，英国最先致力于建立的是商业型的广播体制，然而最终却成就了BBC这样世界闻名的公共机构型广播电视机构。虽然英国广播公司顺应潮流，将自己的体制改变为公共服务和商业经营并行不悖的“双重体系”，但是“公共服务”的广播电视理念却就此深入人心。

在广播发轫之初，英国最大的广播机构是6家无线电器材公司，它们办广播的目的不过是促销收音机。为了最大化地利用市场资源并避免垄断，6家公司需要建立一个以统筹事务、协调发展为目的的联盟机构。1922年12月15日，经英国邮电大臣授权，6家大无线电器材制造商和数家小电器公司联合组成英国广播公司，简称BBC，开始了广播服务。政府特许BBC收取收音机执照费，但不得播出广告，只可以播出厂商赞助的节目。可以说，这个时候的BBC是一个完全商业化的广播机构。

BBC商营的特性招致了英国社会的广泛批评。这里面既有印刷媒介的出版商和经营商出于自身的利益考虑大肆攻击BBC的商业垄断性质，也有社会公众对BBC沦为商业工具的担忧。于是，1923年4月，政府成立了由赛克斯爵士为负责人的咨询委员会，检查商营BBC经营的合理性。这个委员会通过调查和广泛征求意见后作出如下判断：电波频率是公共资源，因此在授权时应慎重考虑公共利益。广播是对公众生活具有巨大潜在影响的媒介，因此应当由国家授权的公益团体来经营。这样的观点和时任BBC总经理的约翰·里思一拍即合，那时他正欲摆脱收音机制造商对BBC的控制。于是，约翰·里思开始制造舆论，极力提倡应使广播免于商业机构和邮电部的控制，建立一个全国性的、社会性的、宗教性的和民主性的节目体系，使广播服务不仅仅以利润和娱乐为目标，更要兼顾社会公众的教育、思想、审美情趣等方面的内容。这就是“公共服务广播”的理念。1926 年，商营的 BBC 改组为公营的 BBC，即 company 改名为 corporation，简称不变。公营的 BBC 垄断英国广播界超过了四分之一个世纪，它的公共服务理念（拒绝播出广告也就是拒绝商业的控制，所有的节目播出都是对公众利益的负责）和健康、严肃、高雅的节目获得了普遍的社会赞誉。

再次，我们来看以苏联为代表的社会主义（国家主义）的广播电视体制。

苏联的广播电视体制是在以列宁为领导的苏维埃政权建立之初逐步确立的。当时，苏维埃政权面临着西方资本主义国家的武装干涉，媒介的主要功能是为新政权鼓与呼的社会动员功能，因而形成了社会主义广播体制的鲜明特色：媒介为国家所有，采用国营型的媒介经营方式；强调执政党对舆论宣传的引导作用，提倡正面报道，媒介要为了国家的利益而进行相应的社会动员。这种体制一直延续到苏联解体，并广泛为社会主义阵营中的国家所采用，比如朝鲜、古巴、阿尔巴尼亚、“文革”时期的中国等等。

总之，广播诞生之初，就已经显示了自己对社会的巨大的影响力，政治、经济等各个社会领域都力图在这一新兴的媒体中占有权力。因此，不同的国家根据国情的不同，分别形成了自己管理广播的机制和方法，这使得同样的广播媒介技术在不同性质的国家表现出不同的广播电视文化，世界各地的人们也就此形成了五花八门的广播接收体验。

三、广播业务的早期发展：兼容性的发挥

广播刚刚诞生的时候，虽然作为一种新的媒介技术，它的传播力是惊人的，但是却缺乏自身独立的节目制作力量。因此，广播必须从其他媒介和艺术领域借鉴信息制作方法，形成广播节目，主要表现在新闻和娱乐节目两方面。随着自身力量的发展，广播逐步摆脱报纸等媒介的控制，发展出自己欣欣向荣的信息业务。

1. 和报纸的合作与矛盾：早期的广播新闻

关于广播和报纸媒介早期发展的矛盾，美国具有很强的代表性。

美国早期广播节目的内容非常有限，很多时候，广播播音员仅仅是简单地报道一下当地报纸的新闻标题。听众如果想了解这则报道的详情，那么还要购买相应的报纸，这显然对报纸销售有利。很多报社正是看重了这一点，干脆自己办电台。根据美国报纸发行人协会广播委员会于 1927 年发表的报告，当时全美有 48 家报纸拥有自己的电台，69 家报社出钱到电台主办自己的节目，97 家报纸上刊登广播新闻节目，几乎

一半以上的高级电台都与报纸有着某种联系。[1] 这一时期，广播之所以如此依赖报纸，一方面是因为它缺乏自己独立的新闻采编力量，另一方面也是因为收音机还未普及，即没有足够的听众构成广播的广告市场，同时还无法承担较高的节目制作费用。因此，早期的广播新闻节目是靠兼容报纸的内容来完成的。

但是，广播的发展非常迅速。到1928年时，美国已经拥有800万台收音机了。当年的总统竞选人赫伯特·胡佛和艾尔弗雷德·史密斯都在广播中发表了自己的演说，越来越多的人开始通过广播了解新闻信息。1929年席卷欧美的经济大萧条是广播发展的一个转折点（详见第二节），同时也是广播新闻业务全面超越报纸媒介的契机。经济危机、社会动荡造成了人心惶惶的社会心态，人们需要的是“即时”信息，此时广播新闻“传播快”的优势得到社会普遍认可，广播新闻开始对报纸构成挑战。1932年，美联社为了挫败合众社，把1932年总统竞选的结果提前供给了广播网用以现场直播，还报道了民主党和共和党的大会，而这一切以前都是报纸新闻的招牌。这使得报纸忍无可忍。1932年底，美国报纸发行人协会召开董事会，向其成员发布通牒：在报刊发布新闻之前，不得将新闻出售或透露给广播电台，广播只能播送一些简单的要闻，以鼓励大众读报。迫于压力，1933年，美联社成员召开会议，决定不再向广播网提供新闻。其后，合众社和国际新闻社也都停止了向广播网出售新闻。

新闻来源的断绝，迫使广播电台必须开发自己的新闻采编体系。CBS率先建立了一个一流的新闻搜集机构，这是一个集合了众多记者并涵盖了美国各主要城市的新闻办事处网络。不久，NBC也建立了自己的记者采编队伍。随着越来越多的电台开始独立地采编新闻，更重要的是随着听众数量的增多，1935年，合众社等通讯社恢复了对广播的新闻供应。广播终于在竞争中摆脱报纸的压制，拥有了属于自己的领域。不过，这种对报纸新闻的兼容并没有就此完全消失，反而作为广播节目的一个特色被保持了下来。在今天的广播中，摘取并播读有价值的报纸新闻是广播司空见惯的做法，甚至延续到电视传播中（报摘节目也是电视新闻的一种形态）。

2. 广播文艺的雏形

在早期的广播节目中，文艺是十分重要的节目内容。而广播文艺节目的形成，更加凸显了广播媒介兼容性的特征。

广播诞生伊始，便与音乐结下了不解之缘。人类第一次广播播音，是费辛顿于1906年圣诞夜在美国马萨诸塞州的播音，当晚播出的主要是圣诞歌曲。后来，音乐节目成为广播节目主要的文艺内容，广播也因此成为音乐产业的一个重要组成部分。1920年，美国西屋电器公司的工程师康拉德播出了自制的广播节目，因为对连续的说话感到厌倦，于是开始播放录音唱片，没想到大受欢迎，甚至有听众来信主动要求点播

---

① 蔡骐、蔡雯：《美国传媒与大众文化》，新华出版社1998年版，第175页。

并增加播放时间。于是康拉德与唱片店合作，借用唱片，并答应在节目中提一下商店的名字作为报答。精明的商店主人发现，播放唱片的销售量要好于其他唱片。可见，广播对于唱片产业利润的增长具有一定的作用。可惜这种作用一直未被充分重视，直到50年代，美国摇滚乐之父艾伦·弗雷德有效地将广播媒介和唱片产业结合起来，创造了巨大的经济效益。

广播文艺中另一块不可忽视的内容是广播剧。广播剧是广播媒介兼容舞台剧的产物。最早的广播剧是直接转播舞台的表演，让人们通过收听舞台的音响来想象演员的表演，加上一个描绘者，用语言形容看不见的舞台动作。英国广播公司的广播剧非常繁荣，很多作家都是靠写广播剧成名的。

综艺节目也是广播节目中的重要组成部分。从20世纪20年代开始，类型化的滑稽节目在广播中日益成熟。这类节目的原型是马戏团的杂耍表演。由于广播是听觉的媒介，因此广播中的杂耍更多的是说唱、笑话、滑稽短剧等内容。

总之，人类社会有多少种文艺娱乐方式，广播就有可能产生多少种文艺娱乐节目形式。因为广播可以用音响将文艺娱乐方式变成自己独特的声音语言予以播出。

第四节　广播的黄金岁月

广播发展的基础是技术，但作为一种大众媒介，广播的发展却是得益于社会变迁。从20世纪30年代到40年代，两次重要的社会变迁推动广播真正走上了历史舞台，成为绝对的强势媒介和社会发展不可或缺的“社会装置”。纵观世界广播电视的发展历程，席卷西方资本主义社会的经济危机和第二次世界大战是广播事业发展的两大契机，它们造就了世界广播发展的黄金时代，奠定了广播传播的两个基本特性——感染力强和伴随性收听。这两个特性至今依旧是广播传播的优势所在。

一、“大萧条”对广播事业发展的促进作用

从1929年开始，当时主要的资本主义国家都陷入了普遍的经济危机，这就是所谓的“大萧条”。危机造成了巨大的社会振荡，继而引发了社会恐慌。广播媒介正是凭借其不可替代的作用，在这一灾难中迎来了自己的黄金岁月。

1.社会动员作用的发挥

“大萧条”让美国经济陷入危机。为此，罗斯福总统采取了“新政”策略。他意识到，除了实施这种必要的经济措施外，还必须扭转民众普遍沮丧和彷徨的心态，这就需

要一种思想意识和情感的沟通。于是，他利用广播这一当时新兴的媒介展开了全国范围内的社会动员——号召全美人民恢复信心，鼓起勇气，走出困境，这就是著名的“炉边谈话”①。

“炉边谈话”，是罗斯福就职总统后接受美国广播公司、哥伦比亚广播公司和共同广播公司的采访录音，任期间总共进行了 12 次，从大萧条时期一直持续到二战结束。“新政”推广中，“炉边谈话”的作用表现得最为突出。比如，面对美国大萧条中银行信用丧失的问题，上任第二天，罗斯福便发布了两条总统通令：第一，要求国会于 3 月 9 日举行特别会议并宣布所有银行休假 4 天。后者有助于打破充斥于金融界的恐慌和紧张状态，使政府扼制了挤兑风潮和有时间赶印货币。第二，国会特别会议赋予政府控制金融的权力和根据银行资产发行货币的权力，同时赋予政府对囤积和输出黄金的行为实施严惩的权力。就在银行休假结束的前夜，罗斯福对全国 6000 万听众发表了第一次“炉边谈话”。他以亲切诚挚的声调、质朴实用的语句，就银行暂停营业的问题对全国人民进行了耐心的解释、劝告和教育，有效地消除了社会恐慌，增强了人们对政府的信心。同时，罗斯福在“炉边谈话”中最大限度地表达了他的亲和力，他甚至会用一些非常生活化的语言使得谈话过程更像是日常生活中的聊天。比如他会在谈话过程中起身拿起一杯水喝，或者他会让他的秘书从壁炉里拿出一些柴火，因为他感到太热了。这让听众对总统产生很强烈的“自己人”的感觉，心甘情愿地按照罗斯福的指示来做事情。广播在此显示出非常有效的社会动员功能。

2. 流动人口造成的广播伴随性收听优势的发挥

经济危机造成了众多的流动人口。在城市，高失业率使得大批人背井离乡，出外打工。在南方，破产的农民不得不离开土地、四处流浪，寻找新的生机。当人群流动的过程中，传统的媒介如报纸、杂志等已无法被有效地接受，只有广播可以随身携带，伴随着他们在大萧条中的艰苦岁月。广播在此显示了它的“陪伴功能”。这样，广播已经不是一个冷冰冰的技术，而是具有陪伴功能的、人性的伙伴了。广播的伴随功能至今依旧是广播媒介的优势之一，也是受众利用最多的广播特性，这在本书后面的论述中还会不断涉及。

二、第二次世界大战对广播媒介发展的促进作用

第二次世界大战的爆发，强化了广播“社会动员作用”和“伴随性收听”的优势。

---

① 罗斯福进行“炉边谈话”的目的，一是向民众解释新政的意义，二是通过谈话给予民众克服危机的信心。第一次“炉边谈话”发生在 1933 年 3 月 12 日，罗斯福就职总统后的第 8 天。当时，工作人员在壁炉旁装置扩音器，总统说：希望这次讲话亲切些，免去官场那一套排场，就像坐在自己的家里，双方随意交谈。哥伦比亚广播公司华盛顿办事处的经理哈里·布彻说：既然如此，那就叫“炉边谈话”吧。于是就此定名。

1.社会动员作用的继续发挥

二战造就了一批伟大的电波里的英雄，他们成功地利用广播电波在自己的国家里进行了相应的战争动员。

二战期间，罗斯福继续着他的“炉边谈话”，同时又在关键的时刻发表广播演说。在日本轰炸珍珠港的第二天，罗斯福在广播中宣布美国加入世界反法西斯阵营的决心，强大的排比句式取得了巨大的震撼效果，他说道：

> 昨天，1941年12月7日……
> 昨天，日本政府还发动了对马来亚的进攻。
> 昨夜，日军进攻了香港。
> 昨夜，日军进攻了关岛。
> 昨夜，日军进攻了菲律宾群岛。
> 昨夜，日军进攻了威克岛。
> 今晨，日本进攻了中途岛。
> ……
>
> 我要求国会宣布：鉴于日本在1941年12月7日星期日无故发动卑鄙的袭击，美利坚合众国同日本帝国的战争业已存在。[①]

战争期间，广播能够发挥令人意想不到的社会动员的效果。时任英国首相的丘吉尔也是一个善用广播媒介的政治家，他在著名的“敦刻尔克撤退”中，通过广播向全国人民发布号召，希望所有有船的人，只要他们的船能在英吉利海峡上开动，就请到敦刻尔克帮助运输英法联军。广播的电波迅速将这个消息传遍英伦三岛，很多英国人响应国家号召，驾驶自己的船只加入英国皇家海军的营救队伍。于是，在1941年5月26日至6月4日英吉利海峡的海面出现了这样的奇观：英国皇家海军的各类舰只与各种民间的船只——渔船、游艇、拖船、货船夹杂在一起，不断向英国本土运送着溃败中的英法联军。可以说，如果没有广播媒介，英国政府根本无法在短时期内调集这么多的船只来组织如此大规模的“敦刻尔克撤退”，甚至整个二战的历史将可能重写。[②] 当“敦刻尔克撤退”胜利后，丘吉尔又即刻发表了如下著名的演说：

> 我们必须极其小心，不要把这次撤退蒙上胜利的色彩，战争不是靠撤退来取胜的。……德国人拼命想击沉海面上数千艘满载战士的船只，但他们被击退了，他们遭到了挫败，我们撤出了远征军！……我们决不气馁！我们将战斗到底！我们将以不断增长的信心和力量在海面上战斗！在空中战斗！

---

① 展江、杨鲁江编著：《新闻与战争》，上海人民出版社1991年版，第174～175页。

② See Alex Holmes，Dunkirk，British Broadcasting Corporation(BBC)：2004.

不论代价多大，我们将保卫我们的国家！我们决不投降！[①]

铿锵有力、掷地有声的演讲给予了欧洲反法西斯力量以极大的鼓舞。除罗斯福、丘吉尔外，诸如斯大林、戴高乐在内的很多政治家也都充分地利用广播媒介，进行过战争动员和鼓舞国民士气。

2. 广播伴随性收听的优势的发挥

广播伴随性优势的发挥突出地体现在广播的“心理战”当中。在战争期间，无论是难民还是作战的士兵都是规模庞大的流动人口，他们的心理状态直接影响到战争的进程。因此，利用广播开展心理战术是交战双方都非常重视的事情，由此形成了历史上许多著名的战争欺骗。

比如，在太平洋战场上，日本人在空中的电波中制造了“东京玫瑰”的形象。“东京玫瑰”是由12位嗓音甜美、英语流利的日本女性组成的群体，她们用自己的嗓音和倾向性极强的信息（比如阅读阵亡美军士兵口袋里的家人来信）力图勾起美国大兵的乡愁，激起他们对那些送他们上战场的美国军方领导人的怨恨。在欧洲战场上，德国人故意在BBC频率的附近设置了一个英语电台，让听众调台的时候误以为这就是他们信任的BBC。德国人还制造了“好喝爵士”的形象以欺骗欧洲战场中的地下抵抗组织。“好喝爵士”是一个英国叛徒，他说一口流利的牛津英语，在电波中散布了大量的虚假消息，或者是采用小骂帮大忙的方法，力图瓦解欧洲的地下抵抗组织及被占领区民众的信心和士气，造成了很坏的影响。盟军一方也不甘示弱。英国情报人员赛福特·德尔曼在伦敦成立了著名的“乔治苏格第一”电台，专门针对德国民众。播音员完全一派德国人的口气，散布一些虚假的消息，对战争后期德国社会的混乱起到了推波助澜的作用。

总之，在二战期间，广播之所以具有这么大的影响力，是和人口的流动紧密联系在一起的。战时的流动人口（如难民、游击队等），限于种种条件，最方便接触并使用的媒介就是广播。而报纸等传统媒介战时同样受到来自印刷、发行等地域因素的限制，其普及率和信息接收的方便程度都远不如广播。同时，我们还应该看到，广播媒介的极大发展，还因为人们急于了解变动莫测的现实世界，得到对这个现实世界的合理解释。这一切，都使广播事业的建设和发展得到了各国空前的重视。这正是广播的“黄金时代”，从另一个角度来说，也是“新闻的黄金时代”。

---

① http://baike.baidu.com/view/70483.htm.

第五节 电视的黄金岁月和广播面对挑战的应对策略

二次世界大战成就了广播的辉煌。二战结束时，广播已经成为不折不扣的强势媒体。与此同时，因为战争而一度停止发展的电视媒介也日渐崛起。面对电视强有力的挑战，广播被迫调整了自己的发展策略。广播、电视这两种媒介既竞争又合作的关系一直延续到今天。

一、二战后电视媒介的飞速发展

从诞生的时间来看，电视并不比广播落后多少。但是，二战的爆发中止了世界各国对电视事业的投入和开发。电视媒介取得突破性的进展是在 1948 年。这一年，美国两家实力雄厚的广播公司——哥伦比亚广播公司（CBS）和全国广播公司（NBC）开始建设它们的电视事业。电视信息由于是在广播声音的基础上又加入了活动的画面，引发了人们的普遍兴趣。随着战后经济的发展，人们的收入提高，电视机开始慢慢进入千家万户。

从某种意义上说，电视的魅力主要体现在继承并优化广播传播的优势方面。

广播媒介传播信息的“快”“覆盖面广”“感染力强”等特点，电视也完全具备。电视唯一不具备的广播优势是“伴随性的信息接收行为”。但是，随着和平时代的到来，经济的飞速发展，广播这方面的优势就显得不那么突出了。人们有了自己固定的住所和工作，流动的可能性大大降低，更重要的是，流离失所的恐慌感消失了，不再急迫地想知道那些时效性极强的动态消息。在和平状态下，社会动员工作有了规范的行政体系来完成，而不再需要广播动员这种非常规的行为。在这种情况下，随着电视机的普及，电视媒体必然会对广播形成挑战。我们还是以美国为例。

1. 电视新闻显示了自己极强的生命力

战后，美国电视业迅速发展，电视新闻是其中的重要部分。1947 年开播的《会见新闻界》（*Meet the Press*），以开记者招待会的形式邀请政界、军界首脑人物或社会知名人士就国际国内问题发表谈话。NBC 还首开棒球系列赛转播的先河，把大量观众吸引到了有电视机的地方——酒吧或邻居家，第一次显示了电视现场直播的魅力。很快，电视超越广播成为最重要的新闻媒介，这使广播界的一些老牌明星，转而从事电视新闻工作，最著名的是默罗。默罗借鉴他本人二战期间的广播工作经验，在电视新闻行业中同样取得了巨大成功。1951 年，默罗把由他一手创办的有着广泛影响的广播新闻节目《现在请听》(*CBS Is There*)“嫁接”到电视领域，创办了CBS的名牌电视新闻节目《现在请看》(*See It Now*)。默罗和他的新闻班子将一则则新鲜报道从世界各地、全国各地，甚至朝鲜战场发回美国，赢得了极为可观的收视率，同时掀起了各家电视网之间的第一次电视新闻大战。其实，不难发现，正是电视新闻全面反映了20世纪50年代以后人类社会的历史进程。

1969年7月，美国“阿波罗11号”飞船将两名宇航员送上月球，阿姆斯特朗第一个走下舷梯，随即发表了那段著名的讲话：“这对个人来说只是一小步，但对人类来说却是一次巨大的飞跃。”当时的电视对这次登月活动进行了现场直播，全球近10亿人在电视前同步观看了这次划时代的人类壮举。

1963年11月22日，当时的美国总统肯尼迪偕夫人乘飞机到达得克萨斯州达拉斯市进行访问，他们乘汽车从机场去达拉斯市区，准备在那里发表一场演说。肯尼迪夫妇和得克萨斯州州长康纳利夫妇同乘一辆敞篷汽车，从欢迎的人群中间缓缓驶过。当车队驶经一座大楼的时候，从大楼五层的一个窗户里射出三发子弹，其中一发击中了肯尼迪的头部。这就是震惊世界的“肯尼迪遇刺”事件。当时，现场的一位业余摄影师用家用8毫米摄影机拍下了遇刺全过程，使得这一场景得以全面地展现在世人面前。后来，电视又现场直播了肯尼迪的葬礼，年仅3岁的小肯尼迪向着父亲的棺木稚嫩地敬了一个军礼，这一情景通过电视迅速传递到千家万户，成为最震撼人心和令人伤感的场面。据统计，当时90%以上的美国人都在整个周末收看电视关于总统遇刺事件的最新报道，23个国家超过5亿的观众通过最新发射的通讯卫星与美国人一起“亲历”了事件始末。电视媒介的力量得到了社会的认可，正如1963年的《新闻周刊》(*Newsweek*)所评价的那样：

> 在那四个不可思议的、令人震惊的日夜里，电视成为全美国人生活的中心，如同吃饭、睡觉一样重要……过去曾经是最不被看好的、最不受重视的媒介，此刻变得让人们无法回避。①

直到今天，世界各地的一些电视台还在孜孜不倦地进行调查，试图将肯尼迪当年遇刺的真相揭发出来。比如2003年，美国广播公司(ABC)电视网利用电脑完成了原景再现，并“无可置疑地”证实刺客李·哈维·奥斯瓦尔德的确是单独作案。为纪念肯尼迪遇刺40周年，ABC新闻台还在当年10月20日播出了两小时的特别节目②；也是在2003年，法国电视台记者通过3年的调查爆出猛料，称肯尼迪是被当时的副总统约

---

① http://news3.xinhuanet.com/newmedia/2005－06/06/content_3051446_3.htm.

② http://tech.sina.com.cn/me/2003－10－30/0944250197.shtml.

翰逊密谋害死的[①]。由此可见，电视对于描述人类历史进程的浓厚兴趣和信心。

电视不仅能反映和记录社会历史的进程，还可以参与建构历史，这充分表现在电视与战争的关系方面。在美国历史上，有两场战争的结束是和电视传播有关的。

一是越战。越战的结束和美国国内的反战之声是紧密联系在一起的，而电视对美国国民的反战情绪起到了推波助澜的作用。可以说，越战是电视全面介入的第一场战争，当时电视技术的进步也为电视功能的发挥奠定了基础：便携式摄像机、卫星传送系统、彩色电视摄像技术、录像带技术等等。战争伊始，美国各大电视网都派遣了自己的新闻报道人员深入战场第一线展开报道，硝烟弥漫的战争现场第一次真实地通过电视呈现在观众面前。尤其是电视工作人员在美国机场拍摄的从越南回来的伤兵和美军尸体的画面，深深地刺激了美国人对战争罪恶的反思，促使他们加入到反战的行列中来。尽管政府也想利用电视做关于战争的正面宣传，比如尼克松总统在电视上发表演说寻求国内支持，但是美丽的话语和承诺毕竟无法和逼真的电视影像相比，美国人民还是选择了拒绝战争。

二是美国在索马里的维和行动。在这场行动中，美军遭受了一定的伤亡，并有士兵被俘。事件发生后，美国士兵的尸体被拖着游街示众。随后，美国的电视屏幕反复出现了索马里人用绳子在地上拖着一具美国特种作战队员的尸体游街示众的画面，被俘的士兵也上了电视。这件事上了世界各大报纸的头版头条，导致美国舆论一片哗然，一致抨击美国政府出兵索马里。加上国际舆论的压力，当时的美国总统克林顿立即宣布从索马里撤军。可以说，如果没有电视新闻报道的压力，这一事件完全有可能朝向另一方面发展。

2. 电视的文艺、娱乐类节目获得了空前规模的发展

在这方面，电视媒介的兼容性发挥了突出作用，很多其他媒介、其他的艺术形式被成功地兼容进电视体系。

首先，一些原属广播领域的文艺娱乐形式被电视拿来所用，成为典型的电视节目形态。这其中，“肥皂剧”是最具代表性的。“肥皂剧”原本属于广播的节目形态[②]，但电视发展起来后很快就被吸纳进电视体系中，因为电视具有声画并茂的特色，与广播相比，其娱乐性更直接，因此更能吸引人们的注意和兴趣。电视还开发出自己独特的讲故事的方式——情景喜剧。顾名思义，情景喜剧的特征在于“情景”，即从现实生活

---

① http://big5.southcn.com/gate/big5/www.southcn.com/news/international/specialreports/kenndy/fact/200311200732.html.

② 肥皂剧最先是在广播中兴盛起来的。“肥皂剧”名称的来源有很多种说法，最有说服力的一种是这一剧种以日常生活为素材，以情感诉求为主要的方向，因此女性尤其是家庭主妇是“肥皂剧”的主要受众群。而这一群体是家庭日化品（肥皂、牙膏、化妆品）消费的决策者，因此颇受肥皂商的青睐。肥皂商成为这一剧种的重要赞助主体，因此这一剧种被称为“肥皂剧”。

中截取一段“情景”，再通过描述这段“情景”的细节表达一个生活主题。情景喜剧不像“肥皂剧”那样具有连续性，它的每一集都是独立存在的，所以可以无限制地演下去。在美国历史上，最著名的情景喜剧莫过于《我爱露西》。这是一部由CBS在1951年10月15日首播的以一个可爱却又糊涂、对职业生涯充满憧憬的家庭主妇为主角的情景喜剧，连续近4年蝉联收视率冠军，并在其超过8年的播出周期中，不止一次创造了收视率超过60%的奇迹。《电视指南》当时在写到露西这个角色时，说她有一张“要比任何一个曾经和正在真实地生活在这个世界上的人都更多和更频繁地被观看的脸”[①]。

其次，像音乐、电影等成熟的艺术形式和媒介形式也都被顺利地纳入电视体系。比如，西部片曾经是电影的宠儿，现在同样颇受电视青睐。20世纪60年代，美国广播公司每晚要播出多达4部的电视西部片，同时期世界各地的电视机构也都在频繁地播出电影，以致电视诞生之初就获得了一个别名——“小电影”。广播谈话节目也被完整地移植，电视脱口秀节目就此诞生。更值得注意的是电视体育节目的兴盛。由于电视可以声画并茂地对体育比赛进行直播，因此人们不用去现场也完全可以获得身临其境的感受。而且，通过电视观看体育比赛比买票到现场观看要便宜得多。在美国，职业橄榄球比赛和职业篮球比赛是电视体育转播声势最浩大的内容。通过体育转播，电视台可以获得较高的收视率，而运动队也能获得电视台支付的价格不菲的转播费。电视机构和体育组织，共同分享体育市场的巨大收益，而在这场收益的背后，正是体育比赛庞大的电视观众群。

二、广播媒介的应对策略和持续发展

面对电视咄咄逼人的挑战，广播媒介也被迫要找寻自己新的发展空间，这体现在如下两个方面。

1.调整节目结构，发掘广播音乐的潜力

广播首先调整了自己的节目构成。一些无法与电视相抗衡的内容形式，比如“肥皂剧”、情景喜剧、体育现场转播等被广播逐渐放弃，同时对诸如新闻节目这种传统的优势节目类型做出了较大调整。从20世纪50年代开始，欧美等发达国家的广播新闻逐步重视发挥广播传播“快”“短”的特征。新闻的题材以短讯为主，并创造了“滚动制播出”的模式。比如，美国专门的广播新闻台往往是20分钟滚动播出一次动态新闻，让听众处于随时可以了解动态信息的状态中。在新闻评论方面，也尽量以“短评”为主，一方面切合听众三心二意的收听状态，另一方面也是为了避开和电视（优势是声画并茂）、报纸（优势是比较深刻）的竞争。

---

① 陆晔、陈立斌：《美国人怎样制造情景喜剧》，http://www.nanfangdaily.com.cn/zm/20021219/cs/zt/200212190875.asp。

广播在20世纪50年代后最大的改变是音乐成为广播媒体中最重要的内容。

广播和音乐之间的密切关系早在广播媒体诞生之初就已经奠定了，当时，各家电台都曾不约而同地播出一些唱片音乐。在大萧条和二次世界大战时期造就的广播黄金时代里，新闻传播备受重视，音乐只是广播中的一种辅助和点缀。战争结束后，社会动荡逐渐消失，人们重新开始了对娱乐、消遣乃至审美享受的追求，此时音乐和广播的结合自然水到渠成。

比如，在20世纪50年代的美国，摇滚乐进入广播界后一度成为美国流行音乐的主流。这就要提到一位对美国流行音乐和广播都非常重要的人物——艾伦·弗雷德。1951年，他在纽卡斯尔一家电台当音乐节目主持人，负责古典音乐节目。当时的美国广播界，都把古典音乐作为自己节目的主要内容，这一形式的音乐得到了白人上流社会的认可，但因为缺乏活力，因而在青少年听众中并不被看好。弗雷德此时也面临着节目收听率下降的困扰。一个偶然的机会，他在一家唱片店发现，一些白人少年正在购买他们父辈们所不屑一顾的黑人“种族唱片”。这使他大受启发，由此意识到哪怕是白人的青少年也都厌倦了音乐排行榜上那些陈旧的古典音乐，而黑人音乐无疑能在这方面填补他们心灵的空白。于是，弗雷德说服了他的经理，开始在节目中播放黑人音乐，并给节目起了一个名字——月亮狗布鲁斯。他还发明了“摇滚”一词，迅速获得了青少年的喜爱，摇滚风格随即风靡世界。至此，开启了广播发展的一个新时代——音乐产业和广播业发生了一种协作共谋的关系：音乐和广播开始相互促进。通过提供最新的畅销金曲，唱片公司使电台的运作成本降低。反过来，电台为唱片公司提供同等的免费广告。

广播凭借流行音乐的发展增加了一个新的优势——为听众提供音乐服务。一方面，广播媒体特别适合音乐传播：音乐是纯粹的声音的艺术，而广播是声音的媒体。因此，广播在战后人们的文化生活，尤其是音乐生活中扮演了一个举足轻重的角色，广播音乐节目也获得了巨大发展，如美国广播中的音乐形式就被分为当代成人音乐（Adult Contemporary）、排行榜流行音乐（Top 40）、新闻和谈话（News and Talk）、乡村音乐（Country）、摇滚向导专辑（Album-oriented rock）、在路上的音乐（Middle of the road）、古典音乐（Classical）、宗教音乐（Religious）等类型[①]。而类型化的播放形成了专业的音乐电台。同时，音乐也被广泛地运用于其他广播节目中，比如新闻节目和谈话节目，音乐要么成为节目的背景，要么是不同节目、板块之间的隔断，甚至就是节目的重要组成部分。另一方面，听众在收听音乐的同时，也确实需要“意见领袖”的引导，尤其是在竞争激烈的流行音乐市场，新的作品层出不穷，此时，电台音乐节目主持人往往就像听众们的老师，他们介绍歌手、读解音乐、分享创作背景、引导着听众的审美情

---

① John Vivian, *The media of Mass Communication*, Needham: A Simon&Schuster Company, 1995, p. 172.

趣，当然也引导着市场的购买方向。[①] 从这个意义上说，音乐产业越是发展，听众对广播的依赖就越强，音乐节目也就成为了广播的新的增长点。

2. 广播继续发挥“伴随性收听”的优势

1954 年，在哥伦比亚广播公司授权委托的一份哥伦比亚大学报告中，定义了广播的新的角色：

> 广播是一种几乎能够陪伴所有行为的媒体……一天的工作之后，在人们曾经把广播当做休闲方式的时间段，目前，已经被电视占据了。广播已经很少被看成是一种娱乐方式，更多地被当做是某种其他行为的“陪伴”。[②]

“伴随性收听”是广播与生俱来的优势，随着收音机的小型化，广播的这一优势体现得更加明显。在西方发达国家，伴随着汽车的普及，广播和汽车逐渐融为一体，“汽车广播”成为二战之后广播媒介发展的一个重要方向。

美国是这方面的代表。从 20 世纪初到 20 世纪中期，美国主宰了世界汽车工业，被称为“轮子上的国家”。二战后，尽管美国的广播业一度衰落，但是，随着 50 年代汽车制造商将车载收音机作为汽车标准配件这一举措的普及，人们在车上也可以尽情享受广播的高级音质。这改变了广播过去要依赖固定收听群购买收音机才有可能达到传播效果的尴尬局面，也改变了人们对传统收音机形象简陋、音质差的印象。更重要的是，汽车内的收听群，被置于一种“强制收听”的状况（比如堵车的时候，这种情况在后来一些人口密度较大的亚洲国家如韩国、日本、中国表现得尤为明显）。这样，收听率取到了实质性的扩张，很容易达到强势收听的社会效果。

美国汽车保有量的递增使得移动收听群不断扩大，收听的市场也越来越大。业内人士意识到，广播的希望就在移动收听群上：因为在汽车里，报纸和电视的传播市场有限，是它们唯一竞争不过电台的地方。于是，电台开始重视汽车收听群，而这样做的直接效果就是听众成分发生了变化，即有效收听群大增；间接效果则是广播的社会影响力、评价力得到了大幅提升。过去电台一些节目尽管看上去火爆，但由于收听人群整体的文化层次、经济水平不高，造成有效收听群不多，即有商业价值的收听群不多的情况。在当时的美国社会，汽车虽然普及，但拥有汽车的人一般还是具有相当的购买力

---

① 1960 年，艾伦·弗雷德被曼哈顿陪审团指控其在自身的广播音乐节目中收取了 26 次贿赂，这种“贿赂”是指：“收受钱财，在广播中播放特定的录音作品的行为。”艾伦·弗雷德对其中的两次服罪，交了 300 元罚款，并接受了 6 个月的缓刑，摇滚之父就此郁郁而终。1960 年 9 月，国会修订了联邦电信法案，禁止以赠送现金或者礼物的方式来换取电台的播放。参阅 David R. Macfarland，“The Development of the Top 40 Radio Format”，转引自〔美〕雪莉·贝尔吉著，赵敬松译：《媒介与冲击：大众媒介概论》，东北财经大学出版社 2000 年版，第 135 页。

② David R. Macfarland，“The Development of the Top 40 Radio Format”，转引自〔美〕雪莉·贝尔吉著，赵敬松译：《媒介与冲击：大众媒介概论》，东北财经大学出版社 2000 年版，第 134 页。

和消费影响力的，他们为广告商所青睐，是有商业价值的强势收听群体。这样，广播信息的有效传播和被关注度就被逐渐抬高。

据统计，从20世纪50年代末到2000年，美国车载收音机的年产量都高于家庭收音机。18岁以上的成人听众中，在汽车内听收音机的比例达83.8%，而在广告客户关注的高端听众（年收入高于5万美元的成年人）中，汽车内收听的比例更是高达90%以上。早上6:00至10:00和下午3:00至7:00的行驶高峰时段，是广播收听的黄金时间和广告价格最高的时段。美国广播人充分利用汽车工业的超强实力，将广播的发展方向逐渐转向“窄播化”，尤其是对车厢的“窄播化”。如今，美国共有13000多家电台，大部分都是专业电台。这些电台以目标受众为中心，把广播产业化。针对汽车听众的频率细分非常必要，因为这部分听众是不同年龄、性别的开车人，有着不同的收听口味。由于大多数听众是在车中收听广播，美国所有电台都可以播放路况。电台在功能上可划分得更细，比如音乐台就可分为蓝调、流行、乡村音乐台等，所有的信息都会随时播送。在美国，唯独没有交通这个类别的电台。因为美国的电台是真正按照市场运作的，路况信息全由一个公司统一掌控，这个公司具有相当的实力，拥有一定数量的飞机、汽车和一定规模的城市网络来支撑公司信息的运转，然后把信息作为一种商品出售给各个电台，各个电台只要需要这个信息，就可以像购买天气预报一样购买路况信息，这样的服务性内容是揉在细分的内容当中的。

总之，经过激烈的竞争之后，广播媒介重新找到了自己应有的定位，明确了自己和报纸以及电视媒介的区别，扬长避短，继续飞速地发展。

思考题：

1. 举例说明重大历史事件对广播事业发展的推动作用。
2. 举例说明广播在面临电视崛起的挑战时所采取的应对策略。

第二章
中国广播电视发展史论

内容提要：中国广播电视的发展历经了曲折的发展历程，这个历程大概可以分为如下几个阶段：北洋政府时期的广播事业发展、中华民国时期的广播事业发展/民主革命时期中国共产党的广播事业发展、"十七年"时期的广播电视事业发展、"文革"时期广播电视事业的曲折发展、改革开放时期的中国广播电视事业的全面腾飞。经过这样近一个世纪的发展，中国广播电视事业目前进入了全面繁荣的时期。

与西方发达国家相比，中国广播电视媒介的发展历程有如下两个特色尤其值得注意：

第一，技术上的"拿来主义"。由于中国近代科学技术的落后，所有广播电视技术的发明都来自西方的发明家。中国广播电视媒介的发展也是基于这些发明。由于这种技术基础的落后，使得中国广播电视事业必然要经历一个向西方学习的过程——从学习技术的使用到技术背后的理念，最终才走出自己独特的道路。

第二，发展历程的中国特色。中国广播电视的发展虽然在技术等方面是向西方学习的，但是也紧密地和中国现当代的历史进程结合在一起的。中国现当代的历史造就了中国广播电视事业独特的制度和文化内涵，这是和世界上任何一个国家都不一样的。

第一节　中国广播事业的诞生和早期发展

一、清朝时期的电报事业

中国广播事业最早要追溯到 19 世纪 60 年代，首先是无线电报的引入。当时，清政府因为腐败无能，导致西方列强纷纷在中国攫取各种利益，其中包括电报资源，各国无视清政府的抗议，纷纷在中国境内架设自己的电报电缆。这引起了当时清廷权贵的恐慌（由于愚昧落后，很多清廷权贵认为在土地上架设电线会破坏所谓的“地脉”进而毁坏风水，带来灾难），而同时以李鸿章、张之洞为首的洋务派却看到了电报在军事和民用方面的巨大价值。

1877年，当时在天津就任直隶总督兼北洋大臣的李鸿章首先在天津机器局（今天津市东局子）到北洋大臣衙门（今天津市金钢桥北）之间试架了一条电报线路，这是中国最早的电报线路。1879年，由李鸿章支持铺设的大沽北塘炮台至天津间一条长约30公里的电报线路开通了。1881年4月，在李鸿章的支持以及洋务派另外一位实干家时任天津道的盛宣怀的筹措下（盛宣怀往来张罗，向国外订购了大量的电信器材），津沪两端的电报电缆开工（上海端于7月5日开始动工），同年12月24日全线联通。12月28日，国内第一条长途公众电报电路——津沪直达电路和沿途各局同线工作电路正式通报，津沪电报总局对外公开营业，收、发公私电报。

有线电报进入中国，对中国当时新闻事业的发展起了巨大的推动作用，尤其是对报业新闻发展起了革命性作用。1881年12月，津沪电报线开通，《申报》当即决定让驻北京的记者今后将新闻先送到天津，再通过电报传到上海。1882年1月16日《申报》对此做了报道，就在这一天，该报刊登了一条驻北京访员从天津电报局拍发的“电讯”：清廷查办云南按察使渎职的消息。这是中国新闻史上的第一条新闻电讯。1883年，北京与天津之间也架设了电报线。其他各城市间的电报线也陆续架设，从此南北之间信息相通，再也不用靠马力、人力传递了。报纸上的电讯也越来越多，新闻的时效性大大增强。

1905年，当时的北洋大臣袁世凯在天津开办了无线电训练班，同时购买了无线电收发报机，分别安装在北京、天津、保定及北洋水师的军舰上。1906年建电政司，规划中国的无线电、电报、电话、邮政等事业。1915年4月，袁世凯（时任“中华民国”大总统）颁布《电信条例》，这是中国第一部无线电电信条例，条例中明确规定外国人不许在中国境内私设无线电台；无线电器材属于军事用品，未经许可，不得进口。但由于当时中国政府的腐败无能以及帝国主义分子的贪婪本性，外国资本、技术设备还是一步步渗入中国。

二、北洋政府时期的广播事业

北洋政府时期，中国广播事业的发展集中在两个地区：一是以上海为中心的长江流域；二是由奉系军阀控制的东北地区。前者主要得益于外国资金的进入，后者主要是当时奉系军阀的政府行为。

1922年，美国人奥斯邦在上海成立了中国无线电公司，与美国报纸《大陆报》合作,创办"大陆报—中国无线电公司广播电台",呼号XRO,该电台于1923年1月23日首次播出节目。这是中国境内出现的第一家广播电台。奥斯邦创办这座广播电台的动因是为了推销无线电产品,最主要的是为了打开收音机的销路。当时他的思路是建设了广播电台,有了广播节目的吸引力,那么上海市民就有动力购买他从国外带来的收音机。当时在上海进行革命活动的孙中山对XRO广播非常感兴趣。他于返粤行前发表谈话,赞扬《大陆报》和中国无线电公司把广播这一新生事物介绍给中国民众,并对广播的成功和它将大有助于在中国传播光明表示了极大的欣慰和信心。孙中山的"统一宣言"是在XRO电台上广播的。当时的总统黎元洪也对广播发生了兴趣。他派秘书打听如何收听XRO电台的音乐节目。消息传到奥斯邦那里,他受宠若惊,立即动手赶装了一架"特制"收音机,以保证黎元洪在其北京的家中毫无困难地、清楚真切地收听到广播。

XRO电台的开播在上海掀起一股广播热,但XRO电台开播不久就受到了各方面要求停播的压力。首先压力来自北洋政府,奥斯邦私自设立广播电台,违反了当时北洋政府的《电信条例》,导致它终于在1923年的四五月间停播了。

在XRO电台停播一年以后,美国开洛电话公司的经理迪莱于1924年5月在上海开办了开洛电台,历时五年之久,在早期中国广播历史上影响颇大。开洛电台在新闻和娱乐节目方面的探索都有很大突破。在新闻报道方面,它和当时沪上主要的报纸媒介联合紧密,联合的方式是免费提供电台播送设备给报社使用,使之成为开洛总播音站的分站。1924年4月23日,开洛广播电台《大晚报》馆分站开始播音。5月15日,《申报》馆分站开始播音。同年12月,《大陆报》馆分站开始播音。此外,利用开洛电台机器播送节目的尚有巴黎饭店、神户电气公司等。同时在娱乐节目方面,开洛电台也进行了大胆的探索,中国最早成熟的广播音乐节目就是在开洛电台上出现的。除此以外,在上海、武汉等地的外国租界还出现了一些外国侨民开办的广播电台。这些电台有宗教性质的,也有娱乐性质的。由于是在租界内部开办,故而中国政府是无权对其进行干涉和管理的。这些电台大多在抗日战争的时候被迫停播。

总之,北洋政府时期上海的广播事业大多和外国人息息相关。当时外国人的这些行为无疑是对中国无线电主权的侵犯,也是对当时我国电波资源的掠夺。但是,他们经营广播电台是为了推销无线电器材的行为,又从客观上把无线电广播这一20世纪之初的重大科学技术成果引进到中国,它的进步意义也是值得肯定的。

除了上海以外,当时奉系军阀盘踞的东北也是中国早期广播事业发展的重镇。

以张作霖为首的奉系军阀在东北建立的广播电台是在日本军国主义分子咄咄逼人的压迫下完成的。自清朝末年,日本军国主义分子就一直觊觎中国东北的各项利益,电报和无线电广播也是他们非常重视的内容。1926年,哈尔滨的日本商人私自架设无线电台,谎称架设电台是为了接收日本的广播节目。这对中国的无线电波资源是明目张胆的侵犯，同时也对东北的国家安全造成了潜在的威胁。在此情况下，在奉系军阀的支持下，时任东三省无线电总台副台长的刘翰建成一座广播电台，并于10月1日正式播出，这就是哈尔滨无线电台，也是由中国人自己创办的第一座广播电台。1928年1月1日，奉系军阀又成立了奉天广播无线电台（也称为沈阳广播电台），呼号为COMK。这是“九一八”事变以前东北最重要的广播电台，它的主要播出内容是新闻、音乐、政要演讲等等。这座广播电台作为东北政要传播中枢，不仅仅在文化普及、商情传播等方面起到了一定的作用，而且在反对日本军国主义方面，也做了大量的宣传动员工作。

此后，奉系军阀在直奉战争中攻占华北，又在天津和北京分别建立了广播电台。在“广播”的名称确定方面，此时还有一个小小的插曲。当时的交通总长叶恭绰强烈反对一些人比照日本叫“放送”一词来给中国的广播事业命名，他与许多文人商讨后，对比英语中的“broadcasting”，认为应该称其为“广播”——这也是汉语“广播”一词的来源。

三、民国政府时期的广播事业

1927年南京国民政府建立以后，由于国际形势的变化，使中国又获得了一次短暂的发展机遇。而中国广播事业在这一时期也得到了较大的发展。

1928年8月1日，刚刚成立不久的国民政府在南京设立“中央广播电台”，全称为“中国国民党中央执行委员会广播无线电台”，这是中国第一座真正意义上的国家级的广播电台。在成立当天，国民党政府在南京举行揭幕典礼。1日下午5时半，典礼开始。中央大礼堂集中了七八十人。蒋介石一身便装，同陈果夫、戴季陶、叶楚伧等党内要人相继入场，成立仪式正式开始。在奏国乐、诵读总理遗嘱之后，蒋介石致开幕词说：“广播无线电台，定能力死亡将士发挥光辉，为我们宣传总理的三民主义，使之发扬光大。希望同志们随着广播电波的扩大，而努力未完成的革命工作。”

这次开幕式，也是首播式，“中央广播电台”将会议实况作了转播。经过短期技术培训的收音员，事先已携带5灯直流收音机（PCA16号）分赴江苏、安徽、湖南、河南、上海、北平、天津、武汉等省市党部，记录了播音内容，并交由各地报章发表。首都南京的情况尤为热烈，许多收音机放置于马路两侧。这些黑匣子招来了许许多多好奇的市民，特别是蒋介石等人的讲话，不少人还是第一次听到。广播的这种社会效应意味着它开始作为一种大众文化登上中国的历史舞台。

1932年，“中央广播电台”发射功率扩大为75千瓦，在当时的亚洲首屈一指。扩建后的“中央广播电台”于当年11月12日孙中山的诞辰日正式播出。这座电台作为国民政府的喉舌，在鼓吹国民党一党专政、维护国民党统治方面起到了很大作用。之后，国民党陆续在杭州、北平、广州、上海等地办起20多座电台，以抄收转播国民党“中央广播电台”的新闻节目，扩大其政治影响。在 30 年代，国民政府还在全国各大城市建立了一系列的地方电台。1932 年，国民政府成立中央广播事业指导委员会，1936 年更名为中央广播事业管理处，承担着规范各地广播发展的责任。此时全国的广播电台包括中央系统的、交通系统的、地方政府的，总共有几十座，中国广播事业的统一规模逐渐形成。

抗日战争爆发后，国民政府的广播电台大都迁移到内地，客观上发展了西南、西北地区的广播事业。虽然电台的总体数量有所减少，但由于得到英美等国的援助，发射电力却有所增加，同时，由于中国融入了世界反法西斯阵营，故而中国广播的国际影响也有所增强。1938 年 3 月，“中央广播电台”在重庆恢复播音。1939 年在重庆成立了中国政府第一个短波国际电台，宣传抗日，鼓舞全国人民的斗志，1940 年 1 月正式更名为“中国国际广播电台”。同世界上其他处于战争体制下的广播电台一样，国民政府的广播事业也主要担负社会动员和战争宣传的使命。比如，作为抗日战争中国战区的统帅，蒋介石大量的演说在广播中播出，包括他在“七七”事变后著名的“庐山讲话”，为鼓舞全民族的抗战士气起到了相应的积极作用。战时中国广播的社会动员和沟通作用也不可忽视，比如，抗战伊始，北平的国立北京大学、国立清华大学和天津的私立南开大学南迁，在昆明创办赫赫有名的西南联大，由于战争断绝了其他通讯联系，第一次开学的消息就是由广播电台向全国的学生发布的——通知大家到昆明去开学，有相当一部分学生在听到广播以后才知道校址搬迁，进而跋山涉水前往报到上课。日本战败投降后，国民政府接收了大批由日军侵占的广播电台，国民政府还都南京，“中央广播电台”也随之回迁。据 1947 年 12 月统计，中央广播事业管理处所属的广播电台当时有 42 座，全国收音机大约有 100 万台，国民政府的广播事业进入一个短暂的全盛时期。

1949 年以后，国民党政府败退台湾。与此同时，国民党“中央广播电台”也随即迁往台湾。

四、民主主义革命时期中国共产党的广播事业

中国共产党的广播事业诞生在炮火连天的战场上，并且在连年的战争中逐渐发展起来。因此，中国共产党的广播事业诞生伊始，就不可避免地实行一种战时的体制。这种体制强调广播的宣传和社会动员功能，而娱乐和服务功能处于次要地位。值得注意的是，新中国成立以后相当长的一段时期内，由于国内局势的不稳定，尤其是“文革”期间，基本国策变成了“以阶级斗争为纲”，导致我国的广播电视事业长期处于一种矛盾斗争的社会环境中，于是宣传和社会动员长期成为我国广播电视事业的主要功能。这种状况一直到粉碎“四人帮”，我国开始全面改革开放以后才发生了彻底的改变。

中国共产党最早的广播事业原属党内另一个重要的宣传机构——通讯社，中国共

产党最早的广播活动就是从通讯社的无线电通信报务活动中派生出来的。1931年11月7日，红色中华新闻社（简称红中社）成立，红中社对外播发新闻的呼号为“CSR”。红中社通过中央军委无线电台发报，每天发稿2000～3000字。1933年5月，红中社成立了自己的新闻台——红色中华新闻台，抄收中外新闻电讯，抄好后直接送到红中社译成中文，编印出版参考刊物《无线电日讯》（原名《无线电材料》）。红军长征到达陕北后，红中社改名为新华社。从此以后的很长一段时期内，广播电台从属于新华社，被称为新华广播电台。

1940年12月30日，在延安西北19公里的王皮湾村，中国共产党创建的第一座广播电台——延安新华广播电台开始播音，呼号为XNCR。“X”是当时国际规定的中国无线电台呼号的英文字母，“NCR”是New Chinese Radio，即“新中国广播”的英文缩写。后来，1940年12月30日被确定为中国人民广播创建纪念日。

创办初期的延安新华广播电台每天播音两小时，后逐渐增加到三至四小时。广播的主要内容有：中共中央重要文件，《新中华报》《解放》周刊和《解放日报》的重要社论、文章，国际国内的时事新闻、名人讲演、科学常识、革命故事、日语广播等。此外，还演播《大刀进行曲》《游击队歌》《到敌人后方去》等抗日歌曲。

作为新华社的重要组成部分，延安新华广播电台从诞生之日起，就担负起了宣传党的抗日斗争的方针政策，报道抗日军民的英勇事迹，揭露日本侵略者的残暴罪行和国民党顽固派反共反人民行径的重任，在各敌后抗日根据地和国内外产生了重要影响。1941年1月，国民党顽固派制造了震惊中外的皖南事变，并封锁事件真相，诋毁新四军。延安新华广播电台的电波冲破了国民党顽固派的新闻封锁，向全国人民广播了中共中央的一系列重要决定和谈话，揭露了国民党顽固派的反共阴谋。

1943年春，由于日本侵略军和国民党顽固派对陕甘宁边区的封锁，延安台因广播发射机零配件损坏（一个大型的电子管坏了），得不到补充和维修，不得不暂时停止广播。1945年8月中旬，在抗日战争的胜利声中，延安台恢复播音，第一天播出的是朱德总司令向各解放区武装部队发布的一系列对日寇全面大反攻、收缴敌伪武器、接受日寇投降的进军命令。

抗战胜利后近一年时间里，延安台通过报道国内外的重大新闻和解放区的消息，宣传中国共产党和平、民主、团结的方针，介绍解放区各项事业的成就，揭露国民党反动派发动内战的阴谋。

1947年3月13日，国民党军队进犯陕甘宁边区，延安台发射机房和播音室成为敌军重点轰炸的目标之一。轰炸声中，延安台坚持播音至14日中午，当天晚上转移到瓦窑堡好坪沟村继续播音。此后一年多时间里，延安台随着解放战争形势的发展，曾经过三次大的转移，先后经陕甘宁、晋绥、晋冀鲁豫等解放区，于1948年5月到达晋察冀解放区的平山县。

延安台迁到平山后，正值辽沈、淮海、平津三大战役进行之时。新华广播电台按照党中央的要求，加强军事宣传和政治宣传，发表有关战局的评论文章，报道人民解放军的胜利消息，报道解放区开展土地改革运动、积极支援前线的活动，动员和组织解放区的人民支援解放战争。同时，新华广播电台还开办《对国民党军广播》节目，向国民党军官兵宣传中国共产党的主张和宽大政策，揭露蒋介石集团的造谣欺骗，号召他们投诚起义，从政治上分化瓦解敌军，直接配合了前线解放军的军事斗争。

1949年新年来临之际，新华广播电台广播了毛泽东撰写的1949年新年献词《将革命进行到底》。随后，又广播了毛泽东撰写的《关于时局的声明》《评战犯求和》等一系列评论，阐明中国共产党的主张，揭穿蒋介石利用和平谈判保存反革命实力的阴谋。1949年3月23日，新华广播电台广播了中共七届二中全会公报，公布了在全国胜利之后党在政治经济方面的基本政策和建设新民主主义社会的宏伟蓝图。

1949年3月25日，新华广播电台随中共中央从河北平山迁入北平，更名为北平新华广播电台。6月5日，中共中央决定将原新华社的口语广播部扩充为中央广播事业管理处，管理领导全国的广播事业。从此，口语广播从新华社分离出去，成为独立的宣传机构。9月27日，北平新华广播电台更名为北京新华广播电台。

10月1日，中华人民共和国开国大典在天安门广场隆重举行，北京新华广播电台做了实况广播，各地人民广播电台同时转播。这是人民广播历史上第一次大规模全国性的实况广播，新中国诞生的喜讯通过电波传向全中国、全世界。

12月5日，经中共中央批准，北京新华广播电台更名为中央人民广播电台，开始了新中国广播事业的全面发展。

第二节　新中国广播电视事业的发展和挫折

一、"十七年"间的中国广播电视事业概况

"十七年"是指从新中国成立的1949年到"文革"开始的1966年那段中华人民共和国的历史。在这一时期，中国经历了抗美援朝、对印自卫还击战等局部战争，同时也经历了"三反五反""反右""大跃进"等政治运动。在这些历史事件中，广播依旧扮演了重要的社会动员和宣传鼓动的角色。但相对于"文革"而言，这是一段相对稳定的发展时期，新中国的诸项事业都是在这一时期奠定自己的基础的，广播也不例外。同时，在这一时期，新中国还诞生了自己的电视事业。

1.广播事业的飞速发展

1949年6月，新华社社长廖承志组建中央广播事业管理处，这个处后改为中央广播事业局，由梅益任局长。广播事业局由新闻总署领导，在新闻传播方面和报纸一样要遵守相应的宣传纪律。1954年，成为国务院直属机构之一，在行政上直属政府部门领导，在宣传方面接受中共中央宣传部的指令，这种格局一直延续到今天。

“十七年”的广播事业主要在如下方面取得了较大成就，主要表现如下：

第一，新中国成立了以中央人民广播电台为中心的全国广播宣传网。

早在1948年，中共中央就发布了《对新解放城市中原有之广播电台及其人员的政策决定》，规定“新中国之广播事业，应归国家经营，禁止私人经营”。新中国成立以后，根据这一规定，政府对各大城市的私营广播电台进行了“社会主义改造”，用赎买的方式消灭了所有的私营广播。到1956年，全国广播事业社会主义改造基本完成，在中央、省和市三个层次建立了广播事业网络。据统计，到了1956年，中国广播事业的规模基本奠定，除了中央台以外，还有地方广播电台56座，同时在市级以下的地区广泛建立了广播接收站，并逐步推广了农村有线广播网。

中央人民广播电台成为全国广播事业的中心，并建立起遍布全国的广播宣传网络。1950年4月1日，广播事业局发布《关于各人民台联播中央人民广播电台节目的规定》，要求全国各地转播中央台节目。1950年4月10日，中央人民广播电台开办《首都报纸摘要》节目，后更名为《新闻和报纸摘要》节目，在每天的清晨播出；1951年5月1日，中央台开办《各地人民广播电台联播》节目（1993年更名为《全国新闻联播》），在每天晚上的黄金时间播出。这两个栏目都延续至今，成为中央人民广播电台最重要的新闻节目，也成为中国政府最权威的新闻发布平台。这两档节目被各省市的人民广播电台固定转播，成为亿万中国人了解国家大事以及党和国家大政方针的消息来源。

新中国成立初期，收听工具严重不足，为了普及广播，尤其是让占人口大多数的农民能够收听到广播，当时政府采取了两种有效的办法。

一是建立农村广播收音站。1950年4月，中央人民政府新闻总署发布《关于建立广播收音网的决定》，接着中央广播事业局发出了《为实施新闻总署〈关于建立广播收音网的决定〉的通知》。全国各地根据这一决定和通知，先后以县为单位建立了广播收音站，配备了收音机，设立了专职的收音员，开展了收音网工作。收音员按时抄收或记录中央人民广播电台和省台的新闻、政令、方针、政策和中央领导人的重要讲话等，并提供给县委和县政府领导，重要的消息还印发到全县各地，为各地办黑板报提供宣传材料。各县收音员经常带着收音机深入集市和乡村，组织广大农村群众收听。收音员就挑着扁担，一头是收音机的盒子，一头是干电池盒子，到田间、地头，到农民家里组织收听，是中国农村当时常见的景象。

二是建立农村有线广播网。至 1958 年,有线广播网在全国主要农村都开设起来。中央人民广播电台和省市广播电台的节目通过各地的广播接收站再传播到田间地头,广大农民就此了解国家大事,开阔了视野。同时,有线广播网的建立也为中央政府的宣传奠定了有效的物质基础。

第二,新中国的广播事业紧密配合当时的国内国际形势,开展了各项成功的宣传工作,出现了一批优秀的广播宣传作品。广播传播因其通俗易懂,传播快,覆盖面广,成为当时最重要的宣传工具。可以说,广播媒介贯穿了共和国成立以后所有的重大事件。比如:

1950 年,中国人民银行开始第一次发行新中国公债,上海的女电影明星们来到广播电台,持续几天宣传购买公债是每一个公民的义务。

1951 年 9 月 15 日,全国各地的广播开始教唱《歌唱祖国》《全世界人民心一条》两首歌曲。两个月后,为了配合毛泽东提出的"发展体育运动,增强人民体质"的号召,广播电台开始播放广播体操节目。每天喇叭一响,大小城市的亿万人民就开始应声而动,和着同一旋律在同一时刻,做着同一个动作,成为中国历史上破天荒的新鲜事。广播体操节目成为中国广播界独一无二的节目。

在宣传生产竞赛、抗美援朝、"三反五反"等运动中,一些地方的广播电台创造了"广播大会"的形式,即组织大量人群集体收听广播,增强广播的社会动员效果。这一形式一直延续到"大跃进",在"文化大革命"中更被江青、张春桥等人发展为广播批斗大会、电视批斗大会。

总之,"十七年"是中国广播事业快速发展的时期,这一时期奠定了中国广播事业发展的基础。

2. 电视事业的诞生和早期发展

中国电视事业诞生在 1958 年,这一时期,有两大时代背景值得关注,它们都对当时中国电视的发展起到了至关重要的作用:一是中国当时正处在"大跃进"运动中,这一运动给了中国电视一个有力的推动;二是中国当时处于社会主义和资本主义两大阵营的激烈对抗中。因此,电视事业的发展一方面被赋予了相应的政治意义,另一方面,新兴的电视媒介也必然会被纳入到当时整个政治斗争的体系中去。

早在 1955 年初,建立电视台的提议就被列入了国家的文教五年计划。1956 年 12 月 31 日,北京广播器材厂生产的国内第一台大型短波广播发射机试播成功,该厂厂长樊允行、总工程师隋经义和设计科长张敬植主动倡议研制全套黑白电视广播设备。经北京广播器材厂与中央广播局广播科学研究所、清华大学无线电系协商,确定了三方联合开发研制全套黑白电视广播设备的计划。

1958 年 5 月 1 日,中国第一座电视台开始使用 2 频道试播黑白电视,这就是中央电视台的前身。当时因为局限于首都北京一地,被称为北京电视台。这是中国第一家电视台。当时因为缺乏录像和剪辑设备，所有的节目都是直播的。同年10月1日，中国第二座电视台——上海电视台问世。12月20日，哈尔滨电视台也建成投入播出。这是中国最早出现的一批电视台，它们标志着中国电视事业的诞生。

北京电视台于1958年9月2日正式播出。“正式开播”在当时被赋予了相当重要的政治意义。因为当时有消息传来，台湾当局将在当年的“双十节”开始台湾本省的电视播出。那么，电视领域的竞争就被赋予了两大阵营相互竞争的政治意义，北京电视台在多方面的努力下，终于赶在9月份正式播出了。从这件事情来看，政治的力量极大地推动了电视事业的发展。

中国电视事业早期的发展和当时整个社会主义大家庭的密切合作是分不开的。中国最早的电视发射机等电视核心设备是仿照捷克式样设计制造的，北京电视台最初的节目设置体系也是当时的正副台长罗东、孟启予在出访苏联和东欧的时候学习来的。天津712厂仿照苏联的“旗帜”牌电视机制造了中国最早的一批电视机——北京牌电视机。在节目来源方面，当时也是和国际合作分不开的。北京电视台建台伊始，就建立了与国外交流节目的通道。当时，除了和社会主义国家交换新闻节目以外，北京电视台还和英国维斯新闻有限公司以及日本电波新闻社签订了节目交换协议。按照协议，维斯新闻有限公司向北京电视台寄送全套的世界新闻影片和新闻背景影片，每周共计约4250尺的16毫米影片，供北京台在中国国内使用。而北京电视台则需每月挑选15条时事影片，寄给维斯新闻有限公司，每年寄送时事影片的总数大致不少于180条。与日本电波新闻社的协议也基本类似。在这种情况下，电视新闻节目是肩负着政治使命来制作的，拍摄电视成为一种国家行为。当时，北京台关于中国国内的重点报道和关系到国际政治的报道都需要周恩来总理亲自审看并同意方能通过。当时中国电视新闻最主要的功能不是在于国内传播，而是在于国际宣传，并且在这方面取得了一定的成绩：在新闻纪录片方面，制作编辑出了《英雄的越南南方人民》《美国黑人在觉醒》《河南人民争学焦裕禄》等作品；对于国庆大典、我国第一颗原子弹爆炸、第一颗导弹发射成功等重大事件，也能给予及时的报道。尤其值得一提的是1960年9月5日，周恩来总理会见英国记者格林，首次利用电视发表谈话，向世界阐明了中国政府的立场，这是中国国家领导人在电视媒介上的首次亮相。

在电视综艺节目方面，这一时期有一个亮点，就是北京台在60年代初期制作播出的三辑《笑的晚会》。当时，“大跃进”的恶果已经显现，中国共产党在调整国民经济的同时，还对政治、思想、文化等各方面的政策进行了必要的调整。在这一背景下，北京台制订了一个“非跃进”的工作发展计划，强调要扩大取材范围，不仅仅要和人民群众的生活结合起来，而且还要突出趣味性，以健康的笑声活跃群众生活。这一指导思想直接促成了中国最早的电视文艺娱乐节目的诞生。

第一次《笑的晚会》是1961年8月30日播出的，内容完全是相声。播出后收到

100多封来信，表示支持，要求再办。考虑到中国当时有限的电视机数量，说明当时的传播效果是非常好的。北京台再接再厉，于1962年1月20日播出了第二次《笑的晚会》，这次晚会由后来蜚声中国电视界的著名导演王扶林担任总导演，节目内容依旧以相声为主，但大大拓展了节目形式，话剧片段、独角戏、讲故事等节目形式穿插在节目中，给了观众更大的乐趣，引起了普遍赞誉。在这种形势的鼓励下，北京台于当年的国庆节又推出了第三次《笑的晚会》。这次晚会节目形式更加多元丰富，而且广泛邀请了文艺界的著名人士参加，比如晚会的艺术指导是电影导演谢添和相声演员侯宝林，特邀导演是青年艺术剧院的杜澎。这次晚会相对于前两次最大的突破是增加了"形象性"，可以说，这正是当时的电视工作者有意识地发挥电视传播优势的努力，节目以小品表演为主，减少说唱。但是节目播出后，却引起了巨大的争议。主要批评焦点在于很多人认为这台晚会过于庸俗，甚至有人认为这是在"以廉价的方式向小市民讨好"，缺乏思想性，为笑而笑。在当时的政治环境下，这一缺点显得非常严重。加上后来政治环境的变化，《笑的晚会》终于被叫停，随后开始的"文化大革命"的文艺气氛更不利于这样的晚会的发展。不过，《笑的晚会》的历史意义是显而易见的，郭镇之如此总结：

> 《笑的晚会》的影响是抹杀不了的。80年代后以相声、小品等喜剧节目为骨干的春节联欢晚会，从形式到内容都遗留着《笑的晚会》的痕迹。自然，《笑的晚会》所提示的"正确对待观众趣味，恰当估量观众水平"的教训，对创作和表演，从思想上和艺术上都提出了更高的要求，也是值得后来者深思的。①

1961年春天，中国政府第一次承办世界级的大型运动会——第26届世界乒乓球锦标赛。北京电视台对一些重要的比赛做了现场直播。这次比赛甚至引发了北京城一个短暂的电视热，电视屏幕上很多精彩的扣球场面长久地留在人们心中，尤其是庄则栋最后获得冠军的那场比赛，许多年之后依旧是人们津津乐道的话题。

但总的来说，中国电视在起步阶段其节目还是比较粗糙和简单的。和世界电视发展的初期阶段一样，电视要依赖其他的媒介和艺术形式来支持自己的节目播出。在新闻传播方面，当时北京台主要依靠力量是中央新闻纪录电影制片厂（以下简称"新影"），当时的新影是中国最重要的视觉宣传机构，北京台包括地方电视台播出的很多新闻纪录片都是由新影提供的。而在娱乐节目方面，当时的电视传播主要依赖电影，电视也因此获得"微缩影剧院"的别称。这种情况一直持续到70年代末，在1979年中央电视台每晚2～2.5小时的节目播出中，一部电影就要占去1.5～2个小时，真正属于电视自己的文艺节目其实很少。这种情况一直到20世纪80年代才得以真正改观。

---

① 郭镇之：《中国电视史》，中国人民大学出版社1991年版，第16页。

二、“文革”时期广播电视事业的挫折和曲折发展

持续十年的“文化大革命”对我国广播事业的健康发展产生了巨大的冲击，不仅仅在硬件建设、机构设立等方面鲜有建树，甚至还有所退步，更重要的是，极“左”思想影响了中国广播电视人的节目制作理念，拉大了中国广播电视事业和发达国家的距离。但中国广播电视人在动荡的环境下出于爱国精神、职业精神和那个时代特有的热情，在特有的政治空间内，还是在某些方面推动了中国广播电视事业的发展。

1.广播对“文化大革命”推波助澜的宣传

在“文革”期间，由于广播电台被江青等人所控制，所以从客观上说，广播对“文革”的进程起到了推波助澜的作用。毛泽东也利用广播号令天下，将自己的一些讲话、意见和指示及时传达到全国。此时，经过十几年建设的广播网发挥了巨大作用，尤其是遍布中国农村的有线广播站，使得“中央文革小组”和毛泽东的指示迅速传遍到中国社会的基层，使得“文革”的灾难真正能遍布中国的每一个角落。在当时的中国很多乡村，守在喇叭前等候所谓的“最高指示”，然后迅速将消息传递给普通农民，大家于是敲锣打鼓迎接“最高指示”，这是司空见惯的现象。

发动“文革”的一系列重要文告也是通过广播传播得到大范围普及的。

在节目设置方面，各级广播电台也配合“文革”需要，对原有的广播设置进行了大刀阔斧的改动，其宗旨就是“政治挂帅”和“以阶级斗争为纲”。“文革”开始后，广播政治内容急剧增加，知识性内容大幅减少，文艺节目几乎消失，没有任何服务类节目。

在新闻节目方面，完全实施“政治挂帅”的方针政策。当时的“中央文革小组”规定：“凡广播电台（中央和地方）的宣传，均应以毛主席审定的、人民日报社公开发表的社论和消息为标准”，“凡与中央口径不一致的，凡中央报刊不发表的，电台一律不得广播。”在对外宣传中，“必须按照毛主席历来的指示和中央规定的统一口径，绝对遵守，不许各地方与中央口径相抵触，自由乱发乱播”。[①] 在这种情况下，广播节目只能照搬所谓“两报一刊”（《人民日报》《解放军报》和《红旗》杂志），大多数情况下都是全文照搬，以免犯“政治性错误”。听众讽刺“文革”期间中央台的广播节目是“早上报摘，晚上报摘”，而各地方台基本上没有自办节目，只是机械地转播中央台的节目。从这个意义上说，“文革”期间的中国广播被剥夺了采访、编辑的权力，作为一种新闻媒体已经名存实亡。

由于“政治挂帅”理念的钳制，广播文艺节目也变得政治化和单调枯燥。1966年11月中央人民广播电台取消了主要播文艺节目的第三套节目，因为第三套所播送的

---

① 赵玉明主编：《中国广播电视通史》，北京广播学院出版社2000年版，第295～296页。

文艺节目不论从内容到风格都与“革命的形势”太不相适宜了。1967年1月14日，中共中央发出《关于广播电台问题的通知》，对地方广播电台实行军管，责令停止播出自办文艺节目，只转播中央人民广播电台的节目。1969年，中央台增加“革命样板戏”播出时间，占全天播出文艺节目时间的85％以上。除此以外，中央台只能播放《国际歌》《东方红》《大海航行靠舵手》《三大纪律，八项注意》，经过改词的革命历史歌曲《毕业歌》《工农一家人》《抗日战歌》《大刀进行曲》等八首歌，以及《地道战》《地雷战》《南征北战》三部电影录音剪辑。① 其他文艺节目也纷纷强化“政治因素”。比如中央台的《每周一歌》改为《每周一首革命歌曲》，《讲故事》改为《讲革命故事》，《歌曲》改为《革命歌曲》，增加《毛主席语录节目》《毛主席语录歌曲》《老三篇天天读》和《毛主席著作选读》等专栏。

“文革”一开始，整个文艺界就掀起了对“资产阶级文艺”的大批判，广播电台也未能幸免。在这场批判中，外国音乐首当其冲。1966年8月，中央台重新制定了播出外国音乐节目的方针，提出“面向广大工农兵群众和革命干部、革命知识分子”，播送“反映世界人民热爱毛主席和毛泽东思想”等内容。随着“文革”进程的加快，越来越多的外国音乐节目被划入“资产阶级音乐”的范畴。1966年9月，外国音乐节目由每周的505分钟锐减108分钟，后来又减至60分钟，平均每天10分钟都不到。7～8月，中央台清理外国音乐库存，将90％的外国音乐消磁，因为这些音乐（包括很多的世界经典作品）都不符合“民族文艺发展”（其实是不符合“文革”精神）。留下来的少量作品也是一些社会主义国家的革命歌曲，比如朝鲜、越南的“抗击美帝”歌曲。1969年4月，在“文革”如火如荼的背景下，中央台停止了外国音乐的播出。

广播的管理机构也受到冲击，正常运作秩序被完全打乱。尤其是在“文革”初期，遵照“中央文革小组”的指示，从中央台到地方台都开展了普遍的“夺权”运动。1966年7月，中国广播事业局局长、新中国广播事业的奠基人梅益受到批判，被停止职务，“靠边站”了。随后，中央台和广播事业局的日常运作开始失序。尽管当时的国务院总理周恩来一再指示，新华社、广播电台、电视台和报社等宣传机关是无产阶级专政的工具，外面的群众不能干扰他们的工作，不能“影响传播毛主席的声音”，但在江青等人的支持下，造反派还是对这些新闻机构进行了猛烈的冲击。1966年7月下旬，“中央文革小组”的陈伯达、江青、张春桥、王力等人先后到北京广播学院煽风点火，号召他们去中央台等电子媒介机构夺权。到了12月，广播局的造反派进驻总编室，宣布正式夺权。1967年1月14日清晨，北京人民广播电台和北京广播学院造反派强行进入广播电台技术区，播出“夺权声明”，此事引起中国社会乃至国际上的巨大反响。美联社、法

---

① 张凤铸、耿文婷：《当代中国文艺广播的文化心灵轨迹（上）》，中华传媒网，http://academic.mediachina.net/academic_xsjd_view.jsp?id=2339。

新社等都发布了消息。同日，造反派对上海人民广播电台夺权，并在对内广播和对台广播中播放了“接管声明”。这种混乱的状况，在当时全国许多地方都不同程度地出现了。面对如此混乱的情况，1967年1月11日，中共中央发出了《关于广播电台问题的通知》，决定对广播电台实行军事管制，即由中央派出的军队干部接管广播电台和广播事业局，从此全国各地广播系统无序的状况才有所改善。但广播事业经此挫折后元气大伤，尤其是各地方台，已经基本失去了自办节目的可能。此后一直到“文革”结束，各地方台只能以转播中央台节目为主了。

2. 电视事业发展的挫折及其在“文革”中的宣传作用

“文革”的爆发使得刚刚起步的中国电视事业受到很大挫折。这种挫折主要体现在节目理念的退步和反动，以及电视节目的普遍萧条。

“文革”开始以后，电视也被完全当成了“左”倾政治的宣传工具，和广播一样，除了政治宣传类的信息，所有其他类型的信息——服务的、娱乐的、文艺的都基本上消失了。而且由于当时的电视自我制作节目的能力不强，尤其是文艺节目，基本上是依靠拿来主义从电影、戏剧、音乐等领域获取资源，当文艺界整体受到冲击之后，广播基本上被断绝了文艺节目资源，电视的节目源也随之枯竭。“文革”期间主要的电视节目内容是对“文化大革命”成果的宣传和展示。毛泽东的活动成为电视节目的重要内容，播出他接见外宾或者红卫兵小将的内容是当时电视台宣传的最重要的任务。还有，关于那个时期我国的一些重要的建设成就，电视也给予了较为充分的报道，例如1967年6月我国第一颗氢弹爆炸成功，1970年4月我国发射第一颗人造卫星等等。

“文革”期间，电视最具特色的宣传形式是“电视批判大会”，即将所谓的“大批判”现场用电视直播的方式传播出去。这种电视形式据说是张春桥发明的，主要在上海电视台得到了充分的运用。据统计，这样的电视批判大会在整个“文革”期间先后举办了一百多次，仅1967年就开了51次，大批党政领导人被挂牌子、戴高帽子等受尽侮辱的镜头被电视传播了出去，江青等人及其爪牙将其看成是宣传“文化大革命”胜利成果的有效手段。对于一些重要人物的批斗，江青等人都会在电视机前观看现场直播，但也有出意外的时候。在批斗著名作曲家贺绿汀的电视批判大会上，面对造反派气势汹汹的批斗，贺绿汀拒绝认罪，反而梗起脖子和造反派进行争辩，“大批判”变成了“大辩论”，这样的场景显然与“文化大革命”的宣传主旨相违背。当张春桥等人在电视机前看到这样的场景后无不气急败坏，但又无可奈何，最后只得将转播现场的画面切断。于是，电视观众只能听见现场造反派呼喊口号的声音，而无法看见贺绿汀拒不认罪的场景。这是对江青等人无法驾驭电视直播纪实性的一次巨大讽刺。

3. 广播电视事业的曲折发展

“文革”期间的广播电视发展主要体现在广播电视事业的硬件建设方面，虽然这种建设在“以阶级斗争为纲”的大政方针下被笼上了浓重的政治色彩，比如当时很多地方建设电视台是在“1970年将毛主席的光辉形象送到各地”的口号下进行的。这方面的成就主要表现在：

第一，各地陆续恢复在60年代初期被迫停播的电视台，中国电视台的数量有了较大的增长。

在60年代初期，中国国民经济遭受严重挫折，当时匆忙建立的各地方电视台除了少数几个得到保留以外，大部分被迫停办。这种情况一直到1965年才开始有所改观。截至1970年，除了西藏以外，全国每个省、市、自治区都有了自己的正规电视台。同时，各地利用高山调频发射台，迅速建立了一批电视转播台。至1971年，全国电视发射台和转播台总计已达80座，电视节目由首都、省会等中心城市向周边地区辐射。

第二，开通了全国微波干线，形成了全国电视网。

微波中继干线是远距离传输广播电视节目的必要通道。1971年，国家广播局正式租用邮电部微波干线，电视可以顺利地传播到全国20个省会、自治区首府和直辖市里。此时，中波同步广播网试验成功；调频广播在台与台之间传送节目的同时，也可以直接收听广播节目。1974年10月，中央台调频广播正式播音。

第三，彩色电视的顺利发展和卫星电视的起步。

早在1956年，当时的党中央副主席刘少奇就曾经两次提出发展彩色电视机的任务。1959年，广播事业局开始研制彩色电视，后因国家经济建设遭遇困难，彩色电视的发展被终止。

时至1970年，彩电的发展再一次被提上议事日程。中央广播事业局、四机部、解放军通信兵部等单位联合在北京召开全国电视专业会议，研究建设彩色电视的事宜。此后，一系列彩色电视播出的试验广泛展开了。1972年美国总统尼克松访华，这次事件也从侧面促进了中国彩电事业的进程。当时，跟随美国总统来华的美国三大广播公司带来了庞大的采访队伍以及卫星通信等电视设备。由于中国电视设备的落后，彩电转播设备几乎为零，对于相关的技术也没有掌握，因此被迫要租用美国人的设备来完成相应的电视报道。于是根据协议，中国在北京和上海等地建立起联合制片播出中心。然后，中国向美国租借全套彩色电视制片和播出设备，租用期是北京时间1972年2月21日上午1时至2月28日24时。租期内设备所有权属于中国政府，美国方面事先向中国政府申请使用权，中国政府同意，并向使用者收取使用费，由此一来，建站和租站的费用大致相抵。之所以采取这一策略，主要是当时周恩来总理出于对中国主权的考虑，因为让外国人在中国领土上建立卫星电视传播系统，是侵害了我国电波传播的主权的。在同年10月日本首相田中角荣访问中国的过程中，签订“租借合同”和“使用合同”的策略又使用了一次。

美国人在中国进行的关于“尼克松访华”的电视报道，使得中国电视工作者认识到自己和西方发达国家在彩色电视方面的巨大差距，进而对自己的实力有了准确认识。1972年，中央广播事业局军管小组几次向国务院打报告，提出“进口彩电”的请求。通过调查研究，中国选择了德国的PAL制式为自己的彩电制式（而在此之前，中国进行了长期的自创制式的努力）。1973年5月1日，北京电视台面向首都观众的彩色电视正式播出。8月1日，上海电视台彩色电视顺利播出。此后，天津电视台、成都电视台等地也先后创建了彩色电视。至1976年底，北京电视台的彩色节目通过国家的微波干线，已可以传送到中国大多数省、自治区和直辖市。1977年7月25日，北京电视台的两套节目全部改成彩色播出，中国电视从此完成了由黑白向彩色的过渡。

此外，电视技术的其他方面也有所进步。中国于1965年从美国引进录像机。到了1973年国庆节，中国已成功地研制出自己的彩色磁带录像机和彩色电视转播车。同时，中国电视工业系统从元件、器件到整机，从发射设备、中心设备到电视机等，其研制和生产都已走上正轨。1976年4月，北京东方红炼油厂建立了我国第一个有线电视中心，可同时转播北京电视台的两套节目和自办的两套节目，这可以看成是我国有线电视的开端。

总之，在“文革”期间，由于江青反革命集团的政治钳制，我国电视在节目创新方面发展有限。但是经过广大电视工作者的努力，硬件方面的发展还是取得了相当的成绩，这为改革开放时期中国电视的腾飞奠定了一定的物质基础。

第三节　改革开放与中国广播电视事业的腾飞

1976年10月6日晚8时至8时30分，江青、张春桥、姚文元、王洪文被以华国锋、叶剑英为首的党中央“隔离审查”，中国政治局势发生逆转，“文化大革命”就此结束。在这场政治斗争中，对广播电台和电视台的争夺也是斗争的一个焦点。也是在10月6日，时任中联部部长的耿飚将军率部顺利接管中央广播事业局，控制了中央人民广播电台和北京电视台。10月18日，中共中央发出了粉碎“四人帮”的通知，也是在这一天，中央人民广播电台向全国广播了这一消息。随后中央台又集中连续地报道了各地的欢庆活动，中国广播电视事业的发展从此迎来新的春天。

对于中国当代史，一般把1976～1978年称为延宕徘徊的时期。其主要原因，一是“文革”时期遗留下来的创伤尚未愈合，许多社会问题亟待解决，但解决的办法却一下子无法拿出来；二是党的指导思想仍未改变，“两个凡是”的方针占主导地位。对于中国广播电视事业的发展来说，这两年是承上启下的时期。广播电视参与了关于“真理标准”的讨论，参加了对“天安门事件”的平反宣传。到了1978年底，各类节目都有所恢复，并有发展，作为中国广播电视的龙头——中央人民广播电台和北京电视台，其变化也是非常明显的。

首先，在“文革”期间被停办的广播电视节目得到恢复。比如中央人民广播电台迅速恢复了《小喇叭》《阅读与欣赏》等名牌栏目，而电视台开始播放一些外国影片和电视剧，重新起步的中国电视剧也改为录播，电视开始呈现出“微缩电影院”的形态。

其次，一些新的栏目也被创作出来。1977 年 10 月，北京电视台重新开办了《世界各地》和《外国文艺》两个栏目，中央人民广播电台的《在祖国各地》则成为报道中国内地美好风光和人文知识的名牌栏目。1978 年元旦，《全国电视台新闻联播》(简称《新闻联播》)正式设立并逐渐成为中国最重要的新闻栏目之一。时至 1978 年 7 月，已有上海、广州、河北、南京、武汉等 8 个电视台可以向北京回传节目，一个全国性的广播电视网正在逐步形成。

再次，一些新的广播电视机构逐步设立，广播电视格局趋于完善。1978 年 5 月 1 日，中央台对外广播改名为“中华人民共和国国际广播电台”，北京电视台正式改称为“中央电视台”。同一天，西藏电视台试验播出。一年后，北京市开办了电视台。至此，全国省级电视台全部成立。随着“北京电视台”含义的改变，省级电视台中原以省会城市命名的，纷纷仿效中央电视台改换成以省名为题头的电视台。

总的来说，这一时期的广播电视已经显示出急于改革的冲动和勃勃生机，但是这两种媒介事业的真正腾飞还要等到 1978 年 12 月中共中央第十一届三中全会召开以后。众所周知，这次会议确定了中国改革开放的总方针，在这样的大背景下，中国广播电视事业获得了狂飙突进式的发展。

一、改革开放的宏观背景与新时期中国广播电视事业改革的起步

用“改革”来描述中国广播电视事业新时期的发展是非常恰当的。实际上，进入 80 年代以后的中国整个国家都在不断地改革，广播电视自然也不例外。

随着十一届三中全会召开，中国共产党的政治路线发生巨大转变，紧接着的就是治国纲领的转变，“以阶级斗争为纲”的思想彻底被抛弃，“以经济建设为中心”的中国改革开放的时代正式到来。这一国策的变化对于中国广播电视事业的发展是具有里程碑意义的。我们知道，中国共产党的大众传播媒介从诞生之日起就长期处于尖锐的社会矛盾中——1949 年以前的敌我矛盾和 1949 年以后的党内矛盾。在这种情况下，宣传功能和社会动员功能长期作为传媒的首要和主要的功能而存在，媒介的变革和发展要服膺于政治的需求；如此，广播电视媒介其他功能就被政治因素所遮蔽，其信息沟通的功能、娱乐功能、服务功能等都得不到健康的发展，这是我国包括广播电视事业在内的大众传媒落后于世界的关键原因。所以，中国广播电视事业新时期改革的核心线索就是不断开掘广播电视媒介自身的属性。可以说，30 多年来的中国广播电视事业

发展的历史就是其社会功能不断健全和完善的历史。

1.影视分家：电视开始凸显自身的娱乐功能

从20世纪70年代末开始，电视机逐渐在中国家庭中普及。据统计，70年代末全国有485万台电视机，而且在此后的若干年，电视机的数字以每年上千万的数字增加，1982年已经达到了2761万台。长期以来，在很多电视观众心目中，电视就是“小电影”，但中国电影在新时期也面临着自己发展的问题。1979年8月，文化部改革电影机构运营体制，电影业实行经济核算，自负盈亏。电影业失去了过去依靠国家拨款拍片子的权力。这标志着在中国传媒界，只强调政治效果、不计经济代价的时代已经过去了，经济杠杆开始调整行业关系。在这样的背景下，中国电影发行放映公司一度停止了向电视台供应新的故事影片，不少文艺剧团也随之提高了对电视台录制新戏的收费标准。尽管1979年10月24日在有关方面的斡旋下，文化部与广播事业局签订了《关于供应电视台播放影片的规定》，希望以行政的力量规范电影在电视台的播放，但是影视两家不分彼此的亲密关系已经不复存在，而且该协议在具体执行的过程中，由于电影公司不愿意供应新片（因为这样将直接影响新片的票房收入），使得两家的关系很恶劣。

面对有可能到来的“节目饥荒”，电视界被迫要走自己的路。一方面是自制节目，从1979年开始，我国自制电视剧的数量逐渐增加。1979年，中央电视台播出了全国各地制作的电视剧19部；而到了1980年的国庆节，中央电视台主持以电视剧为中心的全国电视节目大联播，一个月的时间内就播出电视剧40余部；而到了1983年，全国电视剧产量达到4000多部，这种增长速度是非常惊人的。可以说，整个80年代是中国电视剧腾飞的阶段。

引进影视剧的工作也开展得非常顺利。从1979年开始，中央电视台陆续引进并译制国外的一些优秀的电影和电视剧，其中有《大卫·科波菲尔》《老古玩店》《安娜·卡列尼娜》等由世界名著改编的优秀电影，也有像《加里森敢死队》《大西洋底来的人》《姿三四郎》等完全以娱乐为主、质量良莠不齐的电视剧。由于当时国门刚刚打开，中国观众对外来影视充满了好奇，这些电视剧都取得了良好的收视效果。

2.信息功能和服务功能的彰显

如果说，改革开放前，广播电视更多的是作为“喉舌”而存在的，那么随后的广播电视就开始发挥自己“社会雷达”即监测社会的功能和服务功能。

广播电台开始建立自己独立的新闻采编力量，尤其是中央台大力推进独立的采访活动，在《新闻和报纸摘要》和《全国各地新闻联播》的节目中打出“本台消息”的牌子。广播的新闻采制开始脱离报纸而迸发出自己的活力。从1979年4月开始，中央台恢复了广播评论节目。广播电视中的批评性内容也开始出现。1980年7月，中央电视台开办了第一个电视评论性专栏《观察与思考》，这个栏目中的第一个节目《北京居民为什么吃菜难》就是一档经济生活中的批评性报道和评论。随后，这一栏目播出了大量具有广泛社会影响的电视新闻评论。1986 年，中央电视台《新闻联播》设置《编后话》栏目，这是一档相对固定的新闻短评节目。

广播电视社会功能的变化带来了传播模式的变化，高高在上的“宣传腔”遭到摒弃，“节目主持人”作为一种新的传播元素得到了广播电视界的普遍重视。1981 年元旦，中央人民广播电台推出由徐曼主持的《空中之友》节目，这是一档对台湾同胞播出的节目。在这之前，对台广播的风格是“排炮式”的，其目的是以严厉的口吻起到震慑作用，结果却适得其反。而徐曼(原名徐乃文)的主持彻底扭转了这一切，作为我国广播电视历史上第一位节目主持人，她以甜美亲切的口吻和说话方式赢得了广大台湾同胞的认同和喜爱。自此以后，一系列主持类的广播节目陆续开办，在考虑宣传效果的同时，广播传播更多地开始重视服务效果。

3. 广告传播：广播电视媒介介入经济生活的标志

这一时期对中国广播电视事业影响更为深远和关键的无疑是商业广告的介入，这直接导致了中国广播电视体制的变革。

1979 年 1 月 28 日(农历正月初一)下午，上海电视台屏幕上打出了“上海电视台即日起受理广告业务”的字幕，随即播出了中国电视史上第一条商业广告——“参茸补酒”的电视广告片；3 月 15 日晚，上海电视台又播出了第一条外商广告——“瑞士雷达表”。广东电视台于 1979 年 4 月 13 日播出第一条收费的商业广告，并在春季广州商品交易会开幕的 4 月 15 日当晚，正式播出广告节目。广东电视台当年制作播出中外广告 30 多条，收入人民币 12 万元，港币 120 万元。直到此时，中央并没有批准媒介可以刊载电视广告，但是也没有反对，可以说播出商业广告是上海电视台和广东电视台在那个时代的探索行为。直到 1979 年 11 月，中共中央宣传部才批准新闻单位可以承办广告。中央电视台于当年的 12 月在两套节目中同时开办广告。广告的播出大大拓展了广播电视事业的资金来源，这意味着广播电视除了作为宣传工具、娱乐工具、文化传承工具以外，它们还可以作为产业而存在。

1983 年，为了适应改革开放的新形势，第十一次全国广播电视工作会议制定了“中央、省、省辖市、县四级办广播电视”和“节目四级混合覆盖”的方针。这一政策鼓励具备条件的市、县自办无线广播、电视台。各市、县台除了转播中央及省台的节目外，还可自办节目。这样的调整，使我国在原先中央级和省级电台、电视台的基础上，形成了更为广泛、完备的广播电视系统。“四级策略”大大推进了我国广播电视事业硬件建设的发展，尤其是广播电视机构的数量迅速提升。1976 年，全国的电视观众才有 3400 万。1978 年，全国总共有广播电台 93 家，电视台 32 家(电视机 180 万台，观众 7840 万)。1988 年，全国的广播电台为 278 家，电视台为 288 家(电视机 1.43 亿，观众达到了6亿）。1989年，广播电台为583家，电视台为469家。1990年，全国电视台达到509家，其中城市电视台就有170家，占三分之一。

电台、电视台这种数量的增长和“四级策略”的有效实施是分不开的，从这一点上看，改革初期政府的行政力量是推动广播电视事业发展的重要力量。不过，“四级策略”也给广播电视的发展带来了一定的负面影响，主要是一些不具备办广播电视的地区在行政命令的推动下也办起广播电视，这为20世纪90年代我国某些地区广播电视的无序竞争埋下了隐患。

二、改革开放与中国广播事业的两次变革

改革开放以来，中国的广播媒介经历了两次重要变革，广播媒介自身获得长足发展，也产生了重要的社会影响，它们分别是“珠江经济台改版”和“电话与广播联姻”。

1.珠江经济台改版

1986年，改革开放后中国第一次广播事业的变革从广东珠江经济台开始了。这次变革之所以发生在广州，是和广州独特的地理位置联系在一起的。当时，广州地区乃至珠江三角洲地区几乎七成以上的听众都喜欢收听主持人个性化播出、内容生动活泼的港澳地区的广播节目，而本土广播节目的发展面临前所未有的正面冲击，电台的改革已势在必行。

1986年底，广东人民广播电台借鉴香港电台的直播模式，拿出一个频率创办了珠江经济广播电台。珠江台每天的节目分成8个板块，全部由主持人主持直播。每个板块的内容都是综合的，由新闻、专题、文艺、谈话等多种内容组合而成，话题很短，语言亲切，信息量大，一天新闻滚动播出十几次。珠江台刚开播4个月，广东台的收听率从原来的46.7%一下子上升到78%，而香港电台的收听率从53.3%下降到22%，从而结束了本地电台竞争不过外地台的怪现象。珠江台被认为是中国新闻界按广播规律办广播的第一家，按受众需求办新闻的第一家。①

中国各地许多广播电台纷纷仿效，开办以提供经济信息、娱乐为主的新频道，采取了系列台、主持人的形式。到1992年，全国812家广播电台，共计有943家分台，听众达7.25亿。就拿最早的珠江台来说，已有新闻台、经济台、金融台、音乐台、教育台、文化台，共6个台。

2.电话与广播联姻

时至90年代初，电视机在中国已基本普及，尤其是在城市，电视机的家庭普及率基本达到百分之百。看电视成为人们休闲娱乐的主要方式，电视的发展对广播形

---

① 朱光烈：《从直播到电话参与：中国新闻改革的传播学道路》，《北京广播学院学报》1993年第3期。

成了严峻的挑战，尤其是晚间的黄金时段，人们的闲暇时间几乎完全被电视所占有。此刻，广播必须寻找自己新的竞争优势。针对这种局面，广播从两个方面展开突破：

一是将电话引入广播，用互动传播提升自己的竞争力。90年代初，南京经济广播电台大量采用听众电话参与直播的形式，产生了轰动效应。杭州、北京等地电台采用这种方法之后，也取得了成功。听众的电话，不仅能点歌、做游戏，与主持人或嘉宾谈心、聊天、讨论社会问题，还能用于咨询、购物，投诉公共服务和产品质量。全国掀起了听众参与热，凡直播的节目几乎都开通了热线电话。这一热潮以1992年10月28日开播的上海东方广播电台为最高点。东方电台两套节目24小时直播，随时插播新闻，形成了以新闻为主体，以《东方传呼》《792为您解忧》《相伴到黎明》等"为听众服务"的节目为辅助的综合性结构。热线电话的大量引进，改变了"我播一你听"的格局。就老百姓关心的新闻性话题，主持人以平等的态度、亲切的语气与听众交流。[①] 受到东方电台启发，1993年1月18日开播的东方电视台也设立了《东方直播室》栏目，这成为东方台的拳头节目。之后，其他地方电视台也出现了一些谈话节目，如广东台的《岭南直播室》、广州台的《夜谈》、山东台的《午夜相伴》、黑龙江台的《北方直播室》等。

二是大力发展音乐广播。时至90年代初期，中国的流行音乐产业已初具规模，成熟的港台流行音乐的冲击培养了大批流行音乐的受众，而广播传播和音乐传播又具有天生的同质性，这导致广播音乐节目的繁盛乃至音乐台的勃兴。

电台开始成为整个音乐产业中的重要角色。这一点，上海东方广播电台表现得尤为突出。从1993年开始，东广举办了大量的音乐活动。1993年东广与市文化局联合举办"美国费城交响乐团来沪演出"，开创了广播媒体组织主办音乐会的先例；1994年2月，举办"群星耀东方——首届十大金曲评选暨颁奖晚会"，此后，"东方风云榜"成为推广内地原创流行音乐"第一榜"，到2010年已连续举办了17届"十大金曲颁奖晚会"，在年轻听众中具有广泛影响；1997年11月15～19日承办第六届国际广播音乐节，首创"中国优秀音乐广播主持人评选大赛"；首次在8万人体育场举办规模盛大的"大型激光焰火音乐晚会"；2001年5月，首次将"上海之春"与"国际广播音乐节"两大节庆有机地融合，成功举办"2001上海之春国际广播音乐节"；9月成功举办"千筝和鸣，花好月圆"大型文艺晚会，共有1150架古筝齐奏，创造了吉尼斯世界纪录。上海电台也不甘示弱，在1994年组织了一台有34位旅居海外的青年音乐家演出的"故乡情新年音乐会"，在全国引起轰动。

---

① 张骏德：《中国广播改革的一座新里程碑》，《新闻大学》1998年春季号。

三、改革开放与中国电视事业的腾飞

1.80 年代“文人电视”的崛起

80 年代的中国电视是“文人电视”独领风骚的岁月，“文以载道”“兼济天下”的传统文化观念成为电视理念的重要组成部分，而 80 年代特有的理想主义也无疑成为这个时期电视理念的另一翼。

从 1979 年 8 月开始，中央电视台和日本广播协会(NHK)等海外电视机构开始了一系列合作，合作拍摄了《丝绸之路》和《话说长江》等大型电视专题片，在这些电视片的拍摄过程中，中国电视人接触到世界一流的电视拍摄理念和制作方法，比如跟拍、同期声的使用等等。但同时，一些中国传统的文化观念尤其是文学观念依旧影响着中国电视人的理念。正如朱羽君教授所说的那样，那个时候“中方节目一方面接受了日本的纪实熏陶，发展早期纪实语言形态，另一方面依然恪守了对唯美画面语言的追求，造型意识卓然，和以往的风光片风情片保持了很大程度的顺延，以及其连续一致性”。[①]在这里，对唯美画面的追求我们可以将之看成是电视人对电影美学的延续，但这反映了当时中国电视人的一个思路，即追求“美”而忽略“纪实”。也就是说，电视人有一种强烈地对观众进行引导，尤其是美学引导的意识。

在《丝绸之路》以后，中央电视台在 80 年代陆续拍出了《话说长江》《话说运河》《黄河》等一系列大型电视专题片。这些电视片都带有一定的唯美主义的色彩，而且在电视纪实的同时都强调思想性。比如《话说长江》是“在对一种理想主义精神、情感的塑造和传递上，在对自然美和崇高美的追求上，达到了一个在它之前未曾有过的波峰。播出持续了半年之久，爱国之情和民族自豪感是‘长江热’的坚实基底”[②]。这些观念性的东西是在一个电视片开始镜头采集之前就已经确定了的，这甚至形成了一种电视拍摄模式。比如，同样是这个时期的央视专题片的名作《让历史告诉未来》和《长征，生命的歌》，它们的创作模式是这样的：“由撰稿人先写出总体提纲，画面编辑编比正式稿长一倍左右的画面初稿，根据画面原稿，再写解说词，进行音乐创作，然后先进行录音，最后由编辑将解说、画面、音乐同时编辑。”[③]可见，所有的画面素材、解说词素材在被编辑之前，其思想立意、主题都已经被先行确立了，这些无疑都突显出创作者的主体意识。

80 年代末，电视专题片《河殇》将这一电视理念推向了极致。如果说，《话说长江》《话说运河》《黄河》等作品是用叙事或者抒情来表达一定的主题思想和创作者的主体

---

① 朱羽君、殷乐：《生活的重构——新时期电视纪实语言》，北京广播学院出版社 1998 年版，第 51 页。

② 同上书，第 52 页。

③ 同上书，第 72 页。

意识的话，那么，《河殇》完全是通过说理乃至说教来完成这一目的。《河殇》所要表达的道理完全是通过解说词来完成的，画面的作用仅仅作为一种烘托和例证，这样解说与画面之间就完全成为了一种图解的关系。那么，在很多地方，这部专题片都有“硬靠”之嫌，即创作者硬用自己的观点来阐释某一组画面，或者某一组画面硬被拿来用作一个道理的论证。在这部片子中，创作者主体意识的表达已经不仅仅是思想情感的引导，更多的地方是一种赤裸裸的说教，从这个意义上说，电视变成了一个布道者的角色，要将一种观点加诸观众，创作者的主体意识在此弘扬到顶峰。在此，电视的纪实本性被完全消弭了，这是违背电视传播规律的，所以，这种式样很快也就失去了生命力。

这一时期的电视新闻也体现了同样的特征。这一时期的中国电视业还没有被商业逻辑过多侵蚀，国营型的电视运营机制还占有着主导地位，电视台的日常运作，包括很多电视节目拍摄的投资都是由政府承担的。新闻作为党的喉舌，更要担负起宣传和意识形态引导的功能。80 年代初期，中央电视台的《新闻联播》中还有新闻配乐，这是延续了六七十年代《新闻简报》的做法，直接用音乐的情感力量来引导新闻的宣传主题，但是很快这一做法就被取消了。

此后，《新闻联播》尽管在形式上取得了重大进步，比如开始了声画同步，但新闻的宣传意味，主题先行的思想理念并没有得到根本消除。这个时候，电视新闻中出现了一个很有意思的术语——“万能画面”，即同一种画面可以表达不同的主题，全看解说词如何解说。同一组稻浪滚滚的画面，解说词可以说“我国农业获得大丰收”（而且，这一画面可以用在今年的秋收，也能用在明年的秋收），也可以说“农村科技水平取得了极大发展”，可以是江苏水稻大丰收，也可以是江西水稻大丰收。也就是说，画面本身的含义是次要的，甚至是虚弱的，一则新闻表达什么意思，关键是看解说词怎么说。所以，对于这一时期的电视新闻来说，很多时候画面成了解说词的附庸。

更鲜明的特征体现在 80 年代的电视剧上，这部分内容，本书将在第三章第三节“理想主义时代精神造就的‘文人电视’”中详尽论述。

2. 中国电视界的“九三变革”

中国电视界在 1993 年经历了一次意义重大的变革，电视理论界称之为“九三变革”。这场变革的意义在于两个方面：一是刷新了中国电视纪录的语言；二是创新了中国电视界的经营体制。“九三变革”之后，中国电视迸发出更大的活力，可以说，整个 90 年代是中国电视发展的黄金岁月。

（1）电视纪实语言在 1993 年获得了一次突破性变革

在 90 年代以前，中国电视人对电视纪实语言的把握可以说是非常幼稚的。尽管在和 NHK 等域外电视机构合作的过程中，中国电视人也接触了一系列的电视纪实理念，但长期“宣传至上”的思想笼罩着电视新闻界，使得“纪实”不可能真正获得重视。比如，央视的《新闻联播》一直到 80 年代初期还保留新闻节目配乐的传统，即用音乐影响人们对新闻事实的主观判断；新闻节目当中，长期没有同期声，尤其是对于重要的领导人，都是只见其张嘴，而听不见他的真人发声。而在《话说长江》等电视专题片中，主题先行，循着声音配画面还是司空见惯的做法。从严格的意义上说，那个时候的中国电视新闻过多地体现了自身的宣传功能而没有很好地发挥自己的信息功能。

中国电视的“九三变革”改变了这一切。首先是《东方时空》的子栏目《生活空间》《时空报道》和《东方之子》。

按照《生活空间》创始人陈虻的说法，《生活空间》是“一部记录小人物的历史”，即“讲述老百姓自己的故事”。这个栏目第一次把电视镜头完全对准了中国普通百姓，使得他们成为了电视节目主角。在拍摄的过程中，各种纪实手段得到了充分的运用，比如跟拍、同期声、长镜头等等大量使用。为了保证镜头能尽可能地记录生活的原生态，《生活空间》的编导们也创造了各种技巧。比如，深入百姓家庭拍摄是《生活空间》摄制组的日常业务之一，为了让普通人消除所谓的“镜头意识”[①]，编导们会先和拍摄对象交朋友，同时在这个家庭内部架设摄像机，这部摄像机有时候是开着的，有时候是关着的，但始终放在房间的某一个位置，等一段时间过去后，拍摄对象已经渐渐习惯了家庭里这部摄像机的存在并进而忽略它的存在，于是就会生活出所谓的“原生态”。在《时空报道》中，编导们所关注的是所谓的社会新闻，与中央电视台传统的新闻价值即权威性、严肃性取向不同的是，《时空报道》强调新闻事实的重要性甚至爆炸性，尤其是《时空报道》开启的批评性新闻报道，更是刷新了中国传统电视新闻报道的格局。

《东方之子》从某种意义上说是与《生活空间》遥相呼应的另一个极端：如果说《生活空间》是展示小人物的历史意义，那么，《东方之子》就是要把社会中的著名人物、成功人士与普通人相同的一面挖掘出来。在节目进程中，主持人以聊天的方式引导采访对象娓娓道来，如此，日常语言充满荧屏，这是中国电视观众以往所不熟悉甚至是从未见过的。著名电视人孙玉胜认为，《东方时空》的出现改变了中央电视台的语态，将以往流行于广播电视界的“新华体”改变为“中新体”。“新华体”是“把新闻写得不像平时说话，才会给读者以‘权威感’”，营造一种“字正腔圆中丝毫不透露宣讲者的态度，居高临下的语态中保持着一种既定的距离”，而“中新体”是要“降低电视媒体说话的口气，尝试一种新的语态，也就是一种新的叙述方式”。这种话语是用民间话语的鲜活、幽默、趣味，“带着世俗生活的具体语境，让人感到随和、亲切、心领神会。新闻节目中采用这种人际交流口语化的方式，拆除了媒介和观众之间的界线和戒备，使新闻的接受者有了人际交流的角色认同和情感互动的愉悦”。[②]《东方时空》这种语态的变化后来

---

① 当人们面对摄像镜头的时候，会很自然地有被拍摄的感觉，于是油然而生一种表演意识。正是因为如此，有专家认为，影视除了偷拍以外，根本无法记录最本真的现实，最多只能是不断地接近现实。从这个意义上说，消除拍摄对象“镜头意识”的多寡，就是一部纪录片“纪实性”深浅的一个标志。

② 孙玉胜：《十年——从改变电视的语态开始》，生活·读书·新知三联书店2003年版，第47～49页。

影响到全国，各地方电视台纷纷学习这种语态。“口语化”倾向成为整个 90 年代中国电视新闻变革的重要内容之一。

(2)电视运营体制的变革

中国大陆电视界制片人体制发轫于央视的《东方时空》。而《东方时空》当时之所以采取这样一种制度，是因为当时中央电视台的机制严重阻碍了电视媒介的发展，尤其是在新领域的扩张。比如，转型时期带来的社会变动造成了突发新闻的增多，这需要记者能更机动、迅捷地出现在新闻现场，但央视当时的制度使得这种迅捷对于普通记者来说不可能。90 年代中国电视主流体制中其实还包含有 80 年代国营型的电视机制的因素。这反映在财权和人事权方面政府对电视机构的控制：首先，尽管这一时期，广告费用已经成为电视机构的主要经济来源，但是就如当时央视的状况一样，电视台延续了相对死板的管理机制，使得电视人不能按照电视媒介的发展规律来合理地支配费用，费用该如何使用往往是由政府的代言人——电视机构的领导决定的，这样工作在第一线的记者往往不能得到充分的费用保证电视节目的正常运作。其次，电视机构的人事权牢牢掌控在政府手里。当时的电视机构属于国家事业单位性质，要进电视台必须有国家相关机构批准的事业单位的名额，这种名额的限制无疑把更多的优秀人才阻隔于电视台大门之外。所以，电视栏目自己不能养活自己，创造不了利润，也就无法获得自主性的生存与发展，这与 90 年代的社会主题“发展才是硬道理”相悖。

1993 年的《东方时空》正是从这两点进行了改制。当时的《东方时空》栏目是作为央视的一个试验田，或者说是一个特区来运作的。它实施制片人制和灵活的用工制度的重要目的和结果就是，让电视栏目可以通过自己创造利润而生存并发展下去。随着制片人制迅速风靡全国电视界，中国电视此时遵循的逻辑已经不是“宣传逻辑”“教育逻辑”，而是“发展逻辑”“商业逻辑”。所以，《东方时空》从节目的意义上来说，它是创新了一种崭新的节目类别，成功地开拓了中国早间的电视黄金时段；从电视运作的角度来看，它创造了一种崭新的模式：不用拨款，不花上级一分钱，而创办了一个栏目，这个栏目自身也得到了很好的发展。因此，制片人体制得以迅速流传到全国各地方台。这引起了两方面的变化：

其一，制片人体制赋予了电视人更多的资金和人事方面的自主权，电视栏目化的理念得到了充分的贯彻。新的栏目层出不穷。因为一档电视节目只要符合市场规律，就能获得资金和人事的保障，就能够生存和发展下去，这无疑给电视人的创新提供了崭新的动力。整个电视节目的结构生成了一个新的格局。在这种条件下，栏目化的理念的实施，使得电视传播的定位更加明确，对观众传播的针对性也更强了。这意味着观众能更有针对性地获得相应的信息。“窄播”“对象性”传播等理念在这一时期得到普遍的认可。

其二，电视文化的商业性意味越来越浓。1997 年 12 月 4 日，央视一索福瑞媒介研究有限公司(简称 CSM)在北京注册成立。从此，中国有了自己权威的收视率调查分析机构。央视一索福瑞的数据成为电视节目质量最权威的评判标准，也成了各级广告主决定是否向某一电视机构投放广告的依据，甚至是唯一的依据。这样，在很多情况下，电视人都有一种“唯收视率”的倾向。这突出体现在电视媒体对娱乐功能的张扬上。

3. 中国电视娱乐化的浪潮

与中国电视新闻“九三变革”同时发生的是中国电视娱乐化浪潮的开端。邓小平南行讲话以后，中国社会结构发生了持续变化，我国政治、经济、文化等方面的制度性改革在国人精神生活层面引起了相应的变动，人们的社会心理也随着社会变迁而不断地更新。他们在精神取向和价值观念方面发生了由统一向分化、由教化模式向消费模式、由社会活动向私人娱乐、由自发向自觉的转换。看电视成了人们在购物、旅游之外填补闲暇的有效方法。作为一种对忙碌而紧张的竞争时代的精神调整与心理修复手段，逗笑的、欢快的、不用动脑筋的娱乐类节目自然比深沉的、说教类的节目更容易受到大众的喜爱，娱乐性内容自然会更加吸引观众。

湖南电视台在这方面走到了所有电视台的前面。1996 年湖南电视台《快乐大本营》的播出引发了电视娱乐节目的热潮，中国电视文艺的探索不再仅仅局限在艺术表演和艺术欣赏方面，转变成为以明星的游艺或游戏的形式为主干的电视娱乐。《快乐大本营》热播，不仅节目自身取得了成功——最红火的时候它的平均收视率曾达到33%，广告价格甚至超过中央电视台的平均价格，而且吸引了全国各地方电视台对娱乐节目的关注和参与。各家电视台的娱乐化栏目大量涌现，彻底改变了电视节目长期以来“新闻加电视剧”的结构形态。甚至连中央电视台也加入到这一娱乐化的大潮中，其中《幸运 52》《开心辞典》等益智类节目成为央视娱乐节目的亮点。而《非常 6＋1》《星光大道》《梦想中国》和风靡全国的湖南卫视《超级女声》《快乐男声》等选秀节目在电视文化中刮起了一股娱乐风潮。一些电视台迎合观众所需在不同的时段推出各类电视剧场，安徽卫视在周末以电视剧全天联播的《周末大放送》来满足观众的需求。2000 年中国人民大学舆论研究所对北京居民媒介接触和使用情况的调查显示，娱乐类电视节目已经成为观众收视的首选，在电视荧屏上迅速走红的也大多是娱乐节目的主持人，如央视的李咏、王小丫等。

总之，中国电视在改革开放的宏观背景下已经进入了前所未有的繁荣时代，新闻、娱乐、教育、文艺等节目类型异彩纷呈，电视成为当代中国人日常生活中不可或缺的重要媒介。

四、新世纪中国广播电视事业发展的新格局

进入新千年之后，有两个因素对中国广播电视事业的发展产生了重要影响：一是

互联网、手机等新媒体技术的蓬勃发展；二是中国社会日益多元化的倾向。前者极大地改变了广播电视媒介的节目制作、传播通道、接受方式和经营方式，而后者则重构了中国广播电视事业的发展、竞争格局。

自20世纪90年代中后期以来，互联网事业在中国社会获得了飞速发展。截至2009年6月底，中国网民规模达到3.38亿，居全球第一。如此庞大的网民数量，意味着一个广阔的互联网市场，这个市场正在影响中国媒介格局原有的发展轨迹。更具体地说是互联网得以分享人们的闲暇时间，而人们在闲暇时间的休闲活动正是广播电视媒介以前着力占领的市场[①]。于是，一方面广播电视媒介都面临着一个与互联网争夺受众的挑战；另一方面，互联网的传播逻辑也开始渗入到广播电视的传播过程中。这一端倪已经显现并日渐深入，同时引发了业界和学界的广泛关注。

新世纪对中国广播电视发展产生深远影响的另一个社会因素是，社会多元化倾向的加剧。换言之，就社会整体来说，“社会分化”无疑是新千年中国社会最典型的特征，这种分化体现在社会阶层和群体数量的增加。比如，杨继绳认为当下的中国社会是由如下阶层构成：上等阶层（政府高级官员、国家银行及其他国有大型事业单位负责人，国有大型企业或大型股份公司经理、大中型私有企业主……这些人构成了中国社会金字塔的顶端）、中上阶层（高级知识分子、中高层干部、中型企业经理和大型企业高层管理人员、中型私有企业主、外企白领等）、中等阶层（专业技术人员、一般文艺工作者、新闻工作者、律师、会计、党政机关公务员等）、中下阶层（工人、农民阶层等）、下等阶层（城乡贫困人口和失业人员等）[②]。而另一位社会学家陆学艺则认为这些阶层之间的收入、生活方式、教育水准以及由此造就的媒介接受习惯都是很大差别的[③]。不同的社会阶层拥有不同的媒介接受习惯和接受倾向，在广播电视领域也不例外。

除了社会阶层差别之外，广袤的中国领土还形成了其他方面传播与受众的差别。比如由于经济发展水平的不同，有中西部发展水平的差异，由于区域文化（中原文化、江南文化、岭南文化、关外文化等）不同，造就了文化习惯和文化接受方式的不同。由于中国广播电视的布局是按照1983年的“四级”策略在中国社会四个行政区域（中央、省、市、县）渐次分别发展的，因此不同层级的广播电视媒体会根据自己的特定情况，按照各自的发展策略分别探索自己的发展之路，这也导致了中国广播电视事业发展的多元化。

1. 广播事业的起起落落

新千年的头十年对于中国广播事业的发展来说，是一场严峻的不可忽视的挑战。

---

① 据CNNIC的数据显示，2010年上半年，有88.4%的网民在家上网，33.2%的网民在单位上网。参见《CNNIC第二十六次中国互联网发展状况统计调查报告》，http://it.people.com.cn/GB/119390/118340/197302。

② 杨继绳：《中国当代社会各阶层分析》，甘肃人民出版社2006年版，第341～344页。

③ 陆学艺：《当代中国社会流动》，社会科学文献出版社2004年版，第5页。

自20世纪80年代末以来，中国广播一直受到电视媒介的挤压和挑战，而进入新千年之后，广播的竞争对手又增加了一个——互联网媒介。网络极大地改变了广播生存的生态，尤其对音乐广播产生了较大的冲击。传统的音乐唱片产业与广播音乐电台之间合作互动的关系被打破，这进一步延缓了中国本土唱片产业的发展，也改变了音乐广播的格局。而另一方面，由于中国交通事业的飞速发展——这包括私家汽车的普及，以及地铁、高速公路和高速铁路网的迅速建立和拓展，导致中国社会出现了一个日渐庞大的“移动人群”，而这一人群成为广播听众的主要组成部分，从这个意义上说，广播“伴随性收听”的特性依旧是广播媒介发展自我的不二法宝。

广播的变化和发展主要体现在如下方面：

（1）“窄播”趋势更加明显

进入新千年之后，从中央台到地方台纷纷改版，而改版的方向之一就是继续细分广播节目市场。比如，2006年，中央广播电台文艺之声改版：一方面增加了一个调频频率的广播，另一方面将自己的听众进一步细分——将“青少年”作为一个独立的社会群体和亚文化进行节目诉求，为他们新增畅销书和青春文学系列的广播，这改变了传统“长篇连播”的节目风格（这是没有细分的传统广播节目形态）；黑龙江电台则建立了自己的“都市女性”广播，专门针对女性进行节目播出，整档媒体运作得相当不错；而江苏经济广播电台从2005～2007年逐渐细分为三个电台——理财频率、健康频率和生活频率，开始针对听众不同的生活内容予以更有针对性的传播。节目细分使得广播传播更加专业化。

而更能表现“窄播”趋势的是针对专门“移动人群”的广播——交通广播的崛起和繁盛，这成为新千年开端中国广播事业发展最引人注目的内容。

（2）作为广播核心听众的“移动人群”——交通台的崛起

进入新千年以后，中国汽车产业持续发展，城市私家车的拥有量不断攀升。据北京市统计局的数据，截至2003年年底，北京市的私家车的保有量已经达到了129.8万辆，而截至2009年12月，这个数字已经攀升到398.1万辆。中国其他城市的私家车拥有量也是迅速攀升。同时，社会经济文化等方方面面的发展导致人们流动性的不断加强，为了适应这种流动性的需求，中国的公共交通设施也飞速发展——地铁、高速铁路和高速公路的网络日益完善，人们的出行日益方便，“在路上”成为日常生活方式的一部分。

在这一背景下，中国交通广播在新世纪迅猛发展起来。一方面，人们在“移动状态”（坐在汽车等交通工具里）除了广播基本没有媒介选择，加上越来越多的开车的人对“交通路况”等信息的刚性需求，都导致人们对交通广播的日益依赖。中国各地的交通广播电台也因此经常成为市场占有率和听众占有率最高的电台。

据中国广播调查网提供的资料，在2010年4月份，在对中国二十城市“收听率/市场份额"的调查中，有天津、武汉、合肥、乌鲁木齐、大连等17个城市和地区的交通广播电台的市场份额和收听率在当地都排名在1～2位[1]，这显示了交通广播在整个广播电台的播出格局中强大的市场占有率。

(3)音乐广播的"模式化"播出倾向

总的来说，音乐电台整体频率的"模式化"播出逐渐替代了20世纪90年代音乐节目的"栏目化"播出。"模式化"这种来自美国的广播音乐编辑、播出以及频道营销的理念，在新千年伊始成为中国音乐广播发展的主流。

按照音乐广播的"模式化播出"的理念，广播编辑会预先按照自身广播频率的定位——古典音乐广播、流行音乐广播、怀旧音乐广播等等，将选定的特定种类、风格、年代的音乐作品予以集中编排和播出，而在播出过程中，主持人较少阐释和打断音乐，听众欣赏音乐的过程则因此更为连贯。相对于1990年代由广播DJ主导的栏目化的广播音乐节目(DJ用自己的理解和阐释引导和带领听众欣赏音乐)，"模式化"广播音乐的编排与播出淡化了DJ的作用，更完整地呈现音乐原汁原味的风格和魅力。就广播音乐的市场营销来看，"栏目化"的音乐广播向广告客户推广的是栏目本身乃至特定的DJ(及其所主持的栏目)，而"模式化"的音乐广播营销的则是整个广播频率，较少受到DJ个人风格的影响。中央人民广播电台的音乐之声频率，上海人民广播电台的三个音乐频率、江苏音乐台等中国主流的音乐电台都采用这种播出模式。

造成这一变化的原因是多样的，网络的崛起无疑是最关键的。首先，互联网使得普通受众可以更容易地通过互联网下载等方式获得自己想听的音乐，而不像之前那样必须通过广播、唱片等媒体平台，对作为"把关人"的DJ的依赖也越来越小。这种变化对流行音乐传播的影响尤甚。其次，随着人们生活节奏的加快和流动性生活的增多，人们在日常生活中更需要将音乐作为背景，即所谓的"音乐墙纸"(music wallpaper)来使用，比如开车时听音乐，而不是那种专门的收听。因此长时间同一风格音乐的连续播出，更容易获得听众的青睐。再次，随着社会的进步，人们欣赏音乐的层次化也逐渐拉大。除了广播之外，日常收听音乐也可通过MP3、手机等移动终端完成。对于高品质、高层次音乐作品的需求，人们也可通过HiFi音响或音乐会等渠道来获得，这些都导致了人们在收听广播音乐时注意力的分散。从这个意义上说，所谓"模式化"的广播音乐编排和播出方式其实是广播媒介用"音乐集约化"的方式，配合广播收听的方便性，力图占有更大市场的一种举措。

(4)"多元化"的产业经营方式

进入新世纪，广播媒介的业务被大大拓宽了。除了提供信息服务以外，由于频道

---

① 《2010年4月份二十城市收听率/市场份额TOP5》，中国广播调查网，http://www.bpes.com.cn/qwfb/view.asp?id=197.

细分，每一个被细分的频道都会较为明确地针对受众的某一方面的社会需求。正因为如此，电台有能力拓展自己的业务——从信息服务到向受众提供全方位的服务。

最典型的是交通广播。由于交通广播针对“在路上”的移动人群，且司机占有很大的比例。因此，交通台除了提供交通路况信息以外（这是其核心内容），还针对“交通服务”拓展自己的业务，比如为司机提供购车、年检、交通事故投诉、汽车美容等等服务；广播音乐台和文艺台则会与相关机构合作举办音乐会、演唱会以及歌手大奖赛；经济广播提供的服务则更为广泛——法律咨询、心理服务、商业机构的降价促销服务乃至婚恋介绍服务等等。电台用这种方法一面拓展自身的业务，能获得更好的市场收益，另外也能通过这种方式保持和听众更为密切的联系，培养听众对自身节目的忠诚度。

2. 社会多元化与中国电视事业深层变革的进程

(1)迈向世界的中央级电视媒体

新千年，中国两家全国性的媒体的发展变化尤其引人注目。一是中央电视台在新闻、文艺和娱乐节目等方面的不断变革；二是凤凰卫视的蓬勃发展。尤其值得注意的是，这二者都在互联网传播的领域获得了令人注目的进步。

作为国家级电视台，中央电视台在新千年到来之际经历了一系列的变革与发展，这主要体现在如下几个方面：

第一，新闻改革的持续推进。

2000年之后，央视在新闻方面的改革重点放在整合全台新闻报道方面，尤其在重大新闻报道方面各机构不再各自为战。比如对2003年伊拉克战争的报道：伊拉克战事爆发后，中央电视台前所未有的介入和报道（特别是直播），可以说是央视新闻频道运作的大彩排，特别是24小时新闻直播的大彩排。据相关报道，央视对这次战事的新闻报道从力度到广度都是空前的。央视第一频道、第四频道、第九频道三个频道总动员，采用了长时间的直播方式，有2000人直接为战事报道服务。战况紧张时，出现了央视直播室外嘉宾排着队等候上镜的紧张场面。央视通过这次伊拉克战事直播，收视率增长了28倍，直播花费1000万元，但是广告费也创新高。

伊拉克报道被看成是央视新闻频道成立前的彩排，这一报道的成功表明央视新闻频道在开播前就获得了整合资源的一次大好机会，尤其是树立了巨大信心和积累了宝贵经验。2003年5月1日“中央电视台新闻频道”正式开播，该频道全天24小时播出，全天24档整点新闻。整点新闻以最快的速度向观众提供第一手的国内国际新闻资讯，突出时效性和信息量，实现滚动、递进、更新式报道。整点新闻后，分别安排了各分类新闻，主要有财经、体育、文化、国际四大类。新闻频道的专题节目包括新闻背景、新闻评论、新闻调查、舆论监督、民意调查、法制等各种节目形态，是对整点新闻和分类新闻的补充和深化。每日播出的专题有六个：《新闻会客厅》《央视论坛》《法制在线》

《每日国际观察》《社会纪录》《共同关注》；每周播出的专题节目有十个：《数字观察》《每周质量报告》《声音》《面对面》《中国周刊》《世界周刊》《海外速递》《财经周刊》《体育周刊》《文化周刊》。面对如此大量的节目，央视新闻频道的运作试图遵循一个新的整体性原则，即寻求实现经常的新闻直播并能保证随时开展新闻直播、插播和作现场同步报道，构建一套与之相适应的新闻管理机制。只有实现央视全台新闻资源的整合与共享，才能有整体的新闻频道意识，才能提高快速报道和直播的能力，统一协调各新闻栏目对重大事件作连续跟进追踪报道，实现真正意义上的新闻频道化。具体而言，他们将台内 9 个频道的新闻力量凝聚到新闻频道上来，实现新闻共享。他们还将努力建成立统一的新闻选题策划系统、新闻资料管理系统、新闻采访传送网络。新闻频道的目标是联合台内外的力量，中央台及各地方台遇有重大新闻事件，可以通过微波、卫星、转播车、移动卫星站、电话以及互联网络等各种传送手段，及时地把新闻插到新闻频道播出，实现全国电视新闻网的联合。目前，央视新闻频道已经成为中国内地最高端、权威的电视新闻传播平台。

在电视新闻传播方面，值得一提的还有香港凤凰卫视的成熟。凤凰卫视中文台是由凤凰卫视有限公司开办的全球性华语卫星电视台，也是香港唯一一家全部用普通话一天 24 小时昼夜播出的电视台，于 1996 年 3 月 31 日正式开播。凤凰卫视极其注重新闻传播，早在 1990 年代后期，就推出了一系列品位高、感染力强的电视新闻、尤其是电视新闻现场直播节目。《飞越黄河》《97 香港回归世纪报道》《戴妃葬礼华语直播》《朱镕基世银年会上的讲话实况》《江泽民访美系列报道》《人大政协两会报道》《朱镕基访英参加亚欧会议系列报道》等等，广受好评。目前，凤凰卫视平台已有中文台、电影台和资讯台三个频道在内地落地，其在中国内地的渗透率达到 13％至 14％，大约有 4000 万户家庭可以收到凤凰的频道。2003 年 1 月 6 日，香港凤凰卫视资讯台在中国内地按境外媒体管理方式有限落地。凤凰卫视中文台和资讯台在一些重大国际事件的报道过程中，日益树立了自己新闻报道的品牌，如 2003 年针对“9・11”恐怖袭击的报道，其对突发事件的快速反应能力以及深度评论新闻的能力都不逊色于 BBC、CBS 这样的世界知名的电视新闻机构。

第二，直播常态化。

孙玉胜曾经感慨：“在香港回归之前，央视建台将近 40 年，严格说来还没有真正意义上的直播报道。”[①]而短短几年的时间，央视在重大事件的现场直播方面已经实现了常态化。

最值得称道的是 2008 年关于“汶川地震”的报道。2008 年 5 月 12 日，四川汶川发生了里氏 8.0 级地震。地震发生后两个小时，中央电视台就启动了规模庞大的直播

---

① 孙玉胜：《十年：从改变电视的语态开始》，生活・读书・新知三联书店 2003 年版，第 234 页。

报道，反应速度之快是前所未有的。在随后的时间里，央视直播的规模不断扩大，除了《新闻联播》《焦点访谈》等几个主要栏目外，新闻频道的主要专题节目，像《新闻会客厅》《东方时空》《新闻 1+1》等栏目全部停播，整个频道全天 24 小时对灾情进行直播。这种直播力度和技巧开创了中央电视台的先河。

除了重大新闻事件的现场直播外，传统的两会报道、大型体育赛事（尤其是 2008 年奥运会开幕、闭幕式）、政府相关部门的新闻发布会和答记者问，都能在第一时间内通过央视的平台被直播。直播能力的提高标志着央视“新闻立台”的理念得到了越来越好的贯彻和提升。

第三，走向海外

伴随着中国国力的增强，在国际上的地位也越来越重要，所面临的国际事务也越来越复杂。在这种情况下，中国如何在国际舞台上正确适宜地表达自己成为中国媒体的重要使命，这不仅仅是中国外交的需要，更是中国在国际舞台上提升自己软实力的必由之路。正是在这一背景下，央视诸种语言的海外频道次第开播，并取得了良好的国际传播效果。央视目前拥有英语、法语、西班牙语、阿拉伯语四套国际频道，覆盖全球。

除了追求覆盖率之外，央视外语频道还努力提升频道和栏目质量。2010 年 4 月 26 日，中国中央电视台第九套节目——英语国际频道正式改版为英语新闻频道。此次改版是中央电视台加强国际传播能力的一项重要举措。全新的英语新闻频道每天提供 19 个小时的新闻节目，以新闻资讯报道为主，辅以深度报道、评论节目和纪实类专题节目。在及时、准确、全面地报道中国发展变化的同时，英语新闻频道将增加国际新闻的报道规模，特别是亚洲国家的新闻报道，为海外观众了解多元世界提供“东方的视角”。

央视国际频道视野开阔，关注国际重大命题。比如 2010 年 11 月间，墨西哥坎昆全球气候变化峰会即将召开，央视各语种外语频道自 11 月 29 日起陆续播出高清系列专题片《与气候一起变化》。这一专题片除了立意深远、内容丰富以外，还向海外传达出中国面对全球气候变化的态度和立场。类似的案例还很多，中央视的外语频道正努力代表中国在国际上发出自己的声音。

(2)“兼顾两头”的地方电视台发展策略

进入新世纪，中国各地方电视台（省级卫视和城市电视台）也在逐渐摸索自己的发展之路并取得了不菲的成绩。从总体来看，新世纪地方电视台的发展可以用以下两条原则来概括：第一，在新闻传播方面突出地方性，即本地的服务性，民生新闻的崛起是这方面的代表；第二，在电视剧等文艺娱乐节目发展方面，则力图打破地域性的限制，融入更大规模的文化产业市场。这种“兼顾两头”的策略正在成为诸多地方电视台成功崛起的策略。

江苏广播电视总台在这方面是一个典型的例子。在新闻方面，江苏广电总台于2000年成立城市频道，经过一段时间探索，于2002年1月1日开播了民生新闻节目——《南京零距离》。这是江苏台城市频道倾力打造的一档日播类新闻直播栏目，该栏目的节目面向省会南京，以报道南京、服务南京、宣传南京为宗旨，主要内容由社会新闻、生活资讯、读报、观众热线、现场调查等构成。该栏目一经推出，即受到了广大电视观众的热烈欢迎和广泛好评，真正实现了与电视观众"零距离"，被誉为"南京人的电视晚报"。《南京零距离》突破了省级电视台播出"全省新闻"的新闻传播模式和格局，在新闻价值取向方面转向"接近性"，并凸显服务性、实用性、趣味性的理念，通过占有本地电视节目市场进而获得不菲的收视率。

而在其他领域，江苏广播电视总台则不囿于自身地域的限制，面向全国乃至全球推广自己的文化产品，同样取得了优秀的业绩。比如投入巨资打造如《天龙八部》《人间正道是沧桑》这样的电视剧，在拍摄的过程中，不仅所有拍摄资源都是从全国范围内整合而得的(全国一流的导演、道具、服装、音乐创作、特技制作等)，其播出也是追求覆盖地域的最大化。《人间正道是沧桑》拍摄完成后，除了江苏广电总台自己的播出平台，还在央视八套黄金档和央视一套星夜剧场相继播出。而在2006年6月，江苏广播电视总台和凤凰正式签约，并且通过凤凰卫视平台向海外播出《人间正道是沧桑》。这标志着中国主旋律题材的影视剧不仅在国内获得观众的青睐，同时也得到了海外市场的认可，而且更重要的是实现了多层级播出平台的整合。因此，从电视剧拍摄的角度来看，江苏广电总台对自己的定位无疑是全国性而非地域性(江苏省)的。除此之外，江苏广电总台还投资拍摄电影(比如江苏广电总台是2010年全国热卖的大片《十月围城》的重要投资方)，与其他媒体机构签署了多项战略合作协议，如与台湾旺旺中时媒体集团、东森电视事业股份有限公司、纬来电视网战略合作协议，投资文化创意产业园(如江苏未来影视创意产业园)。从这个意义上说，广播电视媒介突破"媒介"概念的限制进而将自己发展成"文化产业集团"也是大势所趋。

很多城市电视台乃至县级电视台也都认识到这种"兼顾两头"的发展模式的优势。比如北京电视台一方面着力打造自己针对本地的民生新闻栏目《特别关注》，另一方面也举办"红楼梦选秀"这种全国性的活动扩大自身的影响；江苏常熟电视台作为一家县级电视台，一方面用方言民俗新闻节目《春来茶馆》吸引本地观众，另一方面与中央电视台合作投资拍摄历史题材的电影《柳如是》，力图进入更大规模的文化产业市场。

特别值得一提的是，地方电视台这种发展策略造就了各地方台娱乐节目的火爆乃至风靡全国，江苏卫视的《非诚勿扰》、东方卫视的《舞林大会》、湖南卫视的《超级女声》都是这方面的代表。娱乐节目的受众品位和娱乐圈节目资源的整合较少受到地域限制，卫星电视为这些节目的全国性传播打下传播渠道的基础，因此，这些地方电视台制作的娱乐节目经常能在全国掀起收视热潮。这甚至在一定程度上挑战了央视原本在综艺节目制作播出方面的主导地位。

3. 新媒体的冲击和影响

随着互联网的发展，电视机构不可避免地要在网络上拓展自己的空间。2009年，经过充分准备，在原有央视网的基础上中国网络电视台（CNTV）成立，这是中国国家网络电视播出机构，它以视听互动为核心、融网络特色与电视特色于一体的全球化、多语种、多终端的网络视频公共服务平台。目前，中国网路电视台拥有首页、客户端和新闻台、体育台、综艺台、爱西柚、爱布谷、电影台、电视剧台、经济台、探索台、纪录片台等10个产品，以及用户中心和客服中心。在中国网络电视台的平台上，也可收看中国地方卫视的节目。各大省级卫视也纷纷创办自己的网络平台，比如湖南卫视推出芒果TV、江苏卫视开办江苏网络电视台、浙江广电推出新蓝网，安徽网络电视台也顺利开播等等，可以说中国电视界掀起了兴办网络电视台的热潮，各家广电系统主导的网络电视台的开播，是中国电视应对网络媒体挑战，增强影响力、扩大传播力的集体努力。

但是，值得注意的是，虽然进入新世纪之后，中国的电视媒介普遍进军网络并在经营管理体制上予以配合和倾斜（比如成立专门的新媒体部），但是到目前为止，电视媒介并未找到一条适合自己的新媒体发展之路。面对新媒体技术的诸多挑战，电视媒介目前并未找到自己合适的应对方略。比如DV的普及，使得普通老百姓自己拍摄的节目也可以在电视台播出，电视台作为传统的节目生产的身份受到挑战；网络视频点播的日益增多，使人们不需要每天都守候在电视机前按时等待喜爱的电视节目；互动电视的出现，意味着普通受众可以很方便地积累电视台的信息资源，所有这些，都改变了传统电视节目的信息集中、线性和高度权威的传播格局。而电视机构目前进军网络的举措，更多的似乎是想维持既有的权威格局，这其中的矛盾化解将是传统电视行业发展突破的重要领域，也必将在媒介市场掀起一次又一次的波澜。

思考题：

1. 简述中国广播事业发展的诸阶段，并阐明每个阶段的主要特色。
2. 改革开放时期中国广播电视事业发展取得了哪些成就？

第三章

广播电视媒介的发展规律

内容提要:广播电视媒介发展遵循如下规律:技术进步是这两种媒介发展的基础,体制类型决定广播电视媒介运作的理念,社会文化是广播电视媒介发展的外部资源,特定时代的关键人物是广播电视媒介发展的核心促进因素。

本章将从技术、制度、社会文化等层面分析广播电视媒介的发展规律。让我们首先从技术开始,因为技术的发展是广播电视媒介史演进的基本力量。

第一节　技术的发展是广播电视媒介发展的基础

技术是广播电视媒介发展最根本的推动力量。

首先,广播电视媒介的诞生得益于电子技术的发展,每一次新的技术进步都会给广播电视媒介提供关键的发展机遇,比如,电子管的发明让收音机小型化,广播便可以更好地发挥"伴随性收听"的优势;通讯卫星技术的成熟使得电视传播全球化成为可能,大大增强了电视传播的力量。

其次,技术的革新可以直接推动广播电视事业的发展乃至飞跃。新技术的使用可以催生新的节目形态,这一点在中国广播电视事业的发展过程中表现得尤为明显。比如,自 20 世纪 90 年代中期,以央视为首的中国各电视台纷纷开始在新闻节目中增加直播内容。央视更是通过对香港回归、澳门回归、黄河小浪底大坝合龙、建国 50 周年国庆大阅兵等重大新闻事件的直播,进一步巩固了其中国第一大台的地位。但电视大型直播节目的成形,最基础的要求就是电视直播设备的购置并熟练使用,没有数字转播车这样的设备,再好的直播构想也难以实现。再比如,从 2003 年开始火爆的电视选秀节目(如《超级女声》)以"娱乐民主"的特色得到了大量观众的认可,即观众可以通过手机投票的方式决定某个选手舞台上的命运。这档节目得以存在的关键技术条件就是手机在中国电视观众中的普及。可以说，没有手机技术，就没有这档风靡全国的电视节目。

再次，技术不仅是节目创意的源泉，有时还是媒介变革的力量。20世纪90年代初，中国广播业在电视媒介的冲击下，丧失了很多黄金时段的节目资源和观众资源，旧有的广播事业格局和节目体系必须更新。此时，促成这种更新的重要力量之一恰恰是另外一种传播技术——电话。电话的普及造就了广播互动类节目的兴盛：点歌、谈话、听众竞猜、心理咨询等节目，极具听众参与性。正是由于电话传播技术的普及和其在广播领域的应用，增强了广播节目的亲和力，实现了其他任何大众媒介都无法比拟的"互动性"，成功地使广播走出低谷。

互联网诞生后，对电视直播节目的发展又提供了契机。1998年，美国白宫爆出了总统克林顿和实习生莱温斯基的性丑闻，面对莱妮·里芬斯塔尔报告的质询，克林顿不得不在镜头前向全美电视观众作出解释。CNN对此做了现场直播，演播室内，一台连接着互联网的笔记本电脑成为联系主持人、嘉宾以及电视观众的平台——观众跟随电视直播的报道进程，只要登录相应的网站，就可以随时在网络上发表对克林顿答辩意见的看法，主持人一边和现场嘉宾聊天，一边播报互联网上精彩的意见。于是，电话在电视中没有做到的事情，互联网做到了（手机也做到了）——它把普通电视观众的意见引入电视，从某种意义上说，普通人也可以影响电视传播的进程。可以说，互联网、手机等媒介技术催生了广播电视节目中互动环节产生的可能。时至2007年，中央电视台体育频道为了更有效地传播2008年北京奥运会进行了全方位改版，尤其强调与手机、互联网用户之间的互动。为此，央视国际（www.cctv.com）被授予2008北京奥运会新媒体转播权，这是国际奥委会首次将互联网、手机等新媒体作为独立转播机构，与传统媒体一起列入奥运会的转播体系。北京奥运会也由此成为新媒体发展的一个重要里程碑。届时，观众除了看电视，还可以通过网络视频、手机电视等多媒体随时了解奥运最新资讯、观看奥运赛事转播。总之，多媒体新技术已经成为电视节目变革的重要动因。①

互联网技术对广播电视媒介发展的影响也是深远的。随着网络内容的不断丰富、带宽的不断增加，网络在线收看成为可能，这对传统的电视传播和接收都是一个冲击，而电视机构也有可能从中获得新的增长点。比如，凤凰卫视成立后相当长一段时期内都无法获得内地多数城市的落地权，只被准许在有限范围（如广东省内、三星级以上宾馆、部分高校及高档社区）内传播。相对于"艰难"的"落地获批谈判"，网络成了最为便捷的先期"落地"形式。因此，在凤凰网开办之初，网络定购和点播频道就被定位为重

① CCTV未来广告公司：《2006年CCTV－5创新合作案例盘点》，《大市场·广告导报》2007年第4期。

点业务，后来又增加了节目宽频在线收看服务，这样，只要能够上网，就可以收看凤凰卫视的节目，大大弥补了电视传播的不足(尽管这种不足是由政策造成的)。再比如，我们知道，网络传播具有互动性的特色，这意味着受众亦有可能变成传播者，那么，广播电视机构将能够通过网络和受众展开互动，弥补广播电视媒介单向度传播的不足。现在，很多广播电视专栏都会在互联网开辟相应的论坛，节目主持人即论坛的版主，观众可以在论坛中通过发帖子的方式和主持人以及主持人背后的编导、记者互动，发表自己的意见和看法。由于网络论坛是开放的，因此观众的意见也有可能成为舆论的一部分，进而影响到栏目的发展。

追求“保险的传送和远距离的接触”，这是广播技术诞生的动力，而且，这一追求还将不断地持续下去。比如，后来的人们发明了通讯卫星，信息传播的距离更远；发明了数码技术，影音信息的保真性更强。可以说，技术发展的背后是人的欲望、情感和需求。按照哈贝马斯的观点，现代社会中的技术是作为一种意识形态存在的。技术的力量只是给广播电视变革提供可能，究竟是否变革、怎么变革，要看拥有技术权力的人愿意怎么利用技术，或者说愿意给受众以什么样的技术。“文革”期间的中国电视业已经掌握了电视直播技术，但江青等人却用这种技术来直播对走资派的“大批判”，那么，电视技术这个时候就为错误的意识形态所支配，电视观众越是看这样的节目，心里就越窝火，就越会觉得现实令人失望；相反，到了 1997 年 7 月 1 日，中央电视台用直播技术转播香港回归的现实场景，当观众看到五星红旗在香港特区政府大楼上升起，英国人在添马舰码头上船离开，中国人民解放军以整齐的军姿进驻香港等镜头的时候，民族自豪感油然而生。同样是电视直播技术的成果，给人的感觉和意义却是天壤之别。在这一过程中，电视传播技术是中性的，支配这一切的，是操纵技术的人以及决定人的行为的制度、意识形态等。

因此，只有继续探索技术背后“人”的因素，才能真正了解技术对广播电视媒介发展的作用。我们必须承认，技术具有普遍意义上的进步作用，广播电视技术的发展是人类“进步意识”的产物。“进步意识”是西方启蒙运动的产物，它有两个核心要素：其一，历史是不断发展进步的，现在比过去要好，未来比现在也要好。人类经历的所有痛苦、不幸和灾难只不过是历史短暂的停顿或者回旋，从总体上来看，历史还是不断进步的；其二，人类是历史的主人，人类的智慧和理性是推动历史发展的重要力量(科学技术就是“理性”中最重要的组成部分)，所以，历史是人创造的。“进步意识”是人类思想价值观念的宝贵财富，正是在“进步意识”的激励下，人们才对未来充满希望，才有毅力和精神去克服现实中的困难。同时，由于“技术”的巨大力量，使得人们在某些情况下，会把技术当成是推动历史进步的关键力量。

第二节 体制的类型决定广播电视媒介运作的基本理念

历史上曾经的技术和思想是影响人们今天生活的重要元素，除了技术之外，总结广播电视媒介的观念史所蕴含的道理也是非常必要的，即我们要考察人们以什么样的眼光（意识形态）看待广播电视媒介。

一个时代决定人们看待广播电视媒介眼光最重要的无疑是运营体制。所谓体制，是指机构的组织制度，即思考体制问题就是考察构成广播电视媒介的从业人员、技术设备、信息来源等等元素按照一种什么样的规则被整合起来。从广播电视媒介来看，有两个因素决定了它们的体制内涵：一是媒介领导人的任命规则；二是媒介的资金来源。前者决定了广播电视媒介的社会使命，后者决定了广播电视媒介的运营规则和目的。以下，我们将从这两个方面来介绍世界主要的广播电视体制的内涵。

一、国家经营型的广播电视体制

所谓国家经营型的广播电视体制，是指由一个国家的政府独家经营广播电视媒介，政府拥有所有的对广播电视媒介的管理权和控制权。在资金来源上面，政府出资组建整个广播电视媒介系统和维持这个系统的日常运作经费，同时还担负着满足广播电视网络不断发展、壮大的资金需求的任务。在日常人事管理方面，国家经营型的广播电视机构的领导人的任命完全由政府来决定。政府一般是完全按照自己的执政需求来进行这方面的任命。而广播电视机构领导人往往也会秉承政府的意愿而制定相应的方针政策和实施日常管理，否则他将会被免职。前苏联、古巴、朝鲜等社会主义国家和相当一部分第三世界国家采取的都是这种广播电视管理体制。在这种体制下，广播电视媒介呈现出如下特色：

1.不追求商业目的

一方面，由于国家经营型的广播电视机构有强大的国家财政为支柱，因此它们不必考虑资金来源问题，因而也就没有商业电视台为了争夺广告而苦心孤诣地提高收视率的烦恼，它们只要忠实、准确地传递政府的声音就可以了。因此，相应的节目也不可能落入庸俗乃至恶俗的境地，它们往往显示出国家和政府的体面和尊严。另一方面，由于不必考虑资金的问题，所以广播电视工作者往往会把注意力放到个性和艺术表达方面，从而显示出浓重的精英文化的意识。比如，在前苏联，电视文艺节目就始终特别强调传统的、古典的、高雅的品位，对现代西方的流行艺术始终保持着批判的态度。而且，前苏联还制作了大量的历史文献片和名著改编的电视作品，前者如《伟大的卫国战争》《战争年代文献纪录片》等，后者如《牛虻》《红与黑》《父与子》等等。[①] 这些片子的制作所考虑的是社会效益、观众审美意识的引导功能以及主流意识形态的宣扬，没有经济压力的阴影，因此相应的文化也显得纯净和高尚。

这类广播电视机构的日常运作和发展是没有任何经济压力的，它主要秉承政府的意愿来进行日常广播电视节目的制作和播出。所以，这类广播电视机构往往属于庞大的国家宣传机器的一个组成部分。它的基本功能是宣传，即传达国家政权的声音，维护国家政权的利益，按照国家政权的预期目标影响、说服和引导电视观众。

2. 宣传色彩浓厚

由于从财权到人事权，国营型的广播电视机构都由政府说了算，因此，在整个广播电视传播过程中都能凸显出强烈的国家意志，就此形成一种宣传色彩极其浓厚的广播电视文化。如果我们粗略地把电子媒介的功能归纳成纪实和娱乐，那么无论是纪实还是娱乐，国营型的广播电视机构的电视节目都遵循着意识形态引导的原则。纪实所记录的是经过主流意识形态筛选过的现实，所表征的都应该是执政党和政府的意志；而娱乐节目的价值取向同样也要反映主流意识形态的价值取向。所以，实施国营型广播电视经营体制的国家的广播电视媒介从本质上看都是属于整个国家宣传体系的一部分。比如在前苏联，苏联共产党中央委员会 1960 年 1 月 29 日通过的《关于进一步发展电视广播的决定》中，提出“把电视作为对广大人民进行共产主义教育的重要手段，强调电视在介绍国内外形势和培育人们的文化和美的素养方面的作用”[②]。这种理念显然是将观众置于一种被传播、被教育的位置，而广播电视机构以及这一机构背后的政府则是从上而下传播的源头，具有绝对的权威，任何与主流意识形态相悖的信息都会被过滤掉。

3. 受众地位不高

相对于广播电视媒介，受众处于弱势地位，他们是被动的一方，对电视机构没有什么影响力。在这样的电视体制下，受众处于被传播、被宣传、被教育、被引导的地位，因此他们对广播电视节目的制作和广播电视机构的运营是没有什么干预能力的。这和后面要谈到的商业体制的广播电视机构截然不同，商业体制的电台或电视台由于受到收听率或收视率的压力，因此特别重视受众的欣赏口味，观众通过“看(听)”或者“不看(不听)”，就可以左右电视台的运作和节目制作播出。观众只能通过一些特殊的手段曲折地对广播电视机构表达自己的意愿。比如，观众来信的方式。但是，这种制约是

① 马庆平：《外国广播电视史》，北京广播学院出版社 1997 年版，第 11 页。
② 苗棣、范钟离：《电视文化学》，北京广播学院出版社 1997 年版，第 21 页。

软性的，它远远不如视听率的制约对广播电视机构那么生死攸关。

从本质上来看，国营型的广播电视体制所追求的是一种权力的最大化。

二、公共机构型的广播电视运营体制

所谓公共机构型，是指广播电视作为一种公共的社会组织而存在运作的媒介运营机制。这种类型的广播电视机构的所有权既不属于政府，也不属于私人，其本身就是一个独立的媒介机构，从理论上说，它是属于社会大众所有。尽管在实际运作过程中，所谓的“属于大众所有”会出现这样或那样的问题。

这种媒介运营机制肇始于英国的BBC，这个结果的形成不是偶然的，而是由英国的社会现实状况所决定的。在英国这样一个非常成熟的老牌资本主义国家内部，社会阶层的划分非常稳定，统治阶级之间的凝聚力很强大。因此，没有一个独立的群体或者机构可以垄断对社会的统治，这就不像在集权体制的国家中，一个政府、一个政党对社会民众具有绝对的至高无上的权威。所以，英国这样的国家社会权力相对分散，对于媒体来说，一个能被社会各个阶层普遍接受的媒介只能是一个理念上为了“社会公众”的媒介，而不能仅仅为了特定的社会群体或者集团。正如雷蒙德·威廉斯所说的那样：“（英国）由于统治阶级之间的内聚力很大，英国国家机器的特色在于不必从中央直接管辖，而是透过委任与代表来处理相关事宜。有了这种背景，才有可能出现类似于BBC的公共组织，由国家立法规范并加以支持，但却又避免了巨细靡遗的国家控制。”①

BBC的形成正是得益于这样的背景。1920年，英国马可尼公司正式播送广播节目，但英国社会对此做出的反应是：广播作为娱乐工具是非常危险的。在多方面的威胁下，英国政府曾经一度下令禁止广播。后来由厂商、邮政总局和军方多方磋商，于1922年达成协议，组成英国广播公司（British Broadcasting Company）。这项协议规定，该公司对广播事业享受独占权，其广播经费来源则取自销售收音机时附加的执照费。1926年，BBC名称中的“Company”被更换为“Corporation”，更为明确地体现了其作为公共广播事业的性质。电视技术成熟以后，电视传播成为BBC的主要业务。

BBC这类电视机构的最主要特征来自它的资金的获取方式。通常，公共型电视机构的日常运作费用来自两个方面：一是收取所谓的广播电视执照费；二是政府拨款。除此之外，随着传媒和文化事业的发展，公共电视机构也在不断探索一些新的资金获取的渠道。比如BBC 2003年的收入：26.59亿英镑为执照费收入；1.47亿英镑来自于BBC商业控股公司；2.237亿英镑来自于BBC全球服务，其中主要是政府拨款

① 〔英〕雷蒙德·威廉斯著，冯建三译：《电视：科技与文化形式》，台湾远流出版公司1992年版，第49页。

(2.01亿),还有1610万来自用户的订购费,以及660万来自其他收入。[①]。

在这里值得注意的是,公共型的广播电视机构同样也有政府的拨款,但是,这种政府的拨款和国营型政府垄断式的拨款意义是不一样的。国营型的广播电视机构所获得的政府拨款是对广播电视媒介的一种全方位的垄断和覆盖,是政府借此拥有对媒介的一种权力的手段,是一种居高临下的政府管理行为。而公共机构型广播电视事业获得政府的拨款并非是处于政府和执政党控制广播电视媒介目的的需要,而是这类广播电视机构被赋予了为公众提供精神食粮的功能和使命,为了让公众获得更好的这方面的服务,政府有责任对这类广播电视机构进行财政上的扶持。从这个意义上说,政府对公共型的广播电视机构的拨款是社会机构间平等的组织行为。

由于这样一种资金获取的方式,公共机构型的广播电视机构免除了政府和广告商两方面的控制,它所形成的广播电视文化就具有了一种独立的文化品格。节目品位较高,既不会成为政府的宣传传声筒,也不会为了片面地追求视听率而落入恶俗的境地。比如,在报道新闻方面,BBC历来强调的是客观、公正和严肃,力求不受任何势力的干扰。在第二次世界大战期间,甚至法西斯阵营里的很多听众都把BBC作为一个权威的消息来源。

公营型广播电视机构的节目强调的是客观、公正、高雅、健康,强调从文化品位上对观众进行引导,特别强调广播电视机构的教育作用。这是一种典型的文化精英的,甚至沾染着贵族气息的广播电视文化理念。但是,在公营广播电视机构发展的过程中,它始终受到商业广播电视机构的通俗的、大众的,甚至是恶俗、煽情的广播电视信息的有力干扰。比如,比起日本的富士电视公司、东京电视台、日本电视公司、朝日电视台等商业电视机构,NHK的平均收视率总是落在最后,这意味着它的观众占有率是最少的。BBC也是这样,尽管它在播送国际新闻、高雅电视剧方面有很大的优势,但是一旦商业电视台和电台出现以后,它立刻感受到了极大挑战。1967年9月30日BBC开始了BBC Radio电台服务,以播送流行音乐为主,而在这之前BBC是只播送高雅音乐和古典音乐的。而这一举措是BBC面对商业的"海盗电台"播送流行音乐的无可奈何的回应。尤其是1991年正式开播BBC全球新闻服务电视频道,后在1995年1月更名为BBC World。与BBC全球电台服务不同的是,BBC全球新闻服务是一家商业电视台,通过广告盈利,这也意味着该频道不能在英国本土播出。这说明BBC在某种程度上已经背离了自己成立时的初衷。所以,尽管公营型广播电视机构的文化在品位,乃至在伦理道德上有着无可比拟的优势,但对于普通电视观众来说,似乎总有些曲高和寡的味道。

从另一个角度来看,越来越高的电视传播成本也逼迫着公营电视机构不得不正视

① 维基百科,http://zh.wikipedia.org/wiki/BBC#.E7.BB.8F.E8.B4.B9.E6.9D.A5.E6.BA.90。

商业行为。尽管公营电视机构可以收取相应的执照费，但是这个费用的增长空间是有限的，尤其是面对商业电视的广告增长空间。原因很简单，商业电视的盈利空间是一个巨大的不断扩张发展的消费市场，而执照费唯一能够依赖的源泉就是电视机的市场，这个市场空间的增长是有限的。面对日益增加的电视制作和播出成本，BBC也在不断开拓自己的商业领域，比如出售自己制作的电视节目，并且发展了自己大规模的商业集团。

其他国家的公营电视台其实也面临这个问题，比如德国电视二台在建台后不久就开始吸收广告资金；而PBS则通过发展会员收取费用，以提供音像制品，提供成人教育服务等方式来获取更广泛的资金。在我国，台湾地区的公视则通过提高自己的美誉度获得公众的支持，以此获得企业等机构的资金赞助。企业为了提升自己的形象也愿意把资金投入到这样口碑较好的电视机构中去。台湾公视其实是将自己和企业机构的公共关系活动捆绑在一起而获取经费的。无论采取哪一种方式，公营电视台现在越来越难以坚守自己的非商业的、精英的、教育受众的立场。在它的内部，越来越多的部分开始往商业倾斜。

三、商业型的广播电视运营体制

商业型是目前世界上流行最广、被实施最多的广播电视体制。

商业型广播电视机构的运作是以经济效益为第一要义的，因此它的首要目标是获得巨额的商业利润。目前，商业型广播电视机构获得利润的方式有两种：一种是通过播出广告，收取广告主的广告费用，这是最为广泛的利润获取方式；另一种是直接收取节目费用，这类商业广播电视机构只向那些支付了特殊费用的观众提供专门节目服务，它是把节目直接作为一种商品卖给他的消费者，即受众。

商业型广播电视机构的正常运作依赖于一个发达的市场经济体系和消费社会，否则，广告来源和节目购买市场就会出现问题。

消费社会越发达就意味着市场越丰富，商品的种类也就越多。在这种情况下，消费者就越发不可能通过自己对商品的接触体验来决定自己的购买行为。所以，一个社会中的商品种类越是丰盛，就意味着这个社会中的消费者的选择余地越大，作出最终的购买判断将越难。在这种情况下，广告等商品信息的相关引导就很必要。同时，对于企业来说，商品种类的日益丰盛意味着自己产品的竞争对手将越来越多。此时，竞争将在两条线上同时展开：一条是“商品流”的线索，即必须拥有良好品质的商品、合适的价格以及畅通有效的物流沟通渠道；另一条是关于商品的“信息流”的线索，即要将关于商品的各类正面信息有效地传达到消费者的意识中去，这就需要广告、促销、公共关系等一系列市场沟通行为的配合。因此，一个市场中商品越是丰富，对广告的需求就越大。那么，对电视等广告发布媒介的需求量也就越大。

实施市场经济的社会是以经济效益为基本导向的，处于这种社会中的商业型广播电视机构也不例外，它同样追求最大的经济效益，那么追求越来越多的广告就是它们的必然选择。所以，商业型广播电视机构会将视听率作为它们的生死命脉。因为视听率的高低意味着它们所拥有的听众或观众数量的多寡，而广播电视的受众是被商家作为潜在的消费者来看待的。如此，在商家看来，一个节目的受众越多，意味着接收到相应广告的消费者的数量就越多，他们的商品就更有可能被顺利地销售出去。所以，收视(听)率高低是广告商决定是否在某档(广播)电视节目中投入广告费的主要原因。

为了获取更高的收入，也就是广告费用，几乎在所有的商业型的广播电视机构中，都有片面追求高收视(听)率的倾向，这种倾向对于广播电视机构来说是一把"双刃剑"：一方面，它对广播电视机构的发展有着良好的促进作用。因为，若要提高收视(听)率，就必须重视受众的信息接收需求，播出他们愿意看的电视节目，而不是电视人自己想播出的电视节目，这是商业型广播电视机构和国营型、公共机构型广播电视机构受众观的最大差别所在。从某种意义上说，国营型和公共机构型的广播电视机构都是实行居高临下的、单向度的传播。国营型电视台是要将带有浓重意识形态色彩的信息灌输给观众，引导他们，宣传他们。公共机构型的广播电视媒介是要用一种带有高雅品位的信息来教育受众、劝诫受众。只有商业型广播电视机构，恪守"受众就是上帝"的理念。不是将信息灌输给观众，而是制作出观众喜欢的信息以迎合观众的口味。所以，商业型广播电视机构都特别重视受众调查和研究，力图能准确地把握受众的心理动向，以采取相应的策略迎合他们的收视习惯。

另一方面，片面地追求高收视(听)率必然导致广播电视机构迎合观众的各种趣味，乃至一些低级趣味，因此往往会使得电视节目的品位不断滑落。在此，我们必须要认清一个事实，那就是在普通受众的信息接收心理趣味中，往往有一些品位低俗，甚至恶俗的趣味存在。而这些趣味由于连接着一些人们最本质的欲望，因此迎合这些趣味所制作出来的广播电视节目往往具有不菲的收视(听)率。这一点，在电视媒介的信息传播中表现得尤其明显。比如，观看色情暴力的节目，可以使观众获得性心理的释放和宣泄；再比如电视关于一些畸形的社会现象和情感赤裸裸的展示，可以满足观众"窥淫癖"[①]的需求。这些低级的趣味一般和人类社会中的"恶"联系在一起，它们虽然存在，但应该是人类极力克服的东西。商业型的电视机构在这方面往往只考虑经济目标，会忽略掉伦理道德的规范和社会效益的兼顾。这样，展示隐私、煽情，追求更加私密的趣味的展示，往往成为商业型电视机构不约而同的选择。这也构成了商业电视机构最为人诟病的方面。

---

① 窥淫癖，即 Voyeurism，是指一种酷爱观看他人性活动的性变态心理。在影视研究当中，窥淫癖往往是指观众对影视作品中展示的那种关于他人私密、隐藏的心理欲望和状态具有浓厚兴趣的观赏心理。通过观赏别人的隐私，观众往往自己可以获得一种心理上的优越感。这是窥淫癖心理的快乐机制之所在。

尤其值得一提的是，随着电视事业的发展，新出现的直接收费的电视机构也是一种以创造经济效益为原则的商业性电视组织，它不是通过广告，而是通过依托有线电视网络或者卫星直播技术，直接把电视节目出卖给它的消费者——电视观众。比如，美国的“家庭影院”电视台（HBO）就是通过卫星——电缆网络向观众提供电影服务，观众要通过支付一定的费用才能获得相应的电视信号的解码技术，最终才能看到相应的电视节目。

直接收费的电视机构诞生的土壤是电视节目市场以及电视观众的不断细分。电视事业的发展过程也是一个自身不断细化的过程：刚刚开始无线播出的电视台都是综合台，从新闻到电影到杂耍，各类信息无所不包。后来，专业台出现了，电视内部分化出专门的电影频道、新闻频道、音乐频道等等，频道细分意味着观众群落的细分，即意味着电视市场中出现了专门通过电视观看电影、新闻和音乐节目的观众群落。当某一种电视观众的群落大到一定程度，即对某一类电视节目的市场需求已经形成足够大的市场的时候，那么直接收费的电视机构就应运而生了。因为有这样一个足够大的市场，直接卖节目而非广告时段，就同样有可能获取相当可观的利润。

由于直接收费的电视机构面对的是已经细分了的观众市场，所以它的节目可以做得非常精细和深入。就像产品定位一样，每一个收费电视机构往往也会有自己的独特定位以满足观众的特定需求。比如，在香港有线收费频道的组合套餐中，我们可以看出一些收费频道的定位：

> 电影一台：24小时播放港产电影；
> 电影二台：每晚9点30分至早上6点播放国际影片；
> 儿童台：重视趣味与益智，以轻松的手法培养生活常识与公民意识；
> 探索频道：探索科学新知、自然生态、世界文化、历史及人类探险；
> TCM及卡通频道：播放美国和亚洲的动画片，好莱坞电影等等；
> 18台：报道全球金融行情及本地赛马活动；
> MTV：流行音乐频道；
> HBO：每月70多部好莱坞电影……①

直接收费的电视机构虽然也以经济效益作为自己的目标，但是，它获取利润的方式和途径显然不同于商业型电视机构通过收视率获取广告费的盈利模式。商业型电视机构若要扩大利润，就得要用越来越大的收视规模换取越来越丰厚的广告费投入；而直接收费的电视机构是要用自己的电视节目的内容和质量直接吸引观众。因此，既有如探索频道、音乐频道等定位高端的频道，也有品位低下的成人、色情收费频道。从

① 赵曙光：《媒介经济学案例分析》，华夏出版社2004年版，第33页。

整体上看，商业电视机构经历着不断“俗化”的趋势，这种“下拉”的力量使得电视文化的品位不断下降。

四、国营和商业并行不悖的中国当代广播电视体制

中国广播电视事业经历了半个多世纪的发展，形成今天宏大的媒介产业规模。由于半个多世纪以来，中国的社会变化天翻地覆，形成了中国电视业如今相对复杂的广播电视运营体制。从整体上来看，中国广播电视的运营机制是国营和商业两种类型的结合，或者说，这两种运营方式在中国都有各自独特的表现形式。这是一种较为先进的符合中国国情的媒介运营体制。

自 1949 年中华人民共和国成立以后，中国长期实行国营型广播电视体制。因为在很长的一段时期以内，中国实施的都是完全意义上的计划经济体制和中国共产党领导下的民主协商制，这就从经济和政治两个方面奠定了对广播电视媒介进行统一管理的基础。从历史角度来看，中国广播电视机构采取这样一种经营体制也是一种历史的必然。众所周知，中国共产党的传媒事业是诞生在炮火连天的战场上的。对媒体进行相应管制，突出其宣传和舆论引导的作用是战争环境下的必然要求。新中国成立以后，由于我国常年实施计划经济体制，国营型的媒介管理机制在我国传媒事业发展的过程中一直延续了下来。无论是报社、电台，还是电视台、通讯社，在业务指导和管理之外，都还有各级党委宣传部对它们进行舆论导向的管理和控制。如今我国广播电视机构依旧受到的是双重管理：一重是以国家新闻出版广播电影电视总局为领导的业务管理系统；另一重是以中宣部为领导的意识形态管理系统。所以，我国的广播电视管理体制有着国家经营型的特色。

自从改革开放以来，我国广播电视事业取得了长足发展，随着社会形态的变迁，广播电视媒介的经营机制也出现了多元化的态势。1983 年广播电视发展的“四级策略”确定，这个政策是当时中央将办电视机构的权力下放的重要举措，它的本意是“光靠中央拨款无法满足发展广播电视的巨额费用，而动用地方投资就不能不下放部分权力”①。但它的一个最直接的后果就是使得中国在短短的几年内，电视机构的数量迅速膨胀。这也为商业逻辑的发展埋下了伏笔。

早在 1979 年 1 月 28 日，上海电视台在屏幕上映出了“上海电视台即日起受理广告业务”的幻灯片，随即播出了中国电视史上第一条商业广告——1 分 30 秒的《参桂补酒》。从此，广告在中国广播电视媒介上一发不可收拾。随着中国改革开放的不断深化，市场经济改革的力度不断加深，广告业飞速发展，而电台和电视台的功能和理念在这种背景的冲击下也在不断调整。广告开始仅仅是作为广播电视节目的一个补充，

---

① 郭镇之：《中国电视史》，中国人民大学出版社 1991 年版，第 187 页。

被当成一类为受众提供商品服务的节目类型而被定位；随着国家对广播电视事业投资的逐步退出，广告费成了电台、电视台收入主要的甚至是唯一来源，提升收视率，获得更多的广告利润成为各级电子媒介事业生存的不二法门。广告给媒介机构带来了滚滚的利润，从资金和物质基础上为中国广播电视事业的发展提供了有力保障。但同时，这种商业化并未恶性泛滥，这是我国国营性广播电视媒介管理体制调和的结果，即政府的管理机制并没有被消除，进而被纯粹的商业机制所取代。这样，政府就有可能通过管理部门对广播电视媒介进行文化、伦理道德等方面的调整，使其不会因为商业化而发展到恶俗的地步。

我国政府主要采取两种方式来完成这种对广播电视文化的调整：

一是通过宣传部对电视媒介的传播口径、意识形态进行正确方向的引导；

二是通过任免电视机构领导人的方式保证电视媒介遵循健康、正确的发展方向。

这样中国广播电视机构的体制就表现为一种独特的混合体——国营型和商业型的混合。这种混合一直延续到现在。

这种体制对于我国广播电视事业的发展具有一种独特的正面推动作用。一方面，中国的电台、电视台大多是商业型的电视机构，这表现在它们非常重视经济效益的提升。于是，收视（听）率的高低往往就会成为一档节目乃至一个媒介生死攸关的要素。在这样一个背景下，中国的广播电视机构在发展过程中越来越重视受众的需求，尊重受众，以受众的收视兴趣为导向成为广播电视媒介运营的主导方针，这是“为人民服务”在新时期媒介发展中的独特表现。比如，有很多电视台，都曾经或者正在实施收视率末位淘汰的管理制度，即在一个时间段内比如一个月或者两个月内，如果一档电视节目的收视率连续排名末位，那么这个节目就将被取消，或者将会被从主流频道转移到非主流频道、从黄金时段转移到非黄金时段等等。在此，“收视率至上”的价值取向背后是“观众导向”的科学观念的体现。

另一方面，中国的广播电视媒体又受到政府部门行政力量的制约，这种制约对于维护广播电视文化的品格起到了重要作用。这样，我国的广播电视媒介始终能够得到正确引导，尤其是在价值观念、品位方面，始终代表了先进生产力的发展方向，更不容易滑入低级趣味、庸俗品位的深渊。改革开放30多年来，健康的文化导向使得我国的广播电视文化始终没有偏离健康、光明、正确的轨道。比如2004年5月，国家广电总局推出了《广播影视加强和改进未成年人思想道德建设的实施方案》，对各级电视台的节目播出提出了10条禁令，其中有一条是“严禁在黄金时段播出涉案题材电视剧”，原因是这类电视剧中涉及的暴力、凶杀和恐怖等内容对净化社会风气不利，对青少年的心理成长不利。虽然涉案题材电视剧当中的暴力、血腥、悬念、打斗等元素都是提高收视率的有效保证，以至于在这条禁令发布之前很长一段时期内，很多电视剧的拍摄都是为了获得高收视率而刻意在这几个方面大做文章，但这无疑从某种程度上败坏了社会风气。此时，我国广播电视体制中“国家经营”的要素开始发挥作用，它用行政命令从总体上优化了电视文化的品质。这些禁令虽然让一些电视台和电视节目制作机构在经济上有些损失，但对电视文化的健康发展是有积极作用的。

我国政府对广播电视的管理还有一个重要的手段是直接任命媒介的负责人，目前我国各级电台、电视台的负责人都是由相关党委宣传部直接任命的，这体现出我国广播电视媒体鲜明的党和政府的耳目喉舌的特色。这是对广播电视事业的管理者把了一道“政治关”，即要求他们不但要有科学经营广播电视事业的能力，还得有正确引导规范广播电视文化的能力。在追求收视率的同时，还得遵循先进科学的规范、进步的伦理道德等等。这一切都表明，我国目前所实施的广播电视经营体制既有中国特色，又有一种普遍优势，是目前比较适合我国广播电视事业发展的一种经营体制。

第三节 社会文化的变迁是广播电视媒介发展的外部资源

对广播电视媒介的准确理解，从某种意义上说也是“功夫在诗外”的。因为在整个社会系统中，广播电视媒介只是一类子系统而已，它们的性质和发展轨迹取决于外部环境的发展和限制。我们以中国电视事业的发展为例来说明这个问题，即中国不同时期的社会文化特征是如何造就中国电视不同时期体现出的特色和精神气质。

一、“理想主义”的时代精神造就的“文人电视”

20 世纪 80 年代，中国电视被称为“文人电视”，其“文人”的特质是由那个时代的社会特性决定的。

80 年代被称为中国最后一个理想主义年代。

于是，中国电视也就此沾染了某种“理想主义”气息，它表现在“文以载道”的传统文化观念成为电视理念的重要组成部分。很多电视工作者以知识分子自居，电视成为他们当时试图“兼济天下”的重要舞台。

在电视创作中，理念先行、主题先行落实到脚本先行，最终就是循着文字的逻辑拍摄相应的电视画面和制作电视节目，这种模式反映在新闻、专题片、纪录片等一系列的电视节目形态中。这是一种昂扬的电视理念，是电视人以知识分子的姿态试图借助电视表达观念、传播思想乃至启蒙当时中国民众的电视创作理念，它使得电视人更容易坚守对画面唯美主义的追求。这些都结构出 80 年代中国电视文化中那一抹理想主义亮色。从这个意义上说，中国电视在 80 年代的发展并不完全是在大众文化体系中进行的，主流文化和精英文化成为那时中国电视文化中非常重要的组成部分。

首先是大型电视纪录专题片的拍摄和广泛传播。

当时拍摄的一系列大型电视专题片《丝绸之路》《话说长江》等，总体倾向是追求美而忽略纪实，其背后的理念则是中国电视人对自己的定位，即他们将自己定位成电视艺术创作者的同时还定位自己为中国传统意义上的知识分子。所以，他们在追求电视艺术效果的同时，还追求着对电视观众的精神世界和思想意识的引导。所以，在一开始的时候，他们不是以一种纪实理念，也就是按照这个社会本来的样子拍摄电视节目，而是要按照他们心目中理想的形象为观众建构一个独特的电视时空，以此提升观众的品位。"美"是这种建构的一个方面而已，更重要的是思想价值观念的引导，电视人的主体性将就此凸显在电视节目中。因此，这样的电视节目往往主题先行，具有鲜明的文学性的特征。这也突出地体现在中央电视台随后拍摄的一系列大型电视专题片当中。

在文人电视意识的笼罩下，这一时期电视节目的解说词不但文采斐然，而且很多时候可以脱离画面而独立存在。比如《话说长江》《话说运河》的解说词，当我们脱离画面叙事，仅仅依靠聆听或者阅读的时候，我们不但像在欣赏一篇篇优美的独立成章的散文，而且从中能够窥见整部电视片的大致含义。或者，它们首先是一篇篇意境优美、立意高远的散文，其次才被加工成精良的电视专题片。自然，这些电视片画面与画面之间的逻辑并不明显，整个电视节目是依靠解说词而被整合到一起来的。

更鲜明的表征体现在80年代的电视剧上。

80年代的中国电视剧具有鲜明的精英文化的特性。这一时期电视的拍摄很大程度上是一种政府行为，而非市场行为。电视剧拍摄目标按照当时的语言来说首先是"满足人们的精神文化的需要"，而非为了电视媒介的发展，更不是为了积累资金，获得利润。正如夏衍1981年在全国电视编导经验交流会上的发言："电视是最富群众性的传播媒介，在这方面没有任何工具能够超过电视。电视剧对促进现代化的实现，对提高人民群众的道德、情愫，建设社会主义精神文明，具有直接的影响，负有光荣和重大的责任。"①在这种情况下，电视剧首先担负起的是社会责任，而这个社会责任责无旁贷地由知识分子这样的精英阶层担当了起来。

这表现在两个层面：一方面，在作为知识分子的电视创作者的眼中，一部电视剧的拍摄必须要有正确的思想性，这体现在电视剧的中心思想要符合当时社会的主流价值观念。比如反映"文革"时期知识青年"上山下乡"的《蹉跎岁月》，通过塑造杜见春、柯碧丹等一系列血肉丰满的屏幕形象，表达的是那个时代青年人美好的心灵和中华民族优良的传统；《高山下的花环》《兵车行》反映的是新时期中国军人崇高的革命情操；《寻找回来的世界》表达的是失足少年如何走向新生的故事。电视剧所有的叙事都要指向

① 张庆、胡星亮：《中国电视史》，中央广播电视大学出版社1996年版，第241～242页。

一个更加美好的、理想的世界，电视工作者凭借着声音画面等元素成为这种引导的引路人。有一个细节也许更能清晰地说明这个问题。在当时风靡全国的电视剧《武松》(1982 年播出)中，电视剧有一个对原著的细节改动。在《水浒传》原著第三十回“施恩三入死囚牢，武松大闹飞云浦”中，描述了张督监的一个叫玉兰的丫鬟，她为了利益出卖武松，最后被武松砍死了。而电视剧《武松》将这个情节完全改动了：玉兰非但没有出卖武松，而且还爱上武松，试图提醒武松要提防张督监。最后当武松血溅督监府后因自己是朝廷重犯而和玉兰话别，玉兰最后跳楼自尽而死。值得玩味的是，电视剧中玉兰为什么没有被塑造成张督监的帮凶而是一个封建社会的反抗者？这是和当时的主流意识形态是息息相关的。在当时的主流意识形态中，封建社会中的封建统治阶级和广大被压迫的阶层是势不两立的。玉兰的丫鬟身份决定了她是被统治阶级中的一员，因此她应该站在封建社会的反抗者武松这一边，是绝对不能为封建统治者张督监服务的，如果她出卖武松，那么就和当时的主流意识形态不合，也和当时的观众心理期待不合。换而言之，在电视剧中，武松血溅鸳鸯楼不应当如原著中表现的那样是为了报自己的私仇，而是代表封建社会中下层被压迫的人民反抗封建统治者的举措，是为了建立一个更美好的社会的举措。到 1997 年，中央电视台拍摄《水浒传》就完全忠于原著，玉兰如原著中一样背叛武松并死于武松刀下，电视剧中新旧两个玉兰的不同结局折射出不同的电视剧拍摄主导思想，这其中的变化颇值得玩味。

另一个层面是电视剧的内容和形式要反映出精英文化阶层特有的高雅，甚至古典的品位，这使得 80 年代的中国电视剧中蕴含了一种中国知识分子特有的情怀。这突出地表现为这一时期相当多的电视剧中充满着一股浓郁的文学气息。比如对文学名著的改编。在整个 80 年代，电视成了普及文学名著的一个重要媒体和通道。《西游记》《红楼梦》《四世同堂》《围城》等一系列文学名著被搬上屏幕。在这些电视剧中，一种精英文化的意识充塞其中。这方面，鲜明的表征就是电视工作者在将文学名著进行电视改编的时候往往特别强调要忠于文学原著。所以，这一时期的电视剧中蕴含了很多文学的，也就是文字逻辑的因素。

比如，无论是《红楼梦》还是《三国演义》，电视剧中的许多台词直接来自原著，剧中人的语言夹杂着大量的“之乎者也”，这会让文化素养不高的观众经常会不知所云。电视剧《红楼梦》的主题歌和插曲，其歌词都是来自原著中的诗词，即作者都是曹雪芹。《枉凝眉》《葬花吟》《秋窗风雨夕》《分骨肉》，这些词意境之典雅，含义之高深，没有一定的古典文学修养，对《红楼梦》原著没有一定的认识，是体会不出这些歌曲在电视剧当中的作用的。电视剧《红楼梦》中编导所力图反映的反封建思想、巨大的悲剧意识就更无从体会了。普通观众更津津乐道的是秀美的大观园，漂亮的红楼小姐和丫鬟们，很多男性观众甚至艳羡贾宝玉身陷脂粉堆的乐趣。《红楼梦》精英文化的创作取向表现了电视剧与电视观众之间一种雅与俗的对立和脱节。

《三国演义》也是如此，《三国演义》电视剧剧情的推动完全依照原著的情节，语言对话也尽量取自原著。更重要的是，对于原著的文字由于文学上夸张等修辞手法而达到的艺术效果，电视剧也刻板地进行形式上的模仿。比如，长坂桥张飞喝退曹军的“喝”，小霸王孙策喝死一员追击的敌将的“喝”。在文字当中对声音进行这样夸张的修辞，可以激发读者的想象力，最终他们的脑海里会完形出各自不同的完美的艺术形象。但电视创作者遵循着这样一种文字的逻辑，刻板地用图像来表现，其艺术感染力就要差多了。但在当时的中国电视人看来，文学名著代表的是一种古典的、高雅的文化，电视应当服膺于这种文化。

80年代，中国电视表现出这样一种文化特征是和当时的社会文化环境息息相关的，或者说，是当时特定的社会文化造就了这样的电视文化。

80年代到来的时候，中国刚刚从十年浩劫中解放出来，所以，它一方面面临着百废待兴的发展任务，另一方面又面临着反思和清算极“左”路线的任务。这是一个变化和转型的时刻。当文化从“文革”那种整一的政治文化中尝试着分离出来的时候，较为宽松的文化氛围和一种文化复兴的冲动出现了。而任何社会中，文化变革的先锋无疑都是知识分子和知识精英。

所以，我们能看到当时的一批知识精英在中国文化舞台上精彩亮相：首先是代表新时期文学最初曙光的“伤痕文学”，强调反思力度，走出“文革”文艺“假、大、空”的路数；电影、戏剧开始全方位的探索，超越“文革”时期样板戏的模式；诗歌迎来了它的一次新的高潮，朦胧诗开始出现并很快风靡诗坛；音乐、绘画也开始复兴。而这一切文化上的革新和探索在当时政治上拨乱反正的背景下无疑延续了“五四”以来的现实主义道路，强烈的使命感和责任感驱使着文化艺术家们不约而同地选择了以一种严肃的现实主义观念来看待审美文化。就像李泽厚所说的那样：“一切都令人想起‘五四’时代。人的启蒙，人的觉醒，人道主义，人性复归……都围绕着感性血肉的个体从作为理性异化的身的践踏蹂躏下要求解放出来的主体旋转。……一个神造英雄统治自己的时代过去了，回到‘五四’时期的感伤、憧憬、迷茫、叹息和欢乐。但这已是经历了六十年惨痛之后的复归。历史尽管绕圆圈，但也不完全重复。几代人应该没有白活，几代人所付出的沉重代价使它比‘五四’要深刻、沉重、绚丽、丰满。”所以，这是一个带有激情的理想主义时代。十年浩劫将中国几乎带到了崩溃的边缘，而80年代初中国落后的社会现实无疑更能激发知识分子颇具儒家思想色彩的社会使命感。他们“无论在文学、音乐和绘画、雕塑各个领域里，尽管不断有阻挠，有禁令，有批判，这股新生的自由之风却始终挡不住，骂不倒，在为数庞大的青年知识群中获得空前广泛的一致支持”①。这个时代还是一个新思想不断被引进、不断相互糅杂的时代。从80年代上半叶开始，当

---

① 李泽厚：《中国思想史稿》（下），安徽文艺出版社1999年版，第1080页。

代西方的文化思潮不断被引入中国，萨特、尼采和海德格尔等人逐渐成为文化界耳熟能详的名字。存在主义、女性主义、后现代、殖民主义等概念、名词、理念等也在不断刷新着国人的思想。他们用这些思想比照中国现实，力图找到一条崭新的腾飞之路。

这是一个精英阶层充满着自信的探索和激情的时代。"国家兴亡，匹夫有责"的精神无疑得到了这个阶层的广泛认同。他们有信心用自己的能力改变社会，建设社会，引导大众。这股风气无疑将浸染电视界，因为电视本身就是属于社会文化领域的一部分，中国80年代的激情的理想主义和昂扬的探索精神就此成为当时电视文化的一部分。所以，在电视专题片的系统中，《话说长江》《丝绸之路》等风光专题片会洋溢着浓厚的爱国主义、理想主义的信念；而《黄河》《话说运河》，乃至《河殇》的文化内涵里，都有着类似"寻根文学"的"寻根"意蕴。拍摄古典名著改编的电视剧的编导们总是力图用声音和画面来表达那些传世之作中的"不朽"。这里面表达了一种电视人作为文化精英的优越感。所以，从文化本质上看，80年代的电视是一种"文人电视"，其根源在于电视人给自己定位的是文化精英，并按照文化精英的逻辑拍摄电视节目。

二、市场经济大潮造就的商业电视

到了20世纪90年代，中国文化的风气为之一变，电视文化的内涵也随之发生了根本改变。从某种意义上说，1993年开始的中国电视界的变革是电视媒介内部面临这种文化背景的变迁而作出的一种反应，它鲜明地反映出文化变迁对电视文化的深刻影响。

1992年的邓小平南行讲话开启了90年代中国文化新的历程。在这个讲话中，最重要，也是流传最广的一句话是"发展才是硬道理"，这成为未来十几年中国发展的一个主要基调。这一基调决定了中国文化在90年代的特征。

"发展才是硬道理"使得"经济建设"成为90年代中国社会最重要的核心，能否带来生产力的提高，或者更准确地说能否带来经济效益的提升成为社会最主流的价值评判标准。

作为社会主题的"发展才是硬道理"同样要影响到文化领域，这形成了文化领域两方面的变革：第一，几乎所有的文化事业都被纳入商品经济的轨道，都以一种产业化的模式获得了极大的发展；第二，商品逻辑和市场逻辑一跃成为左右文化事业发展的最重要的原则。如果说，20世纪80年代的中国文化还具有一种启蒙意识，它试图用现实主义的理念引导、教育、规劝大众，最终以提升他们的精神品位；那么，90年代中国文化首先考虑的是经济效益。在这种情况下，90年代的中国知识分子第一次拥有了一种"失语"的痛苦。他们依然拥有文化精英的意识，却没有相应的身份和社会地位。市场经济的飞速发展造成的社会变迁和结构转型，也大大超出了他们的理论观念层面的阐释能力，他们就此失去了对大众精神进行引导的资格和能力。在这种情况下，大众文化在中国文化体系中的飞速发展就是顺理成章的事情了。电视也必然成为大众文化中非常重要的一员。“文人电视”在中国一去不复返，而“商人电视”“报人电视”等登上历史舞台，即作为大众文化电视获得了空前规模的发展。

约翰·费斯克认为，大众文化是“为普通民众所拥有、为普通民众所享用、为普通民众所钟爱的文化”。[①] 可见，大众文化是大众从本能和感性上喜闻乐见的文化，“大众文化一定程度上取决于你是否对‘民众’生产或者是为‘民众’而生产的意义感兴趣，以及你是否认为这些意义证明了‘公共需要’或‘公共所得’”。[②] 大众文化在中国的勃兴意味着中国文化人思想观念的一个巨大转变，即由居高临下地引导大众到迎合大众、为大众服务。

严格地说，从70年代末80年代初开始，中国内地的大众文化就初露端倪。刚刚开始的时候，大众文化是以港台流行歌曲（邓丽君、刘文正）、通俗小说（琼瑶、亦舒）和电视剧，尤其是80年代引入的香港和海外的电视剧（《霍元甲》《射雕英雄传》《上海滩》）为先导而拉开序幕的。但由于80年代中国文化弥漫着现实主义的精英意识，这些大众文化作品遭遇到“要不要这种文化”的怀疑和不解。换言之，是精英阶层质疑这种迎合大众的文化产品存在的合法性。在精英们看来，大众的精神世界理应是由文化精英阶层决定并赋予他们的。整个80年代中国文化界对此持有强烈的怀疑态度和观望立场，并且时不时地给这些文化产品的流通带来一定的干扰。比如邓丽君的歌曲被定位成“靡靡之音”，是黄色的、不健康的歌曲。

90年代，中国社会的文化转型终结了精英文化的一种优越感。在“发展才是硬道理”的理念支配下，文化机构包括电视事业的首要目标都是“发展”，而“发展”的一个非常重要的层面就是经济利润的获取。从某种意义上说，文化事业的任务从教育引导大众变成了想办法让大众从口袋里掏钱来购买文化产品。

但是另一方面，大众在文化认知方面又是非常弱小的。面对巨大的社会转型，面对更加复杂的社会结构，面对越发盘根错节和尖锐的社会矛盾，普通的社会民众会在思维观念和精神世界的方方面面产生各种各样的困惑，这直接影响到大众日常生活的走向。所以，90年代的文化界又必须从一定意义上延续80年代教育、引导的功能，替大众解读社会中的各种复杂现象和可能的社会走向。不同的是，这种解读所依据的将不是文化精英的社会身份和地位，更不是他们的理想和激情，而是他们所拥有的专业知识。大众所想获得的将不是理想、激情、理念等等的引导，而是实用主义的工具性的引导，是面对纷繁复杂的社会的关于前途“怎么办”的引导。从这个角度看，电视的认知作用、引导作用非但没有被削弱，反而有所增强。

---

① 〔美〕约翰·费斯克著，李彬译：《关键概念——传播与文化研究辞典》，新华出版社2004年版，第213页。

② J. Fiske, *Key Concepts in Communication and Cultural Studies*, London: Fontana, 1994, p. 232.

正是在这样的背景下，中国电视界发生了巨大变化。首先是制片人体制的确立，这是中国电视界面对“发展才是硬道理”的反应，是电视界获得自身发展的必然举措。其次是舆论监督定位，这是电视媒介发挥自己新的引导功能的表征，是中国电视逐渐获得一种文化优势地位后对自身使命感的认同和新的社会功能的发挥。中国电视事业进入 21 世纪以后，面临的是更加细分的社会分层，不同的电视观众群也因此区隔越来越大，社会变得更加多元。由此，中国电视的分层也朝着更加精细的方向发展(参阅第二章第三节第四部分“新世纪中国广播电视事业发展的新格局”)。

第四节　作为“媒介英雄”的个人是广播电视媒介变革时期的重要因素

这里所指的媒介英雄是指在媒介发展的关键时刻发挥主要作用，推动媒介转型和变革的人。若要正确地理解某一时空内广播电视媒介的发展，对这一时空内“媒介英雄”的个性气质以及他的人生经历的理解是不可或缺的。当然，强调个人的力量并不是说我们要以一种英雄史观去理解广播电视的历史，恰恰相反，英雄是时代造就的，每个时代都有自己独特的主题和需求，这些主题和需求构成了独特的时代精神，某些人因为性格、气质、专业素养和能力以及机遇等原因，他们正好被推上历史的舞台，媒介英雄亦是如此。关于这一命题，我们举例说明。

一、爱德华·默罗和广播现场直播节目的诞生

纵览广播电视的发展历史，广播电视媒介的每一次进步都是和一些闪光的名字联系在一起的。无线电技术是由马可尼、波波夫等人不断推动而进步的；提到广播技术的成熟，萨尔诺夫的名字是无论如何也绕不过去的，他对泰坦尼克号灾难的报道成为促使广播普及的关键因素。正是在这件事情以后，人们逐渐认识到广播媒介非凡的传播力，包括萨尔诺夫在内的一批人开始了广播事业的建设。

广播电视节目的进程也是如此，很多如今看起来司空见惯的广播电视节目，却是某些人在历史的机遇下发明出来的，节目类型和个人的名字紧密地联系在一起，比如爱德华·默罗和广播的录音报道以及现场直播节目。据美国学者鲍勃·爱德华兹考证，20 世纪 30 年代的美国广播网是禁止记者录制任何声音的，这样做的目的是为了保证广播网的垄断。因为当时哥伦比亚广播公司和美国广播公司的高层认为，如果让所有的广播电台都能播送录音节目，比如播送管弦乐队的录音的话，那么地方台就能够通过播送录音来填补自己的时段，它们就不会转播全国网的节目了。只有当记者恰好在冲突现场进行报道的时候，听众才偶尔能通过收音机听到现场传回的声音。

但作为个人，默罗却在二战期间的英国战场上改变了这一切。“默罗希望让他的在美国的听众能够听到战争的声音。”他所采取的办法就是亲身走到战争和战争背景的现场中去。在一个名为《夜幕下的伦敦》特别节目中，默罗走出了演播室，来到圣马丁教堂旁，将麦克风放在地上，以便录制伦敦人赶往防空洞的声音。回到演播室后，默罗在录制的伦敦人的脚步声中发表了这样的评论——“安静有序得就像穿着鞋的幽灵”，他想通过这样的报道展示伦敦人在轰炸中没有丝毫惊惶失措。

对新闻现场音响的追求导致默罗开辟了广播现场直播的先河。1940年，纳粹德国发动海狮计划，对英伦三岛开始了狂轰滥炸。此时默罗在伦敦进行战争报道。默罗向英国政府提出建议：将一条广播通讯线路由位于英国广播大厦地下室二层的演播室连接到大厦顶层，这样在德国飞机轰炸伦敦的时候，他可以在楼顶而不是地下室进行现场报道（而非轰炸事后的补充报道）。默罗的报道取得了巨大的成功，他的解说是伴随着“高射炮的射击声和警察、空袭指挥官的哨声”来完成的。令人震撼的现场音响和主持人绘声绘色的现场描述相得益彰：

> 默罗听上去不像在念文稿，而是即席加插了很多现场描述，他也使用了一些准备材料，主要是报告他在白天早些时候的所见所闻。他采用了很多比喻，描述得非常生动：“……愤怒的截击机的反击发出暗红的火光映衬着灰蓝的天空……远处机枪传来的微弱声音听上去就像有人正踢一个盆子……四盏探照灯直指星空，月亮很大，探照灯光线最后消融在月色之中。”①

同时，默罗的个人魅力也增加了广播现场报道的传播效果。默罗在大学里专攻演讲专业，这造就了他非凡的口才。而且，他善于用语言表达一些华美的书面文字。在伦敦轰炸的相关报道中（主要是在演播室的后续报道），默罗是先将自己所要表达的内容口述给同事坎贝尔，由坎贝尔整理成文。由于变成了文字，所以，这些稿子看起来很艰涩，但经过默罗的口头表达后就显得精彩纷呈。可以想象，没有爱德华·默罗，现场报道的广播形式不会在1940年出现，或许就不可能引发那么大的影响。作为一个优秀的广播新闻记者，默罗突破了当时广播界的一些陈规陋习，充分发挥了广播现场直播的功能。不仅仅将广播的传播功能上升到一个崭新的平台，同时开创了新的广播节目类型。可以说，20世纪三四十年代广播历史的一部分是默罗创造的。理解默罗，是理解广播发展的黄金时代不可或缺的一部分。

二、中国电视“九三变革”中关键人物的作用

理解中国广播电视的发展也可以采取同样的路径，下面以中国电视的“九三变革”

---

① 〔美〕鲍勃·爱德华兹著，周培勤译：《爱德华·R.默罗和美国广播电视新闻业的诞生》，复旦大学出版社2005年版，第48页。

为例来阐释这一道理。

1.孙玉胜与电视制片人制

制片人制度在中国电视界内部的确立是“九三变革”的重要成果。这一成果的获得当然和中国当时的社会大背景是分不开的。1993 年,中国经济体制改革已经进行了十几年了。承包制在工业、农业等领域已经经过试点并获得极大成功,在市场经济体制下,中国还成功地崛起了一批民营企业和私营企业,市场的观念早已深入人心。相形之下,电视领域内的“大锅饭”显得弊端重重,改革的必要性迫在眉睫。此外,相对于国外的电视同行,中国电视的运营机制也显得较为落后,这种落后已经阻碍了电视节目的顺利制作和播出,电视人出于自身的职业精神,也自然会生出改革的冲动。正是这种需求把孙玉胜推到了电视媒介变革的前台。

孙玉胜 1984 年毕业于吉林大学经济系,毕业后即被分配到中央电视台。在 80 年代,他通过一些新闻报道已经在中央电视台崭露头角,1987 年他采制的新闻《一条马路隔断了两个企业的产需联系》获全国新闻评比特等奖,同年还编辑制作了全国第一部全面介绍中国改革开放成就的 6 集系列片《时代的大潮》,在电视界引发了不小的反响。1992 年,孙玉胜开始作为主要力量参与央视的新闻改革,被任命为早间节目筹备组的负责人。当时的央视台长杨伟光给孙玉胜的政策:“一是经费包干,二是节目把关,要变‘新华体’为‘中新体’。”

中国电视的体制改革就在当时央视领导“经费包干”的政策下开始了。孙玉胜首先使用了当时社会上普遍使用的“承包”的概念,制定了一份《关于〈新太阳 60 分〉节目申请承包的报告》(《新太阳 60 分》是《东方时空》诞生之前央视拟订的早间电视新闻栏目的名称)。在这份报告中,孙玉胜提出了自己的承包方案:一年内中央电视台拨款经费 904.7 万元,栏目组制作 365 小时的节目(每天 1 小时)。预计每年创收收入将达到 291 万元,这包括每天 5 分钟的广告收入和标板收入。如果栏目组实际创收额超过此数目,那么其差额按照 50%返回,用于工作人员的奖励和节目再生产。如果栏目组实际支出少于拨款数目 904.7 万元,其差额同样按照 50%返回栏目组,用于工作人员的奖励和节目再生产。但是,如果栏目组未完成承包指标,如超支或减收,那么台里将对栏目组工作人员实施惩罚,经济上要扣除每人月工资的 50%,扣除期为 1 年。报告上报以后,当时央视的台领导觉得承包措施过于复杂,于是重新给孙玉胜指示,这一指示蕴含了电视栏目制片人制的精髓:“……给你们 5 分钟的广告时间,其他一切就不管了。5 分钟的广告时间里,你们能挣多少就花多少。”关于这一政策的实施,孙玉胜本人也是非常兴奋的,他说:

> 其实,这第二个方案应该是让人兴奋的,这才叫承包。今天,远离风险之后我们能够看得很清楚,这是一个更大胆、更信任早间节目的方案,在这样的

“特区政策”中，台里对《东方时空》的未来前景做出了更高的估价。①

这一政策实施以后，由于《东方时空》的节目优良，5分钟的广告价位不断攀升，在1年时间内，由最初的每30秒2500元迅速攀升到接近30000元的高度。这样，广告收入与栏目质量形成了良性互动。《东方时空》由此形成了两个指标的开门红：一是收视率，以及由节节上升的收视率带来的领导、观众以及其他媒体的关注与好评；二是广告收入的节节上浮，这二者交叉互动上扬，非常令人振奋。可以说，电视节目制片人制在《东方时空》这一栏目显示了自身的优越性，得到了成功的实施。这一成功经验在接下来的几年迅速普及到全国电视界，各地方台也开始实施这一政策，中国电视格局为之焕然一新。

在确定电视制片人体制这件事情上，孙玉胜是始作俑者，是这一政策得以顺利成功实施的重要推动者，而他后面的央视领导——台长杨伟光、主管新闻的副台长沈纪和新闻中心主任李东生等是重要的支持者和这一决策最终的拍板人。固然，电视制片人制在1993年的中央电视台顺利实施有当时宏观的社会背景，比如有邓小平南行讲话的政治背景，有中国全面改革开放的经济背景，甚至有“发展才是硬道理”成为大众普遍意识形态的文化背景等等。但是，具体到这一制度的制定和实施，真正起作用的还是孙玉胜等人。他们一方面了解“制片人制”的内涵和运作规则，另一方面，也是更重要的，他们知道，在中国特殊的媒介环境和政治环境下，采取什么样的措施方能真正地将这一制度推广开来，即他们有能力将制片人制真正地中国化。所以，理解这些人的知识背景、工作背景和做事情的方式和路径，是理解中国制片人制度内涵的重要内容。

2. 陈虻与纪录片栏目化

20世纪90年代，纪录片是中国传媒事业中引人注目的风景，并产生了重要的社会影响，这就是所谓的“新纪录片运动”。在这场运动当中，陈虻凭借着中央电视台《东方时空》的平台，开创了《生活空间》这一栏目化的纪录片形式，产生了重要影响。《生活空间》的创办和实施，固然是《东方时空》栏目整体运作的结果，但陈虻的个人因素也是不可忽略的。

《生活空间》虽然大量地播出了纪录片，但是这些纪录片制作的动因和其他纪录片是不一样的，简而言之，“栏目化”和“生活化”是《生活空间》纪录片得以成形的主要动因。

纪录片的题材要具备一种记录价值。这种价值要么表现为一种奇观，即对于观众

① 此处引文和以上关于央视承包的资料，均参见孙玉胜：《十年：从改变电视的语态开始》，生活·读书·新知三联书店2003年版，第30～45页。

来说是一种非常陌生、又有震撼力的场景展现。比如,最早的纪录片是和探险联系在一起的。在电影技术刚刚诞生的时候,第一批纪录片工作者加入了各种探险历程,他们深入到北极冰原、热带丛林,将那里的景观拍摄下来,这些景观是生活在现代化大都市中的人群所无法观看甚至无法想象的,于是,观众的好奇心和窥视欲得到了巨大的满足。福拉哈迪在1922年拍摄的关于北极风光以及北极人生活的纪录片《北方的纳努克》、列昂·波瓦利埃在1926年以热带非洲为背景拍摄的《横越黑非洲》,就是这类题材中的佳作。① 直至今日,美国的《国家地理》频道依旧延续这种题材的纪录片。从这个意义上说,纪录片的价值在于:因为你没有看过,所以我展示给你看,以此让观众产生另外一种视觉体验。就像美国学者艾里克·巴尔诺所说的那样,纪录电影工作者要扮演各种角色,这些角色是探险家、记者和画家。②

此外,纪录片的记录价值还表现为展示另外一种生命体验,以此引导观众进行所谓"人文精神"的追问。这类纪录片展示的场景可能不是什么"奇观",只是经过"陌生化"处理后的生活场景,但是它表现出来的意义却直逼人们的内心深处,从这个意义上说,纪录片往往属于知识分子的话语体系。比如,兴起于20世纪后半叶的"真实电影",这类电影往往会通过展示日常生活中普通人的生活场景揭示一些具有人类生存普遍意义的社会现实。日本著名导演大岛渚在20世纪60年代就拍摄了大量的这类电影,比如《新宿小偷日记》《他在战后死去》等等。前者揭示了都市边缘人在现代社会中的生存处境,生命的卑微与生存的意义构成了鲜明的对比,引人深思;后者力图通过个人的生活揭示二战后日本社会进程的特征,同样具有反思意义。

《生活空间》诞生的首要动因,倒不是因为其栏目记者和编导们发现了社会现实中值得记录的因素,而是以陈虻为首的一批纪录片工作者面对栏目化的电视改革开发电视节目资源的结果。

决定《生活空间》最终成形的有两股力量:一是以孙玉胜为代表的当时《东方时空》的领导,他们刚开始时对《生活空间》有一个含混的、宏观的定位。陈虻后来这么回忆当时的情况:

> 我来之前,当时《东方时空》的总制片孙玉胜跟我交代了两条:一是《生活空间》的节目做得宜碎;二是这个节目是服务性质的,有关领导是从《东方时空》栏目的总体布局出发对《生活空间》提出这样的要求的。我初来的时候,

① 〔法〕安德烈·巴赞:《电影与探险》,载单万里主编:《纪录电影文献》,中国广播电视出版社2001年版,第25～27页。

② 〔美〕艾里克·巴尔诺:《当代纪录电影概观》,载单万里主编:《纪录电影文献》,中国广播电视出版社2001年版,第720～727页。

也是本着这两个出发点来办节目的。[①]

第二股力量就是陈虻自己。当时他领会精神以后便着手对《生活空间》进行了改造。他对“碎”的理解是要表现普通老百姓的日常生活，而不是一些宏大叙事和社会变迁；对“服务性质”的理解是“人文精神”，即为人们的精神塑造提供一种高档次的服务，而不是鸡毛蒜皮的日常生活中的各种指南。可以说，陈虻个人的这种人文追求，最终决定了《生活空间》的定位，他认为这档节目：

> ……凭着直觉感到不能只是单纯地向观众灌输一些过日子的生活技能，起码我希望这个节目能够向人们提供一些更高层次的精神上的服务。我觉得今天的中国正经历着巨大的历史转折时期，很多旧的东西都给打碎了，就像崔健在歌里唱的，是“一无所有”——说中国人缺这缺那，我看最缺的是一种人文的重塑，这种精神上的需求要比你交给他一些养鱼养花之类的技巧更为迫切。[②]

可以说，《生活空间》最终演变成“老百姓自己的故事”是与陈虻个人追求这种人文精神分不开的。也正是在陈虻的坚持下，纪录片这种充满个人创作意味的电视体裁走上了栏目化的道路。

陈虻曾经坦言，在刚刚开始构思《生活空间》内容的时候，并没有想过将他所谓的“人文精神”的表达落实到纪录片的体裁当中去，而是做了种种体裁上的探索，其中有新闻专题片（《实话实说》），服务类专题片（《健康城》），甚至还有民俗专题片（《走天下》《话今日》）等等。在探索的过程中，《生活空间·老百姓》板块引起了普遍关注，这一板块主要表现人们8小时以外的生活，诸如搞收藏啦，京剧发烧友什么的。而百姓当中的趣事引发了观众普遍的收视兴趣。比如《老百姓》曾经播出了一部叫《老两口蹬车走天下》的节目，讲的是一对老夫妻退休后把一辆三轮车改装成能在上面烧饭、睡觉的多功能交通工具，然后骑着这辆车到全国各地去旅游。这部片子引起了一定的震动效应，因为老两口显现出来的生活态度和生命热情令人震撼。于是陈虻进一步构思，老百姓的生活应该能够成为一个丰富的节目来源。于是，纪录片开始被考虑作为《生活空间》的核心内容。但是，对这种考虑，栏目内部有反对意见，主要有两条：一是选题有限，像《老两口蹬三轮》这样的题材不是很容易碰到；二是拍纪录片其实是一种艺术创作，需要创作者的激情和灵感，这不符合电视栏目批量化生产的制作规律。在这种情况下，陈虻请示了孙玉胜，孙玉胜拍板就做这种“老百姓”的题材，于是《生活空间》的定

---

① 林旭东、陈虻：《一种纪录媒体实践——谈〈生活空间〉的缘起与演变》，载单万里主编：《纪录电影文献》，中国广播电视出版社2001年版，第696～697页。

② 同上书，第697页。

位就此完成。可见,《生活空间》栏目的最终成形是和陈虻等个人的努力分不开的。

在中国广播电视媒介发展的过程中,这样的“媒介英雄”比比皆是,我们能够轻易看到很多“媒介英雄”和某一电视栏目甚至一个媒介休戚相关的命运,比如魏文彬与《超级女声》,章剑华与《南京零距离》,胡玫与《雍正王朝》《汉武大帝》等电视剧。所以,关键人物的性格、气质和命运同样也是我们理解广播电视节目和媒介发展规律的重要因素。

3. 柴静与感性传播的电视纪实语言

《生活空间》尊重生活,不做简单化、结论化的结果,而是呈现观察式纪录片的操作方式,饱含人文精神的纪实精神不仅在大量纪录片中得到应用,在一些优秀的新闻节目中也得到了广泛深入的采纳。受陈虻影响颇大的柴静就将这种纪实精神带到新闻访谈中,拓展了电视纪录的表现形式和表现深度,而 2015 年播出的纪录片《穹顶之下》更是让柴静颇具个人特色的电视纪实语言达到了一个高度。

柴静出道是在 1995 年,当时她在湖南广播电台文艺频道主持广播音乐节目《夜色温柔》,这是一档典型的广播文艺节目,柴静的文学积淀和文艺气息在这档节目中崭露头角,并成就了她事业的第一个辉煌。这种感性气质后来影响到她到中央电视台后继续从事的电视新闻工作。在强调客观、公正、理性的新闻传播领域,柴静经常表露出自己的感性情怀,这种语言在电视新闻话语中显得独树一帜,最典型的是她在《新闻调查 · 双城的创伤》中的表现。

《双城的创伤》报道的是甘肃武威发生的少年连续服毒事件。2005 年 5 月,在短短的六天时间之内连续发生少年服毒自杀事件,其中两名死亡,四名获救,他们当中有五个人是同一所小学的六年级学生。获救之后,孩子一直没有向家长开口解释服毒原因。《新闻调查》对此展开调查,柴静是这期节目的出镜记者。在采访当事人的过程中,柴静有一段事后颇具争议的采访行为,采访的对象是自杀死亡的孩子苗苗的表弟,对话如下:

……

柴静:你自己心里有疑问吗?

苗苗表弟:有。

柴静:那你去问谁呢?

苗苗表弟:问自己。

柴静:没法去问大人吗?

苗苗表弟:是。

柴静:你觉得这件事他们不能给你解释吗?

苗苗表弟:不相信他们的解释。

柴静：那你自己能回答得了自己吗？

苗苗表弟：回答不了。

柴静：你回答不了自己的时候，心里会觉得难受吗？

苗苗表弟：难受。

柴静：难受怎么办？……你在心里跟你姐姐说过话吗？

苗苗表弟：说过。

柴静：你跟她说什么呢？

苗苗表弟：你好吗……

这个时候，柴静问不下去了，她回头和摄像说“可以了”，然后蹲下去给苗苗表弟抹了一下眼泪，和他说去洗洗脸吧。摄像此时并未关机，而后期编导将柴静给孩子抹眼泪的镜头编入了节目中。于是，在这档节目中，柴静无意开启了一个问题：记者有没有权力在自己报道的新闻节目中表现自己的情绪，尤其是那些明显带有自己是非判断的情绪？比如，同为著名新闻记者的香港凤凰卫视的女记者闾丘露薇对此就旗帜鲜明地持反对态度[①]。柴静自己并未正面表达自己的态度，但她在自己的著作《看见》中引用著名新闻人钱钢的态度潜在为自己辩护：当钱钢被问及如何看待柴静这种所谓“表演性主持”的时候，他认为没有必要下判断，毋宁说，没有人有资格下判断，——“你要像苏联作家说的那样，‘在清水里呛呛，血水里泡泡，咸水里滚滚’，十年之后咱们再来讨论”[②③]。

这种“感性传播”的风格则一直时不时地出现在柴静主持制作的系列节目中——《新闻调查》《面对面》以及《看见》等。如此，到了2015年初春，一部《穹顶之下》依旧浮现出柴静的这种特色。这部纪录片是柴静花了一年时间，投入100万元，通过一个高水平的团队合作完成的。

在纪录片一开头，柴静就表现出她招牌式的感性传播的一面，她用“女儿”和自己作为“新晋妈妈”的身份和雾霾联系在一起，她这么开头的：

听到她心跳的那一瞬间，我对她没有别的期望了，健康就好。但是她被诊断为良性肿瘤，在出生后就要接受手术。做麻醉之前，医生对我说，她这么小的年纪做全身麻醉是有可能醒不过来的，你要有个心理上的准备。我还没有来得及抱她一下，她就被抱走了。

---

① 搜狐新闻《闾丘露薇两度回应柴静始终沉默》，http://roll.sohu.com/20130123/n364458484.shtml。

② 新闻煽情主义是指在新闻传播报道中不是以传播事实为主要目的，取而代之的是刺激和煽动受众的感性体验。新闻煽情主义被认为是“白痴文化”和“没有灵魂的新闻”，因为它诉诸人们的快感，而不是人们的理性，背离了新闻传播的意义和理想。参见王传宝等：《新闻煽情主义的伦理批判》，载《南京政治学院学报》，2010年第6期。

③ 柴静：《看见》，广西师范大学出版社2013年版，第53页。

以前我从没对污染感到过害怕，去哪儿我都没带过口罩。现在有个生命抱在你怀里，她呼吸、她吃、她喝都要由你来负责，你才会感到害怕，(2013 年底)那场雾霾持续了差不多两个月。

这无疑又是感性的“表演性主持”了，柴静一开口依然是充满个性的电台温婉女主播腔，使人想起她在主持《夜色温柔》的时候，并成功代入自身的故事，成为整篇叙事的主线。由于雾霾过于严重，一年有一半时间不敢让孩子出门游玩，之后不得不走上探寻之路。这一个有着完整起承转合的故事，再加上第一人称的叙述，柴静高超的演讲方式，自然极能引起观众的共鸣，也更有利于向社会上各个层次的人去传播。

她一直很平静地叙述，娓娓道来地演讲，尽可能地唤起人的理性。但在视频的最后几分钟还是暴露了她文艺青年的本性，画面上出现女儿患病时期给她安慰的小熊，表达她作为母亲担心失去女儿的恐惧和想要保护她的愿望，以母亲身份的切入和收尾，将雾霾作为一场私人恩怨来表现，正是这种处处代入的手法使这部视频受到不少人的诟病。认为作者不该放入女儿的隐私，不该在作品中代入个人情感，有煽情之嫌，这也是柴静一直饱受争议之处。

但也是这种代入在一定程度上克服了传统新闻报道在专业性和贴近性之间的平衡问题。作为非突发事件的严肃新闻报道，过亿的点击量这个数字是惊人的。这个视频给传统新闻学、传统新闻调查报告包括传媒伦理都提出了一个问题，那就是调查和深度报道除了专业性要求，是否能代入记者情感呢？本质上，记者是为“新闻纪录者”的记者，还是为“人”的记者，这对整个传统意义新闻学都是挑战。进入以“用户”为核心的互联网时代，这一切传统媒体伦理会不会被改写？

在柴静身上，与“感性传播”相对应的，并非电视新闻的“文艺化”，更不会是娱乐化，也很少有人对其进行所谓“新闻煽情主义”的批评，就是因为柴静在新闻报道中所秉持的新闻语言除了感性之外，还遵循着逻辑推论的原则。这或是长期做新闻调查养成的思维习惯，即要带着问题，一步步符合逻辑地推论，最终推论到事情发生的原点，即最原初的原因那里。关于这一点，柴静在采访中央农村工作领导小组副组长陈锡文的时候领悟得尤其到位，当她从“土地政策的历史——现状——农民、开发商等可能性的选择”等方面一层层拨笋般地与陈锡文探讨后，中国土地问题的逻辑线索也逐渐清晰。所以，她有感而发①：

> 不是我在引导提问，是逻辑在引导我，逻辑自会把链条只只咬合，使任何一环不能拆解，这链条就是结构。结构不是急着创造的，记者只是看见它，把它从深埋的泥土里剥离出来。

---

① 柴静：《看见》，广西师范大学出版社 2013 年版，第 309 页。

《穹顶之下》中的逻辑推论的痕迹也是很明显的。柴静从一开始就说，她这一年做的所有事情，就是为了回答女儿将来可能会问她的三个问题：雾霾是什么，它从哪儿来，我们怎么办。柴静从这三个问题切入，走访了多个污染现场寻找雾霾根源，并奔波于中国、美国、英国寻求空气污染治理的教训与经验，解释了国内不少城市雾霾的现状。她去往曾经大气污染严重的国家，深入伦敦地下煤矿，航拍洛杉矶交通，展现印度、伊朗污染，以人类的教训与经验，为中国治理提供宝贵视角。

她首先在电子显微镜下观察PM2.5，揭示雾霾成因，调查化石能源何以形成污染，随环保部门在中国大气污染严重地区以无人机巡航，深入非法排污工厂，看到让人叹息的执法困顿，揭开鲜为人知的“褐煤”对污染的巨大影响，分析为何冬天PM2.5毒性远高于夏天。接着现场抽取油品检测，与环保部门和石化行业一起探寻中国油品清洁之路。回故乡寻找十年前山西污染节目当事人，探寻能源结构背后工业化城镇化之路，拜访中国能源领域权威人士，探索未来能源体制改革方向，提出目前我国燃煤和燃油存在的“消耗量大”“相对低质”“前端缺少清洁”“末端排放缺乏控制”四大问题，尝试解释这几大问题背后的管理与执法困境。最后从国家和个人层面提出了行动方案。

一条旧牛仔裤，一件白衬衫，柴静语调沉静专业，叙述逻辑依旧缜密强大。她以个人调研的方式，完成了这部纪录风格浓郁的调查视频，播出也全是公益形式，尽管她以个体遭遇切入，但如中山大学传播与设计学院院长张志安在微博中这样写道，“柴静对报道角色的处理：她讲故事的切入点是个体（女儿）遭遇，但整个片子是深度报道、调查报道，她是参与者和体验者，但主要是报道者和调查者。”如果没有柴静这种更为人本的、个人化的叙事风格，这部片子是否还会有这么强的传播力和影响力，使大众都能听懂看懂，取得这样的传播效果，估计会有一定的困难。

《穹顶之下》的实践恰恰是拥有专业能力的作者个体，释放个性化能量，用自媒体式非传统新闻学内容创作，通过社交网站的爆发性链条式传播，加上新技术新模式赋予的多样化呈现，例如柴静的TED式演讲、信息可视化、Flash动画、移轴摄影、无人机拍摄等，改变的或许恰恰是过去百年来最桎梏传统新闻学的最陈腐和最教条的那些部分，实现专业性、可读性、传播性的平衡。

思考题：

1. 简述当前世界上正在实施的三种广播电视体制的内涵。
2. 以“文人电视”为例描述20世纪80年代的时代氛围对当时广播电视事业发展的促进作用。
3. 举例说明新技术对广播电视节目变革的促进作用。

第四章

理解声音

内容提要：理解声音需从声音的“物理属性”和“心理属性”两个层面予以关注。掌握声音的物理属性即了解声音作为一种客观存在的自然现象，其产生的自然机制是什么，理解声音的心理属性则是要了解声音对人的心灵、精神层面产生的变化以及这些变化所伴随的社会效应是什么。从总体上看，声音具有语言、音乐、音响三大类，而这三大类又能够被归纳成“音乐性的声音”和“语言性的声音”两大范畴。它们各自的特性不一样，对人的听觉和精神的影响也不一样。

从本章开始，我们将探讨广播电视媒介符号传播的基本原理。从社会功能上看，广播电视所有的功能都能归结成信息传播的功能。广播信息传播的工具是声音，电视信息传播的工具是图像、声音和少量的文字（字幕）。掌握这些信息符号的基本原理，是制作广播电视节目的基础，同时，也是理解广播电视媒介社会功能本质内涵的基础。

第一节　声音的属性

一、声音的物理属性

声音是由物体震动而产生的，物体震动会产生声波，声波通过一定的介质比如空气会传到人的耳朵里，由此对耳膜形成刺激，人们就听到声音了，即声波通过介质传递给人耳，并在人耳中产生听觉。

如果从物理特性的角度分析，声波可以从频率、振幅和波形得到更深入的分析。频率指发声物体每秒振动的次数，单位是赫兹。人耳所能接受的振动频率为 20～20000 赫兹。低于 20 赫兹的振动叫次声，高于 20000 赫兹的振动叫超声波，是无法引起人的听觉感知的。振幅是指振动物体偏离起始位置的大小。振幅决定声音的强度，振幅大，压力大，我们听到的声音就强；振幅小，压力小，我们听到的声音就弱。声波最简单的形状是正弦波。由正弦波得到的声音叫纯音。在日常生活中，人们听到的大部分声音不是纯音，而是复合音，这是由不同频率和振幅的正弦波叠加而成的。

人们一般用如下三个概念来衡量声音的品质，或者说是人对声音的感觉特性，即音强、音高和音色。

音强指声音的大小，由声波的物理特性——振幅(振动的大小)所决定。音强的单位称分贝。0分贝指正常听觉下可觉察的最小的声音大小。音高指声音的高低，由声波的频率，即每秒振动次数决定，常人听觉的音高范围很广，可以由最低20赫兹听到20000赫兹。日常所说的长波指频率低的声音，短波指频率高的声音。由单一频率的正弦波引起的声音是纯音，但大多数声音是许多频率与振幅的混合物。混合音的复合程序与组成形式构成声音的质量特征，称音色。音色是人能够区分发自不同声源的同一个音高的主要依据，如男声、女声、钢琴声、提琴声表演同一个曲调，听起来各不相同。

音响、音调和音色是人对声音的主观感受。音响表示声音的强弱，音调表现的是声阶的高低，而音色是我们在日常生活中最常使用的衡量声音品质的概念，在通常情况下，我们基本上是把悦耳的声音描述为“音色好”，反之亦然。

从物理属性来看，声音的“可保存性”是比较差的。通过日常生活经验我们就能感知，声音转瞬即逝。科学试验表明，进入人耳的信息在人的大脑里一般只能保存6～10秒；部分有价值的信息可以形成短时记忆，保持20分钟左右；经大脑再次选择，只有少量信息可以形成记忆。在录音技术发明以前，声音根本无法保存下来。而磁带录音的寿命也只有10～20年，直到数字技术发明之后，声音的永久保存才成为可能。

另外，声音传播的清晰度也是一个问题。一方面，声音在空气中耗损，或者受到噪音的干扰是一个原因；另一方面，声音不如“看”那样一目了然，光凭“听”意思容易混淆。我们以汉语为例，很多词如果仅凭语音来辨别是根本分不清楚的，比如“拾到——食道”等，如果再考虑方言因素，情况就更严重了。《战国策》里记载了这样一个故事：郑人把未雕琢的玉叫“璞”，周人把未腌制的鼠肉叫“朴”。周人拿着“朴”问郑人，“要买朴(pu)吗?”郑人说要，拿出来一看，原来是鼠肉，只好又推辞说不要了。人们常说“空口无凭，立字为据”，也就是针对声音符号的这种含混和不足信而言的。

二、声音的心理属性

对声音物理属性的理解是广播技术工作的基础，而对广播节目制作者来说，声音的心理属性则更为重要。也就是说，不同的声音在人耳听起来会引起不同的心理效果，对这些心理感应的期待形成了不同广播节目收听的心理基础。

声音的心理属性首先来自于现实生活中人们对各种声音的不同感知，即由听觉的生理反应带来的心理变化。

人们对不同声音的生理感知是不一样的，轻柔的乐音让人心情舒缓、感情愉悦，比如清晨树林里的鸟鸣或者柴可夫斯基的《小夜曲》；激昂的乐音让人精神振奋、神清气爽，比如擂鼓的声音或者中国古典音乐《将军令》。相反，噪音则让人心情不适、情绪烦躁，比如炎热夏季里的蝉鸣。作家王小波曾经用如下的文字描述过噪音对人们感觉的伤害：

> 我家楼下是个农贸市场，成天来往着一些砰砰乱响的东西：手扶拖拉机、小四轮、农用汽车等等。这些交通工具有一个共同点：全装着吼声震天、黑烟滚滚的柴油机。因为有这种机器，我认为城市近郊、小城镇等地的环境更严重……你若到郊区的公路边坐上一天，回来大概已经半聋了。①

这些“砰砰乱响”的东西发出的声音就是噪音，它们决不会让人感觉舒适，而会把人的耳朵给吵聋了。

其次，人们会将日常生活中的经验推广到相应的听觉体验中。如此，“生活经验——听觉体验”就构成了“通感效应”。比如在雷电交加的夜晚，人们对雷声会感到恐惧，古代人会觉得这是一种神秘的力量在发怒，即便是现代人也会对这巨大的声音感到害怕。如此，声音从一种自然现象变成了人们的一种生理反应，这种生理反应又激发了一定的心理特征。比如按照康德的说法，人听到雷声会产生一种惊惧，因为他们觉得发出这种令人恐惧的声音的“雷”是无法控制的，进而由敬畏之心产生崇高的感觉。这样，类似雷声的声音就和恐惧、发怒等心理特征联系在一起。如果在广播中出现雷声，那么同样它也意味着恐惧和发怒等情绪，听众也会自然地接受这种心理上的暗示。在此，人的知觉因素的加入，使得各种声音具有了喜怒哀乐意味。同时，不同音质的声音也就有了不同的价值取向。在 1981 年以前，中央人民广播电台对台湾的广播一直是“排炮式”的，语气严厉，嗓门大。这种声音类似于“雷声”，原本是想让对方产生敬畏的感觉，最终认同我们的理念，但是“高八度的播音，换来低八度的效果”②。换言之，这种播音效果引发的心理感知只有“畏”而没有“敬”，传播效果自然不会很好。1981 年之后，中国大陆对台播音理念发生变化。著名主持人徐曼开始主持对台广播，她用甜美动听的语音、娓娓道来的方式打动了千千万万台湾同胞的心灵，通过这样的声音，台湾人感受到温馨和真挚，就和祖国大陆结合起来，显然这更加有利于宣传社会主义的理念。可见，不同的声音完全能够引起不同的心理效果。

---

① 王小波：《环境问题》，载《我的精神家园》，文化艺术出版社 2002 年版，第 293 页。

② 施天权：《广播电视概论》，复旦大学出版社 1993 年版，第 81 页。

再次，不同音质的声音除了能够引起人们不同的心理感知以外，还能激发人们不同的联想和思维，这使得广播所引发的心理活动更为深刻。这涉及心理学的一个重要流派——完形心理学理论。

人的感觉具有一种“完形和联想”的功能，这已经被“完形心理学”证明了。按照这一理论，当人的感知接触到某一信息的时候，会调动自身联想的能力将信息完整化、全息化。这是因为我们内心对于任何事物都有一个观念上的“形”，也就是完形心理学所谓的“格式塔”①。因为在一个人的成长过程中，会渐渐地对周遭世界的各种事物形成统一的认知观念，这个观念是由一系列的细节认知构成的。比如认识一只猫，是通过“身上有毛、爪子尖锐、会抓老鼠、会‘咪咪’地叫”等细节的认知完成的，这种认知可能是通过一只真实的猫来完成的，也可能是通过一幅猫的照片来完成的，或者是通过别人的描述来完成的。总之，在脑海里形成了一个关于“猫”的完整印象。这个印象就是所谓的“格式塔”。而“完形”是一个与“认知（学习）”相反的过程，是人们知道了“猫”是个什么样的动物（头脑中猫的“形”已经形成以后），再看到了“皮毛、抓老鼠的动物、一只尖利的爪子”这些视觉因素或者听到了“咪咪叫的声音”这样的听觉因素之后，在脑海里组织完形成一只猫的形象——“有这样的特质，它可能是一只猫”。

完形的素材必须是该事物的本质特征，否则就会出现认知误解和完形的不可能。研究完形心理学的美国心理学家鲁道夫·阿恩海姆曾经以猫为例来说明这个问题。阿恩海姆说，我们可以用“物质、哺乳动物、埃及人奉若神明的动物、玩赏动物、艺术家和诗人喜欢表现的动物、氧气的消耗者”等因素来描绘猫，但这些元素不是“猫的本质元素”，所以通过这些元素我们无法认知猫的本质形象，即猫的“形”。② 同样，通过这些元素，我们也无法完形猫的整体形象。我们听到“咪咪”叫的声音，马上能够想到这是一只猫，而我们看到“艺术家和诗人喜欢表现的动物”这样的信息，我们无法将其一定和猫联系在一起。

回到我们对声音的理解，声音同样也是人们“完形”的元素之一，因为在日常生活的认知过程中，声音也是认知事物的重要元素之一，同样，我们也能通过“声音”完形（还原）出相应事物的形象。人对声音的联想一般有如下几个方向：

第一，通过声音联想声源的形象。在现实生活中我们常有这样的体验，听到某一个声音，会下意识地去寻找这个声音的发声体，即声源。这是人的一种习惯——听到声音就想去看看发出这一声音的物体或者人等是什么样子的。听其声，见其形，这才是对世界的完整体验。如果见不到声源的形象，人就会根据声音的品质想象声源的形象是什么。因为，应该是一种什么样的“形”发出了这种声音在人们脑海中是已经形成

---

① “格式塔”是德文“Gestalt”的译音，英文往往译成“Form”或“Shape”，是汉语中“形”的意思。

② 〔美〕鲁道夫·阿恩海姆著，滕守尧译：《视觉思维——审美直觉心理学》，四川人民出版社1998年版，第209页。

的东西。比如很多人听广播会有这样的体验——听到某一个节目主持人的声音非常好听，于是自然会去联想他（她）长的什么样子，而且这种联想一定是一种正面的联想，即把他（她）联想为一个美丽或者英俊的人。因为声音的悦耳已经为“联想行为”指定了“正面”的方向。这就是“完形”的作用：美丽的声音和美丽的形象一定是联系在一起的，因为它们都是“美丽”的格式塔所派生出来的因素。尽管现实生活的逻辑经常颠覆这种“完形”的规则——一个声音非常美妙动听的广播节目主持人可能形象非常普通，但这并不能妨碍人们的这种思维习惯。

第二，通过声音联想完形声音的环境。很多人都有这样的体会，一首老歌会让人陡然回忆起过去的时光，沉浸到一种自己所熟悉的过去的氛围之中。这就是声音调动人联想的结果，而这一种联想是对与声源相关的某种环境的联想。从某种意义上说，这同样是“完形”的作用，是对一种生活方式的完形，而声音是构成这种生活方式的“形”的一部分。作家王朔在其自传体小说《看上去很美》中有一段描写形象地反映了这一道理：

> 方妈妈工作很忙。每天她进门天都黑了，收音机里在播一首低沉、叫孩子听了心里难过的歌儿：“起来——饥寒交迫的奴隶”。这时我已经迷迷糊糊，怎么主观努力也起不来。
>
> 唱完歌说一句话：“现在是各地人民广播电台联播节目时间。”然后，方妈妈就准时回来了。她和方爸爸在外屋咕咕哝哝说话，踢哩趿拉进来开一下灯，接着能嗅到香油和鸡蛋的味道，听到吃面条的叹息和咂舌声。再往后就什么也不知道了。这歌声、挂面味伴我入睡多年，养成习惯：一听《国际歌》就想顺嘴说：现在是各地人民广播电台联播节目时间；一吃挂面就困得不行。①

在此，《国际歌》的声音已经不再具有它的原初意味了——给无产阶级革命者以精神的动力，而是成为小说主人公回忆“文革”岁月的一个引子，这个引子是伴随着另外一个广播的声音——“现在是各地人民广播电台联播节目时间”，以至于成为一种思维和感知习惯。于是，《国际歌》的声音就成为主人公日后回忆、联想那段岁月的场景和契机。

三、声音的社会属性

在物理属性和心理属性的基础上，声音还具备相应的社会属性，也就是说，声音会和社会变迁紧密联系在一起，具有政治、经济和文化的功能。

1. 声音的政治属性

加拿大传播学者麦克卢汉曾说，30 年代是人类社会的“广播时代”，就是因为很多

---

① 王朔：《看上去很美》，华艺出版社 1999 年版，第 105 页。

重要的声音通过广播、唱片等媒介传播出来对社会发展产生了重要的影响。罗斯福的“炉边谈话”不仅引导人民走出大萧条的恐惧，而且还激励起他们反抗法西斯的勇气；希特勒歇斯底里的演讲将德国人民带入了纳粹的深渊；同样，当听到“中华人民共和国中央人民政府今天成立了”，大多数中国人都会知道这是中国人第一次在世界舞台上完全当家做主的宣言；听到“I have a dream……”就能联想到美国黑人人权运动那残酷而悲壮的历程。事实上，自广播诞生以来，声音凭借着这种电子传媒，起到了巨大的社会动员的功能，声音和政治、历史联系在了一起。

2. 声音的经济属性

声音还具有经济功能。声音可以成为商品进入市场领域换取相应的利润，典型的就是流行音乐产业的运作。我们知道，从理论上说，音乐是将人类听觉认可和喜欢的“乐音”加以抽象凝练，而音乐产业——唱片产业就是将这些音乐规模生产、批量销售，一方面获取了大量的利润，另一方面也形成了大众文化的重要支脉之一——流行音乐文化。

广播电台播送音乐也能获得良好的收益。不同类型的音乐在广播系统中其商业价值是不一样的。美国学者按照美国流行音乐的标准划分了5类可以赚钱的音乐，它们可以组成一个系统在广播的不同时段予以组合播出，分别吸引自己的目标听众，带来利润各异的营销效果，这种搭配被称为“热门的音乐系统”。

我们分别来分析这5个系统的音乐的性质及其编排原则，这对理解我国流行音乐的市场营销也有很好的借鉴作用。

● 力量(power)型音乐

所谓的力量是指“最佳的市场效果”。这类音乐是指当下最流行、听众最多的音乐。在美国，主要是指排行榜排名前10位的歌曲。由于它们热烈的受欢迎程度，所以在一定的时间段内要大规模播出，比如“每小时4～7次的播放”，但是，这要避免一首歌连续几天在同一时间播放，以保证最多的听众都能听到这些歌曲。由于这些歌曲和音乐是当下最流行的，所以一般听众在调台的过程中一旦听到这样的乐曲往往不会调台，从而保证了有这样的歌曲就会有较高的收听率，同时带来较好的广告收益。

电台要随时监测这些音乐的市场销售情况，比如可以同唱片店联系以获得销售量的信息，也可以通过测量(电话、来信、网络、短信)点播的量来确定一首乐曲的受欢迎程度，以随时调整它们在节目中的编排。

● 流行(current)型音乐

这类歌曲是指“近期非常流行”的歌曲。它们以每小时3～4次的频率播放(在没有广告的1小时中可能播放5次)。这类歌曲的火爆程度不如力量型音乐，但受欢迎程度也很高。这两类音乐大概构成电台近期播出音乐的主流。

● 再流行(recurrent)型音乐

这类音乐是指“在过去两年中它们曾经是非常热门的歌曲……这些歌曲以每小时2～4次的频率播放”。经过了广泛流行之后的音乐一般会被划到这一层次中来，但它们是经过了一定淘汰以后的，有一些歌曲被听众从记忆中删除，比如“那些放‘滥’的新唱片(听众实在是听够了)和‘僵硬’的唱片(在排行榜上停滞不前，无力成为真正的热门歌曲)”。

● 力量经典型音乐

这类音乐是指过去3～10年间流行的音乐。这些歌曲隔一段时间就要拿出来重放，它们是所谓“不死”的歌曲。目标听众一听就明白这是什么歌曲，而且会立刻进入一种欣赏音乐的状态，说明这些音乐在听众心目中已经形成了一定的“刻板印象”。这种歌曲在广播中每小时要播2～3次。

● 经典型音乐

这一类型包括过去10～15年的歌曲，它们不再属于流行或力量型的范围。为了确保这些歌曲还能吸引电台的目标听众，而且不令人厌倦，这组歌曲是经过仔细研究确定的，通常使用音乐厅测量①的方法，保证在历史上曾经的经典还能够拥有一定的收听效果。②

音乐电台所遵循的收听率法则其实就是一种商业法则。一首音乐如果还有听众喜欢听，那么就说明这一音乐具有一定的商业效果。一首歌曲拥有的听众越多，它的商业价值就越大。通过上述分析，我们能发现，从“力量型音乐”到“经典型”音乐，它们所拥有的听众数量是逐渐减少的，因此它们在广播中播出的单位时间的次数也是逐渐减少的，也就意味着它们的商业价值是逐渐减少的。

除了流行音乐以外，声音的商业属性还可以很多种方式表现出来。比如广播电台知名节目主持人的声音也具有良好的市场价值。广播节目主持人依靠声音建构自己的形象，听众喜欢一个节目主持人，其实是喜欢他(她)的声音。因为有这种声音，他(她)主持的节目才有可能拥有高收听率，因此他们说话的声音也成为高收听率的保证。再比如在广播、影视作品的制作拍摄过程中，制作人经常会喜欢找所谓的“名嘴”即明星来配音，因为“明星”的声音也是其流行价值的一部分，具有很高的社会公众注意力，也就意味着很高的商业价值。

3. 声音的文化属性

每个时代都有自己代表性的声音，这些声音不仅成为一定时期社会文化的一部

---

① 所谓音乐厅测量是一种通过试验观察法的方式测量音乐传播效果的方法。通常请一些目标听众在音乐厅收听某些音乐，然后由专门的测量人员在旁边或者在观察室观测听众的反应，或者在他们收听完音乐之后请他们填写问卷以测量他们的收听效果。

② 以上关于美国流行音乐的市场分类参阅〔美〕苏珊·泰勒·伊斯特曼等著，谢新洲等译：《电子媒介节目的设计与运营：战略与实践》，北京大学出版社2005年版，第480～481页。

分，而且它们本身也就成为塑造文化的一种重要力量。麦克卢汉这样评价过罗斯福的“炉边谈话”对美国人的心灵的塑造作用，他说，当罗斯福总统逝世以后，美国人悲痛得像失去了父亲。因为美国人大多是通过声音来认识这位总统的，只闻其声、不见其人的传播方式导致美国人民像是始终处于他的“教诲”之下（相反，当肯尼迪总统遇刺身亡以后，美国人民就像失去了邻居家的儿子一样，因为人们是通过电视认识的肯尼迪，没有神秘感，更没有被教诲的感觉）。

20世纪70年代末至80年代初，中国内地的收音机开始普及。广播声音开始塑造人们的精神生活，传承文化，起到重要的文化功能，其中最重要的是评书和相声，这两种声音艺术成为当时最大规模的流行文化。

1979年，中央人民广播电台开始播出由著名播音员曹灿、纪维时等人演播的姚雪垠的长篇小说《李自成》，同时播出的还有已故评书演员杨田荣演播的新编评书《李自成》。这两部作品由许多电台交互播出，形成长篇小说广播的轰动效应，通过广播听故事成为一种新的时尚。随之而来的1980年被称为“评书年”，这一年，河北电台先后推出三部长篇评书——《岳飞传》《杨家将》和《隋唐演义》，前两部由著名评书演员刘兰芳演播，后一部由单田芳演播。随后，这三部评书参加了由鞍山电台牵头组织的长篇评书节目交换会，通过交换给全国60多家电台播出，轰动全国。作为一种民间文化，评书的主要功能在于运用语言艺术虚构了中国传统英雄的形象和功绩，以此打动听者感觉，让他们产生一种认同感。我们可以将评书看成是中国人的英雄史诗，而千家万户的收音机就像一个满肚子故事和智慧的“吟游诗人”。在当时的文化环境中，它能够唤起中国人的民族自豪感和民族心理归属感，同时，它也间接地传递了中国传统文化的内涵。

相声也一样。粉碎“四人帮”以后，中国曲艺界走向复兴。老相声艺术家如侯宝林、马三立等重返艺术舞台，一些经典的相声段落被重新开掘整理；同时，像姜昆、赵炎等相声新秀也崭露头角。和评书不同的是，相声艺术是通过讽刺等手段让人发笑。这种艺术在20世纪70年代末担负起了一个重要的文化功能——从日常生活的细节抨击“四人帮”造成的种种社会现象的荒谬性。比如，姜昆和李文华合说的相声《照相》。相声中说到一对新人去照相馆拍结婚照，却被要求背诵“文革”语录、不许笑、摆出革命姿势等极端荒谬的做法，听众在哈哈大笑中深切地感受到“四人帮”横行的那个时代种种政策的罪恶和反人性。可以说，这样的相声用“笑”起到了一定的社会批判的功能。

最具（大众）文化功能的声音还是流行音乐，流行音乐和现代都市人的身份认同有着直接的联系。每一个时代都有独特的流行音乐、歌曲和歌手，而广播是传播流行音乐最重要的载体之一。比如，在流行音乐发展史上，我国台湾著名歌手邓丽君是一个不可忽略的名字，因为她的歌声参与塑造了一个时代的人听觉的“情感结构”。对于20世纪80年代初的中国大陆人来说，邓丽君的歌声是“人性的复苏”的文化标志。作家王朔曾经说过，听到邓丽君的歌曲，“感到人性一面在复苏，一种结了壳的东西被软化和溶解”①。类似的效果想必也出现在80年代初李谷一演唱的《乡恋》的歌声中，她用所谓的“气声”方法来唱歌，一改过去那种严肃、说教和宣传的面孔，和人们内心的那种本真的感情合拍。这些歌曲和20世纪80年代“人性论”的复苏想呼应，和理论界引进萨特等西方哲学家的“存在主义思潮”相呼应，和对“文革”的反思相呼应，塑造着那个时代中国普通老百姓的“情感结构”。

第二节 音乐性的声音及其在广播电视传播中的使用

一般看来，广播声音由三个重要部分构成：语言、音乐和音响。

语言是人们交流思想、传播信息、表情达意的工具，广播新闻主要靠语言来叙事、分析和评论，广播剧要靠语言推动故事情节的发展，音乐节目也要靠语言来表述DJ的观点、看法，广播中使用的语言即广播语言具有独特的传播规律。

音乐是通过有组织的乐音（人耳感觉舒适的音）所形成的艺术形象来表达思想情感的艺术，它的传播优势在于具有很强的感染力。

音响主要是指自然界和社会中除了语言、音乐以外的声音，比如风吹树叶的声音、机器的轰鸣、夏夜的蛙鸣、人的动作发出的各种声音等，在广播中，音响又被称为音响效果。

在广播节目制作过程中，语言以足够的信息量表达事物的明确含义；音乐诉诸人们的情感，呼应人们在收听广播时候的情绪波动；音响可以起到音乐的作用，也能起到语言的作用。比如，音响同样可以渲染情绪：在离别的场景中配上轮船的汽笛、海鸥的叫声，更增加了离愁别绪的深度；音响也能叙事，比如若干公鸡的叫声就会说明早晨已经来临，这是一种典型的音响对于时间的描述。

如果再仔细分析，我们能发现，语言、音乐、音响三者的功能其实很难截然分开。比如，有的语言也具有音乐的功能，诗朗诵就是典型的例子。诗之所以为诗，就是因为诗歌的内部有一种韵律，这种韵律的高下决定了诗歌的质量。作家王小波说这样的诗句是好诗：“朝雾初生，落叶飘零，让我们把美酒斟满”，因为“这里面有一种永难忘记的韵律，这就是诗啊”。而这样的诗句是质量次一等的：“我爱你彼得的营造，我爱你庄严的外貌”，因为这样的诗句里面的韵律是“东北二人转的调子”。② “追求韵律”也恰恰

---

① 王朔：《无知者无畏》，春风文艺出版社2000年版，第5页。

② 关于后一句诗，王小波认为查良铮先生译得好：“我爱你，彼得建造的大城；我爱你，庄严、匀整的面容；涅瓦河的流水多么庄严，大理石平铺在它的两岸……”查的译诗中的韵律感和节奏感无疑更强。参阅王小波：《我的师承》，载《我的精神家园——王小波杂文自选集》，文化艺术出版社2002年版，第140～141页。

是音乐传播的原则，这意味着某些语言的传播具有音乐的效果。比如，很多听众喜欢某一个节目主持人，说他的声音好听，听到他说话就感到舒适，至于他在说什么并不重要。此时，节目主持人的语言吸引听众的其实是音色、节奏、韵律等形式的因素，这和音乐传播吸引人的道理是一样的；有些音乐具有语言的作用，比如可以充当广播电台和节目标志的开始曲。一听到这些开始曲，听众就知道哪个节目、哪个频率在播音了。

所以，我们可以换一个角度来理解广播声音的三要素，即用“语言性的声音”和“音乐性的声音”重新规划语言、音乐和音响。如前所述，声音的物理属性只是保证声音的纯客观存在，而声音之所以有魅力是因为声音会对人的心理产生影响，它能够改变人们的精神世界。声音塑造人们的精神世界体现在两个方面：第一，声音可以成为信息的载体而指涉一定的客观事物，即它可以成为符号的能指而表征相应的所指。换言之，人就此可以通过声音认知客观世界。这是声音在认识论上的意义。第二，响度、音调和音色会凝聚起声音特有的旋律，而这种旋律和人的心灵节奏、情感节奏具有一定的一致性和相关性。所以，声音的音色品质和节奏起伏会引起人们喜怒哀乐等的情感变化。这是声音在美学上的意义。

所以，就心理属性来看，我们可以把声音大致分为两大类：第一类是语言性的声音，这类声音主要是指人们说话的语言，它的主要功能是告知、评论等传达具体的信息内容；第二类是音乐性的声音，这类声音的代表是音乐，它的主要功能是营造和渲染一定的情感结构。这两种声音在人类的日常生活中扮演着重要角色，同样也是广播声音的两大类别。

我们从音乐性的声音开始谈起。

一、何谓音乐性声音

著名哲学家卡西尔在论述语言层次的时候谈到人类刚刚开始运用声音的时候“不过是表达情感的喊叫或悦耳的乐句而已”，这意味着声音一开始就和人们的情感起伏紧紧联系在一起。因为声音直接诉诸人们的听觉，会直接给人以愉悦或不快，这就形成了声音的纯形式的感性魅力。

鲁迅曾经说过，人类最早的诗歌就是人们干活时候所喊的号子“吭唷吭唷”，这意味着，在人们日常的生活状态中，一定的精神情绪往往要通过一定的声音表达甚至发泄出来；另一方面，人类在某些生活状态之中往往会伴随着一定的声音，这些伴随性的声音就会和特定生活状态中的人们的情绪联系在一起。比如维科在谈到原始人的思维时曾经说道，原始人生活在神话时代，用一种“以己度物的隐喻”来揣摩建构宇宙和客观世界。比如他们不了解雷鸣电闪的真正原因，于是就按照人类生存的逻辑去揣测雷电。他们认为打雷是雷神像人一样在发怒，就像一个体力极其强大的人用咆哮来发泄他的不满和暴躁情绪。这么一来，“雷声”就和“怒”这样的人类情绪联系在了一起，有的时候甚至可以用雷声来替代“怒”这样的情绪，在影视作品中我们经常可以看到用电闪雷鸣的背景来衬托主人公怒不可遏的情绪。在汉语中，“雷霆之怒”之类的词语构成其实遵循的也是相同的逻辑。那么，当我们再听到雷声的时候，人会因为这种“隐喻”的暗示而感受到发怒的情绪。

可见，声音和人类的情感结构内部有一种逻辑结构的一致。从这个意义上看，声音的音调、音高等起伏的变化其实是人类情感的一种变形和符号表达。在这方面，最典型的是音乐。关于此，苏珊·朗格说得好：

> 我们叫作“音乐”的音调结构，与人类的情感形式——增强与减弱，流动与休止，冲突与解决，以及加速、抑制、极度兴奋、平缓和微妙的激发，梦的消失等形式——在逻辑上有着惊人的一致。这种一致恐怕不是单纯的喜悦与悲哀，而是与二者或其中一者在深刻程度上，在生命感受到一切事物的强度、简洁和永恒流动中的一致。这是一种感觉的样式或逻辑形式。音乐的样式正是用纯粹的、精确的声音和寂静组成的相同形式。音乐是情感生活的音调摹写。①

所以，任何音乐都可以用喜怒哀乐等人类的情感来概括表达。我们能感受到一首曲子是欢快的，还是哀伤的；是忧郁的，还是宁静的，即便无法用明确的语言来表达，它还是可以和我们内心的某一种情绪相关联。

音乐不仅仅具有这种情感的力量，更重要的是，音乐和人类的整体情感或者说生命的感觉之间有一种内在的相似的逻辑结构。这样，音乐自身的旋律的起伏就具有了一种形而上的意义。这就是为什么音乐会具备一种深层次的震撼力。因为音乐“表现着作曲家情感想象而不是他自身的情感状态，表现他对于所谓‘内在生命’的理解，这些可能超越他个人的范围，因为音乐对于他来说是一种符号形式，通过音乐，他可以了解并表现人类的情感概念”②。这是人类自身想象的魅力。

因为真实的情绪总是和具体的生活联系在一起，而音乐所表征的情绪却可以不受真实世界的约束而制造出来，也就是说：“作符号的要比被表示的更容易感觉和把握。比如声音比起情感来就更容易产生、组合、察觉和辨别。感觉形式只能产生于自然过程，而音乐的形式则可以随心所欲地创作和吟唱出来。”③这样，人就不是自我分泌出感情，而是通过符号创作出一种感情出来，通过这样的创作而支配人自身的情绪。

从这个意义上看，和语言不同的是，音乐的旋律没有明确的主题，只有一个大致的“主题指向”。苏珊·朗格说：“有多少演奏者，甚至有多少次演奏就有多少种曲子。”④

---

① 〔美〕苏珊·朗格著，刘大基等译：《情感与形式》，中国社会科学出版社 1986 年版，第 36 页。
② 同上书，第 38 页。
③ 同上书，第 37 页。
④ 同上书，第 154 页。

其实，有多少个欣赏者，也就有多少种曲子。因为对于同一首曲子，没有任何人的感受是完全一样的，这些感觉仅仅有可能相接近而已。因为一首曲子的旋律起伏是一回事，人们听到的旋律往往是另一回事。因为在“听到的”旋律中必然将加入人们自己的想象，也就是说任何旋律都是人们在想象中听到的。同样听《月光奏鸣曲》，有些人也许真的感受到月色温柔，但肯定也有另外的人感受到别的东西，比如在形式上与月光相近的白沙流水；听贝多芬的《命运》，每个人都会因为自己生活历程的不同而听出不同的内涵，联想到不同的时空和人物。

任何声音可以说都有音乐因素的存在，因为它可以直接和人的感性联系在一起，因为“声音，作为经验中纯感觉因素，可以是平静的或兴奋的，也可以是愉快的或痛苦的。味觉、嗅觉和触觉因素也是这样”。所以，即便是语言性的声音，它也会有旋律的起伏、音高的变化，说话者音色的品质等直接诉诸人们感性的因素存在。在声音的接受过程中，声音的“音乐性”体现在听者对某一段声音的感性联想。因此，声音不但可以借助语言指涉真实的客观世界，还可以通过自己旋律的力量建构人们的精神生活，通过一种空间的想象完善人们的感情世界。

二、理解广播传播中的音乐性的声音

既然音乐性的声音诉求的是人们的感性，那么广播当中的音乐性的声音主要也是起到渲染情绪的作用。广播中音乐性的声音主要有两类：一是音乐；二是具有音乐效果的语言和音响。

1.音乐在广播中的作用

（1）构成纯粹的音乐节目

音乐在广播诞生一开始就被作为重要的节目资源而存在。无论是中国还是外国，第一次播音都有音乐节目的参与。迄今为止，音乐节目已经成为广播节目中不可或缺的节目类型。我国广播音乐节目形式多样，有类似美国“Top 40”的流行音乐排行榜节目，也有典型的音乐欣赏节目，还有以音乐传播为主的广播专题节目。

（2）作为配乐的音乐

音乐被广泛地运用在各种节目中，尤其是作为情绪渲染的工具，而成为任何节目都不可或缺的节目因素。新闻节目的开始曲需要音乐作为节目的标志；谈话节目需要音乐在谈话过程中活跃气氛；专题节目需要音乐渲染情调；在广播剧制作过程中，作为配乐的音乐更是无处不在。从这个意义上说，一个好的广播编辑，在自己的头脑中应当有一个音乐库，他非常清楚这个音乐库的分类——哪些音乐适合于渲染哪些情调，在需要的时候可以随时将其调出来使用。

（3）作为节目穿插的音乐

节目与节目之间的衔接与过渡，是音乐在广播传播中不可替代的功能。用音乐来衔接不同的节目,其方式是多元的。有的时候是为了适应内容的需要,比如一个说笑话的节目,节目计划要说10个笑话,每个笑话耗时1分钟,那么这个节目的时长一般会安排为11分30秒,即在两个笑话之间穿插15秒的音乐,这15秒让听众回味笑话,放声大笑,同时调整情绪迎接下一个笑话的到来。如果10个笑话连在一起说,听众势必会忽略其中的某些内容,而且人的情绪也很难始终保持在开怀大笑的状态,此时,用音乐作为隔断就非常重要了。

有的时候是为了适应广播传播特性的需要。我们知道,听众收听广播的状态是三心二意的,为了适应这种节目收听心态,广播节目也日趋"零散化",即所谓"零敲碎打"的广播。音乐旋律是最容易"零散化"的音响信息,听众听到哪怕仅仅是很短的一段音乐也不会觉得刺耳和突兀,于是,节目进程中不断穿插音乐,一方面让听众觉得悦耳,另一方面把完整的节目割碎以适应听众们三心二意的收听状态。

有的时候是为了适应广播时间安排的需要。比如,由于节目编排不到位,有些节目的时长比预想的要短,这种情况尤其容易出现在广播直播节目进程中。为了填补空白的时间段,音乐也是最佳的素材。

2.语言、音响在广播中音乐性的作用

语言之所以具有音乐性的效果,是因为语言通过发声技巧等因素可以蕴含情感,具有巨大的感性力量。《洪深文集》里曾经讲过这样一个故事:波兰一位著名的悲剧女演员到了英国,英国的仕女们请她吃饭,要她表演一段悲剧。她推辞不过,只得站立起来,以诚挚沉痛的声调说起来。在座的英国人都不懂波兰语,但都被感动了,有的竟然流了泪,独有她的丈夫放声大笑。众人很诧异,不知道他笑什么,他说:"你们知道我夫人刚才念的是什么吗?是我们今天吃饭桌上放的菜单啊!"[①]在这里,我们看到,语言的意义毫无作用,而语气、腔调等因素起到了决定性的作用,这段语言的朗诵因为其形式的因素,其效果不亚于一首令人哀伤的音乐。宗白华也谈到过语言的音乐性的效果:

> 我和一些朋友在那时常常喜欢朗诵黄仲苏译的泰戈尔《园丁集》诗,他那声调苍凉幽咽,一往情深,引起我一股宇宙的遥远的相思的哀愁。[②]

注意,是"声调"而非内容带给了宗白华情绪上的巨大震动,这足以说明语言本身也是具有很强的音乐性的效果的。

总结起来,语言的音乐性的作用主要是由说话的语气和节奏来完成的。

(1)语气

语气是"思想情感运动状态支配下语句的声音形式"。语气由两个方面构成,"一

---

① 施天权:《广播电视概论》,复旦大学出版社1987年版,第83页。

② 宗白华:《美学与意境》,人民出版社1987年版,第173页。

方面是一定的思想情感，一方面是具体的声音形式”。① 简单地说，语气所描绘的就是“人在什么样的情绪下说什么样的话”。

我们知道，人在现实生活中有喜、怒、哀、乐等多种情绪，每一种情绪导致人们的精神状态是不一样的。人在发怒的时候语调高，语速快，一种激愤情感被表达出来；人在喜悦的时候音调轻柔，语速相对舒缓。那么反过来也是一样的，当主持人（或广播剧的演员）要表达愤怒的情绪的时候，就可以将自己说话的语速放快、语调提高，甚至加一些颤音（气得发抖），我们通过这样的语气就可以读解出“愤怒”的情绪，进而构想这一情绪背后的形象是什么。表达喜悦的语言形象，在语气控制方面也是一样的。

每一种情绪都有相应的语气表达，哀的语气应当语音轻、音调低沉、语速慢并时断时续；乐的语气应当语调高、语音响亮等。一般来说，主持人会根据节目的要求自然调整自己的语气，比如在晚间情感类节目中，主持人往往会以较为低沉的语调、缓慢的语速表达一种温情、哀婉或者惆怅的情绪；在早间信息服务类节目中，主持人会以高语调、快语速表达一种高亢、振奋的情绪，以适应听众在早间的心情。

主持人等广播工作者在语气方面表达失误有两个原因：一是由于生活阅历等方面的原因，导致他对某种情感体会不深，自然无法表达合适的语气。比如年轻的主持人可能不太理解“悲”的含义，于是在叙述一些悲惨故事的时候，“悲”的情绪就表达不出来，只能是“为赋新词强说愁”，这种语气的表达显然不真挚。所以，一个合格的广播语言工作者，丰富的人生阅历是其业务素养的一部分。二是发声技巧的问题，即无法把握语气的“形”——语势。所谓语势，就是语言声音的形式，包含着“气息、声音、口腔状态多层次、多侧面的立体变化和多重组合，具有很强的技巧性”。② 没有受过训练的广播语言的工作者，语势就难免有缺陷，比如，如下的语势就是很糟糕的：

> 在实际工作中，有些人语势单一，多呈“拱桥状”，即句头低起，句腰一拱，句尾落到最低点，且不管什么样的感情色彩，也不管语句间是何种逻辑关系，但凡有标点或需补充气息的地方语势全部下落，语流沉闷，令人昏昏欲睡，自己也越说越没情绪。有的播音员、主持人把自己的工作变成流水线上熟练工的状态，对语言表现出一种机械的反应，于是出现了种种为受众十分反感的、以不变应万变的“固定腔调”：三字一停、五字一顿的“保险调”；无缘由的格式化的高低起伏的“唱调”；四平八稳、不动声色的“念调”；快速叨叨“套词”、貌似热情的“主持人调”。③

可见，在广播传播过程中，语言表达的技巧是完全能够训练的，也是必须训练的。

---

① 张颂：《播音创作基础》，北京广播学院出版社1990年版，第99页。

② 吴郁：《当代广播电视播音主持》，复旦大学出版社2005年版，第52页。

③ 吴郁：《当代广播电视播音主持》，复旦大学出版社2005年版，第53页。

一方面，语言工作者（播音员、主持人和广播剧配音演员等）要增强自己的人文素养，体验人世间种种喜怒哀乐的情绪内涵；另一方面，要有意识地将情感的抒发和语言的表达结合起来，在语言艺术方面做到收放自如、游刃有余。

(2)节奏

语言的节奏是指语言在流动的过程中呈现出来的规律性的变化，是以思想感情运动为依据的声音的运动形式。节奏的外部形式表现为有声语言的抑扬顿挫、轻重缓急。内心的情感附着在语言流动上的声音高低、强弱、快慢等方面。对声音节奏的描写，我们可以从白居易的《琵琶行》中窥豹一斑，在诗中诗人这么描写他所听到的琵琶曲子的节奏变化：

转轴拨弦三两声，未成曲调先有情。
弦弦掩抑声声思，似诉平生不得志。
低眉信手续续弹，说尽心中无限事。
轻拢慢捻抹复挑，初为《霓裳》后绿腰。
大弦嘈嘈如急雨，小弦切切如私语。
嘈嘈切切错杂弹，大珠小珠落玉盘。
间关莺语花底滑，幽咽泉流冰下难。
冰泉冷涩弦凝绝，凝绝不通声暂歇。
别有幽愁暗恨生，此时无声胜有声。
银瓶乍破水浆迸，铁骑突出刀枪鸣。
曲终收拨当心画，四弦一声如裂帛。
东船西舫悄无言，唯见江心秋月白。

白居易在诗歌中其实描绘了这样一种声音节奏的变化：首先是试音，音调短促但让人感觉清脆，无限情感蕴含其中（转轴拨弦三两声，未成曲调先有情），然后节奏进入比较缓慢和绵长的状态，很多事情似乎要娓娓道来（弦弦掩抑声声思，似诉平生不得志。低眉信手续续弹，说尽心中无限事。轻拢慢捻抹复挑，初为《霓裳》后绿腰）；接着节奏开始变得急促和焦灼（大弦嘈嘈如急雨，小弦切切如私语。嘈嘈切切错杂弹，大珠小珠落玉盘），然后受到阻隔，节奏趋于缓慢乃至停止（间关莺语花底滑，幽咽泉流冰下难。冰泉冷涩弦凝绝，凝绝不通声暂歇。别有幽愁暗恨生，此时无声胜有声），声音的进程忽然被放开，节奏陡然加快，变得非常激烈，音乐蕴藏的情绪迸发炸开（银瓶乍破水浆迸，铁骑突出刀枪鸣），最后整首乐曲戛然而止，声音在其高潮处忽然停顿，给人的情感以无穷的回味（曲终收拨当心画，四弦一声如裂帛。东船西舫悄无言，唯见江心秋月白）。

这首曲子的魅力来自于节奏的起伏变化，而且这种起伏是有内容的，因为节奏的变化和人们内心的情绪的波动是一致的，它的起伏可以激发和强化人们内心相应的情感波动，达到相应的艺术效果。

按照人们感知声音的速度、力度的特点，我们可以把声音的节奏分成若干类型①，比如：

- 轻快型：这种声音声轻不着力，语流中顿挫少，且顿挫时间短暂，语速较快，有一定的跳跃感，比如对抒情散文的朗读。
- 凝重型：多抑少扬，多重少轻，音强而着力，语势平稳，顿挫较多，语速偏慢。重点处的基本语气、基本转换都显得分量较重。
- 低沉型：声音偏暗偏沉，语势走低，句尾巴落点多沉重，语速较缓慢，重点处的基本语气、语势的转换偏于沉缓。
- 高亢型：声音明亮高昂，语势向上走，而且有不断上扬的趋势，甚至势不可遏，语速偏快，重点处的基本语气、语势的转换大多带有积极昂扬的特点。
- 舒缓型：轻松明朗，声音高但不着力，语势跌宕但轻柔舒缓，语速慢但不凝重，重点之处的基本转换都显得舒展徐缓。
- 紧张型：声音多扬少抑，多重少轻，语速快，气息较为短促，顿挫短暂，语言密度大，重点处的基本语气和语势的转换都较为急促、紧张。

每一种类型的节奏其实是和人们相应的情感类型对应的，作为广播语言的工作者就要熟悉相应的情感对应的节奏类型，以此达到自身语言传播的最大效果。

第三节　语言性的声音及其在广播电视传播中的使用

广播和电视媒介在语言表达方面都遵循相同的原则，即都应使用“规范的广播口语”，这种语言表达具有两个特点：一是必须通俗易懂，朗朗上口，如此方能符合广播电视媒介大众化传播的要求；二是必须规范，即符合现代汉语的语法规则。

一、声音和语言

由于人类远祖的生存图景杳不可寻，人们对“声音是如何形成语言的”这一命题只能发展出不同的假说。首先是拟声说，即认为口语的形成起源于人类“拟声”的本能。即当远古的人类看到某一事物的时候，同时还听到了这一事物的声音，此时，人类会模

① 吴郁：《当代广播电视播音主持》，复旦大学出版社2005年版，第55～58页。

拟这一事物的声音，而这种模拟就构成了最早的口语。比如，中国人之所以把布谷鸟叫“布谷”，因为这种鸟儿的叫声为“布谷布谷”。但是，这种假说其实是缺乏说服力的。因为正如卡西尔所说的那样：“反对拟声说的明显理由就在于，在分析普通言语的词语时，我们在大部分情形中根本找不到声音与对象这种假定的相似性。”[①]也就是说，人类好像一般不是通过事物的声音来发明语言的，从某种意义上说，声音直接作为语言好像仅仅只是停留在语言的幼稚的初级阶段。比如中国人叫狗为“gou”，而不是狗的叫声“汪汪”，“汪汪”仅仅有可能作为狗的昵称而存在。所以，一个事物被命名为一种什么样的语言，具有什么样的发音，其背后所遵循的逻辑将不是声源的声音，而是另有其规则的。这就是“修辞”。

修辞说所探讨的主要内容是人类语言运用背后的语法规则。因为修辞，语言具备了种种表现方式，因此也显得鲜明、准确而生动。对于不同的事物所赋予它的声音的原则也是这样的，这有着深层次的人类的心理根源。因为“人类最基本的发音并不与物理事物相关，但也不是纯粹任意的记号。……它们并非依赖于单纯的约定俗成，而是有其更深的根源。它们是人类情感的无意识表露，是感叹，是突迸而出的呼叫”[②]。那么，什么样的所指被赋予了什么样的能指，这背后有深刻的人类学的意义。所以，我们不能从语言的物理层面比如发音的相似性来探讨语言的本质，而是应当从人的心理层面的尺度来做这样一种探寻。

语言的发明首先是人类自身的一种需要，是人类表述自己对外部世界看法的一种工具。在美国电影《与狼共舞》里有一段画面表达了处于原始社会状态下的印第安人取名字的过程，我们可以借此窥豹一斑。影片中，印第安人给人取名字是根据他们眼中的视觉形象。主人公被称为“与狼共舞”，是因为他身边有一匹宠物般的狼，他们经常在一起嬉戏。另一个印第安人被称为“挥拳而立”，来自他某一次和人角斗时候的身体姿态，挥拳而立的形象非常突出。在此，我们可以看出，语言（无论是发音还是后来发展出来的文字系统）的功能首先是表现在它的意指作用方面，这一声音先验地蕴含着人们可以理解的意思，这是声音与人的心理之间一种说不清道不明的连接。所以，语言的声音来源不是表述对象所发出的声音，而是人自身对表述对象的一种可能的心理期待。正如普罗塔格拉的名言：“人是万物的尺度，是存在事物存在的尺度，也是不存在事物不存在的尺度。”一种物体应当被赋予什么声音的语言，取决于人的内心，而不是人以外的东西。

那么，语言背后就蕴含着相当多的人类情感的积淀，人之所以会发某种音，是因为人的内心里有一种先于声音和语言的东西，这就是语言修辞的“隐喻转移”。卡西尔是

---

① 〔德〕恩斯特·卡西尔著，甘阳译：《人论》，上海译文出版社 1985 年版，第 145 页。

② 同上书，第 147 页。

通过语言层次来说明这个问题的。他认为，语言刚开始的时候“不过是表达情感的喊叫或悦耳的乐句而已”，这是人类内心最本真情感的直接表达。然后，“通过将发音作名称使用，最初一直是各种无意义的声音混合体，就突然变成了思想的工具。例如，一些声音的组合，如果能和着某种旋律来唱，而且在击败或杀死敌人后用作欢庆胜利的赞歌，就有可能变成代表那个特殊事件乃至代表那个杀敌英雄的专有名称。通过把这种表达隐喻地转移到类似的情况，人类语言就得以发展下去”①。由此可见，语言的形成和发展，是因为它和人类眼中的、可以理解的社会之间有一种对应关系，从所指到能指之间有一种隐喻的承接。

所以，语言性声音的最主要的功能就是告知，因为作为能指的声音背后有一个对应的真实的客观存在，这种信息量造就了语言性声音的力量，它增加的是人们的认知。在广播电视中，语言性的声音表现在各种信息类节目中，比如新闻的解说词、纪录片的画外音解说、产品功能型的广告等。

二、理解广播中的语言性声音

1. 广播语言所遵循的原则——口语化和通俗化的结合

广播语言的口语化和通俗化是广播语言得以顺利传播的基础，简言之，广播语言是“为听而说”的，广播文案是“为听而写”的，这就要求用大多数听众一听就懂的语汇、句式表达，用清晰、悦耳动听的声音表达，用深入浅出、通俗易懂的语言表达，让听众听得清楚明白，理解准确，印象深刻。这包括两个方面的要求：语音的响亮优美、含义的清晰明确。

(1)语音响亮优美

在现代汉语中，语音如何响亮、优美，其实是有一定的语法规则的。广播新闻口语化要求广播语言说起来声调响亮，音韵和谐优美。这是广播语言区别于日常语言的一个主要特色。

声调是否响亮，取决于韵母。汉语中的韵母分为四呼：

- 开口呼：指的是韵母是 a、o、e 或以 a、o、e 为韵头的韵母；
- 齐齿呼：指韵母 i 或以 i 为韵头的韵母；
- 合口呼：指韵母 u 或者以 u 为韵头的韵母；
- 撮口呼：指韵母 ü 或者以韵母 ü 为韵头的韵母。

一般看来，开口呼的字，发音时口张得比较大，声音就响亮；非开口呼的字，字音就要弱一些。例如“土族聚居区”，这五个字全部都是非开口呼的字，因此说起来就容易

① 〔德〕恩斯特·卡西尔著，甘阳译：《人论》，上海译文出版社1985年版，第149～150页。

一口气憋在喉咙里，语音不可能响亮，所以改成“土家族居住区”，加入开口呼的字进行调节，听起来就会响亮一些。所以在广播语言的使用过程中，要有意识地尽可能地使用一些开口呼的字和词，比如“乳牛、部署、机器”在广播稿写作或者口语播音的时候应该分别改为“奶牛、安排、设备”等词语。

汉语不仅有四呼，还有四声。古汉语是“平上去入”四声，平声字以外的叫仄声字。现代汉语把平声分为阴平和阳平，把古汉语中的入声字分别并到阴平、阳平和上声字中去。平声字和仄声字的音高、长短是有区别的。相比之下，平声字可以拉长读，余音绵延，更容易听清楚；仄声字比较短促，没有余音，不够响亮。语音平仄协调，声音有起伏感，听起来才和谐。平仄搭配，要多用平声字，读起来响亮；配上仄声字，读起来抑扬顿挫，悦耳动听。中国古代诗歌在漫长的发展过程中，形成了很多固定的格律。尤其是对平仄的要求有着严格的规定，这种规定的来源之一就是要求诗歌在吟诵的时候能够语音响亮，同时具有韵律感和节奏感。总的看来，汉语的音乐感很强，广播语言的使用者应当将平声字和仄声字进行恰当的搭配，这样才有助于提高可听性。

语音要响亮优美，还必须注意单音词和双音词的协调。汉语建构简易灵活，一个音节的字就可以构成词，即单音词。多用单音词，可以达到简洁的效果。但是，单音词念起来不上口，听起来也没有双音节的词语清楚。广播的语言使用应该多用双音词，不用或少用单音词。下面是部分常用的单音词与双音词的使用对照表：

已－已经	现－现在	并－并且	较－比较	仍－仍然	或－或者
虽－虽然	易－容易	将－即将	时－时候	可－可以	能－能够
因－因为	愿－愿意	即－也就是		应－应该	如－例如
但－但是	曾－曾经				

在广播口语的使用过程中要尽可能地使用后者而避免使用前者，这样可以帮助广播播音时候的语音响亮。

汉语的双音词中有很多是双声词、叠韵词和叠音词。双声词是声母相同的双音词，如芬芳、力量、呵护等。叠韵词是韵母韵尾相同的双音词，如开采、变迁、绚烂、伶仃等。叠音词是两个相同的音节组成的词，如沉甸甸、流水淙淙等。许多象声词，同时也是叠音词，如咚咚咚、哗啦啦、冷飕飕等这些词语的使用都能够增加广播语言的音乐美。

广播语言的使用要注意语音的响亮和谐，但不可能在播音或者写作的时候每句话都仔细推敲。不仅仅是因为做不到，而且也没必要，因为这样的话广播传播就快不起来了。广播语言的使用是在力所能及的情况下，兼顾声音响亮的要求。所以，广播的使用者更需要注重的是培养自己使用适宜广播传播词语的习惯，即下意识地在工作中使用语音响亮的词，不能过于强求，更不能为了“听上去很美”而以词害意。

(2)句式要短

广播节目的播出要做到口语化，句子就要短。人们往往有一种误解，长句子是书面语言，写长句子反映了语言、逻辑和文化修养，长句子比短句子更美。其实，短句子才是汉语的特点。西方语言，尤其是以英语为代表的日耳曼语系，其表达以动词为中心控制全句，句法严格，从句和主句关系明确，结构分明。汉语的句式不是这个样子的。汉语词语的分合伸缩，灵活地排列为“音句”(句读段)，再循自然事理排列为“义句”(整句)。所以，西语多长句，汉语多短句。

短句子节奏舒缓，简洁有力，念起来上口，听起来顺耳；长句子容量大，结构复杂，但容易出现成分不全、语序不当等语病，既不利于朗读者断句和换气，也不利于听众的理解和记忆。西语中句子长了，因为语法严格，逻辑关系严密，意思一般不会被弄乱；汉语句子长了，听众可能就会听了后面忘了前面，把握不住句子的主谓结构，就不容易听懂。例如这样一个句子：“中美双方同意尽快恢复关于中国在今年年底以前加入世界贸易组织的谈判。”由于句子较长，播音员在“组织”和“谈判”这两个词语之间很容易慢半拍，听起来十分别扭。如果改成短句子：“中美双方同意尽快恢复谈判，争取在今年年底以前达成协议，让中国能够加入世界贸易组织。”这样既好播，又好听好记。

所以，广播传播中应该尽量使用短句子。短句子写起来变化更多，短小的音句顿进结合，使得句子脉络和听众收听时的心理时间流动一致，他们能够边听边整理，理解句子的大意。多用短句子，就意味着要少用修饰词。单句的定语、状语等附加成分一多，句子就容易长，句子的主要意思就会被附加成分所淹没。较容易构成长句子的是复合句，在广播语言的运用中，要尽量少用复合句。

除了尽量不用复合句以外，也要尽量不用倒装句。倒装句是西方语言和中国文言文的句式，汉语白话文中是没有倒装句的。有的广播新闻写作者喜欢用引语式开头，先引用一段新闻人物的话，然后再作解释。这其实也是倒装。听众先是莫名其妙，然后听内容又明白了，前面人物说的话可能又记不得了。所以，广播语言最好是顺着来，比如在新闻人物出场之后再引用他们所说的话，这样听众能听得非常明白，播音也较为顺畅和有力。

2. 规范的广播口语和灵活的广播口语

随着广播事业的发展，我国广播结构也日益复杂，广播电台的种类也逐渐多元化。不同类型的广播电台从办台宗旨、编辑方针、目标听众定位、传播模式、营销模式等诸多方面都有所不同，因此，其广播语言的性质也不同。从我们的国情来看，广播语言呈现出“规范的广播口语”和“灵活自由的广播口语”并存的状态，而且这种状态还将在相当长的时间一直持续下去。

(1)规范的广播口语

所谓“规范的广播口语”有两条标准，一是符合现代汉语的语法规则，二是符合广播语言口语化的传播特性。使用规范的广播口语是和我国广播电视事业的地位特性联系在一起的，或者说，这是和我国广播电视传播的语境联系在一起的。

著名的语言学家吕叔湘在《语文常谈》中指出："我们在进行语言交际时，必须充分注意到语境因素对言语表达和理解的影响，并以此为出发点，去揭示语言交际中的各种矛盾——特别是言语形式和思想内容的矛盾在不同语境条件下获得统一的规律。"吕叔湘的观点如果放在广播电视信息传播的过程中就是，广播电视口语的使用要符合我国广播电视媒介的社会地位、功能和与受众之间的关系。我国广播电视媒介的经营体制具有国营型的特征，这说明广播电视媒介是国家机构的一个重要组成部分，这形成了我国主流广播电视媒介的传播具有权威性、严肃性、规范性、指导性的特征，这些特性造就了广播口语规范的内容。

要有效发挥上述广播口语四种规范的特性，就要要求播音员和主持人在广播电视媒介中说话的时候，语音、词汇、语法等要符合现代汉语和普通话的规范。在这方面，我国法律也是有着明文规定的。《中华人民共和国宪法》(1982 年)第 19 条规定："国家推广全国通用的普通话。"而在 2001 年起实行的第九届全国人民代表大会常务委员会第十八次会议通过的《中华人民共和国国家通用语言文字法》第十二条规定："广播电台、电视台以普通话为基本的播音用语。"这充分说明了我国政府对广播电视传播语言使用的重视。广播电视口语传播的这种特性于是和国家政府的权威性就联系在了一起。

若要精当地表达广播口语的规范性，吸取书面语言的精粹口语是非常必要的。相对于口语来说，书面语言严谨规范，且在写作的过程中往往是经过推敲的，故而在语法方面考虑较多，不易发生错误。而且口语化的一些弊病在写作过程中一般会被自动过滤掉，如此口语的"粗陋"就被抵消了。比如，口语中大量的虚词如"啊吧呢吗""那么""所以说"等在书面写作中就不太容易出现，这样，语言就经历了一个打磨、提炼的过程。正如张颂所说的："广播电视传播长时期内是以书面语言为依据的，虽然努力进行口语化，但在语言上一直比较讲究。……一个电台、一个电视台，现在不可能，将来也不可能完全舍弃书面语言作依据的语言传播。"[①]这样的广播传播的语言是一种"精粹口语"，是经过了加工的口语，它摒弃了日常口语的随意、冗余、粗糙等缺点，文化内涵丰富，也容易形成具有严肃性、崇高感的传播风格。

口语化的传播特性是指广播语言要通俗化，让人一听就懂。这就要求广播电视的口语表达要达到深入浅出的境界，这是和广播电视媒介大众传播的特性联系在一起的。播音员和主持人直接用图像和声音与受众交流，直接将各种感性元素诉诸受众的听觉和视觉，这种信息的传播和接受的反应是即时的、不需要经过头脑思索的。从传

① 张颂：《播音语言通论》，北京广播学院出版社 1994 年版，第 24 页。

播态度方面来看，播音员和主持人应该以朋友身份和平等态度对待受众。因此，通俗易懂、深入浅出、降低身份和视角是广播电视语言传播的一个重要前提。

一些优秀的节目主持人都会将上述两项要求有机地结合在一起，语言表达既权威严肃又亲切活泼。我们来看下面这段中央电视台《焦点访谈》节目解说词：

> 今天是世界卫生日，在这一天世界各地的人们都会对健康给予格外的关注。中国有句俗话叫作“民以食为天”，可以说中国人的健康是从一日三餐开始的。“吃”在中国人的生活中具有相当重要的地位。我们会不会吃？吃的到底合不合理？膳食营养知识在我们国家普及的状况又怎么样呢？我们的记者对此进行了调查。（《焦点访谈》，2005年4月7日播出）

这段话具有鲜明的电子传播口语的特点。首先，整段话都是由短句子构成，节奏明快简洁，具有一种韵律感；其次，这段文字非常口语化，语气变化多端，抑扬顿挫，疑问句、反问句、陈述句交错进行，这是典型的口语句式；还有，使用了“民以食为天”这样的汉语俗语，无疑贴近了和观众之间的距离。

再比如下面一段电视解说词，它是中国著名的电视纪录片《雕塑家刘焕章》的开头：

> 假如你要寻找刘焕章的家，那是太容易了。你不必背记门牌号码，而只要记住胡同就可以了。因为在他家的窗户外面，长年累月垒着那么多怪里怪气的大树桩。那么，刘焕章在不在家呢？你听——

这段电视语言采用了虚拟的对话语境：假定电视的制作者和接受者在同一个时空中面对面地交谈。第二人称代词“你”的使用大大增加了电视语言的亲切感，其通俗性不言而喻。同时，这段话中短句字的组合节奏很强，具有一种韵律的美感，使得这段文字具有很强的精英文化的特色。

(2)灵活自由的广播口语

随着我国广播事业的发展，广播媒介的种类也越来越多，尤其是都市电台的发展，使得广播界内部的分工越来越专业。各地的人民台分别细分为新闻台、音乐台、文艺台、经济台等频率，每一个频率都有自己不同的受众定位、内容定位、传播策略乃至主持人风格。

广播传播的品位也开始出现分化，诸如各家新闻台，还是坚守国家媒介的品位和风格，在栏目设置、播音风格等方面坚守着严肃、权威、主流的特性；但是，诸如经济台、文艺台、音乐台等的节目，其风格和内容却日渐多元。电视媒介在这方面也开始出现类似的分化现象。比如有些地方甚至出现了用“方言”播音的广播电视节目，在这些节目当中，本地的俚语和流行语被大量使用。据统计，在2005年前后，仅四川成都地区方言节目就占总节目比例的1/40,且此比例还有扩大之势;同一时期,在江苏、浙江地区,方言节目更是增幅巨大,比如杭州电视台西湖明珠频道的《阿六头说新闻》、南京电视台18频道的《听我韶韶》等,这些节目大都取得了不错的收视率。广播中方言的使用在地方电台中也很普遍。

面对这种情况,2005年3月31日,国家广电总局副局长胡占凡表示,国家广电总局将出台相关政策,进一步规范广播影视节目播出语言,非经广播影视行政管理部门批准,各级广播影视播出机构不得擅自开办使用方言播出的节目。自2006年3月1日起,《上海市实施〈国家通用语言文字法〉办法》。该市文化广播影视管理局有关人士说:"新闻类的方言节目今后将不再批准。"方言类的广播电视新闻受到限制,其实也就是限制了方言在广播电视媒介中的传播,但是在很多地方广播电视媒介,方言还是会时不时出现。比如,南京电视台的《听我韶韶》主持人老吴,其说话就带有很浓重的南京地方口音,但是他的节目颇受南京市民的欢迎,谁也没有在意他是在用南京话主持新闻,更有观众认为他的这种乡音很令人感到亲切。

在广播节目中同样有类似的情况存在,尤其是一些广播谈话节目,主持人在和嘉宾或者听众互动的时候,不经意流露出来的方言,甚至彻头彻尾的方言式的主持有时候更加能够渲染气氛。这也许说明,方言,包括俚语等自由的播音主持方式和广播电视的有效传播并不是尖锐对立的。我国相关主管部门出台限制方言类节目的播出,其实是为了保证我国广播电视媒介作为国家媒介的严肃性,防止广播电视传播滑入低俗化的境地。

在此,我们提倡一种能将广播口语的规范与通俗很好地统一的播音主持风格,比如说下面这段电视新闻评论:

> 每年夏天,我们都会看到媒体上由"民工裸睡街头引发交通事故"或"存在安全隐患"的报道。客观地讲,这种事情的确可以报道,也应该报道,但我发现类似的报道几乎千篇一律:什么时候,什么地方,有几个民工全身赤裸或半裸睡在路边。记者赶到现场,先问那几个睡眼惺忪、懵懵懂懂的民工:"你们为什么要光着身子睡在马路上?"回答当然可以想象——"热哎!"然后记者又会问路边群众:"他们这样文明吗?"答案也是可以想象的——"不文明"……这样的报道当然没有什么错,但是我们是不是忽略了一个重要的前提,那就是:在盛夏酷暑时,民工们睡觉的地方一无空调二无电扇,是我们这些所谓的城里人难以忍受的。……当然,记者提醒民工注意安全、注意形象本身也没有错,但是请注意"民工并不是有裸睡的嗜好",他们是生活所迫。我们的记者在呼吁注意形象做文明市民的时候,不要忘记也呼吁一下:给民

工起码的生活保障。①

这段电视播音文字的使用是非常灵活的，节奏明快，感叹句、疑问句、陈述句交错出现，主持人甚至直接模拟现场的口语问答，给人以身临其境的感觉。但同时，这段文字的使用又是规范的，全文挑不出一个语法毛病，这样的广播口语才是我们最应该提倡的。

思考题：

1. 我们应当从哪些层面理解声音的心理属性？
2. 语言性的声音和音乐性的声音各自的传播机制是什么？

---

① 孟非：《就说这么多》，江苏文艺出版社2005年版，第165～166页。

第五章

画面传播的基本原理

内容提要：单独的画面具有证实性和解释上的多义性的特点，而人们观看画面能够获得模仿的快乐，因为模仿可以给观众带来认知和感性愉悦的双重效果。流动的画面可以用长镜头、蒙太奇进行叙事和抒情，它们各自遵循自己不同的传播机制。语言可以配合相应的画面进行传播，强化叙事和抒情的力量，同时还可以帮助流动的画面进行简单的评论。

用流动的画面进行信息传播是电视传播的基本特色，要了解电视传播的基本原理乃至了解电视的文化功能和社会身份，都要从画面传播的基本原理开始谈起。

电视对人和社会的影响是通过人们“看电视”的行为来完成的。而人们看电视的行为是坐在电视机前眼睛读解电视流动的画面，耳朵倾听电视的声音——语言、音乐和音响之类。所以，电视的魅力最根本的是来自流动的画面和声音的组合。我们要想知道电视为什么会有那么大的传播功能，就首先要了解画面和声音这两种符号的力量，即人在接受这两种符号后会有什么样的反应以及会产生什么样的心理效果。

第一节　图像传播的魅力

一、单独图像的传播特性

单独一幅电视画面具有两种传播特性——

1. 证实性

所谓的“证实性”是指画面的信息是非常明确的。所谓“眼见为实”说的就是这个道理。这说明当人们看到画面的时候是不需要进行想象的，它直接告诉观众你要看的东西就在这里。比如，小说《红楼梦》里用了如下的语言描述贾宝玉刚刚出场时候的情景：

> 一位年轻的公子：头上戴着束发嵌宝紫金冠，齐眉勒着二龙抢珠金抹额，穿一件二色金百蝶穿花大红箭袖，束着五彩丝攒花结长穗宫绦，外罩石青起花八团倭锻排穗褂，蹬着青缎粉底小朝靴。面若中秋之月，色如春晓之花，鬓若刀裁，眉如墨画，面如桃瓣，目若秋波。虽怒时而若笑，即视而有情。项上金螭璎珞，又有一根五色丝绦，系着一块美玉。

这100多字写得非常传神，但是再"神"也需要观众读得懂，并且调动自己的主观想象在自己的头脑中构建出一个贾宝玉的形象，所谓的"紫金冠""金抹额""大红箭袖"，如"中秋之月"的脸型，"春晓之花"的面色，刀裁般的鬓角，墨画般的眉毛等，都需要读者通过解读文字在自己的头脑中将其完形出来，这需要一个过程，一个艺术审美的过程。但电视用画面表现就简单多了。在电视剧《红楼梦》中，贾宝玉出场，导演用了5秒左右的时间将镜头从演员的脚扫到头，一个完整的贾宝玉的画面形象就出现在观众面前，不需要想象，不需要完形，电视的图像传播就是告诉观众，贾宝玉就是这个样子。

证实性的特性导致观众能够特别认可电视传播的真实性，这使得电视在传播新闻等纪实题材信息的时候具有无与伦比的优势，但同样也为电视造假留下了巨大的空间。

2. 解释的多义性

解释的多义性是指单独的电视画面如果不加以文字或者画外音的解释，其含义是可以进行多元解释的。比如，广受诟病的"万能画面"就是电视画面解释多义性特性的负面表征：一幅万里稻田的画面，可以说是农业大丰收，也可以说是社会主义新农村形势大好，也可以说农村环境好，也可以说农民勤劳等。

所以，单独的电视画面所表达的意义是既确定又多元的，电视更准确的传播需要进一步编辑——画面或者声音的配合。

二、受众感知图像的快乐：图像传播的魅力之源

电视，是用流动的图像来传播信息的电子媒介，而图像是人类最早使用的传播符号，人类运用图像符号来认知客观世界并且表达情感是人类最基本的本能之一。感知图像，既是人们生产劳动的一个必需的活动，同时又能给人们带来极大的快感。从这个意义上说，电视传播的魅力早就蕴含在人类几千年的发展历史中了。

1. 图像符号可以带来人们最直观的认知，具有认识论功能

人的大多数认知是通过眼睛来完成的。所以，用图像来表达一个事物是什么最有说服力。图像就此形成了人类最早的概念。典型的例证就是象形文字的产生。我们以汉字为例，汉字是现在世界上唯一还在使用，以象形为基础的文字，这种象形文字是人们从图像中抽象、规范而成的，即在汉语的象形文字构型中，字的概念就是由对日常生活中图像的模仿而形成的。比如“采”，它的含义就是“手在植物上”，这完全是对人日常劳作的一种符号化的临摹；还有诸如听——人把耳朵凑到门边上，泪——人的眼睛里流出的水，这些都是人类通过图像达到对现实社会一种概念性认知的证明。这不仅是一种造字的方式，还体现着一种直观感性的形象思维。正如葛兆光所说的那样：“以象形为基础的汉字长期地延续使用，使中国人的思想世界始终不曾与事实世界的具体形象分离，思维中的运算、推理、判断始终不是一套纯粹而抽象的符号，……从文字象形中进行训诂，到由文字象形进行联想式的意义解释（比如三人为‘众’），从借用文字象形而构造神秘图符（比如道教的‘符’），到由文字的形状构造来预测吉凶（比如中国传统算命中的‘测字’），在‘大传统’和‘小传统’中，文字对思想的影响处处可见。”①

也就是说，因为象形文字的原因，中国人形成了一种形象思维的思维方式，这种方式的特征在于，任何思维的结果都是通过图像直观到达的，认知周围的客观世界当然也是如此，在这种思维过程中，我们要认识一个事物，我们的思维首先认知的将是它的外观形象。

西方人同样也拥有这种形象的思维方式。而与中国不同的是，西方人发明的以拉丁字母体系为基础的字母文字不是汉字那样一种象形文字，字母系统是和现实完全割裂的。那么，相对于形象思维，西方人还发展出自己独特的抽象思维方式，即给自己的每一个形象感知都赋予一个理念的抽象的认知。所以，作为西方思想的语言学和符号学，其核心概念就是能指/所指的二元分裂，这说明了西方人的思维方式表现出一种感性思维和理性思维的分裂与融合的方式。

同中国古人一样，西方人也通过自己的眼睛看见大千世界的万般图景，但他们并不是直接模仿这种图景以抽象出相应的概念，而是赋予这种图景一种符号的含义。比如中国人按照羊头的形象造出“羊”这个字，而西方人的“goat”和羊的形象就没有任何关系了，它们之间只是一种纯粹偶然的连接。所以，对于西方人来说，他们一方面感性地（通过感官）接触客观世界，另一方面又是非常抽象地理性地思索这个客观世界，感性和理性在西方文明中一直处于一种交锋状态。理性随着启蒙运动和工业革命一度占据了支配性的地位，但感性从来就没有完全臣服过，因为归根到底，感官带来的感性

① 葛兆光：《中国思想史》（第一卷），复旦大学出版社 2001 年版，第 42 页。

是人与生俱来的，而理性是需要后天教化和习得的。对图像的态度尤其如此，其实“西方文明一开始就‘沾染’（stain）上了视觉和‘视觉中心主义’（ocularcentrism）的印记”[①]，因此“古希腊哲学时代以来，视觉在各种感觉中一直享有最高的殊荣。……视觉，除了为显示智力活动的高层结构提供比拟外，往往被当做各种感知的典范，并因而作为其他种种感觉的论衡标准”[②]。因为，无论理性怎么发达，感性直观尤其是视觉经验包括对所看到的东西的模仿和各种图景的感知，这些在人类所有的精神领域中都是非常重要的。

在西方，我们可以从“模仿”的理论看到这种视觉思想的内涵。模仿是对客观世界图景的模仿，从这个意义上说，脱离视觉体验的模仿是不存在的，不管我们采取哪一种艺术形式进行模仿——文字的、绘画的、音乐的，它们所谓的模仿的原本都可以最终还原为某种图像。所以模仿理论首先关心的是艺术创造的问题，但这一问题背后，它关心的是人类所创制的符号，尤其是各种艺术作品的真理性问题，即被模仿的图景和模仿出来的符号图景是否一致的问题。

比如柏拉图认为，人类所处的是三重世界：最真实、终极的世界是所谓的“理念的世界”，而艺术作品就是艺术家对这个理念世界的模仿。这种模仿出来的摹本是人们的眼睛看到的一种幻象，这种幻象和真实相连接，但不是真实，也就是说人只能尽可能地通过这一幻象达到真理，即理念的世界。而亚里士多德则更进一层，他直接把模仿和现实的客观世界联系了起来，他说，“悲剧是对一个完整而有一定长度的行动的模仿”，其实何止是悲剧，任何艺术乃至一切知识也都起源于模仿，这是人类的本能，也是人区别于动物的地方。他说：“我们看见那些图像所以感到快感，就因为我们一面在看，一面在求知，断定每一事物是某一事物。”[③]这种模仿观念，它关注的是人类的艺术如何保持其真理性的特点，如何再现真实的世界。

西方人对视觉形象的追求一直特别看重逼真性。这一点，前文已有论述（参见第29页两位画家比赛作品逼真的例子）。虽然说图像是人制造出来的，人们还是认为它是和真实的实在始终联系在一起的，并固执地相信——眼见为实，哪怕它实际上可能完全是假的。那么，图像在人的认知过程中就有一种非常迷人的蛊惑作用——用“似真”让人们以为它是真正的“真实”。于是，在人类历史发展过程中，始终有一股力量试图破除图像的这种神话。比如公元754年，在君士坦丁宗教会议上甚至通过了这样一个决议：“凡是用图形去表现基督和圣徒的人一律开除教籍。”因为，“基督在他光荣化的人身中，虽然不是无形体的，却提升到超越感性事物的一切局限和缺陷，所以，

---

① 〔斯洛文〕阿莱斯·艾尔雅维茨著，胡菊兰、张云鹏译：《图像时代》，吉林人民出版社2003年版，第21页。

② Hans Jonas, “The Phenomenon of life”, *Toward a Philosophical Biology*, New York: Harper & Row, 1966, P. 135.

③ Sean Cubitt, *Simulation and Social Theory*, London: Sage, 2001, P. 44.

决不能通过人的艺术，按照一般人身的类比，用形象把基督表现出来。”[①]这就是宗教历史上著名的“破坏偶像运动”，这个决议一直持续到9世纪中叶才失效。为什么会出现这样一个决议，就是因为教会害怕教堂里上帝、圣母、耶稣等雕像、画像会给人们以误读，让人们把这种虚假的偶像当成了上帝本身。这在教会眼里，是人们认知的错误，也是对神的亵渎，这种亵渎来自对真正神的误解。而造成这一切的原因就是图像的仿真性，人们对这种仿真性的信赖是人的一种本能，是无法通过教育和劝说来抵消的。

2. 模仿伦理学层面的意义

模仿可以给人带来价值观的实现和终极目标达成的快感，这同样也是后面将详细论述的人的审美愉悦所追求的最高目标。模仿的快感，一方面如亚里士多德所说，是认识到“某物是某物”即一种自我认识提升的快乐；另一方面，进行模仿的实践和观摩模仿物的过程还有一种“善”的指向，这使得人们在接受图像的形式的过程中，还会有一种道德层面的享受。比如，亚里士多德区别了三种不同的模仿方法：“照事情本来的样子去模仿，照事物为人们所说的样子去模仿，或是照事物应当有的样子去模仿。”[②]关于第一种模仿，是简单地模仿客观自然，如前所述，在这种模仿过程中，人们可以得到一种认识论意义上的满足和快乐；第二种模仿是模仿的神话传说；而第三种模仿是按照一种可能发生却未必发生的事情的状况和方式来模仿，这种事物是人类理想中的事物，它是人们所认为应该拥有的事物。所以，从这个意义上说，这种模仿本质上是一种对“善”的模仿。

囿于各种客观自然条件的限制，我们人类拥有的各种生活和事物是不尽如人意的，而且很多情况下根本无从改善，这就是人类在发展自身的过程中所面对的自然等因素的控制。但人类模仿、创制图像的活动却是不受限制的，人类的理想在现实中往往很难实现，但可以在自己的模仿作品中得到实现。比如19世纪法国画家皮埃尔·加伯尼的油画《春的节日》就描绘了这样一幅令人心醉神迷的场景：“大地慷慨地献出礼贡，猛兽和平地从危崖荒漠中走来，酒神的战车装饰着百卉花环，虎豹在它的轭下驱驰。”而这意味着什么呢？这意味着“任何人，包括奴隶也成为自由人，专横的礼教，可耻的习俗，在人与人之间树立的顽强敌对的樊篱蓦然被推倒；此时，在世界大同的福音中，人不但感到自己与邻人团结了，和解了，融洽了，而且是万众一心……”[③]我们知道，其实大同世界不存在，而且在历史上从来就没有存在过，但在加伯尼的这幅绘画中却能通过色彩、造型、明暗对比等而被制造出来，在接受这样的图像信息的时候，

① 朱光潜：《西方美学史》（上卷），人民文学出版社1979年版，第127页。
② 同上书，第74页。
③ 〔美〕布赖恩·雷诺著，韩泰伦译：《福柯十讲》，大众文艺出版社2004年版，第42页。

人们能够感受到的是一种乌托邦已经实现的欢欣和愉悦。时至今日，在人类创造的所有视觉媒体当中，无论是在影视，还是在摄影和电脑多媒体中，我们都能够轻易地找到现实生活中不存在的，但是寄托着人们理想的视觉形象。

3. 图像传播具有美学功能

图像直接诉诸人们的视觉感官，直接引发人们的感性波动，这种波动从某种意义上说是不受理智、信仰等因素控制的，这是一种生命的直觉，它体现了一种人在接受信息过程中的美学指向。

如果按照美学之父鲍姆加通关于美学的定义——“美学的对象就是感性认识的完善”，那么人们循着快感去进行各种符号的创作就是模仿的美学含义，正如贝拉·巴拉杰所说的那样：“视觉性的人类体态并不传达概念，概念用词汇就能表达。体态所要表达的，是内在经验，是能用语言表达的内容全部表述之后仍然余留下来的、非理性的情动。这种情动存在于灵魂的最深处，是仅作为概念的单向折射的词汇无法接近的。它恰好与音乐的体验在被理性化之后的概念中无从表现一样。脸部和脸部表情之中所显现的，是精神性的经验，它不以词汇为媒介而直接诉诸视觉。”①在此，巴拉杰用三种媒介的相互比较阐释了图像的这一特性，即视觉形象是和概念无关的，因此是和抽象思维无关的，它是感性的，直接诉诸人们的感官和灵魂的，这将首先唤起人们“快乐”或者“不快乐”的感知，而所有的认识论意义上的正确与错误，伦理学上的善与恶的认知都是在事先被唤起的这种“快乐”或者“不快乐”的情绪支配下进行的。所以，在视觉图像的世界中，感觉是第一位的。所以，巴拉杰用色彩为例作出了这样的阐释：“总的来说，色彩直接触及灵魂”，他还把人的灵魂比喻成一架钢琴：“色彩是键盘，眼是琴锤，灵魂是一架有许多弦的钢琴；艺术家是弹奏者，在以弹奏键为目的的同时，又要唤起灵魂中的震动。”②从这个意义上说，包括电视在内的所有图像传播都首先是一种感性的传播，它首先引发的是一种理性无法控制的心灵震撼。那么，思索感性的奥秘是理解图像传播魅力的核心所在。

第二节　流动图像的叙事与抒情

如前所述，因为对图像的感知可以被化解成人类生活中最终极的力量，它可以涵盖人类认识、伦理和审美的所有领域，因此在漫长的人类社会发展过程中，人类一直有

---

① 〔日〕中川作一著，许平译：《视觉艺术的社会心理》，上海人民美术出版社 1991 年版，第 176 页。
② 同上书。

一种不断发展自己制造和传播图像的能力的冲动，这里面就有一条非常典型的技术主义的线索，即绘画→摄影→电影→电视→电脑多媒体等技术的前后传承。这条线索内部隐含着一条发展逻辑：图像对现实的真实模仿和复制，即图像的表达和现实生活中的实际对应物越来越一致，这也是人们在发展图像技术时候的一个突出追求。但这种一致性蕴含着两个层面的内容：一是视觉技术对客观现实世界的真实模仿和记录，这个过程是追求一种画面和真实事物外观的逼真；二是人类所创制的画面对自身精神世界的模仿和记录，这同样追求一种真实性和逼真性。前者典型的文本是纪实摄影、电影纪录片、电视新闻等，而后者则是表现主义电影、现代主义绘画等。也就是说，前者是人们通过视觉技术模仿现实生活中真实发生的事情和真实存在的物品，而后者是模仿人类脑海中出现的想象的甚至是幻象的景观，这些景观往往是由相应的情绪引起的，观者在观看这些图像的时候最先被激发的也是相应的情绪。所以，图像从整体来看，它有两方面的功能：一是表意和叙事，即前面论述的图像的认识论的功能；二是抒情，也就是前面所说的美学功能，单独的画面如此，流动的画面也是这样。

从电影开始，人类已经能够创制流动的画面，这具有一种革命性的意义。因为在人们眼中，现实生活是一个活动的流动的过程，反映在人们的大脑中，人们头脑中所产生的幻象同样也是连续的。静止的画面，如摄影、绘画这些媒介只能截取现实生活中的一个片段，人们必须用大脑去完形这些画面所反映出的真实生活过程，这样，画面其实与真实生活隔了一层，人必须动用自己的思维才能完成这种转换。而流动的画面恰恰是对生活场景全息复制，现实和符号之间可以完美地合一而不隔任何东西。那么，流动的画面如何将活生生的现实复制传播并表情达意呢？这是本节要讨论的主要问题。

同样用流动的画面来叙事和抒情，电影的运用比电视要早得多，而且二者的原理基本一致，所以对这个问题我们先从电影开始谈起。

邵牧君将西方电影史划分为两大传统：写实主义传统和技术主义传统。写实主义传统的奠基人是卢米埃尔兄弟，他们的电影描绘的都是现实生活中的场景，比如火车进站、工厂放工、园丁浇水等，他们的电影是将现实生活中的真实场景用摄影机记录下来，追求的是那种画面和现实一模一样的真实。这种电影也确实达到了这样的效果，比如当时《火车进站》这部纪实短片放映的时候，很多观众看到火车从银幕上呼啸而来不禁惊呼躲藏，他们是将画面的真实和现实中的真实混淆了。技术主义传统的奠基人是爱迪生，他的摄影机对准的是动物表演、歌舞演出、拳击比赛等，为了拍这些影片，演员被专门请到摄影棚里进行镜头前的表演。[①] 这两大传统表征了流动画面叙事的两种基本模式，即纪实的模式和技巧的模式。这两种模式若运用得好，都具有非常强大

① 邵牧君：《西方电影史概论》，中国电影出版社1984年版，第10～11页。

的表意功能，也都会给观众视觉以强烈的刺激和心灵的震撼。

所谓纪实的模式是将现实生活中的场景尽量完整客观地记录下来，这种记录将保持生活的原貌，即观众看影视作品就像看现实生活中发生的事情一样。而技术的模式是利用画面制作和编辑的技术和技巧，将不同的画面按照生活的逻辑串联起来，由于这些画面是按照生活的逻辑被剪辑到一起的，所以观众可以按照自己的思维习惯读解出这些画面所要表达出的含义。前者的核心在于尽可能完整地复制真实世界的景观，而后者的关键在于找到准确合理地制作和串联相应画面的技巧和技术。那么在读解这些画面的过程中，观众就能获得认知的、伦理的和审美的愉悦。

一、流动画面的叙事之一：长镜头

所谓的长镜头——long shot，就是指在时空上不间断的流动画面的描绘或者叙事，让观众获得一种统一的整体的时空印象。这是纪实性画面叙事的一个基本手段。我们知道，和摄影手段相同的是，电影是用电子手段记录画面，和摄影不相同的是，电影所记录的是流动的画面。所以，很多电影理论家把电影看成是摄影技术和艺术的延伸，比如著名的电影理论家安德烈·巴赞。

巴赞认为，电影在物像及其复制品之间“只存在一个无生命的、代理人的工具性”。所以，电影的画面是“没有人的创造性干预下自动形成的”“所有的艺术都是以人的存在为基础的，只有照相是得益于人的不存在”[①]，也就是说，画面的本性在于它能够完整、客观、真实地记录现实。这就是巴赞著名的照相本体论的观点。所以，在画面摄制的技巧方面，巴赞特别偏爱长镜头。在他眼中，长镜头的魅力就像他评价电影大师雷诺阿一样：“它能让人明白一切，而不必把世界劈成一堆碎片，它能揭示出隐藏在人和事物之内的含义，而不打乱人和事物原有的统一性。”

所以，诸如巴赞等坚持纪实是电影本性的大师们都特别偏爱长镜头，因为长镜头是最能完整地记录客观真实的动态画面的拍摄手法。更重要的是，长镜头是影视画面纪实功能最有力的一个证明，它让观众真实地看到一个事情发生的每一个过程，甚至每一个细节。这种完整性具有无与伦比的说服力。比如在美国纪录片大师符拉哈迪里程碑式的纪录片《北方的那努克》中有一个著名的长镜头，爱斯基摩人那努克在海洋冰面上拖出了一头海豹，整个镜头从那努克发现海豹开始，完整地记录了他和海豹搏斗的全过程，让观众似乎在现场般亲身经历了这个艰难的捕杀海豹的过程，其真实性在普通观众看来是不容置疑的。再比如在英国纪录片《鹫鹰不飞的时候》中有一段小孩遇狮子的镜头也是用长镜头表现的。一对年轻的夫妇带着自己的孩子在南非拓展动物保护区，因此住在野外。有一天孩子没有告诉父母独自外出，正好碰到一只被母

---

① 邵牧君：《西方电影史概论》，中国电影出版社1984年版，第78页。

狮子偶尔放在草丛中的幼狮，孩子不知厉害，竟然上前把幼狮抱了起来。此时，母狮可能感觉到了什么，它跑了回来并循着孩子的踪迹追踪下来，而孩子依旧浑然不觉。孩子的父母见状大惊，因为他们知道母狮子随时有可能扑向孩子。此时，摄影师用了一个全景把孩子、父母和狮子一起摄入到一个画面中，父母小心地呼唤自己的孩子让他慢慢把小狮子放下，并且不慌不忙地慢慢走过来，母狮子也过来叼走了小狮子，一个长镜头一气呵成，画面进行到最后，应该是一种观众、摄影师和父母都舒了一口气的感觉。

巴赞对这个镜头做了一个非常精辟的解读，他认为这段画面的叙事如果不用一个长镜头而用不同画面的组接来完成，那么，这个镜头就只有叙事价值而没有真实性的价值了。所以长镜头的最大价值在于它的时空统一的真实性。那么，长镜头的这种纪实效果使得它在纪实题材的影视作品中被用得非常普遍，电视媒介崛起以后，在电视新闻、电视纪录片当中更是司空见惯。在一些重大事件面前，电视新闻的摄影师都非常重视发挥长镜头的这一优势。在一些可预见的重大历史事件发生之前，往往都会在合适的地方架设固定的摄像机机位，为的就是在事情发生之时，能够完整不间断地记录整个事件发生的过程。典型的如对重大体育比赛的报道。德国著名纪录片女导演莱妮·里芬斯塔尔在拍摄 1936 年柏林奥运会的时候就已经普遍地采用了这种方法，比如她在跳远比赛的沙坑旁边会再挖掘一个坑，摄影师和摄像机都事先放置在坑里，这样镜头的视线沿着跑道延伸，跳远运动员从起跑到跃入沙坑可以被不间断地摄入镜头中。如今，在重大体育比赛的赛场上，我们会看到，在跑道尽头、跳高的横杆旁边、泳池的上方、紧挨着足球球门的某一个角落，都会安置固定的摄像机，这些机器要抓拍的是短跑运动员从起跑到冲刺的全过程，跳高运动员起跑—起跳—落地的全过程，游泳运动员从跳水到接触到目的地的全过程，足球运动员通过怎样的盘带、过人最终把足球送入球门的全过程，而且这些摄像机往往都是采取一种全景式的拍摄方法。对于观众来说，某些精彩的特写镜头也非常吸引人，但对于一个新闻现场而言，全景式的、对新闻发展过程不间断的了解是绝对不可或缺的，从这个意义上说，长镜头是电视新闻真实性的一个表征。所以，在电视新闻的一些关键段落我们会经常看到长镜头的出现。比如央视的《新闻调查》栏目曾经播出了某城市一些色情声讯台如何戕害青少年心灵的报道，在报道警察查抄这些声讯台并抓捕主要人犯的时候，摄影师扛着摄像机一直跟在抓捕警察的身后，从敲门到破门而入再到抓捕人犯，查抄犯罪证据，整个镜头连续而不间断，这样一个镜头完整记录了整个查抄抓捕过程，尽管镜头的质量不是很高，如摇晃、画面中心模糊等，但这种纪实性的冲击力给了观众以极强的现场感和震撼。对这个事件的叙事，如果不用长镜头，而用不同画面的组接，即蒙太奇来完成，当然也可以把事情说清楚，但纪实效果显然要差很多，真实性也会打折扣。[1] 所以，倘若将著名摄影记者罗伯特·卡帕的名言“如果你照片拍得不够好，那是因为你靠得不够近”套用到电视新闻记者或者纪录片工作者身上也是同样适用的，不过应该加一条，即不仅仅是靠得不够近，而且是“开机的时间不够长，拍摄得不够连续”，即没有抓到准确的能反映客观现实进程的长镜头。重大的新闻事实如果用一些碎镜头组接叙事，从某种意义上说，那就是巴赞所说的“只有叙事意义，而没有纪实意义”了。

长镜头的这样一种完全客观记录的纪实作用，有的时候甚至会超出新闻制作者的意图之外，这涉及传播的控制问题。尤其是在当代电视直播一些突发新闻事件的时候，由于不能中断播出进行事后剪辑，所以，一旦准备不充分就会出现新闻现场报道失控的局面。1997年香港回归祖国，中央电视台进行了大规模的回归活动现场直播，在这样的历史时刻，长镜头自然是要被大量运用，因为除此以外电视无法真实地见证这样一个重要的历史时刻。因此央视事先做了大量准备，在一些重要的新闻事件发生的现场事先架设了不同机位的摄像机，比如：港督府——末代港督彭定康将在此举行告别仪式，添马舰码头——查尔斯王子和港督将从此地离开香港。将这些地方发生的事实拍摄成的画面无疑都具有非常重要的历史价值。毫无疑问这些画面应该是连续的、完整的，这样才能真实地见证那样一个历史时刻。但是，当这些镜头中出现了一些出乎节目创作者意料之外的内容时候，对于报道者来说，就有些尴尬。比如，由于准备不充分，当时港督府的现场主持人并不知道以往每一届港督在离任仪式上都是坐车绕花园两周，于是就出现了这样的情况：以为彭定康上车一定是离开港督府的，于是主持人说：“观众们，现在彭定康要离开总督府了。”但车子并未出来，而是开始绕圈。主持人也很机智，马上补充说道：“他没有出来，而是围绕着总督府的大楼转圈。汽车是可以转圈的，而历史的车轮是不会倒转的。”但当汽车转到大门的时候，主持人以为这次肯定该出门了，于是又说“彭定康的车队要离开了”。但是车队还要绕场一周，这下主持人没话说了，只好把刚才“历史车轮不会倒转”的话又说了一遍，这就显得有点滑稽了。[2] 当然，现场直播是电视新闻报道的一种非常状态，纪实的过程具有某种不可控性，但长镜头的纪实力量也在此显露无遗。不管事情的发展是否在传播者的控制之下，事实就是事实，会被毫不留情地展示出来。所以，在经历了数次直播以后，资深电视人孙玉胜深感这种机位不动的长镜头是最难控制的，因为纪实下来的镜头有的时候会和事先确定好的传播目标相悖，所以弄不好会导致整个直播过程失控，而解决这种

---

① 值得注意的是，对于不同的叙事画面的类型，声音系统所起的作用也是不一样的。对于长镜头来说，由于它是真实记录现实的流动过程，所以真实环境中的声音往往也被同步录制，画面主体就是声音的发声体，那么在长镜头中，同期声是常见的；而蒙太奇，即不同画面的组接，它是片段的画面遵循现实生活中叙事的逻辑的串联而不是完全复制事情发展的流程，所以往往需要语言声音来解释，对于这样一种画面类型，画外音的配合是常见的。

② 朱羽君、殷乐：《生活的重构——新时期电视纪实语言》，北京广播学院出版社1998年版，第127页。

失控的补救办法就是插入演播室主持人的镜头，由主持人转移别的话题，中断和岔开长镜头的直播进程，从这个意义上说，是把长镜头变成蒙太奇。所以他从完成直播任务的角度提出了这样的观点："大型直播报道毕竟不是专题片和新闻播报，二者最大的区别是大型直播报道的不确定性。……为了确保这些不确定因素能得到及时处理，保证播出的连续性和安全性，就必须有一个环节对所有的节目资源进行总体控制和调度，这就是演播室和演播室主持人。所以，对于大型直播节目来说，演播室不仅仅是串场和解说，还必须有灵活性、机动性和调节功能。如果说现场事件直播和预先制作好的专题片等内容在时间上是一个定量，演播室则应是一个变量，演播室必须有弹性，否则就失去了意义。只有赋予主持人这种功能，他们才能在演播室里从容应对各种不确定因素。"[①]如果从电视视听语言的角度来分析这段话是非常意味深长的，这里面其实蕴含着这样一个矛盾，即客观现实的真实发展过程和电视媒体想要传播的内容在很大程度上是不一致的，所以，仅仅用长镜头来进行客观记录将会违背电视制作者的传播意图，此时，电视人就要对事件的发展进程进行干预。就像孙玉胜构想的那样，主持人和演播室将作为另一套画面系统干涉电视直播记录的过程，这样，长镜头将被打散，但电视记录和传播的意图则能得到很好地贯彻。但这个时候，直播貌似在记录，其实是在叙事了。这里涉及对电视传播的控制问题，在后面的章节将有详细的论述。

长镜头坚守的是一种时空的统一，尽管这种统一是一种视听语言即符号的统一而非真实世界的统一。对长镜头的追求和信赖体现了人们"直接把握生活和现实实在的永恒追求"[②]。如前所述，画面的传播和接受具有强烈的认识论的功能，人通过画面可以认知客观世界，并以为就此可以接近和认知真理。所以，人的认知往往会指向一种统一性和整体性，即他们追求的是事物发展的全貌，正如卢卡奇所说的那样："当胶片逐渐展开，使影片贴近日常生活的视觉听觉时，恰恰侧重于这种可信性。因为，我们在日常生活中永远体验到的现实事物确实是实际的直接存在，即我们可以对其表示随意性的（积极或消极的）情感和态度，但是它的现实存在却完全不以我们的思想、情感和追求为转移。"也就是说，我们通过画面来把握现实，当然希望这种把握是全面的、完整的，长镜头是这种全面、完整的表现形式之一，用哲学的语言说，这符合人们的一种对总体性的追求。这也是长镜头的美学基础。

二、流动画面的叙事之二：叙事蒙太奇

蒙太奇——法语 Montage 的原初意思是剪辑，是指导演把影片中不需要的镜头给剪去，使得影片更加凝练、戏剧化，故事感更强。随着蒙太奇内涵的不断丰富，它的

---

① 孙玉胜：《十年——从改变电视的语态开始》，生活·读书·新知三联书店 2003 年版，第 250 页。

② 〔苏〕叶·魏茨曼著，崔君衍译：《电影哲学概说》，中国电影出版社 2000 年版，第 107 页。

意义发展成通过剪辑使上下镜头之间产生导演所期望的关系和新的意义。在电影的技术主义传统中，蒙太奇的意义是非常鲜明的。早期电影技术主义的先驱们尽管不知道蒙太奇的概念，但当他们进行电影叙事的时候，蒙太奇的意识却是自然流露出来的。比如大卫·格理菲斯，在传世名作《一个国家的诞生》和《党同伐异》里，他都不自觉地运用了蒙太奇的手法，他创造的"最后一分钟营救"就是典型叙事蒙太奇之一的平行蒙太奇。从某种意义上说，没有蒙太奇，就没有影视叙事。原因很简单，尽管长镜头也可以叙事，但是长镜头在叙事过程中坚守时空统一，注定了长镜头只能摄录有限的一定时间和空间内的影像，而超越了这个时空的事情长镜头是无能为力的。所以，若想有更加宏大的叙事，就必须将不同时空的画面组接在一起，让观众用自己的思维将这些画面之间产生意义，从而完成一个更大范围内的叙事过程。所以，相对于长镜头，叙事蒙太奇使用得更为普遍。

一个成功的叙事蒙太奇关键是要通过画面的组接把一个事情说清楚，即观众可以通过观看这些画面的前后连接解读出它们之间的含义和逻辑关系，所以叙事蒙太奇的组接不是画面的随意拼贴，而是要遵循一定的原则。这种原则就是人们所公认的、可以理解的生活的逻辑。在人们的现实生活中，我们的眼睛看到的景物其实也可以理解成为一幅幅的画面，我们经历的生活过程也就是由这一幅幅的画面构成。生活的进程是遵循一定的逻辑的。比如，它遵循一定的时间的逻辑，时间是单向度的、向前进行着的，人们总是先经历早晨，再到中午，最后进入夜晚，第二天也是周而复始，一个人总是由童年、少年，再到青年，最后进入老年。那么，如果一组画面中一个人的背景是日出——阳光照耀下的时钟指向12点——有月亮的夜空，那么我们就知道这个人在经历一天的时光流逝，尽管我们没有看到这个人一天之中每一分钟都在干什么；同样如果我们将同一个人的童年、少年、青年和老年的图像顺序排列剪接，那么观众无需看到这个人一生中的每一个片段，就能知道这组画面在描述这个人的一生。再比如因果逻辑——事情的结果总是发生在原因之后。比如，当我们听到一个声音的时候（结果），会下意识地去找寻发声的源头（行动），然后认出这个声源是什么（原因），那么观众可以理解的画面就必然是这样：一个人听到某一声响——抬头眼睛搜寻——某发声体，这样，结果承接原因，那这个叙事就很明白。还有一些生活习惯的逻辑，比如人早晨的活动顺序是起床、铺床、洗漱、吃早餐、上班或上学，那么我们用影视画面来表现人们早晨活动的时候就要按照这个次序来，如果打乱了其中的次序，比如吃早餐跑到洗漱之前了，观众就会觉得奇怪，看不懂了。

如果说，长镜头起到的认识论作用是告诉观众"某物是某物"的话，那么蒙太奇的认识论作用往往是一种暗示和激励作用，即它暗示并刺激观众通过蒙太奇有限的画面组接进而在大脑中串起整个事情的发展过程。它不像长镜头那样是做一种全景式的展示，而是用一些关键的片段，即典型镜头让观众在脑海中完形出整个事件的全过程，这正是爱森斯坦的观点，即“在电影创作的过程中，存在着动态性。理想的形象不是给定的，而是产生和形成的，而且在创造性的形成过程中包括观众的情感和理智”。[①] 因此，无论是创作者还是接受者，叙事蒙太奇都需要一个“先验结构”，即制作者和观众都事先认同某一种叙事逻辑，这样大家同处于一个文化背景下，“人同此人，心同此理”，才能共同理解某一段叙事蒙太奇的含义。这也就是施拉姆所说的一个传播活动如果要能顺利地进行，那么传播者和接受者之间必须有一个共同的“认知域”，这样，双方才有交流和沟通的基础。所以，叙事蒙太奇的最终含义是制作者和观众共同完成的，观众必须要调动自己的主观思维读解画面之间的含义和联系，这样才能最终理解叙事蒙太奇的意义。

从这个意义上说，叙事蒙太奇是对现实生活的一种重构，它不是对现实生活进行客观的记录，相反，它是按照创作者的主观意图把他认为重要的画面给截取下来，然后按照一定的时空逻辑剪辑在一起。哪个画面是重要的，这些画面之间是什么样的联系，这些都是事先就已经确定好了的。如果说，长镜头因为纯粹的客观纪实性使得它的叙事发展有的时候甚至会超出创作者的控制，那么叙事蒙太奇则可能走向另一个极端，它完全可以通过叙事的技巧达成传播者的意图，这种意图有的时候甚至是和真实发生的事情相悖的。所以，用蒙太奇造假是很容易的事情。比如用滔滔长江的镜头接上太湖上一条船的镜头，观众就会以为这条船行驶在长江上；用上海南京路上的全景镜头接上一个人在北京王府井大街上行走的中景镜头，观众就会误认为这个人行走在南京路上。从这个意义上说，叙事蒙太奇的意义虽然也像长镜头一样包括真实、客观地记录现实流动的过程，但是更重要的是，叙事蒙太奇应当达到一种本质的真实。或者可以这么说，长镜头是将真实展示出来给人看，而叙事蒙太奇是将真实的过程描述出来给人自己领悟。所以，面对蒙太奇，巴赞、克拉考尔等人所谓“电影眼睛”的理论阐释就有些力不从心了。

电影不单纯是人的眼睛的延伸，而是人的眼睛对客观事实的再创造。因为“形象和对形象的感知是形成的和生成的，电影现象的主要特点在于‘符合’从‘生动直观’到‘抽象思索’，从直接性到概括结论的思维运动……”[②]注意，爱森斯坦这个观点揭示出电影是一种“思维的运动”，也就是说，电影的本性是和人的精神生活相关的，而绝不只是和客观事实相关的，更不仅仅只是人的主观意识和客观世界之间的一个媒介通道。其实，即便是把电影仅仅当成人的眼睛的延伸，这里面主观性的存在也是显而易见的，因为人的眼睛就带有相当的个人情感的色彩。以长镜头为例，我们可以提出这样的疑问：为什么我们要把“延伸的眼睛”即摄像机的镜头对准这个事物而不是对准那个事

---

① 〔苏〕叶·魏茨曼著，崔君衍译：《电影哲学概说》，中国电影出版社 2000 年版，第 178 页。
② 〔苏〕叶·魏茨曼著，崔君衍译：《电影哲学概说》，中国电影出版社 2000 年版，第 180 页。

物，为什么我们要对这个人进行跟拍而不是对那个人进行跟拍，为什么这个长镜头的拍摄时间长度是15分钟而不是20分钟，为什么在场面调度[①]过程中镜头是从右摇向左而不是从左摇向右（这将形成不同的因果逻辑的暗示）。这些措施都是在长镜头拍摄以前就已经预先确定好了的，那么预先确定的标准是什么呢？当然是人的主观性了，当然是创作者的主体思维意识了。

在此，我们不得不再回到卢卡奇的总体性观点。前面我们提到过，长镜头真实、客观全景式的对现实的记录符合人们对客观事物总体的、统一的把握意图，通过这种把握，人们会形成对世界、历史乃至宇宙的一个整体看法，这种对总体性的追求是人们思维的一种必然。但是，从实际情况来看，长镜头虽有一定的表达总体性的能力，但很多地方往往是力不从心的，既然它要连续地坚守时空的统一，这必然是一种有限的统一，因为任何一部影视作品都是有时间长度限制的，任何镜头的视角概括力也是有限的。如果要用画面表达更大规模的总体性，那将非蒙太奇莫属。因为，真正的总体性并不是我们人的眼睛所能看到的景观，而是存在于我们思想观念中的一种精神的、逻辑的力量。比如，卢卡奇认为，资本主义社会看似四分五裂了，不同的部门、不同的群体、不同的价值观念和思维方式看似以一种“剪接拼贴”的方式组合在一起；但实际上，其总体性却越来越强，即这些社会的部门和碎片是被资本主义用自己独特的力量整合在一起的。这一方面是经济和市场的力量，就像马克思所说“任何社会的生产关系都组成了一个整体”；另一方面是意识形态的力量，比如随着经济的扩张，世界市场的形成，文化霸权扩张到世界上的各个角落。因此，所谓的碎片不过是大的资本主义机器系统中的一个行之有效的零件而已。[②] 在这种情况下，艺术就不能单纯地表达碎片，而应当表达碎片背后的总体性。因为“艺术和现实的关系是一种基于模仿基础上的能动反映论的关系，艺术所以有存在的必要和理由，是因为它可以正确反映这个时代的总体性”[③]。

电影艺术同样如此。电影的画面表达和叙事绝不仅仅只能停留在记录现实一段时空的内容，而是要追求反映现实生活的总体性，即它的内在逻辑和终极本质。这不仅仅是影视工作者的责任和良心，而且同时也是观众对电影叙事表达的先验追求，即观众相信编导们不会无缘无故地将一些画面组接在一起，这种组接一定有编导的深意蕴含其中，这种深意表达的则是生活中内涵的东西，即在电影零散的画面背后所表现出来的却是现实生活的内在规律，所以电影的力量其实表现出来的是一种综合的力

---

① 场面调度，刚开始的时候是一个戏剧学的概念，是指导演对一个场景内演员的行动路线、地位和演员之间的交流等活动进行艺术性处理。后被借用到影视艺术中来，指导演对画框内事物的安排，它们是导演引导观众从不同的角度不同的距离去观察屏幕上的活动，它包含演员调度和镜头调度两个层次。

② 卢卡契（即卢卡奇）：《卢卡契文学论文集》（第2卷），中国社会科学出版社1981年版，第4页。

③ 周宪：《20世纪西方美学》，南京大学出版社1997年版，第81页。

量:“综合是艺术手段的统一,艺术手段则应当表现世界矛盾的统一。同时,综合不是‘旧有’的艺术的杂合,不是各门艺术给新缪斯的赠礼,而是用完整和谐的具体个性与丰富的精神关系代替分散(抽象)个体的‘破碎’的意识需要。”[①]对于影视作品来说,画面是片段的、零碎的,但是它们之间的组接却是完整的、统一的。类似的思想出现在德国著名思想大师本雅明的著作中,他认为,诸如卓别林的电影——《城市之光》一类,具有一种鲜明的革命性的作用,因为这类电影揭示了资本主义的本质,即资本家剥削工人及其这种剥削带来的相应的双方的生活状态。看了这类电影,就能了解什么叫资本主义,用片段的画面表达这种理念的东西,才是电影的本性。所以,如前所述,卢卡奇关于电影画面的“两重摹写”描述电影记录现实的两重真实:第一重真实是画面记录的现实生活中表象的真实,第二重真实是流动的画面以及画面与画面之间的关系所蕴含的一种现实生活逻辑的真实,这个第二重真实就是影视画面所反映出来的现实生活的总体性。

按理说,电视的流动画面应该具备和电影同样的特性,即电视画面的叙事也应该表达现实生活中逻辑的总体性。但总的来看,电视在这方面的表现远不如电影。因为对于观众来说,看电影是个仪式化的行为,一部电影就是一个完整的故事;而看电视则是一个日常化的行为,在与看电视相同的时间段内,观众看到的是一系列的电视节目。完整的故事表达总体性,或者说至少表达总体性的一部分是容易的,而若干个电视栏目之间要体现出一定的总体性意义那就比较困难了,因为不同的电视栏目秉承的理念不同,它们所表达的日常生活的逻辑是完全可能不一样的。正如美国著名的媒体研究者尼尔·波兹曼所说:“曾经有人问马歇尔·麦克卢汉,为什么电视新闻总是报道坏消息。他回答说并非如此:电视广告是好消息。”[②]的确,在一个小时的电视中,观众可能看到新闻——按照宣传逻辑,看到广告——按照商业逻辑,看到法制专题——按照伦理逻辑,看到电视剧——按照煽情逻辑,看到综艺节目——按照快乐逻辑,这些不同理念背景下的节目杂然纷呈。但是观众作为人,他还是会去努力将这些彼此不相干甚至相互矛盾的画面图景整合起来,即人总是具有一种“追求总体性”的冲动,当然这种整合难度比较大,可能完全是一种碎片性的整合,而真正的总体性往往会被遮蔽。所以,电视的世界往往是一种幻觉的世界。这个命题将在本书后面的章节中不断被体现。

三、流动的画面说理的可能:关于理性蒙太奇

画面叙事到一定程度之后,即当画面表达现实中那种“总体性”的真实到达一定程度之后,画面有可能超越叙事的层面而进入理念的层面。这个命题就是:画面是否有

---

① 〔苏〕叶·魏茨曼著,崔君衍译:《电影哲学概说》,中国电影出版社2000年版,第163页。

② 〔美〕尼尔·波兹曼著,吴燕莛译:《童年的消逝》,广西师范大学出版社2004年版,第137页。

能力说道理。

如前所述，画面是感性的、直观的，是直接诉诸感觉的，因此往往它只描摹世界的表象。从这个意义上看，画面难逃肤浅之嫌。这是电影，尤其是后来发展起来的电视媒体最为人诟病的一方面。但是，情况并非完全如此，画面不仅仅有一种记录、描绘的功能，它还可以通过流动画面的前后承接展示生活的逻辑，即总体性。

这个过程当然不是对道理的直接阐述，比如像语言、文字那样用抽象的概念来表达理论。这种理论的阐述是要靠镜头形象来完成的。正如爱森斯坦所说的那样："你不是靠推理来安排思想，而是用镜头和结构步骤展开思想……艺术家直接运用自己的手段和材料进行思考。他的思想化为直接的动作，不是公式化的动作，而是形式化的动作"，所以，与其说画面所要表达的道理是一种理念的本身，不如说是建立一种理念的视觉形象。而这个形象最典型的就是爱森斯坦所发明的"理性蒙太奇"。

理性蒙太奇，顾名思义，是要用流动画面组接的方法表达理性、讲道理。也就是爱森斯坦所说的："不仅感性现象可以直接展现在银幕上，抽象概念、按照逻辑表述的论题合理性现象也可以直接搬上银幕"，不仅可以有从感情上打动人心的"杂耍蒙太奇"，也可以有"理性的杂耍"。① 从这个意义上看，说通过画面来表达人类社会的总体性和表达理念是人与生俱来的本性一点都不过分。因为，这样的探索在电影刚刚诞生的时候就已经开始了，而且是一个很大的手笔，这就是大卫·格理菲斯的巨片《党同伐异》。这部被称为"照耀人类各个时代的太阳剧"的电影就是运用各种蒙太奇的方法揭示这样一个道理："爱、仁慈反对仇恨、不宽容的斗争是贯穿于各个时代的。"整部电影由四个故事构成，每个故事在相互切换的时候都会穿插一个母亲摇摇篮的全景，这个镜头第一次出现的时候，字幕上打出的是惠特曼的诗句："今天如同昨天，循环无穷。摇篮摇动着，为人类带来同样的激情，同样的忧乐悲欢。"使用这句话导演是想表达人类社会的连续性以及岁月悠悠。因为这四个故事虽然表达的都是"党同伐异"的意思，但却是发生在人类历史上不同的时代。② 这部电影虽然在票房和艺术探索两方面都遭到了失败，但失败的原因恰恰是它的价值所在，即"理念先行"。格理菲斯把人类历史上的战争、仇恨和苦难等元素都归结于"党同伐异"这样一个抽象概念，这显然太单薄了。但是人类对这种画面说理能力的巨大信心却保留了下来。爱森斯坦对这个命题非常感兴趣，而且做了很多的实践和探索。在电影《战舰波将金号》里，爱森斯坦创造了一个著名的隐喻蒙太奇：战舰向反动军队开炮的时候，接连出现了从不同角度拍摄的三个不同姿态的石狮子的镜头，给人感觉是这头石狮子怒吼着跳了起来。对于这组画面所隐喻的道理，一直有两种不同的说法：一是认为这说明了反动分子穷凶极恶，才会在

---

① 〔苏〕叶·魏茨曼著，崔君衍译：《电影哲学概说》，中国电影出版社2000年版，第167页。

② 郑雪来主编：《世界电影鉴赏辞典》，福建教育出版社1993年版，第4～5页。

人民的力量面前暴跳如雷；二是认为这组镜头象征着人民力量的觉醒。爱森斯坦对用画面说理是如此着迷，以至于他甚至有一个宏大的计划：把马克思的《资本论》搬上银幕。这表明他并不满足于用画面来论证一些简单的道理，而是想用画面表现更为宏大的真理和更深邃的理念。在爱森斯坦的关于这部未完成的电影札记——《未完成的构思——〈资本论〉》[①]中记载了他关于这个问题的一些非常有意思的思考。在他看来，《资本论》是一篇电影论文。这是一篇特殊的论文，包括两方面的内容：因为是论文，所以它的情节必须要有“辩证的逻辑性”；因为是电影，所以还必须具有“某个动作的司空见惯的推进线索为基础的情节”。所有的这一切都要通过一系列的视觉形象来表现，因此笔记中有许多20世纪20年代的社会生活细节：“木偶戏，反对俄国十月革命的巴黎看门妇（因为她是沙皇债券的持有者），上海的有轨电车和卧轨的一千多名饥肠辘辘的苦力（代替捣毁机器运动），正在玩橄榄球的牛津大学毕业生……”之所以要收集这么多的细节，是因为这部电影论文的论证方法是用画面“讲故事”：“在影片中应当有几个‘historiettes’（小故事）。可以明显看出拍摄几个独立部分的意图，每一部分都以小故事为基础构成，各部分之和便是对历史辩证法的直观讲授，最后一部分应该超越‘小故事’的界限，对历史本身进行演绎。”[②]这里可以看出来，爱森斯坦的这个构思和格理菲斯的《党同伐异》有异曲同工之处，都是要通过画面来讲故事，通过讲故事来表达道理乃至真理。这部电影最终没有成形，原因是多元的，但根本的有一条，那就是用电影这样一种声画艺术来讲道理实在是力不从心，因为从人类的思维习惯来看，道理不是这么能讲出来的。

讲道理必然要用概念来作为工具，而概念必然是文字的产物。这是因为道理既然成为道理，那就说明它具有一定的普遍意义，它是从相当多的现象当中归纳出来的具有本质意义的东西，逻辑学中那些通过归纳法、演绎法所得出的结论是最纯粹的道理。所以，道理反映的是原则、规律、本质，一个道理一旦形成，它的表现将与具体的现象和事物无涉。从这个意义上说，道理是人们认识客观世界的高级产物，是由人特有的抽象思维所熔铸的，而这种思维的通道就是文字。我们只能用文字符号来说清楚理念、规律、逻辑等一系列的因素。但凡是画面，其表现就无法脱离具体的形象，也就无法脱离具体的事物和具体的情境，人接触画面就永远是对斯时斯地的物体或人的感觉和直观。意大利哲学家维科的哲学观也许能从另一个角度帮助我们理解这个命题：人在神的时代和英雄的时代的时候，他们凭借着本能生活，接触外界事物全靠感觉印象（感性思维），所以这两个时代人们的沟通工具是原始的象形的符号和语言，而且这个时候的语言很少表达概念，词汇中也很少有抽象的字，更多的是“以物拟人”——以具体的形

① 《电影艺术》1973年第1期。

② 〔苏〕叶·魏茨曼著，崔君衍译：《电影哲学概说》，中国电影出版社2000年版，第169页

象来表达；只有等人的理性诸如科学技术（这些东西当中才蕴含着所谓的道理）发展起来了，人才学会抽象思维，实用性的书写文字和散文也才被发明出来。所以，仅仅依赖画面，道理的普遍意义就根本体现不出来，或者说，画面不是道理的表达通道。因此，从“生动直观”这种画面的特性到“抽象思维”这种理念的特性之间是没有一种直接的同一关系的。

所以，如果电影想说道理，最高的境界只能是塑造蕴藏着道理的形象。道理被电影的创作者隐藏在画面形象叙事的背后，至于观众能否在观赏中明白这个道理，那就见仁见智了。这正是我们前面论述的那个命题：电影的意义是创作者和观众共同创造的。自然，爱森斯坦拍《资本论》的宏伟梦想也就只能以一种碎片化的形式表达出来。之所以说是碎片化，是因为用电影表达《资本论》不可能直接去阐释资本的道理，而只能把这个道理通过画面含蓄地片段地表达。1975年，在第九届莫斯科国际电影节上放映的安杰伊·瓦伊达的《福地》，被认为是“爱森斯坦的构想在当代的实现”。影片的故事是对波兰王国资本主义发展状况的描述：“交易所和剧院、仓库和工厂、巨富和赤贫、骄奢淫逸和流血流汗、成为资本家并下令枪杀‘自己人’（波兰工人）的小贵族——这是体现着经济关系的‘各种人物的典型经济面具’，‘这些人物作为这种关系彼此对立’（卡尔·马克思语）。这不就是爱森斯坦希望创造的形象吗？”[①]从这个意义上看，卓别林的《淘金记》《城市之光》等影片中，也有《资本论》的影子。所以，用画面说理其实是一种“寓理于事”的方式，那么这个道理必然讲得曲折、形象化。由于影视传播的这种形象化、直观性的特征，使得道理一旦经由这种语言传播出来之后，往往具有一种巨大的说服力。

自爱森斯坦以降，很多的电影大师对电影说理的功能兴趣盎然，并展开了孜孜不倦的探索。比如波兰著名导演基斯洛夫斯基，他的《十诫》《红色》《蓝色》《白色》等一系列影视作品都是用影视语言来说故事，最终用这个故事来说明一定的道理。观众在一种巨大的艺术震撼中获得了一种理念的提升。这种理论讲述的力度某种意义上不亚于甚至超越了文字。刘小枫为此有感而发，他认为基斯洛夫斯基是用影视来讲述道理的思想家：“……不仅在生活的隐喻层面感受生活，并在其中思想，用寓意的语言把感觉的思想表达出来的人，是叙事思想家——基斯洛夫斯基就是这样的叙事思想家，他用感觉思想，或者说用身体思想，而不是用理论或学说思想。”[②]所以，正如《福地》是探讨资本主义的奥秘一样，《蓝色》是探讨“自由如何可能”，《红色》探讨的是“爱怎么可能”的问题，《白色》探讨的是“平等如何可能”的问题，这三个问题恰恰是资产阶级价值体系的核心问题，大批哲人们往往用文字概念构成的皇皇巨著来论证这三个命题的含

① 〔苏〕叶·魏茨曼著，崔君衍译：《电影哲学概说》，中国电影出版社2000年版，第170～171页。

② 刘小枫：《沉重的肉身》，华夏出版社2004年版，第206页。

义，而基斯洛夫斯基只是通过画面等电影语言讲了三个故事，这是另一种揭示理论奥秘的方式，其核心在于画面的感染力。所以，用画面说理首先在于良好的叙事，即首先要能用画面讲一个好听的故事，道理自然蕴含在故事之中。这种讲道理的方式由于没有概念的抽象性，同时又具备直观的感性魅力，道理、观点的接受往往伴随着人感性的巨大震撼，这正是伊格尔顿所追求的理性实现的最高目标——所有理性最终实现的通道都是感性。

说理的方式是多种多样的，那么，画面的这种说理的叙事也就五花八门。基斯洛夫斯基其实是用讲故事的方法，通过展示个人命运逐渐展示出道理的脉络。而在另外一些情况下，用画面说理也许完全是另外一回事，比如理念先行，即先确定一个道理的框架和内涵，然后再考虑运用画面去阐释某一道理的合理性。这方面有个突出的例子，即中国“文革”时期的电影。这一时期的中国电影是理念先行的，这个理念就是“三突出”。“三突出”是在1968年5月根据江青的指示，于会泳在《文汇报》上提出来的，即“在所有的人物中突出正面人物来；在正面人物中突出主要英雄人物来；在主要人物中突出最主要的中心人物来”[①]。后来，姚文元作了进一步的发展，将这一理论公式定义为“在所有人物中突出正面人物；在正面人物中突出英雄人物；在英雄人物中突出主要英雄人物”[②]。这成为当时中国电影界创作时的先验指导理论。于是我们在《智取威虎山》杨子荣“打进匪窟”一场戏中能发现导演使用的大量的“追光技术”：以杨为中心（因为他是第一号正面人物），主光、辅光追着他，使得他无论身在何处，都因为光线的明亮而处于画面的主体位置；也就出现了在拍摄《红色娘子军》的时候，为了保证主要正面人物洪常青始终处于画面正中心，摄制组经常得到违背影视艺术规律但符合“三突出”原则的指导。[③] 在这里，画面对道理的讲述是不讲逻辑性的，只是将道理化为一种话语的霸权进行单向的灌输而已。20世纪30年代，德国著名的女导演莱妮·里芬斯塔尔为纳粹拍摄的《意志的胜利》和反映1936年纳粹德国举办奥运会的纪录片《奥林匹亚》，在拍摄之中显然也是事先遵循了“纳粹之伟大”“希特勒之伟大”“日耳曼民族之优秀”等理念，这两部电影为纳粹的宣传起到了推波助澜的作用。尽管它们的拍摄手法之高超无可争议，但它们和中国“文革”电影所遵循的“三突出”的理论原则其实是异曲同工的。

电视和电影同属声画艺术，电影的说理方式同样适合于电视。基斯洛夫斯基的电视系列片《十诫》就是一个典型的例子。但电视的情况要比电影复杂得多，因为电视节目的形式比电影丰富多了。电影世界看上去丰富多彩，热闹非凡，但实际上一直主要是在干一件事情，那就是讲故事，更准确地说是在虚构故事，为观众营造白日梦。而电

---

① 翟建农：《红色往事：1966～1976年的中国电影》，台海出版社2001年版，第69页。

② 同上书，第69页。

③ 同上书，第86～92页。

视则不同了，相对于电影来说，电视的功能复杂得多，这体现在电视的兼容性[①]的特性表达上：电视可以兼容小说、戏剧等元素来讲故事——电视剧，电视电影；电视能以音乐、诗歌等文本来抒情——MTV、电视散文和诗歌；电视还能兼容曲艺、杂耍等元素来娱乐——综艺晚会等。由于这种兼容性的特色，电视的说理方式往往不会选择电影那种曲折、复杂的方式，而是直接将现实生活中说理的模式搬到电视中来，比如用语言直接讲道理。无论是电视新闻评论，还是理论专题片，抑或是文化纪录片，用语言，比如画外音或者主持人直接出镜表述都是电视司空见惯的做法。在欧洲，由于其丰厚的文化积淀，人们也非常看重电视是否担负起文化，尤其是精英文化的传承功能，对一些深奥的哲理常常会要求通过电视来表达。那么，一些思想大师们常常被请到电视屏幕上向观众直接表述一些甚至非常深奥的理论。比如著名社会学家布尔迪厄在1966年3月18日在法国巴黎电视一台录制了自己关于电视的两场学术讲座——《关于电视》和《记者场与电视》，这是两场纯理论的学术表述，但引起了极大的轰动。弗罗姆、福柯等思想家也都曾经频繁地在电视上露面以表达他们的思想观点。我国中央电视台科学教育频道开设的《百家讲坛》栏目，具有类似的形式和功能。至于专家被请到电视演播室发表自己的观点和看法，更是司空见惯了。从这个意义上看，电视说理尽管同样可以采用流动画面"理性蒙太奇"的形式，但作为一种家庭化、日常接受的媒体，它更多的是用语言来直接陈述道理。这在本章第三节关于声画关系的论述中将有详细的表述。

四、流动画面的抒情：长镜头的震撼力和表现蒙太奇

如前所述，画面，无论是静止的还是流动的，都具有一种诉诸视觉的感性力量。换而言之，画面在纪实、叙事的同时，一定会给观众带来一种感情上的波动，或快乐或忧伤，或震惊或平静，也就是说，画面的背后有一种情感的表达，这就是流动画面的抒情。

1.抒情的含义

按照美国哲学家苏珊·朗格的说法，艺术就是将人类的情感呈现出来供人观赏，把人类的情感变成一种可见或可听形式的符号手段。所以，所有的艺术品本质上都是情感符号而已，艺术的本质就是探讨"情感与形式"问题。这里蕴含着一个很深刻的美学命题，艺术或美的感觉不是由艺术品的内容带来的，而是由其形式带来的，美的形式中蕴含着人类情感的所有力量。所以，克乃夫·贝尔认为"美是有意味的形式"，他认为，审美的本质在于"纯形式"，比如线条、色彩等。而这里所谓的"意味"，正如李泽厚

---

① 兼容性是电视媒介的一个基本特性，是指电视媒体的声画符号系统是一个开放的框架，它可以兼容并蓄几乎所有形式的符号内容。电视可以兼容不同的媒体，比如，可以在电视上放电影，可以在电视上读报纸；它还可以兼容不同的艺术门类，比如可以在电视上表现绘画、音乐、诗歌、戏剧等艺术形式等。从这个意义上说，兼容性显示了电视的开放性。参见施天权：《广播电视概论》，复旦大学出版社1987年版，第58页。

认为的那样，是一种积淀了人类所有感性心理元素的“审美情感”。[①]

人类的情绪是非常复杂的，酸甜苦辣、喜怒哀乐之间有着非常奇妙的层次和差别，比如同样是“怒”，就有“狂怒”“生气”与“微嗔”等层次的区别。但是，每一种情绪背后其实意味着的是人类独特的心理体验，这种心理体验是可以大致分类的。按照人本主义心理学家马斯洛的理论，我们可以按照正、负两种方向将人的心理体验进行归类，那么，人类的心理体验就可以分为两大类：第一种是正面的，即高峰体验和高原体验；第二种是负面的，即失落体验和反高峰体验。[②] 那么，画面在表现人类情感的时候，所激发的也就是人类的这两类心理体验。我们可以按照这个标准把画面分为两类：一类是可以激发观众正面心绪的画面，可以将其描述成欢快、昂扬、健康、明丽等的画面；另一类是激发人们负面心绪的画面，可以将其描述成灰暗、阴郁、哀怜、悲伤等的画面。其他的人类心理体验都是介于这两类体验之间的。这两类画面带给观众正面的或者负面的心理状态，同样，也就带给观众不同程度的喜怒哀乐的情感体验。这就是画面的抒情。

2. 影响抒情的画面形式要素

那么，究竟哪些镜头画面的形式要素是主要支配人们的情感体验的呢？这就涉及影视画面的两个形式元素：一是镜头的明暗色调；二是镜头的速度，包括长镜头的场面调度的速度和蒙太奇的剪接率的高低。以下，我们将从情感正负两个方向分别论述镜头画面这种独特的美学意义。

首先看镜头画面的明暗色调的变化。明暗色调变化的主要支配元素是色彩和光线，而这两者是紧密联系在一起的。如果从情感体验的正负两极来看，色彩越鲜艳，相应的光线显得就越明亮，往往给人以正面的情感体验；相反，色彩越凝重，光线显得就越黯淡，人就会产生一种负面的心理体验。

色彩可以给人造成最直接的情感上的波动，这一点已经被大量的心理试验所证明了。正如美国著名的格式塔心理学的代表人物鲁道夫·阿恩海姆所说的那样：“色彩能够表现感情，这是一个无可辩驳的事实。”那么这种表现是如何完成的呢？这就有着不同的说法，大部分人认为这种情感表现是靠人的联想而完成的，所以“红色之所以会

---

① 李泽厚：《美的历程》，安徽文艺出版社 1994 年版，第 33 页。

② 高峰体验(Peak experience)是指一种短暂的狂喜、入迷和出神，极大的幸福感和愉快。高原体验(Plateau experience)指对于感受到的敬畏与神奇作出平静的、稳重的反应，与高峰体验相比，它没有那么强烈的感情色彩，它更多地含有理性与认知的成分，也更多的是处于人的意志行为。失落体验(Nadir experience)指一种孤独的体验，来自精神上的退步、失落或悲剧感，还可能因面临死亡或现实中的绝境而产生，这种体验可能使我们的价值观和生活状态彻底崩溃和改变。反高峰体验(Non peaker)指因惧怕进而抑制、拒绝其高峰体验的人，他们通常通过否定、压抑或者忘记的方式而使这种体验从意识和记忆里消失。这些人往往过于理性、实际、唯物，或执迷不悟，有强迫心理。参见〔美〕爱德华·霍夫曼著，许金声译：《马斯洛传》，华夏出版社 2003 年版，第 311 页。

具有刺激性，那是因为能让人联想到火焰、流血和革命；绿色的表现性则来自它所唤起的对大自然的清新的感觉；蓝色的表现性来自于它使人想到水的冰凉”[①]。但是，这种论证有一个致命的缺陷，就是我们人类在接触水、火、大自然等能够激发我们情感的物质同时，颜色是作为这些物质的一部分为我们所感知的，我们其实无法把颜色的感觉和其他的感觉区别开来。比如我们接触火，会有热烈蓬勃的感觉，这种感觉的构成既有“红色”的元素，也有“灼热”的元素，这二者都直接诉诸我们的感官，它们之间其实不存在彼此联想的关系。所以，阿恩海姆也不太相信上面的解释，换而言之，因为颜色是直观感性的，所以它引起的感情波动可能是直截了当的，红色的热烈蓬勃的感觉并不是因为人们看到红色时联想到“火”，而是由红色直接生成了这种感觉而已，在这个意义上，“红色火焰”中的“红”和“火”这两个元素的重要性是平行并列的。一些试验似乎也暗示了这样的结论。比如说，有试验证明了肉体对色彩的直观而非联想的反应：在彩色灯光的照耀下，肌肉的弹力能够加大，血液循环能够加快，其增加程度，以蓝色为最小，并依次按照绿色、黄色、橘黄色、红色的排列顺序逐渐增大。[②] 这似乎可以说明，人们对色彩的反应是一种生理的直觉。这种对色彩的直觉和对情感的体验之间有着非常类似的地方，因为“不管是在色彩经验发生的时候，还是在情感经验发生的时候，我们自身同样是外部刺激的被动接受者。一种情感的产生，并不是理性积极活动起来之后的产物，动感情的人一般都是开放的，而一个抑郁的人就不容易动感情，色彩对我们的作用和感情对我们的作用在这方面是一样的”[③]。那么，一定的颜色和亮度就和相应的情感联系在一起了，阿恩海姆称之为“色彩的表现性”，即色彩表现出人类的情感世界：“红色往往被看成是一种充满刺激性和令人振奋的色彩；黄色是一种安静和愉快的色彩；蓝色则被描写成一种抑郁的和悲哀的色彩”，而绿色是一种“宁静而稳定的色彩”，它“能给人以一种真正的满足”。[④] 值得注意的是，一定的情感背后往往意味着相应的伦理价值判断，这种价值判断往往能够更深一步地强化人的情感体验。比如康定斯基认为，如果黄色中加入一些蓝色，它就显现出一种令人难以忍受的样子，但这种颜色为牧师们所喜爱，因为“它看上去总好像在以一种不可抗拒的力量追求着，在一个不断上升的阶梯上攀登着，一步步地向着象征红衣主教的紫色靠近着”。而紫色因为是一种冷红色，包含着一种虚弱和死亡的因素，因此它适合表现悲哀。例如，中国人在死后就穿这种衣服。这里，色调和情感之间具备了一种心理的循环作用，色调让人联想起现实中的一些元素，而这些元素反过来进一步刺激人们相应的情感体验。

那么在影视画面的传播过程中，如果我们能够掌控光线色彩与情感之间的联系，

---

① 〔美〕鲁道夫·阿恩海姆著，滕守尧、朱疆源译：《艺术与视知觉》，四川人民出版社 1998 年版，第 457 页。

② 同上书，第 458 页。

③ 同上书，第 454 页。

④ 同上书，第 467～468 页。

那么就可以通过传播不同色调的画面从而给观众带来不同的情感体验。按照人类心理体验的正负方向的标准，画面也同样可以给人类带来这种截然相反的情感体验，而且这些情感体验往往会先于影视作品的内容而影响观众的接受心理。

镜头的明暗度不同，给人带来的情感冲击是不一样的，因为不同的颜色，不同的光线给人的感觉是不一样的。总的来说，光线明亮、色彩艳丽往往会给人以一种昂扬、向上或者愉快、振奋的情感体验，而光线灰暗、色彩朴素往往会给人以一种低沉、郁闷或压抑、失落的情感体验。那么，相应的画面镜头就会激发人截然相反的感情。这往往是一部影视作品给观众最先的情感震撼。比如，在台湾导演侯孝贤的电影《恋恋风尘》中，他经常使用一些以绿色、蓝色为主色调的长镜头，而且以白天的场景为主，光线明亮，那么，他所展示的那种未受现代工业文明污染的青山绿水笼罩着的台湾社会的背后是一种传统的、清澈的、带着深深眷恋和怀旧意味的情感，观众会被带入到一种纯净、美好又似乎有一丝惆怅的情绪之中。在姜文的电影《阳光灿烂的日子》中，整部片子的主色调是灿烂的金黄色，热情澎湃，甚至有些焦灼，这和片子主人公少年冲动的、火一般的情绪不谋而合，同样给观众类似的情绪激动。而斯皮尔伯格的名作《辛德勒的名单》则正好相反，他用黑、白以及大量的灰色营造了一种痛苦和压抑的氛围，这正是片中犹太人被迫害的苦难表征，而观众的视觉在感知画面时候，满眼的灰黑色同样会带来一种压抑、郁闷和痛苦的感受。所以，片中两处红色这种亮色调的使用就显得特别跳跃，堪称神来之笔。一处是辛德勒目睹了一个穿着红色大衣的小姑娘机灵地逃脱了纳粹的围捕，但后来他又亲眼目睹了这个红衣小姑娘的尸体在运尸车上即将被埋葬。在满目黑白的世界里这一抹红色无疑能给观众带来一丝情感上振奋的刺激，但这抹红色的结局却是毁灭，那么观众在压抑的情感体验中一丝小小的昂扬振奋又旋即被泯灭，“悲剧是把美好的东西毁给人看”，观众在这里的悲剧体验却表现在亲身观看到小小一点红色的出现和消失，这里视觉的震撼和悲剧的理念结合得非常完美。

电视画面在色彩和光线的使用上往往不如电影那么讲究，尤其是在一些纪实性的电视节目中。但如果运用得不恰当，冲撞了观众对某一个节目的心理期待，其传播也注定是要失败的，比如 1985 年中央电视台春节联欢晚会这场晚会的失败有很多原因，比如：场面太大——导演黄一鹤将会场搬到了北京工人体育馆；场景太多，整个电视画面显得乱糟糟的；某华人演员的一句“你们中国人”犯了众怒等。但这些因素背后都有一个整体背景的视觉元素的失败：因为场面太大，灯光只能聚焦在一个个的小场景中，这样整个晚会的画面显得黑压压的，这种黑色的主色调给观众带来了一种压抑、抑郁，甚至憋闷的情感体验，这和除夕之夜人们欢快、喜庆、团聚的心情相差得太远了，从这个意义上说，画面主色调就决定了这场晚会的失败。而反观其他年份的春节晚会，主会场都放在演播大厅，光线明亮，色彩艳丽，并且以红、绿、黄等暖色调为主，这样的视觉体验会直接给观众带来欢乐、幸福、祥和的节日心情。从这个意义上说，如果要确定一部影视作品的基本风格的话，那么，使用什么样的基本色调是必须考虑的重要因素，这将决定观众在接触这部作品时产生的最直观、最迅捷的感受。

3.画面流动速度对抒情的作用

流动镜头的速度同样可以给人以情感冲击。从总体上来看，镜头运动的速度越快，观众就越能产生一种激烈、紧张的情感体验；而镜头运动的速度越慢，观众的情绪就越舒缓、悠闲。下面将分别论述长镜头和蒙太奇在这方面的特性。

首先来看长镜头。长镜头镜头的流动所依赖的是镜头内部的场面调度。一般认为，场面调度分成两个层次：一是演员调度。演员调度是指通过变动画面中演员的不同位置、运动方向，以及演员之间发生交流的动态与静态的变化，最终形成画面的不同造型、不同景别，揭示人物关系以及情绪变化，以此获得一定的视觉效果。二是镜头调度。镜头调度是指利用摄影机机位的变化，如推、拉、摇、移、升、降等运动方法，俯仰、平斜等不同视角以及远景、全景、中景、近景、特写等不同景别的变换，获得不同角度和不同视距的镜头画面。①

那么，很显然，长镜头的运动速度取决于两个层次。一是演员动作的快慢节奏，比如演员的动作、行走的速度，甚至说话的节奏都可以决定长镜头的镜头流动速度。在李安的电影《推手》中有一段关于老父亲晨练的长镜头画面。镜头从老人打太极拳，徐徐收功，慢慢地离开练功房，走下楼梯，走进客厅。老人的动作悠然舒缓，镜头的移动跟着老人也较缓慢。这个镜头给观众的情绪是沉静而凝重的（值得注意的是，这段画面的色调也很阴暗，配合观众这种情绪的产生），这正是导演想表达的一个主题，即老人自身内心世界的孤寂与落寞。二是“机位”的运动速度。在电影《血战台儿庄》的结尾，有一段极具抒情意味的长镜头：战争已经结束，镜头慢慢摇过已经成为一片废墟的台儿庄城墙，中日两国战死的士兵的尸体层层叠叠，相互枕藉，最后镜头摇上城门顶端，在蓝天的映衬下，沾满鲜血的中国国旗迎风猎猎。这段镜头的内容是静止的，但表达出一种惨烈的主题。画面的流动全凭缓慢地摇镜头，但正是这种缓慢地“摇”把“惨烈”的感觉拉长，最后在观众心目中凝聚成一种悲壮乃至崇高的心绪。相反，在香港电影《大事件》的开场中有一段7分钟的长镜头就是另一个极端，它表达了“快”的镜头运动所营造出来的紧张迫人的情绪效果。这个镜头的内容描述的是在香港街头一群悍匪和警察相遇而展开枪战，电视台记者无意间拍到了一个警察在被匪徒用枪逼住的时候举起双手乞降的场面。这段镜头表现的主题是激烈、火爆和危险的，所以演员的运动速度、镜头的运动速度，包括镜头拍摄角度的更换、推拉摇移的转换都非常快。画面本身一边摇晃着，一边迅速从一个主体移动到另一个主体上，在这样一个统一的场景中，观众甚至有目不暇接的感觉，这恰到好处地反映出当时现场激烈火爆的氛围，观众

① 何苏六：《电视画面编辑》，中国广播电视出版社1997年版，第80页。

的情绪也被调动得非常紧张,甚至被压抑得喘不过气来。

其次,我们来看蒙太奇。蒙太奇的画面流动速度在影视制作上有一个专门术语叫“剪辑率”,又可称为剪接率(Rate of Cutting):“剪接率是指单位长度的电影、电视画面中,镜头转换的次数。如果一段画面中每个镜头都较短,转换次数多,剪接节奏就快,我们称之为剪接率高;如果每个镜头相对都比较长,转换次数少,剪接节奏就慢,我们称之为剪接率低。”[①]所以,蒙太奇的镜头情绪的表达是和单位时间内镜头数量的多少相关的。单位时间内镜头越多,也就意味着短镜头的转换速度越快,镜头的动感性就越强。那么这样的镜头给人们造成的紧张感就越强,这种紧张感积累到一定程度,甚至会在观众的心理上产生一种震惊效果。在一系列的“表现蒙太奇”方面,这种情况用得非常多。典型的是“交叉蒙太奇”,比如由大卫·格里菲斯创立的“最后一分钟营救”。在《党同伐异》的“现代故事”一节中:小伙子即将被送上绞架,而心爱女为了营救他则坐上汽车追赶火车,到州长那里讨特赦令以便赦免他,此时绞架、小伙子与车辆奔驰、心爱女的镜头交错进行,交错的速度越来越快,这给观众营造了一个巨大的悬念——营救是否能成功?而剪辑率的增快,强化了这个悬念的紧张程度。再比如“积累蒙太奇”。“积累蒙太奇”在电视当中运用得最普遍的是电视专栏节目的片头:一系列主题相近的镜头连接在一起,没有任何具体的叙事和说理的意思,仅仅营造一个情绪和氛围而已。所以,构成片头的镜头往往都是一些比较短的画面,而且切换迅速,以期唤起人们的紧张感乃至震惊感,最终引起人们对这个专栏节目的注意,那么片头在这里就不仅仅作为一个电视节目的开篇,而且起到了一定的广告标志的作用。

如果剪辑率比较低,那么它往往是要营造一种悠远舒缓的情绪氛围,比如电视散文的画面组接。电视散文用电视的语言表达和重塑文字散文所具有的意境魅力。散文的意境往往是慢慢氤氲和凝聚起来的,而配合着散文这样一种叙事的方式,电视散文的剪辑率往往也都比较低,每个镜头相对较长,这样才能营造出观众的“情”和电视画面的“景”交融在一起的意境的空间。

论述及此,我们可以得出这样的结论:虽然都可以表达情感,但是“色调”和“镜头速度”表达的内涵是不一样的。色调表现的情感带有明显的价值论的色彩,即人们观看到某种色调会产生“快”或者“不快”的感觉,也就是说,色调始终和人们的好恶联系在一起。而镜头速度表达的则是人们的情感张力,是一种紧张与舒缓的分别。所以,画面的抒情经常把这两者联系起来使用,比如用红、黄等暖色调和剪辑率高的镜头组合在一起,表达一种情绪高涨的激动与振奋,像央视春节联欢晚会开场的节目往往就是这样,还有作为栏目片头的“积累蒙太奇”;而用绿色这样具有稳定感的色调和剪接率低的镜头结合,表现的就是一种清远明亮、健康清新的情绪;

① 任远:《电视制作300问》,北京广播学院出版社2003年版,第63~64页。

用黑、灰或深紫这样暗色调和高剪接率的画面相结合,就会塑造出紧张、压抑甚至邪恶的心理情绪。运用这样的组合,影视画面将可以表现出人类丰富多彩的情感世界。

第三节 声画互动的魅力

在我们的感官世界里,世界不仅仅是一个图像的彩色的世界,而且还是一个声音的世界。在正常人的眼中,纯粹无声的世界是不存在的。那么,一旦人们完成了用图像复制现实以后,就开始了探索声音复制技术的努力。有了声音的加入,图像的世界才是一个完整的世界。所以,无声电影一诞生,发明家们就一再探索声画结合的技术。比如在1898年,电影发明者之一的爱迪生和法国人巴龙几乎同时发明了电影录音设备和为电影配音的装置,从而奠定了有声电影的基础。一次世界大战以后,三位德国科学家彻底解决了这一问题,他们把声波转化为光束,从而在胶片上留下了深浅不一的音响痕迹,然后把画面的底片和有声音的声带片一起印到正片上去。影片放映时,声带片被照射从而产生光电效应,通过放大器还原为声音。而电视技术使得声画一体变得相对简单,电视是把画面和声音都变成电子信号摄录播出的。本节要探讨的问题是,声音和画面的结合会产生什么样的效果,这些效果对人又会产生什么样的影响。

声画组合有两种模式:一种是声画合一,另一种是声画对位。

所谓声画合一,就是说声音和画面传播的具体内容完全一致。这里又有两种情况:一是画面中出现的人和事物就是声音的发生体,比如在电视新闻节目中新闻主播出镜口播新闻,画面是播音员的形象,声音是她(他)的嘴里说出的语言;二是声音在具体地阐释画面中的事物情景,比如画面出现一幢房子,而声音就具体说明这个房子的相关情况。这种声画组合方式可以加强传播内容的真实感和可信度,具有鲜明的纪实的功能,因此在电视新闻、纪录片当中被普遍使用。在电视剧等故事性的影视文本中,这种声画组合方式则主要用于表现情节的推进以及基本人物、场景的介绍和展示。

所谓声画对位①,是指画面与声音各有自己的内容并列推进发展。它们按照彼此不同的逻辑、规律表达不同的内容,又在各自独立发展的基础上有机地结合起来,造成一加一大于二的效果,即超越单独的画面或者声音所能表达的内容和意义。比如画面是当下古战场的场景,而声音却是金戈铁马的战争的音响,这样两厢结合——现代的

---

① 对位原本是音乐的专门术语,音乐中的对位法是把两列谐和音对列,彼此配合,相互补充,以获得浑然一体的效果。

时空(画面)和古代的时空(声音)交错糅杂在一起,就营造出一种怀古凭吊的氛围和情绪。这是单纯的画面和声音都达不到的效果。

这两种声画组合方式的背后都有着特定的观众接受的心理因素,它也表征出声音在影视传播中的魅力所在。

首先,声画合一是将影视信息表达得更为真实和完整,更加符合我们对真实世界的理解和感觉。如前所述,我们眼中的世界不仅仅是一个图像的世界,而且还是一个声音的世界,我们看到某一个景物的时候,总会听到相伴随的声音。同时当我们听到一定的声音的时候,也总会去下意识地寻觅声音的源头,去观看发生体的形象究竟是什么。观其形,闻其声,这才是我们习惯的感知客观世界的方式。所以,声音在影视中发挥的一个重要的功能就是使得传播的信息完整。因为画面尽管有感性、直观的特性,但是它同时也有多义性的特色,即同样的一幅或者一组画面,我们可以对其进行多义的解释。比如两人坐在一起聊天,我们既能说是好朋友在谈心,也能说是一对坏人在耍阴谋诡计。我们只有听到了他们谈话的具体内容,才能真正明白他们的这种聚会究竟意味着什么。同样的,大都市的高楼大厦和步履匆匆的人群,可以理解成现代社会的欣欣向荣、繁荣昌盛,现代化的进程不可遏制,同时也可以理解成都市化对人形成的内在心理压力在不断加大,都市逻辑对人的"异化"在不断加深,这全凭画外音的解说。所以,从这个意义上说,声音使得信息传播更加明确。

其次,声音可以营造另一个时空,它可以大大扩展人们的认知范围。在影视叙事的过程中让时空颠倒、交错、重叠,给观众带来更为复杂的心理感受。在现实生活中,真正反映到我们脑海里的其实有两类图像:一类是我们用肉眼看到的图景;另一类是我们根据现实当中的图景和声音在自己的脑海里联想出来的图景。就像匈牙利电影理论家巴拉兹阐释的电影视觉文化一样,他认为:"画面的统一性和时间上的同一性(同期性)并不是自动产生的,观众必须要运用联想、感觉的综合和想象,而这些正是观众所必须要具备的东西,也就是我们所说的视觉文化。"可见,观众的联想和想象也是构成视觉文化的一个重要因素。更何况,在现实生活中,人们看到的和听到的并不是同一事物,有的时候听到某一声音,声源却在视觉以外;有的时候听到一种声音,尽管声源就在眼前,人们却往往对它视而不见,因为这个声音让他联想起那些不在眼前的,甚至是过去的画面。最典型的就是面对着音响设备听音乐,眼睛虽然看到的是设备,但脑海里浮现的很可能是由音乐所激发出来的画面,比如怀旧的音乐让人想起过去的场景画面。

最后,不容忽视的是,电视的符号除了拥有这种本身的魅力以外,它还依附电波具有一种传播的力量。麦克卢汉说,媒介使我们的世界变成了一个"地球村"。他在这里所说的媒介其实主要是指电视。电视信号的传播依据的是每秒 30 万公里的电波,这样电视的声画信号几乎能够同步地传送到地球的每一个角落,只要这个地方有电视接收终端。这样，电视能够抹平所有空间的限制。通过电视，人们认知世界的范围陡然扩大，真正是“不出门而知天下事”。同时，画面的纪实效果使得我们能够与相隔遥远的人和事情虚拟地同处一个空间中，尤其是在一些大型的现场直播节目中，由于事件发展结果的不可确定性，“当事人”“现场的电视媒体工作者”和“观众”都被电视电波纳入了同一的变动的空间中，对未来事件发展结果的期待构成了这一电视节目最激动人心的兴奋点。

思考题：

1. 独立画面的传播特性是什么？
2. 叙事蒙太奇所遵循的基本原则是什么？
3. 长镜头在叙事方面的优势是什么？

第六章

广播电视新闻节目

内容提要：和所有的新闻一样，广播电视新闻节目也要遵循新闻价值的传播规律。从体裁上看，广播电视新闻节目被分为三个主要类别：短新闻、深度报道和评论。短新闻即广播电视的新闻简讯。深度报道是对新闻题材更为细致的描述和新闻线索因果关系的展示，它着重回答受众“新闻为什么如此”的问题。新闻评论是广播电视新闻制作者针对相应的新闻事实给予的观点评价。

以下两章我们将聚焦广播电视节目运作的基本原理。为了厘清广播电视理论的这一重要命题，我们将选择两类节目作为分析对象：一是“新闻节目”，二是“文艺节目”。之所以只选择这两类节目，是因为从宏观上看，广播电视节目大致可分为“纪实类节目”和“虚构类节目”。新闻节目是最纯粹的“纪实类节目”，而文艺节目是最纯粹的“虚构类节目”。了解了这两类节目的逻辑，我们就大致能明了广播电视媒介节目运作的基本原理。而广播电视其他类型的节目（或者按照其他标准所分类的节目形态），如真人秀节目、体育节目、经济类节目、谈话节目等等大都是这两类节目的延伸、变形或节目元素的重新排列组合。同时考虑到亦有“广播电视节目策划”“广播电视节目学”等相关学科及著作的深入开掘，故本书在节目类型研究方面不作更深入的展开。

我们首先介绍广播电视新闻节目，分析这一类型的节目理念、传播路径、主持人风格、运营规律等方面的内容。在开始正式论述之前，我们要厘清“节目”和“栏目”两个概念的区别和联系。

第一节　从"节目"到"栏目"

一、节目和栏目的概念

从整体上来看，"节目"的含义较为宽泛，在广播电视传播过程中，一段完整的信息我们就可以称之为"节目"；而栏目则不同，它是由一批性质相近的节目组合而成的，具有统一风格、统一样式、统一的节目主持人和固定的播出时间的广播电视节目信息系统。我们可以打一个比方：中央电视台春节联欢晚会中的每一段演出都是一个独立的节目，这些节目都有一个统一的主题——欢度春节，它们共同构成了一个栏目——春节联欢晚会，当然，这个栏目的播出周期比较长——一年。由此可见，广义上的节目概念包括栏目概念。

从广播电视媒介发展的历程来看，广播电视的信息系统从单个节目的播出发展为固定的栏目化播出经历了一个过程。广播电视媒介刚刚开始发展的时候，节目形态都比较幼稚，节目与节目之间缺乏整合，因此，它的信息往往都是由单独的节目构成的。

比如上海电视台1981年6月6日的节目单是这样的：

18:30　电视新闻
18:45　副市长电视讲话
18:55　电视专题《春催杜鹃满山红》
19:35　电视剧《我们都是好朋友》
20:20　体育节目《外国体育集锦》
20:40　电视连续剧《无名英雄》

而2007年8月3日中央电视台经济频道在相同的时间段的电视节目是：

18:20　电视专栏《为您服务》
18:45　杂志型电视专栏《生活》
19:30　真人秀节目《幸运52》
20:28　经济法制类栏目《经济与法》
21:00　新闻节目《经济信息联播》
21:35　杂志类经济新闻专栏《经济半小时》
22:08　真人秀节目《交换空间》

从这20年的变迁我们可以看出中国电视节目形式和内容的巨大变化。在1986年的时候，一档电视栏目就是一出一出电视节目，其中以电视专题片和电视剧为主；而到了2007年，一档电视栏目中，要么已经有了子栏目(《经济半小时》《生活》等)，要么有了栏目板块的组合(如《幸运52》当中的诸多栏目环节)，换言之，栏目是由"信息系统"构成的。

之所以要强调节目与栏目的区别，是因为通常意义上的"栏目研究"其实可以理解为节目类型的研究。广播电视媒体之所以能够形成一档栏目，其根本原因是因为一批性质、内容、风格类似的信息有组合在一起传播的必要，这些信息组合在一起，形成了固定体量、固定播出、固定主持人、固定受众群落的广播电视栏目，如此方能取得良好的传播效果和巨大的传播效益，也就形成了相应的节目类型。

"类型研究"具有悠久的历史，最早出现在文学领域。古希腊的亚里士多德在其著作《诗学》的开篇就论述了诗歌的艺术分类及其原则。后来，类型的划分延伸到戏剧领域，戏剧被分为喜剧、悲剧、讽刺剧等类别。对类型研究最为成熟的大众传媒无疑是电影，在电影研究中，"类"的意识很早就形成了。"类型电影"的理论体系对于我们理解广播电视节目的形态有很好的借鉴意义。

美国学者罗伯特·考克尔认为：

> 电影一旦发展出一种叙事结构，从仅仅展示事物(如火车离开站台或两个接吻的人)转向讲述故事，就开始形成类型。故事一旦被讲述，它们就立刻进入了一定的类型：浪漫的、情节剧的、追捕的、西部的、喜剧的。①

按照他的说法，电影的类型似乎是自然而然形成的——只要讲故事，就会有"类型"产生。从电影实务方面来看，似乎也是这样，诸多导演会不自觉地共同拍摄某一类型的电影，而一个时期往往也是某一类型的电影会比较流行。正如理查德·麦特白所说的那样：

> "类型是我们共同相信的一些东西"。当看一部惊悚片的时候，我们知道什么是惊悚片。事实上，在我们看之前我们就知道什么是惊悚片，而且一定程度上我们不需要知道影片的内容，就能认出这些有着广泛的文化共同点的类型电影。②

结合理查德的这个观点我们的思考可能会更客观一些。的确，在创作者制作电影和观众看电影的时候，都不会考虑到"类型"问题，事实上这是个理论问题。但事实上，

① 〔美〕罗伯特·考克尔著，郭青春译：《电影的形式与文化》，北京大学出版社2004年版，第122页。

② 〔澳〕理查德·麦特白著，吴菁、何建平、刘辉译：《好莱坞电影——1891年以来的美国电影工业发展史》，华夏出版社2005年版，第69页。

他们内心都普遍认同一种统一的收看电影的价值观，比如看“惊悚片”要被吓着（或者是要吓着观众），看战争片要享受暴力（或者是展示暴力的魅力）等。有了这样的共识，电影拍出来才会有票房，电影创作者的工作才会得到肯定，投资方才会投资，进而，受到鼓励的电影创作者会继续拍摄类型相同的电影，于是某一类型的电影就慢慢形成了。

广播电视节目形态形成的道理也是一样的。对于看电视，人们也有各种各样的对电视信息的需求，只不过这些需求可能连电视观众自己也没有意识到。当这种需求具有普遍性的时候，那么能够满足这种需求的电视节目也就会应运而生。传播学中“使用一满足”理论的观点放到电视上，说的就是这个意思。如此，观众需求某种信息，广电媒介能够提供某种信息，那么广播电视机构和观众之间就形成了一种默契，即“传播的惯例”。从这个意义上说，广播电视节目的类型一定是有自己的生命周期的。因为受众对某一类型信息的需求是会随着社会的变迁而发生变化的。很多红极一时的广播电视节目之所以走向没落甚至最终消亡，其背后一定有受众对这类信息需求衰减乃至消失的原因。

在市场经济环境下，电视节目类型化的指向就是“市场”。从一档栏目的运作过程来看，一般都是电视媒介主动通过市场调查来确定不同特质的受众群落，确定这种受众群落的标准是“人口学特征和广告诉求目标的最大契合”，换言之，就是电视台要找到这样一类受众群：他们有足够的规模，有足够的时间看电视，并且有足够的购买力。唯有此，电视栏目内容本身一方面可以大规模地进行工业化生产，另一方面则具有能力吸引广告商投放广告——为了那足够的购买力。

二、广播电视节目栏目化的优势

随着广播电视事业的发展，节目栏目化是大势所趋。因为栏目化的传播方式特别适合广播电视媒介传播的特性和受众的接受心理。从总体上看，栏目化后，广播电视传播会具有如下优势：

1. 栏目播出时间固定，容易使受众形成相应的“约会意识”

我国传统的广播电视节目编排结构分散，时间长度随意性很大。20世纪80年代的电视观众都有过这样的体会，电视的实际播出时间和广播电视报上所预报的时间往往有不小的差距，这就是节目没有栏目化的后果之一。

节目栏目化之后，节目的时间长度包括所附加的广告时间的长度都会明确地固定下来。于是，在每个播出周期的固定时间，受众都能接触到相应的节目，经过一段时间人与栏目的“约会”，受众就很容易培养起自己和栏目的“约会意识”。这样有利于提高栏目在广播电视受众心目中的知名度和忠诚度。中央电视台《新闻联播》的传播就是典型的例子。《新闻联播》几十年来每晚都固定在19点整播出，几乎所有的中国电视观众都知道，每天19点必然是《新闻联播》开始曲奏响。久而久之，就形成了收视习惯。

2. 栏目的内容、风格、主持人等元素相对固定，容易保持稳定的收视率

受众既然能和栏目"约会"，那么"约会"久了，受众与栏目的关系就会变得熟悉。此时，栏目模式的"固定"就非常重要。所以，在栏目设置过程中，"追求统一性"是原则之一。如果在栏目运作过程中发现了风格等方面的错位，那么按照栏目自身的逻辑是一定会得到调整的。栏目模式的"固定"即体现在栏目的表现形式方面，比如早期广播电视新闻栏目诞生伊始，就会形成自己相对固定的新闻主播、片头（开始曲）、背景音乐、（电视新闻节目的）演播室画面的光线、色彩等等结构性因素。一旦这些因素发生变化，受众自然就会受到暗示。比如《新闻联播》的主播如果换上民族服装播音，那么那一天一定是中华民族的传统节日之一；如果换上黑色的领带且播音语速变慢，那么很可能就有重要人物逝世。当杂志化广播电视专栏出现之后，这种"固定"更多地体现在节目结构方面。比如央视的《东方时空》在开播之初之所以设立《东方之子》《生活空间》和《焦点时刻》，就是为了满足观众对重要人物、民间百态和重大新闻事件的信息需求，观众观看节目久了自然也会对该节目形成这样的心理预期。而先设立后又被取消的《金曲榜》的板块，则是因为"欣赏流行音乐"的文艺需求和上述三种新闻节目的需求格格不入，会干扰受众对该栏目形成固定的信息接收心理预期（从人物到事件的各个层次的新闻需求）。

节目构成元素和结构形式的固定对于保证受众的"忠诚"非常重要。受众对于相应节目的信息接收惯性一旦形成，这将构成该栏目的"核心受众群"。2010年江苏卫视制作的风靡全国的真人秀节目《非诚勿扰》，其核心元素有：主持人孟非、点评嘉宾乐嘉、接受挑选的男嘉宾以及24位女嘉宾。这四个要素在节目中的位置和作用、说话的内容和方式都是固定的，而这形成了该节目鲜明的节目识别系统——一个完整的结构。某一元素发生变化，会影响该节目的传播效果。比如，2010年6月，由于国家广电总局及央视等媒体的批评，《非诚勿扰》进行了节目改版，主要是女嘉宾因素的变化——她们明显变得温和，少了犀利的言论和争吵，话题的敏感度也降低了。对该节目收视率有一定影响。但该节目的整体结构并无任何改变，所以它依旧受到不少人的追捧。但很难想象孟非或乐嘉离开后这个节目依旧会保持原样，就像崔永元离开《实话实说》后，该节目的整体特质就随之发生了变化。

3. 栏目运作易于管理，更有效率

栏目由于内容、风格、主持人、播出时间等因素较为统一，因此对其管理也容易形成规范，相对于零散的节目来说，它的管理将会容易得多。比如对内容的管理，栏目化

就容易得多。比如作为《东方时空》的一个子栏目，《东方之子》的选题管理就历经了一个由难到易的过程。刚开始的时候，《东方之子》的选题是按照单个节目的方式来运作的，经过磨合最终形成了栏目化的运作方式。当时参与节目策划的学者胡智锋后来这么回忆当时的情况：

> 当时为了追求明星效应，推出了很多演员和明星，但很快遭到否定。想采访政要，遇到不少困难；想采访科学家，又觉得太枯燥。而当时公认《东方之子》在制作上是一流的，单个节目非常出色。但这种日版节目，运作时间长了，选题势必陷入枯竭。做一个节目可以单独考虑选题，做一个栏目，则要批量考虑选题，如果不是有规模地、大批量地向外推出，就难免有断炊的局面。①

胡智锋在此其实很明确地提出了节目与栏目策划、运作的区别。一档节目可以单独管理，从选题到策划到摄录都可以做"一锤子买卖"。但栏目化运作不行，栏目必须经过长时间的运作才能完成。所以他后来提出《东方之子》的节目创作要"有主题、成系列"地推出节目，这就是一种典型的栏目化的运营思路。时间一长，观众可能不会记得某一个具体的节目，比如《东方时空·大学校长系列》中的某一位中国名牌大学的校长，但是以系列凝聚成的这个栏目则一定记得。换言之，一个栏目确定以后，它一般就会形成较为固定的选题方向。制片人等节目管理者按照这种方向进行日常化的运作就可以了。

本章将提炼广播电视新闻节目类型的最核心的特性予以分析，力图引导大家对这一类节目的框架有明确认知，进而透析这些节目背后栏目化的动因。

三、新闻节目的核心元素——新闻价值

新闻节目是广播电视媒介中历史最悠久的节目，从这两种媒介诞生伊始，相应的新闻节目几乎就诞生了。因此，它的节目形态也最成熟。

所谓新闻，陆定一的定义是"新近发生事实的报道"，这个定义在中国内地新闻学界被公认是最经典的。后来出现的关于"新闻"的定义都是以此为基础发展起来的。比如复旦大学著名新闻学者王中在1983年提出"新闻是新近变动事实的传播"，宁树藩所说"新闻是新近变动的事实的信息"等。总之，新闻是关于事实信息的传播。不过这种事实是具有新闻价值的事实，理解新闻，更重要的是理解"新闻价值"的含义。

所谓新闻价值，是指一件社会事实成为新闻的要素。换言之，有这些要素的事实就是新闻，反之就不是新闻，仅仅是一些社会事件而已。这些要素包括：

---

① 胡智锋：《中国电视观念论》，北京师范大学出版社2000年版，第165页。

● 时新性。这是指新闻事实必须是新近发生的事实,在时间上要及时。广播电视新闻的传播理念随着技术的进步从“今天的新闻今天报道”(Today news today)发展到“现在的新闻现在报道”(Now news now),就是广播电视媒介对“时新性”追求的最典型的表征。

● 重要性。这是指新闻应该是那些将对社会上大多数人的命运、生活发生重要影响的事情。比如作为中央电视台晚间19:00～20:00新闻板块中的一个组成部分,《天气预报》节目是收视率最高的,这说明其新闻价值是最大的。而《天气预报》的新闻价值就表现在它的重要性上:它几乎对各行各业的所有人都有实用意义。按照这一思路,各种天灾人祸、社会动荡等都是因为重要性而具备新闻价值的。

● 显著性。这是指构成新闻的元素因为种种原因特别引人注目。比如,最具显著性特色的无疑是影视明星了,所以他们的一举一动都可以构成新闻。一般家庭生孩子是一件司空见惯的事情,是生活的常态;但香港影视明星张柏芝生孩子就是新闻;大陆的影视明星王菲和李亚鹏夫妇生孩子也是新闻,而他们的女儿是兔唇,那新闻价值就更高了。生孩子、孩子是兔唇,这些事情放在普通人身上都不是新闻,但是放在名人身上,因为名人的显著性,于是就成为了新闻。

● 接近性。这有两个层面的含义,一是地理上的接近性;二是心理上的接近性。地理上的接近性是指人们往往会对发生在自己身边的事情发生兴趣,而对远方发生的同类性质的事情缺乏兴趣。比如对于天气的新闻,一个苏州市民对本市爆发的大雨的相关报道要比发生在西藏某个大山的雪崩要感兴趣得多,而一个西藏边防战士对于上述两则新闻的兴趣则正好相反,这就是新闻价值在地理上的接近性的道理。心理上的接近性是指受众因为年龄、气质、爱好等因素对某些即便发生在远方的新闻也会产生心理上的亲切感,就此发生兴趣。比如,一个北京的中学生会对一则反映香港中学生如何过暑假的新闻感兴趣,而对另外一条反映北京老年人晨练的新闻则兴趣不大,尽管后者具有地理上的接近性,但心理上的接近性促使北京中学生更会对前者发生兴趣。

● 趣味性。这是说让人觉得有趣的事情都具有新闻价值。趣味性具有明显的阶层性和地域性。比如,两只猫咪打架,这件事如果发生在农村,也就是田间地头一幅令人司空见惯的景观,提不起农民受众的任何兴趣;但是如果发生在大都市的写字楼里,那么它就有可能引发都市白领们的极大兴趣。

一般说来,新闻记者被要求具有新闻敏感,即具备所谓的“新闻鼻”,就是辨别“新闻价值”的能力。

除了新闻的采集以外,广播电视新闻编辑和编排同样重要。这涉及广播电视的新闻传播是否符合受众的接受心理和习惯,也会影响到新闻价值的实现。“新闻信息”是广播媒介中的重要内容,因为广播新闻传播具有其他媒介所不具备的优势。

第二节　广播新闻节目

一、广播传播新闻的优势

1. 突破时空限制，渗透性强

这是广播媒介在新闻传播方面区别于报纸乃至电视的优势所在，也是广播的技术优势造就的。在所有的大众传媒中，广播是受空间约束最小的媒介。无论是在地球的哪个角落，只要是无线电波覆盖的地方，有台收音机就能收听广播，尤其是短波广播，其抗干扰性造就了其良好的接受效果。这使得广播成为适应性最强的大众传媒，尤其是在战争等非常时期，广播通常成为唯一的媒介。

而报纸和杂志无疑不具备这方面的优势。报纸等印刷媒介自不待言，印刷、发行等繁琐的程序限制了报纸在更大范围内的流通。比如在历史上，如果战争爆发，一般报纸要停刊一段时间，而广播电台却可以迅速恢复播音。在解放战争时期，无论党中央机关转移到哪里，新华广播电台的声音从来没有断过，而当时的中共中央机关报只能是断断续续地出版了。

电视在这方面的优势也不如广播。首先，电视新闻的信息采制要比广播麻烦；其次，电视信号的传播也要比广播复杂，卫星电视虽然能够达到无远弗届的地步，但是这要求电视机必须连接着卫星接收天线，因而大大限制了电视传播的机动性，使其渗透性远远不如广播深入。

2. 伴随性接受，新闻信息接收随机性强

收音机体积小，接收信号能力强，故而广播新闻的伴随性也很强。这使得广播成为最随机的新闻媒介。人们收听广播是非常随意的，可以专心致志地坐在收音机跟前听——20世纪50年代的时候，收音机还没有在中国普及，那个时候在中国的城市街头，围在汽车旁边收听收音机里的新闻是常见的场景；70年代后期，广播刚刚开始普及的时候，晚上全家人坐在收音机前专心听广播也是常见的景观。

随着广播在中国的普及性越来越强，人们听广播的行为也越来越随意：老人早晨晨练的时候可以一边锻炼身体一边听；主妇做饭可以一边择菜一边听；学生上学可以一边骑车一边听。随着汽车的普及，汽车文化和广播文化结合得越来越紧密，越来越多的人一边开车（或者坐车）一边听广播——广播是人们开车的时候唯一可以进行的大众媒介接受行为。

这说明，广播能够更加深入地渗透到人们的日常生活中，只要人们愿意，它可以伴随他们做任何事情，甚至是睡觉。在现代都市的夜晚，很多人是听着广播的晚间谈话节目进入梦乡的，此时往往连收音机都忘记关掉。总之，新闻凭借着广播媒体，可以覆盖人们日常生活的每一个角落和每一个时间段落。

3.只闻其声，不见其形，造就了其特有的宣传效果

美国学者马克・波斯特认为，广播是最具"第一媒介时代"特色的大众传媒。所谓"第一媒介时代"是指一种单向传播模式的传播时代①(相对应的，"第二媒介时代"是双向传播的媒介模式，比如互联网的传播)，广播是这一时代的媒介代表。

在世界舞台上，20 世纪 20～30 年代之所以成为广播媒介的黄金时代，是和广播传播的惊人效果分不开的。广播不但造就了罗斯福、斯大林、丘吉尔等电波领袖，让他们的声音产生了巨大的社会效应，而且人们发现其宣传效果也达到了印刷媒介从来没有达到的效果。正如我们在分析广播的声音魅力时所分析的那样，由于人们听广播是只闻其声，不见其人，所以，对"声源"的形象具有一种"完形心理学"意义上的想象，广播播音员与主持人的声音一般都是经过训练，比较悦耳的，所以能够激发听众往"美好"的方向上联想。于是，在一种感性愉悦的状态下，人们更加容易接受广播新闻的宣传。

正因为如此，著名学者拉扎斯菲尔德从学术研究的角度如此描述广播在社会中的重要作用："广播现在使整个国家成了实验场。一个相当集中控制的行业提供了各种刺激，所有的民众团体对其的反应都可以被研究和比较。"②拉扎斯菲尔德对广播传播的诸多研究成果表明，虽然广播传播的魔力不像"魔弹论"所宣扬的那么神奇，但效果绝对不可小觑。

正因为如此，尽管我们已经步入了多媒体时代，但对广播新闻的传播还是不可忽视的，尤其是社会发生变迁的时候。

二、广播新闻信息采制的关键：有逻辑的新闻叙事和现场音响、同期声的录制

广播新闻的信息采制除了遵循普遍的新闻信息采集的规则以外，还必须注意两点：一是一定要注意采集新闻现场的实况音响，"现场音响"可以增强新闻的证实性和感染受众的情绪，这是广播新闻传播的独特优势；二是在信息采制的过程中如何用声音符合逻辑地进行新闻叙事，换言之，广播新闻传播也要遵循"音响蒙太奇"的编辑规

---

① 〔美〕马克・波斯特著，范静哗译：《第二媒介时代》，南京大学出版社 2000 年版，第 7 页。

② 〔美〕丹尼尔・杰・切特罗姆著，曹静生、董艾禾译：《传播媒介与美国人的思想》，中国广播电视出版社 2002 年版，第 140 页。

律。以下我们以广播新闻的三个主要的文体为例分别来描述这个道理。

1. 广播消息

广播消息就是指狭义的广播新闻，它是广播中适用范围最广、运用频率最高的新闻体裁。现在广播媒体中司空见惯的“整点新闻”“半点新闻”等体裁，其内容都是典型的广播消息。

我们来看下面这则广播消息：

苏州河上最后一个摆渡口关闭

（音响：呜……再会……各种实况）

各位听众，苏州河上最后一个摆渡口，本世纪30年代由一个姓强的农民创办的强家角站今天上午9点35分把20名乘客从北岸送到南岸后正式停舱关闭，取而代之的是一座长50米、宽5米多的钢结构拱桥。

在苏州河上做了三十几年摆渡工，共渡过三千多万人次的刘俤扣今天下午下班后将和几位同事一起走向新的岗位。

“做一个轮渡职工，我当然希望渡船能开下去，但作为一个市民，可以说以桥代渡是上海滩发展的需要。”刘师傅上一辈的船工吉林发1949年就在河上做摆渡工，当时苏州河上有19个渡口，没几座桥，而今天苏州河市区段就有23座桥，但这些桥在住在渡口边上的9岁男孩薛超眼里只是小桥，“这个桥还不算大，我见过的桥有南浦大桥、杨浦大桥，还有立交桥。”

家住渡口棚户区的大学生杨坤欣喜之余还有更高的期盼：“我们这儿还有一片棚户区，我们也希望尽早改造。”①

这条新闻虽然短小，但所有广播新闻的要素都具备了。它的开头是一段现场音响，突出了新闻的时效性和现场感。对于整篇新闻来说，“呜”的这声汽笛非常重要，它一下子把听众带入到新闻现场的情境中去了；随后的正文以新闻解说为主，首先是背景介绍，然后是新闻主体。在“正文解说”中，关键的内容用现场同期声进行连接和过渡。三位新闻当事人的话给这篇广播短新闻画龙点睛，新闻事实的意思表达非常明确，前后逻辑清楚。当然，如果抽掉现场音响和同期声的因素，这篇新闻的意思依旧成立，但感染力将大打折扣。

2. 广播特写

“特写”原本是电影拍摄的术语，它指的是用“镜头”表现被摄对象的细节，比如面

---

① 孟建、祁林编著：《广播电视新闻范文评析》，新华出版社2001年版，第15页。

部表情、一片树叶的纹理等。特写在电影中能够有力地表现被摄主体的细部和人物细微的情感变化，是电影通过细节刻画人物，表现复杂的人物关系，展示丰富的人物内心世界的重要手段。广播特写，意味着把"特写"这一电影手段移植到广播中来。广播特写属于新闻报道，更准确地说，它是一种描绘性的新闻，比普通的广播消息更具体、更形象、更生动、更富有感染力。

在广播特写的采制过程中，同样要强调音响、现场同期声的捕捉和录制，也要讲究广播叙事的逻辑性，如此，才能凸显广播特写细腻性、描绘性的特色。我们来看下面这个例子，选自中国国际广播电台播出的新闻专题《回归前夕的香港》，这是它的第三部分，题为"香港殖民统治色彩正逐渐消退"：

> 距离香港回归中国只剩 20 天了，英国人在香港的殖民统治已进入尾声……
>
> （音响三，邢凤柄讲话出）
>
> 《人民日报》驻港资深记者邢凤柄先生说，香港回归，英国的殖民统治就结束了。殖民色彩的消失和淡出是历史的必然。不过，英国在香港的殖民统治色彩已遍及了人们的日常生活中，特别是思想文化等方面，其影响的逐步消退需要一个漫长的岁月，但相信只是个时间问题。①

这条特写主要是用主持人的语言来进行细腻的"深"描，尤其是在描述殖民标志被取消方面，有些细节和数字表达得非常到位，比如"使用了 100 多年的英国女皇头像邮票将停止使用，一套共 16 款以维多利亚湾海景为图案的邮票将取而代之。……此外，引人注目的是港府有 10 多个部门需要更换标志和图案，其中，5 个纪律部门图案徽号的更换进展顺利。香港警务人员的警徽、肩章、臂章及纽扣图案，原都带有殖民统治的色彩，如警司肩上的皇冠标志等。更换后的警署警长级或以上的肩章标记 RKP 则改为 HKP，将昔日的'皇家'的英文缩写字母消除"。这一段非常详细地描述了所谓"殖民色彩"标志的内容，以及修改后的"香港特区"标志的内容，使听众就算是不见其形，也能通过想象在脑海中完形出来。此外，这段语言描述中，对硬币的描述，对马会旗帜图案的描述都具有类似的写作特性。

我们再来看下面这篇广播特写，它在关键时刻运用"音响"和"同期声"来渲染情绪，并对叙述对象进行细致的描绘。

> 各位听众，国内第一例胸骨裂畸形整复手术昨天由上海第二医科大学附属第九人民医院顺利完成……以上由广东记者江小青报道。②

---

① 孟建、祁林编著：《广播电视新闻范文评析》，新华出版社 2001 年版，第 62～64 页。

② 同上书，第 69～71 页。

这是广播新闻专题《爱心创奇迹》中的最后一段，在这一段中，手术已经成功完成，这段特写着重描述了手术的过程，同期声和音响成功地将当时的现场情境表达出来。在手术完成以后，“掌声”渲染了当时欢乐的气氛；在看望术后的孩子的时候，“哭声”造就了逼真的现场气氛；吴青父母发自肺腑的同期声——“在家里讲要找个活神仙，这次来上海找到张医生这个活神仙，把她的病治好了”，既描述了当时的新闻事实，推进了叙事的进程，同时又起到了渲染情绪的作用。可见，是“同期声”和“现场音响”使得这篇广播特写在讲清事实的同时更为精彩。

3. 广播评论

广播评论是要用声音来说理，而且理要说得透彻，要“以理服人”。从某种意义上说，广播媒介传播评论性的信息要比电视更有优势。因为电视是声画并茂的，观众看电视的心理预期是要能看到画面，所以，纯粹和电视观众讲道理，他们是不会喜欢的。广播没有画面传播的任务，用声音说理也符合人们接受道理的习惯。所以，除了对写作上的要求以外，广播评论还要注意现场同期声和音响的使用，将它们也加入到广播评论的逻辑论证当中去。这才是广播评论独一无二的策略。我们来看下面这个例子：

村民自治是我国民主政治的伟大创造

听众朋友，欢迎收听《时代之声》。

党的十五届三中全会指出：“扩大农村基层民主，实行村民自治，是党领导亿万农民建设有中国特色社会主义民主政治的伟大创造。”今年11月4号，全国人大常委会通过并颁发了新修订的《村民委员会组织法》，国家主席江泽民签署了主席令：这部法律自公布之日起实行。至此，村民自治经过10年的实验示范，终于拉开了全面实施的伟大序幕。

为了帮助大家对村民自治制度的主要内容、发展情况和推行这一制度的原因及意义有一个较全面的了解，从而加深理解，我们在今天的《理论与实践》栏目里，播送《村民自治是我国民主政治的伟大创造》，欢迎收听。

（间奏）

听众朋友，如今你要是到农村，遇到村民在直选村干部，或村里谈起村民自治来，许多情景真是令人振奋不已。

（出录音）

根据计票结果，选举结果，小岗村村民委员会主任，严宏昌当选！（掌声、欢呼声）严宏昌：这次我被选举当了这个村主任，我就是豁出去了，就这么100多斤，决不辜负父老乡亲对我的厚望，不辜负江总书记对我们小岗村的希望！

（录音止）

说话的这位就是“大包干”的带头人之一严宏昌。11月26号这一天，“大包干”的发源地凤阳县小岗村第一次通过村民直选，严宏昌在激烈的竞选中获胜。

村民自治，不仅当选的人拥护，村民们也都齐声称赞。今年3月，来安县邵集乡八个村，全部由村民直接选举产生村干部。选举结束的第二天，记者到这里采访，刚到这个乡石桥村的村头，得知消息的村民，从各家各户一下涌出男男女女、老老少少六七十人，盛赞由他们自己直选村干部的做法。

（出录音实况）

(1)记者：“老大爷您叫什么名字?”群众：“我叫(一片笑声)王叶文”。记者：“您给谈谈这次选举的体会。”群众：“选举是很好的，心情是愉快的，在我们农村讲，这是大喜事，从来没有这样的。”

(2)“这项工作是深得民心的。老百姓选自己的带头人，根据他们的口才，平时的工作实力，有没有文化，有没有水平。”

(3)“我对这次选举感到十分高兴，选老老实实的人，能替老百姓干点好事。”

(4)记者：“您多大了?”群众：“60了。”记者：“您觉得这样选怎么样?”群众：“很好，通过群众，毛主席不是讲吗，群众的眼睛是亮的。”

(5)(一片笑声)“这个方式很好，从各方面看都好，能办好事。”

（录音止）

……

限于篇幅，这里只截取了一小段。画外音和音响是这篇广播评论中最重要的因素，非常难得。总结起来，音响在这篇评论中具有如下特色：

第一，注意画外音和音响材料在使用上的内在逻辑联系。这档节目是一个逻辑严密、层次清晰的理论节目，可以分为三个层次：小岗村直选村民干部的实况；村民自治制度的主要内容；目前在我国为什么要实行村民自治制度。仔细分析，这三个内容之间是由逻辑上的因果联系的。节目开始播出小岗村直选的录音实况，然后播出安徽省民政厅相关官员的讲话，这是从政府角度、宏观角度介绍该制度的主要内容。在为什么要实行村民自治制度方面，节目分别选取了专家、政府工作人员、农民的录音讲话，从不同角度对此问题予以了阐释。

第二，注意采集有典型性的语言、音响材料。这样做具有很强的说服力，使得枯燥的理论形象化，便于听众理解。如严宏昌当选后一段讲话铿锵有力，表现了实施村民自治后，广大干部治理村务的信心。

第三，注重语言和音响的权威性。节目主要选取了专家、学者、主管部门负责人的谈话，他们的谈话大多简明扼要，有理有据，深入浅出，善于从理论高度上把握、理解村民自治制度的伟大意义和深远影响，增强了节目的说服力和可信度。如上海社科院副院长、美国普林斯顿大学的博士后左学金将小岗村村民自治和美国总统大选进行对比，“参选率很高，说明大家非常关心村民委员会的选举”，这对论证“实行村民自治是广大农民的迫切愿望”的观点是非常有说服力的。

三、广播新闻编排的原则：冗余度的控制

广播新闻以声音为媒介，作用于人耳。正如鲁迅所说的那样，“诉于耳的方法，和诉于目的时候是全然两样的。所谓听众者，凡事都没有读者似的留心。简洁的文字，有着穿透读者心胸的力量，然而在听众的心里，却毫不相干地过去了。听众者，是从赘辩之中，拾取兴趣和理解的”。实验表明，视觉信息的残留率为70%～80%，听觉信息的残留率只有30%～40%。声音稍纵即逝，所以广播新闻必须保持一定的信息冗余度。

信息冗余度，指不携带信息的符号量与总符号量的比率。全部是信息，冗余度为零，但信息接收者根本无法译码。所以，不携带信息的符号对理解主要信息是必要的。为了让听众一听就懂，听后留下深刻印象，广播新闻的冗余度应高于报纸新闻和电视新闻。

重播是广播保持信息冗余度的方法之一。新闻节目的整点滚动播出是一项符合广播新闻传播规律的措施。如果听众没听清楚，他可以在下次重播时再听一遍。而滚动播出，又体现了广播新闻的迅速性。

广播新闻的冗余度还表现在新闻提要上。在新闻节目开始时，对本次新闻节目的主要内容先打个招呼，以吸引听众收听。节目结束时，再次重播新闻提要，让中途开始收听的听众能了解已经播出的主要内容。

广播新闻稿也要留有适当的冗余度。广播新闻如同日常对话，不是电报，更不是词典，犯不着“惜墨如金”，但是冗余度过高也会使信息量过小。冗余度的控制包含两个相对的方面，提供必要冗余和剔除绝对冗余。绝对冗余是那些不仅不携带信息，还干扰信息的语言。比如叠床架屋的修饰语，“穿靴戴帽”式的语言（“在……会议精神指导下”等）。又比如，不管报道内容如何，都用一堆“万能材料”，哪怕和主题无关。冗余度不是套话、空话，更不是毫无价值的废话。那些陈词滥调，是绝对的“冗余”，是广播新闻写作的大忌，看似体现了形势，有“思想性”，实质上干扰了宣传报道的思想，传播效果适得其反。

必要冗余是本身不携带信息，但却是理解主要信息不可或缺的语言材料。广播新闻中必要的冗余有两种。一是在新闻中交代背景，加以解释，为听众提供理解新闻事实所必需的有关材料。比如，对关键性的地名、人名作解释，可以使听众加深印象。更

可取的方式是在人名出现之前，先交代任务背景，如职务、单位等。这样做的目的是让听众有思想准备。对新词语和专业性较强的术语也要解释。不但需要向听众提供围绕主要新闻事实的材料，还要有相关知识，如历史、地理、风土人情等方面的辅助材料。在主要信息出来之前，做好了这些铺垫、烘托、渲染，便能强化听众对主要信息的接受。辅助材料是丰富新闻内涵、提高报道品位、增强传播魅力的关键。

二是适当地重复叙述。广播新闻中的某些内容，特别是人名、地名、单位名，要反复叙述。新闻的主要人名、地名等专有名词，在新闻中应反复出现。不允许在导语中出现一次后就用代词代替。中央台的做法，是在导语、中间、结尾各重复一次。少用代词，改成重复几遍名词，看上去啰唆，听上去却要比"简洁"的文章效果好得多。否则，没有从头收听的听众就会搞不清楚"他""该厂"等词指代的内容。

广播新闻的冗余度不等于要事事解释，词词重复。冗余要有限度，否则也就成了绝对冗余了。控制冗余度，是一个比提供必要冗余更迫切、也更难的问题。这要求广播新闻写作者了解听众的平均接受能力、信息关注的焦点和认知水平，控制好冗余度，当繁则繁，当简则简。以大多数听众能听明白、理解准确为准。

从广播电视的发展历史来看，自电视诞生以后，广播的新闻阵地被侵蚀和萎缩。在整个大众传媒的竞争领域，广播新闻的地位正慢慢地成为"补缺"，即受众在看不到电视、读不到报纸的时候才收听广播。在这种情况下，很多广播电台也调整了自己的新闻策略。比如，重视整点新闻的滚动播出：这样的新闻信息量大，且短小精悍，符合受众收听广播"伴随性收听"的特征。同时，在某些专业电台如交通台，强化专业服务类新闻播出等。总之，在电子传媒领域，电视新闻随着电视媒介的普及成为了主流的新闻传播力量。

第三节　电视新闻节目

电视新闻是电视节目构成中的重要组成部分。与报纸、广播相比，电视的突出优势是把新闻现场的信息通过声音和画面全息地呈现给观众，带来了无可争辩的证实性和生动性。从题材上来看，电视新闻包括电视短新闻、电视深度报道和电视评论三个主要类型，不过电视新闻具有自己独特的运作模式和节目编排模式。

一、电视短新闻

电视短新闻是电视新闻节目中最活跃、最常见的新闻题材。它的内容是报道某一个具体发生的新闻事件，动态地告诉观众每天世界上发生了哪些重要的事情。中央电视台的《新闻联播》《新闻30分》《晚间新闻》，江苏卫视的《南京零距离》，东方卫视的《东方夜新闻》，凤凰卫视的《凤凰早班车》等都是典型的电视短新闻专栏节目。

掌握电视短新闻要抓住如下要点。

1. 制作电视短新闻的关键是要摄制“典型镜头”

电视记者一般不可能将新闻事件发生的整个过程完整地拍摄下来，只能录制若干最能反映新闻事实发展过程的画面，然后将其串联起来，配上声音解说，由此再现整个新闻事实发生的过程。电视短新闻由于篇幅短，更要选择拍摄最能表现新闻特征的镜头，这就是“典型镜头”。

我们以一个实例来说明这个问题，这是一条获2003年中国电视新闻奖的作品。

河北省辛集郭西烟花厂发生特大爆炸事故

画面：播音员同期声。

解说：今天下午，河北省辛集郭西烟花厂突然发生了爆炸，我们来看记者刚刚从现场发回的报道。

画面：夜幕中烟花爆炸的场景、大火焚烧的场景、在远处围观大火的群众。

解说：下午6点零8分，辛集市王口镇郭西烟花厂响起了第一声爆炸，引起了连锁反应，爆炸接连不断。当记者赶到现场时，郭西烟花厂已是一片火海，一股股热气夹杂着浓烈的焦煳味扑面而来。弥漫的烟雾刺激得人眼睛都难以睁开。大大小小的爆炸声此起彼伏。

画面：武警官兵抬着受伤的群众。

解说：搜寻伤亡群众的工作在紧张地进行着。

画面：更为猛烈的爆炸，人群纷乱地奔跑。

现场同期声音响。

画面：武警现场救援指挥官用高音喇叭指挥现场撤离。

现场同期声：出消防人员和救护人员，全部人员撤离200米以外。

画面：救护车呼啸着远去。

现场同期声音响。

画面：消防官兵列队奔赴火灾和爆炸现场，消防车开入火灾现场，伤员在担架上被抬到救护车上。

解说：据现场抢险人员介绍，爆炸发生后，当地医护人员、消防人员、公安干警等陆续赶到现场展开抢救，现场不断有伤员被从废墟中抢救出来，医护人员对伤员进行简单的处理后，根据不同情况，送往相应的医院进行救治。

画面：医护人员在处理伤员，配置抢救的药品，现场纷乱的场景。

解说：据了解，爆炸发生后，有169人在厂区工作，截至记者发稿时，已知有2人死亡，100人左右受伤。

这条新闻之所以能获奖，是和它真切的现场感分不开的，而这种现场感是依靠记者所拍摄的画面展示出来的。对于这种灾难报道来说，典型画面包括如下的类型：

- 灾难现场的画面：火光的画面、爆炸的画面等；
- 灭火、抢救伤员等救灾现场的画面，比如武警消防官兵开赴灾难第一现场，医护人员抢救伤员的画面等；
- 抢救现场财产和群众的画面，现场群众奔跑的画面等。

这些画面串起来就构成了一个"灾难发生——救灾——灾害得到控制"的过程。记者对这三类画面的把握是非常到位的。

一些约定俗成的新闻题材，它的典型镜头也是有惯例的。比如我国政治新闻中常见的电视会议新闻的拍摄就应该包括如下不可或缺的典型镜头：

- 会场的外景（一般是全景）；
- 会议代表步入会场的镜头；
- 会议主席台的全景；
- 会议主席台的标语；
- 会议主席台的代表；
- 主要的会议发言者；
- 与会者（观众）聆听会议和鼓掌的镜头等。

这些画面如果都能够采集到，再配上相应的话外音的解说，一条短新闻的内容就可以表达得很清楚。

而一条体育短新闻的典型画面应该包括如下镜头：

- 运动员夺冠的画面；
- 运动员夺冠后观众的反应；
- 运动员夺冠后自己和教练、队友等人的反应；
- 竞争对手的反应；
- 颁奖的镜头等。

对于一个有经验的记者来说，他在接触一条具体的新闻线索的时候，就大概明白这类新闻的典型画面是什么，因此在事前就能作相应的准备。比如，一个电视体育记者到达现场后，会在可能出现典型画面的地方架设摄像机，以便能及时捕捉到体育新闻的典型镜头。比如，对于跳远比赛现场来说，"沙坑"一定是典型镜头，因为所有的比赛成绩都是从这里出来的。所以，无论是架设在沙坑前方的特写镜头机位，还是在远方架设的能扫描全景的机位都是必不可少的。

由于很多短新闻都是突发事件，因此很多情况下是事件发生后新闻记者才得到新闻线索，赶到现场后已经时过境迁了。此时，记者应当在新闻现场尽量寻找和新闻事件有关的线索，这些线索寻找得好，也能起到典型画面的作用。比如，关于车祸等灾难性报道就经常会碰到这样的问题。

一般情况下，是车祸已经发生了以后，记者才会得到新闻线索赶到现场的。记者到达现场后，车祸的过程已经无从拍摄了，此时他应该尽量拍摄车祸遗留物，比如被毁坏的车辆、道路上散落的车辆的物品和零件、受害者的鲜血和物品。这些画面配上话外音，可以激发观众的想象，让他们在头脑中随着记者的叙述完形出车祸现场的画面。此外，有经验的记者一定会寻找现场目击者，通过他们的语言来复原车祸现场，这些目击者也是重要的典型镜头。

随着电视技术的飞速发展，电视工作者搜寻和制作典型镜头的能力越来越强。2007年11月10日，台湾各大电视台都播出了一条关于宪兵通过互联网诱奸少女的新闻。由于新闻制作的时候，"诱奸"的事实已经是时过境迁了，故而不可能摄制到典型镜头。于是，电视新闻编辑根据所获得的材料用三维动画的方式复原了这个宪兵犯罪的过程，这些镜头同样成为这条新闻的典型画面，而且这种处理方法符合电视新闻传播伦理的要求，即避免了对当事人的伤害。还有，诸如照片、绘画等都可以成为现场画面缺失后重新制作典型镜头的材料。

摄制典型镜头是制作电视短新闻的关键，一些较为成熟的新闻题材就此形成一定的传播定规或者是传播模式，这当然是一个新闻记者必备的素养。但是，过分依赖自己对某一类新闻题材典型镜头的把握，反而会造成记者的惰性。比如，在相当长的一段时期内，我国电视界的会议报道为人诟病，其原因就是记者过分依赖业已形成的会议新闻典型镜头的采集原则，这导致所有会议新闻的电视语言表达都是千篇一律的，无论是工业界的会议，还是知识分子圈子的会议，在画面表达上没有任何区别——无非是"会议代表进场""会议标语""领导发言""与会代表鼓掌"等，会议的内容和细节完全要依靠话外音即语言来完成，这样一来，电视画面纪实性的功能就发挥不出来了，这是违背电视传播理念的。

2."声画合一"的声画组合方式与"同期声"的点睛效果

电视短新闻由于要客观地反映现实生活中发生的事实，因此它一般采取"声画合一"的声画组合方式，即解说语言和画面表达的内容是一致的，这样最能发挥电视新闻的纪实作用。所谓声画合一就是电视画面播出的内容和声音解释的内容完全一致，观众观其形，听其声，最终达到对事物或者事件最完整的认识。比如，在上述新闻中，当电视画面出现爆炸场景的时候，画外音解释这场爆炸发生的时间、地点、规模等等，这样观众既能看到爆炸的景观，同时又能了解爆炸背后的相关信息，对这一事件就有了全方位的认识。

3.倒金字塔形的新闻叙事结构

"倒金字塔"是一种典型的新闻写作方法,这种方法强调要把最重要的新闻事实写在文章的前面,然后将各个事实按其重要性程度依次写下去,而且一段只写一个事实以致最后全部陈述出事实,在整个写作过程中,记者并不发表议论。

"倒金字塔"结构也完全适用于电视短新闻。因为观众收看电视新闻的心态和阅读报纸新闻是完全一样的,比如下面这条短小精悍的电视新闻:

国庆节,中英街国旗高悬

画面:记者出镜,背景为中英街街景。

解说:今天,以一国两制闻名的深圳沙头角镇中英街,第一次在街的两旁高悬国旗,给这条具有百年历史的老街增添了新的景观。请看报道。

画面:中英街街景观、国旗。

解说:今天中英街港方一侧的店铺家家都不约而同地挂起中华人民共和国国旗,和深圳一侧的国旗交相辉映,给这条饱经沧桑的小街增添了予日的喜庆气氛。

解说:当问起街道的另一侧的香港同胞今年为什么挂国旗时,他们纷纷表达自己的心愿。

画面:中英街的界碑和大榕树,游客向孩子解释。

解说:中英街当中的这块界碑和这株大榕树是百年历史的见证,一位江西来的游客向他的孩子讲述着中英街及这些界碑的由来。

这是典型的"倒金字塔"结构的电视新闻,首先是将新闻最主要的内容表达出来,然后将这些内容的细节拆分,予以分别解释说明,观众由整体到部分对一个事件有了越来越充分的认识。

值得注意的是,电视短新闻"倒金字塔"结构中的内容要尽可能地用画面来进行叙事,尤其是新闻导语,完全可以用精彩的画面来概括,这足以显示新闻创作者的电视业务素养——对精彩画面的敏感和追求。

二、电视深度报道

电视短新闻解决的是"5W"的问题,而电视深度报道主要解决的是"Why"的问题,即告诉电视观众新闻事实的来龙去脉乃至更为深层次的原因。在深度报道中,围绕着某一特定的新闻事实,记者要建构起一个关于新闻事件的信息网络,这个网络将回答新闻事件的"起因""背景""相关因素"和"发展趋势"等问题。

掌握电视深度报道的关键在于两点：

第一，有能力建构不同事实间的因果联系。

第二，掌握电视深度报道独特的叙事逻辑。换言之，记者和编辑要用声音和画面将一个相对复杂事情的来龙去脉说清楚，这是需要一定的叙事技巧的。从操作层面来看，正是这一技巧造就了“深度传播”的可能。

我们以下面的例子来解释深度报道的传播机制：

中央电视台《焦点访谈》曾经播出《粮食满仓的真相》，这则新闻获得中国广播电视新闻奖1998年度电视新闻评论一等奖、第九届中国新闻奖二等奖，这是一则典型的电视深度报道。

粮食满仓的真相

中央电视台　喻圣宏、凌泉龙

主持人（演播室主持）：各位观众，大家好，欢迎收看今天的《焦点访谈》节目。粮食流通领域的改革，是目前经济发展中的重要环节，党中央、国务院对此重视，中央领导也经常到各地进行调查研究，关注这项改革的进行。目前，全国粮食流通领域的改革已经取得了成果，但是，也有一些地方违反国家的规定，弄虚作假。最近，我们的记者在安徽省的南陵县就采访到这么一件事。

解　说：安徽省芜湖市南陵县素有“江南四大粮仓”的美誉。全县50万亩耕地中可以种植水稻的面积就有48万亩，每年生产的稻谷也在28万吨以上。由于南岭县在粮食生产中具有如此得天独厚的优势，今年新粮入库之前的5月22日，国务院总理朱镕基来到这里就粮食购销体制改革问题进行了调查研究，在南陵县峨岭粮站，朱总理看到了粮食满仓的情景。

安徽省南陵县峨岭粮站站长刘鸿（采访同期声）：朱总理来的时候，我们仓库里粮食装满了，全部是包装的，一直装到齐窗口。

解　说：然而，当地群众最近向记者反映，南陵县在上级领导来调查研究时在粮食问题上弄虚作假。10月底，记者专程前往南陵，对此事进行了调查。

记　者（采访同期声）：那个粮食是从哪里来的呢？

安徽省南陵县峨岭粮站站长刘鸿（采访同期声）：是从各个站调运过来的，调运的，集中保管。

解　说：据介绍，峨岭粮站拥有两千吨粮食的库容，那么在没有从其他粮站调粮之前，这家粮站到底存有多少粮食呢？

记　者(采访同期声)：在上级领导来之前，你们的粮站粮库里面装了多少粮食？

安徽省南陵县峨岭粮站站长刘鸿(采访同期声)：这个库存粮食，我们只有六号仓有散装粮食，有852吨。

……

解　说：随后，记者前往曾给峨岭粮站调过粮食的部分粮站核实了有关情况。

南陵县三里中心粮站门市部会计谢年宝(采访同期声)：调峨岭籼稻是328230公斤，粳稻是135170公斤。

记　者(采访同期声)：这是什么时候调的？

谢年宝：这个就是当时是5月份调的，6月份……

解　说：安徽省南陵县峨岭粮站保管员李林保(采访同期声)：放了二十来天。

记　者(采访同期声)：二十来天？

李林保：嗯。

解　说：南陵县为什么要劳神费力调粮充库呢？

安徽省南陵县粮食局副局长杨赤峰(采访同期声)：既然来看粮食嘛，就应该嘛，那个仓里粮食应该是满的，南陵嘛因为是个产粮大县，我说没有粮食嘛，总觉得有点丢人，有点难看。

解　说：难道真的仅仅是为了顾全脸面吗？其中是否另有奥秘呢？作为一个产粮大县，南陵县按照上级下达的粮食收购计划本来每年应该收粮10万吨以上，如果该收的粮食都收上来了，一般是不会出现粮库空仓的情况。那么，南陵县的粮食收购工作做得怎么样呢？

安徽省南陵县粮食局局长张厚发(采访同期声)：定购粮数量比较少，这个我们整个的呢，去年定购粮呢完成了50%。

解　说：这位局长说南陵县去年入库粮食只有73000吨，其中国家规定必须完成的定购粮任务仅完成了50%，连定购粮任务都只完成了50%，那么农民余粮的收购情况又怎么样呢？

记　者(采访同期声)：现在余粮多不多呀？

农民A(采访同期声)：余粮也多。

记　者：大概会有多少？

农民A：大概有六七千斤。

记　者：六七千斤呀？

农民A：哎，对。

记　者：现在你们这些余粮粮站里面收不收呀？

农民A：现在粮站就不收。

记　者:一概不收吗?

农民 A:一概不收。

记　者:去年收不收呀?

农民 A:去年一亩地只收 40 斤。

记　者:一亩地只准卖 40 斤?

农民 A:只准卖 40 斤,对。

记　者:卖 40 斤够不够呢?

农民 A:40 斤那不够。

解　说:据了解,在去年的粮食收购工作中,南陵县部分粮食收购单位以库容不足、粮食水分过重为借口,对农民交售余粮实行了限量收购。而农民反映,虽然今年没有限量收购,但当地粮站规定的保护价格偏低,而且还要压级压价,代扣代缴,服务质量也不尽如人意。

……

记　者(采访同期声):你们家有这么多余粮呀?

农民 D(采访同期声):卖不掉。

记　者:粮站不收吗?

农民 D:(粮站)结钱结不到,粮站没人,找不到人,要找这个,又要找那个,要找过秤的,要找出纳结钱,找很多人。

记　者:不方便是吗?

农民 D:不方便。

解　说:由于在国有粮站卖粮存在诸多问题,南陵不少农民只好把余粮卖给了散布在全县各地的个体大米加工厂。

……

在南陵县,个体大米加工厂已经存在了多年。10 月 29 日,记者进入几家外面铁锁保护、里面忙碌异常的个体大米加工厂看了个究竟。

记　者(采访同期声):像你们这个每天可以加工多少呀?

个体大米加工厂经营者 A(采访同期声):每天加工五六吨米。

记　者(采访同期声):群众一般都把余粮送到你们这里来是吗?

经营者 B(采访同期声):可以是这样讲。

记　者:像你们这镇上,就是像你这样的加工厂多不多呀?

经营者 B:多。

记　者:有多少?

经营者 B:有百把家。

记　者:100 家?

经营者B:对。

记　者:就你们这个镇,他们都是向农民收粮食吗?

经营者B:都是向农民收粮食。

……

安徽省南陵县粮食局副局长杨赤峰(采访同期声):这些小米厂(大米加工厂),据我们不完全统计(全县)肯定超过500家。这500家呢又分布在全县的各个角落,收购量呢每年几万吨是有的,三四万吨粮食应该说它是能够消耗掉的。

记　者(采访同期声):占国家收购的粮食大概是个什么比例?

杨赤峰:嗯,将近三分之一。

记　者:将近三分之一,就是说全县有三分之一的粮食被个体户收走了。

解　说:个体大米加工厂收购的粮食居然占到了三分之一,国有粮站当然也就无粮可收了。粮站收不到粮食,粮仓又何以装满呢?粮仓装不满,就只有在上级领导面前弄虚作假,临时调粮充库了。

记　者(采访同期声):从其他粮站调粮到峨岭,这个决定是谁做出的?

安徽省南陵县粮食局副局长杨赤峰(采访同期声):县粮食局呢肯定也参与了。对这个事情的参与者嘛,我肯定也参与了,也有推卸不了的这个这个,这么一回事吧,县政府也参与了。

解　说:但是,这位代表县委县政府出面接受记者采访的副县长,却说了这么一番话。

安徽省南陵县副县长汤春和(采访同期声):这个实际上不是作假。因为是粮食,这个粮食它不叫作假,因为是我本地的粮食呀,我不是在外面搞粮食来,我又不是搞其他东西来,它本身就是粮食调到这边来给他看更方便一点,这个不叫作假。

解　说:南陵县粮食局局长张厚发在解释调运粮食的原因时说。

安徽省南陵县粮食局局长张厚发(采访同期声):它这个粮食嘛恐怕就欠缺一点,欠缺一点嘛就做了一点小包装嘛。但是呢,它不是峨岭粮站的粮食嘛,那我们也不存在给国家造成什么损失,或者是名誉上或者是经济上,或者是欺上瞒下。

……

主持人(演播室主持):我们的记者采访结束后,朱镕基总理了解了这件事情的过程,他支持对这种弄虚作假、破坏党风的行为予以公开曝光。无数事实已经说明,不按照中央的有关规定去做,弄虚作假,不仅会损害国家的利益,最终也会害了弄虚作假人自己。现在要想真正搞好粮食流通领域的改革，就必须严格贯彻中央的有关规定，不能从个别地方的局部利益出发，也不能按照个别人的意愿随意行事，只有认认真真、踏踏实实地将党中央的有关规定变成一种实在的行动，才能真正搞好这项工作。

这条新闻报道的新闻价值在于“地方粮站欺骗总理”，作为深度报道，它还必须要将造成这一现象的原因揭示出来。而记者通过不断采访相应的当事人，使得新闻的原因一步步被揭示出来，这种“揭示”形成了这样一种新闻报道的线索：

群众举报粮站作假，央视派记者展开调查——采访峨岭粮站站长，他承认粮食是从别处调运来的——记者去调粮粮站核实情况，提出问题“为什么要调粮”——采访南陵县粮食局副局长，他的回答是“从农民手里收不上粮食，为了脸面不得不调粮”，带出新的问题“为什么收不上粮食”——记者访问农民，农民回答粮站不收粮食，只好卖给大米加工厂——采访私人大米加工厂，发现政府管理不力。

采访至此，这件新闻事实的根源基本上被挖掘清楚了，是相关政府部门管理不力，导致农民的粮食大量流入私人的粮食加工厂，国营粮库粮食不足，为了应付上级检查，只好从别处调运粮食，弄虚作假。在这条新闻报道过程中，电视记者揭示事实的方法是通过采访新闻当事人来完成的。通过当事人的讲述，新闻事件发生的过程则越来越清晰，其根源也慢慢地显露出来。比如，粮站收购粮食不力是通过采访农民得出结论的，政府管理粮食加工厂不力，是通过采访粮食加工厂的经营者来完成的。这些采访串在一起，构成了这篇电视深度报道的基本结构。

在新闻叙事的过程中，证实性的画面起到了关键作用。比如，粮食加工厂正门紧锁但车间里面的生产热火朝天的画面凸显了私人粮食加工厂业务的火爆。农民面对镜头激烈的批评言论显示了他们对基层政府这样弄虚作假的极大不满，这些无疑都大大增强了新闻报道的感染力。同时，这也证明了和广播、报纸等媒介的深度报道不一样的是，画面在帮助揭示新闻事件原因方面起到了非常重要的作用，这种作用不仅仅体现在渲染电视传播的情绪方面，有的时候甚至会直接推动新闻叙事的进一步发展。

电视深度报道要以某个新闻事实为中心，一方面向前追溯，即揭示产生这一新闻事实的原因（Why），另一方面要向后拓展，即对这一新闻事实所产生的后果进行追踪，这一追踪可以是按照线性进程发展的。在《粮食满仓的真相》中，记者拍摄了南陵县当地农民对粮食局相关领导弄虚作假的不满情绪，这是新闻事实产生的后果。随着节目的推进，记者逐渐将产生这一后果的原因揭露出来，这其实是将新闻线索往回追溯，通过这种追溯，电视媒体能将一件事情发展的来龙去脉完全整理清楚。而从论证关系上来看，深度报道是要为观众找到新闻事实发生的原因和产生的后果的资料，以完成一个因果证明的关系。

由于电视视觉传播的媒介特性，深度报道的证明资料都必须以画面的形式表现出来，这使得电视深度报道成为所有媒介形式的深度报道中难度最大的一种题材。央视《新闻调查》栏目曾经播出了一大批较有影响的深度报道节目，有的时候囿于各种限制，在证据画面提供方面也显得薄弱。比如它曾经播出的引起全国轰动的节目《命运的琴弦》，揭露了中国音乐学院在艺术考试招生过程中的不公正的现象。其中有一位学生面对镜头说到他之所以未被录取是因为没有接受某位评委老师的暗示。那么，这一事件的原因就应当追溯到这位老师那里——他是谁？他是怎么想的？他为什么要这么做？但相应的追踪采访很难，更不要说获得这位老师的相关影像资料。那么，节目配上的画面只是老师向学生暗示的场所——教学楼的厕所来表征这一事件的进程。出于这一原因，电视深度报道的记者有的时候会采取一些特殊的手段来获得相应的影像资料，比如说隐性采访和隐蔽拍摄。在《新闻调查・阿文的噩梦》一期节目中，记者为了探究戒毒所将戒毒女送出去卖淫的深层动因，化装成嫖客前往戒毒所，同时将摄像机置于挎包中，对交易现场进行隐蔽拍摄，这些画面成为日后节目在叙事过程中非常有力的证据，它足以证明节目中所曝光的事情是真实的。

三、电视新闻评论

在电视新闻体系中，评论所占的量可能不会很多，但重要性却不容忽视，因为评论代表的是电视媒介的观点和价值观念，这是其他类型的信息所不能替代的。从根本上看，电视新闻评论是要用电视的语言——声音和画面来针对某一新闻事实讲道理。掌握电视新闻评论，其关键在于如下方面：

1.说理形象的建构

在前文我们已经论证了，电视媒介说理的方式还是要通过语言来完成，因此说理形象的建构也是离不开语言的配合的，总的来看，电视新闻评论讲道理的形象可以通过如下两种方式建构起来。

(1)主持人或评论嘉宾的直接说理

这是电视媒介在传播新闻的时候最常见的说理方式，即主持人或者嘉宾直接出镜通过语言表达道理，这也是一般电视新闻评论节目中必要的元素。目前，我国大量的电视新闻节目都是采用这种讲道理的方法的。

比如，在中央电视台《焦点访谈》节目中，画龙点睛的评论往往出现在节目最后。在详细分析和阐释某一新闻事件的全貌以后，主持人将会发表对这个事件的观点和看法。比如在2007年6月9日的节目中，报道了对国家食品药品监督管理局原局长郑筱萸的审判过程，在节目的最后，主持人翟树杰作了如下的评论：

> 郑筱萸收受贿赂款物折合人民币649万余元，但其玩忽职守造成药品监管秩序混乱，危害人民身体健康，严重损害政府公信力和人民群众的切身利

益，损失不能用金钱来估量。所以说渎职侵权被人们称为“不揣腰包的腐败”，其危害程度远比那些把钱揣入自己腰包的腐败危害更大。当前渎职侵权案件查处的主要重点是在食品卫生、医疗医药、教育管理、社保基金等民生领域，以及严重危害司法公正和破坏环境资源的犯罪。目前，全国检察机关正在开展反渎职侵权宣传日活动，各级检察机关都公布了举报电话，6月11号到15号接受群众的举报。

这段评论的中心论点就是郑筱萸案件危害巨大，因为它是发生在民生领域，检察机关因此对其非常重视。这一结尾是对这一栏评论节目最后的总结和定论，同时主持人也做出了自己价值观的判断。

电视节目的评论者或者嘉宾要注意建构自己在观众心目中的权威形象，因为说理的资格在于掌握了客观事物的发展规律和某种意义上的善恶标准。央视的著名主持人，也是知名的电视新闻评论者白岩松曾经回忆他刚刚进入电视评论领域时所受的一次教育，这次教育是当时的中央电视台新闻评论部主任孙玉胜给他的：

记得刚开始访谈别人，我习惯性地称呼对方为“老师”，老主任孙玉胜见了客气地说：不要再叫“老师”了，你这样等于强迫所有的观众都成为他的学生，因为你是代表观众向他提问的，这一个提醒极大地改变了我，从此，“平等”才是我理解的对人最大的尊重。①

孙玉胜对白岩松的这一教育颇有深意。一方面，说明电视评论节目的主持人要尽量地不能弱于自己的采访对象，否则再评论起来权威性就没有了；同时，他还是广大观众的代表，他能够说出广大观众认可的道理，这样观众才会信服于他，才会觉得这个主持人是“自己人”，白岩松所谓的“平等”才能出现。这说明，在评论节目中，主持人必须在采访对象和观众面前树立一个权威但又有亲和力的形象。

主持人也不可能是所有问题的专家，当电视节目中涉及一些专业问题的时候，往往会邀请一些业界的专家，这些专家因为自己的专业而获得相应的权威身份，他们对新闻事件的点评也是很有说服力的。目前，很多电视评论节目都拥有自己相对固定的专家。比如在央视7套的诸多军事节目中，宋晓军、张召忠等国防大学的军事专家是常客。随着节目专业性的深入，专业造诣更高的专家也会被请到电视屏幕上担任评论者的角色。比如在央视7套2007年11月2日播出的《防务新观察》节目中，由于评论的是中国人民解放军装备的第一个第三代高机动轮式战术车辆“东风猛士”的性能和对未来战争的意义，这档节目请来的是“东风猛士”的总设计师黄松。

---

① 梁建增、关海鹰主编：《见证焦点访谈》，文津出版社2004年版，取自新浪网读书频道，http://book.sina.com.cn/longbook/1087981255_jiaodianfangtan/8.shtml。

可以想见，随着电视传播专业化和窄播化的进程，会有越来越多的专家走进电视新闻评论的领域。

(2)画外音配典型画面

电视新闻评论的第二种说理形象的建构就是用画外音的语言来讲道理，同时配以相应的画面，以此强化说理的深度和感染力。比如曾经获得中国新闻奖一等奖的电视新闻评论《农民要减轻自身负担》，是用如下的声画组合方式来抨击农村的一些落后习俗对农民生活造成的不良影响的：

画　面：炒菜，吃饭场面，煮面、捞面、吃面的镜头。

画外音：红白喜事，礼尚往来。我今天送你十元，明天你再送我十元，似乎是平等的，谁也不吃亏。其实不然，这一送一收，实则都消耗在吃吃喝喝中了，少则几桌，多则近百桌，有时全村老少男女齐出动，既浪费了时间，又浪费了钱财。家庭富裕的还可以承受得起，而那些劳力少、收入低的家庭，出于无奈，也只能随波逐流，打肿脸充胖子。

在这里，对农村大吃大喝等不良风气的批评是伴随着相应的大吃大喝的画面进行的，如此，评论不仅有事实的说服力，还有视觉上的感染力。

2. 找寻一种理论框架

和所有的新闻评论一样，电视新闻评论是否到位，取决于说理是否能让人信服。这需要电视新闻中讲道理的人自己能找寻到一种足以阐释新闻事件的理论框架。通俗地说，我要对一件事情发表看法，判断它的良莠好坏、进步还是退步、对人和社会有利还是有害等的依据是什么。很简单，这个依据就是我在作出判断之前就已经知道了什么是“良莠”“利害”“进步、退步”等理念是什么，我是用这些理念去比照相应的事实才得出结论的。我们用下面的例子来说明这个命题。

《焦点访谈》曾经播出一集题为《小玩具，大是非》的节目，这一节目报道的是一些商家以二战期间日本联合舰队的旗舰“大和号”巡洋舰为原型制造缩小比例的玩具模型在中国市场上出售。在节目最后，记者采访相应的专家，对这件事情作出评论。

画面：记者采访陆建华(中国社会科学院社会所副研究员)。

声音(陆建华出境)：它(大和号的模型)即便是没有直接侵略过中国，毕竟是侵略过中国的这个国家所拥有的武器，而且这个武器不过是因为偶然的原因没有开到中国来。也就是说在任何情况下，可能条件一成熟，它马上可能成为侵略我们国家的武器，所以商家的辩解是非常脆弱的。历史上被国际公认为罪恶战争的那种标志，比如纳粹德国的这种旗帜，包括30年代我们讲的太阳旗，我们现在的成年人，包括很多年龄很大

> 的人，看到这个就会想起那个屈辱的年代，甚至非常残酷的那个年代。这是一种民族的感情，一种民族的眼光在里面沉淀的，就是对这个东西比较一致的一贯的认识。如果孤立地讲是一个很小的事情，商家也是这样，就是一个玩具，而且可能就是这几个商家。我要讲的是，这种是非不分、基本的正义和不正义都搞不清楚，这种善恶不分的现象，如果让其蔓延开来，那整个社会，包括孩子，包括成人，最后都找不到一个基本的规则，大家都公认的规则，什么是对的，什么是不对的。

这段评论评的是一个具体的事件——侵华日军的武器被做成玩具在市场上出售，但若是要对其进行有效评论，评论者就必须先具备一些明确的观念，比如：日本侵华是非正义的，因此日军当年用的武器是罪恶的；时代的符号（纳粹的旗帜、太阳旗）是具有意识形态的含义的，它们是会引发人们的情感波动和联想的；经商是要讲伦理道德的，尤其是在国家民族大义方面。以这些明确的是非观念（理论框架）做武器，陆建华才能够对这一新闻事件作出上述评论。

和所有的评论一样，电视新闻评论也是由论点、论据和论证三个元素构成，只不过用电视媒介来做评论有它自己的特色：论据可以用流动画面的叙事来完成，画面的证实性有利于增加论据的可信度；论点由专家、主持人、画外配音等用语言表述出来，这些人的视觉形象和语言形象如果具有权威性，将有助于观众对电视新闻评论观点的接受；而论证的过程同样要讲究逻辑性和推理的合法性，这些都是由各种画面组接以及声画组接来完成的。

思考题：

1. 广播特写的传播特性是什么？
2. 什么叫广播新闻编排的冗余度控制？
3. 举例说明如何建立电视深度报道的“深度”？

第七章

广播电视文艺节目

内容提要：广播电视文艺节目是为受众提供审美、娱乐和日常消遣的节目，包括广播电视音乐节目、电视综艺节目、电视游戏节目、广播剧、电视剧等。本章对一些主要的广播电视文艺节目作了分析，阐释了这些节目的形成原因、背景、节目框架、传播特性、受众心理机制等。

如果说，"纪实"的功能造就了广播电视的新闻节目，那么，"虚构"的功能就成就了广播电视文艺节目。用艾布拉姆斯[①]的话来说，广播电视媒介不仅仅能像"镜子"一样客观真实地反映（这是新闻和纪录片做的事情），还可以像"灯"一样通过虚构来表达自己的情感、观点，通过给受众带来感性愉悦以影响受众思想和观念。而后者就是广播电视文艺节目存在并不断壮大的依据和理由。

从节目形态方面来看，广播电视文艺节目大致能分为三大类别：

其一，演艺类的广播电视文艺节目。

这类节目是将文艺演出搬进广播电波或者电视银屏，并动用相应的广播电视传播技术对其进行重新编排和整合。代表节目类型有广播电视音乐节目、电视综艺晚会、电视真人秀节目等。

其二，叙事类的广播电视文艺节目。

这类节目是用广播电视的传播手段来叙述虚构的故事。典型的节目形态是广播剧、电视剧和广播电视文学节目（如电视诗歌、电视散文等）。

其三，谈话类的广播电视文艺节目。

这类节目的主要构成是主持人和嘉宾之间的谈话，和新闻类谈话节目不一样的是，文艺类谈话节目的目标是为了给受众带来休闲和娱乐，因此谈话的内容以逗趣、开玩笑为主。

---

① 〔美〕M. H. 艾布拉姆斯著，郦稚牛等译：《镜与灯——浪漫主义文论及批评传统》，北京大学出版社 1989 年版。

本章将介绍几类主流的广播电视文艺节目形态。

第一节 广播文艺节目

自广播诞生伊始，文艺节目就一直是其重要的内容。1921年诞生的世界上第一家广播电台KDKA电台就非常重视文艺节目的制作和播出。那个时候，除了简短的新闻广播以外（大部分还是从报纸上摘引下来的），填充剩余的广播时段基本上都靠文艺节目。音乐、杂耍和故事演播是KDKA主流的文艺节目形态。我国第一座广播电台即诞生于上海的奥斯邦广播电台，也是将音乐等娱乐节目作为自己的主流节目。中国共产党的广播事业也是非常重视文艺节目的，早在延安新华广播电台时期，歌曲、曲艺、故事等节目就不时出现在电波中。1947年9月，陕北新华广播电台开设了固定的广播文艺栏目——《星期文艺》。新中国成立以后，广播文艺事业得到了飞速发展，既成为宣传社会主义事业伟大成就的重要阵地，也成为广大人民群众丰富业余文化生活、提升生活品质的重要手段。从1949年新中国成立至今，广播文艺节目呈现出百花齐放的繁荣局面，音乐、曲艺、广播剧成为支持广播文艺不断前进的三驾马车。本节我们将对这三种主流的广播文艺节目形态做提纲挈领式的介绍。

一、广播音乐节目：音乐与广播结合的形式

广播音乐节目是广播文艺最重要的组成部分。在整个广播节目体系中，它具有播出时间长、栏目品种多、听众面广的特性，因此它具有了“传播音乐文化”“促进音乐交流”“提升受众日常生活品质”的功能。迄今为止，广播音乐节目是广播节目体系中重要的节目类型之一。

1.音乐与广播传播的结合

简单地说，在电台中播出音乐就构成了最原始的广播音乐节目。比如我国最早的广播音乐节目就是这样形成的。从20世纪50年代开始，《请您欣赏》《每周一歌》就成为各级电台中颇受观众欢迎的节目类型。从这个意义上说，广播改变了人们收听音乐的方式：在广播诞生之前，人们只能在音乐演奏现场，或者通过胶木唱盘等设备收听音乐，在空间上限制比较大，也不利于音乐的更大规模传播。可以说，是广播造就了音乐欣赏的大众化。迄今为止，通过广播欣赏音乐依旧是广播音乐节目形成的基础。

音乐进入广播，或者说广播媒体兼容了音乐以后，音乐也自然会受到广播媒介的修正和再创作，这形成了音乐节目类型不断丰富的可能。

首先是主持人阐释、深化音乐作品的作用不断凸显，广播音乐就此逐渐成为以音乐为中心的相关信息的总汇。比如，中央人民广播电台文艺部在1992年开播了《音乐天地》，这是一档旨在向听众介绍中国音乐和音乐界取得的成就的节目。所以它的节目中必然有各种各样的中国音乐作品的欣赏，但同时，“乐坛人物介绍、音乐评论、音乐知识讲座”构成了更为丰富的音乐节目类型，这些节目都是需要主持人或者撰稿的。如此，以音乐为核心，关于音乐的背景介绍、风格阐析、作者和演唱(奏)者的介绍等等一起构成了更加立体的广播音乐节目。

其次，一些较有思想的广播音乐节目主持人会在音乐传播的过程中加入自己的内容，这是一种颇具“偷梁换柱”色彩的音乐节目，即这样的音乐节目的内容虽然依旧是围绕着音乐，但其主旨却已经不是音乐本身了，而是主持人自己的思想和意图。我们用下面这档音乐节目的片段来说明这个命题。

2002年9月11日，江苏音乐台的音乐栏目《乐人谷》做了一档“9・11”事件的纪念节目。在这次节目中，主持人李强把“9・11”带给人们的伤痛与相应的音乐作品、歌手联系在了一起，如此，“9・11”事件、歌手的风格、歌曲的魅力混杂在一起，强化了听众特定的情感。比如，下面这段节目内容：

主持人：“9・11”后……其实纽约人也做出了榜样，他们做出了坚强面对生活，然后解决问题的榜样。所有人现在都在关注纽约，它的可爱之处正是它在经济上是一个世界的中转站，但是它在艺术上、制作力上，对我的影响更大。

(歌曲《纽约，纽约》)

主持人：今天，最有切肤之痛的，当然是美国人。从清晨来临到夕阳在哈德逊河落下，一系列的纪念活动在纽约展开。我试着翻译了本期《时代》杂志上专栏作家安德鲁・苏里维的一段话，他说，“我们将忘记。对划时代事实的记忆也会随时间减弱，专家称这种现象为‘闪光灯泡记忆’，时间流逝，纪年表变得混乱，我们在细节中摸索，希望重构过去，使它连贯并意味深长”。这段话听起来有点让人沮丧：随着时间的流逝，那些无辜的死难者真的只将是五角大楼纪念“9・11”中牺牲人员纪念碑上一连串的名字吗……

陶喆是在美国出生长大的华人歌手。他有中国人的外表，但行事作风已经完全的美国化了。他的音乐是现在美国流行的节奏——蓝调，但他用中文创作歌词，中西结合，倒也新鲜悦耳。这个非常聪明的创作人主动和我谈起“9・11”事件。

(采访陶喆)

陶　：去年在一个礼拜二的早上，很早，大概是五六点，当时我在洛杉矶，有个朋友打了个电话给我："陶喆，你现在赶快打开电视机！"打开电视机后，我大概看了四五个小时的画面，我就开始流泪。……那时我就在想，这个不是在讲美国，不是在讲政治，不是在讲宗教，而是在讲人类！人类为什么会对彼此有那么多的仇恨，会有那么多战争，会有这么多暴力，我真的一时不能理解，也因此给了我一个很大的动力去感受《黑色柳丁》这首歌。为什么说是感受？自己总觉得这首歌和第二首歌 *Dead God* 不是我写的，是一种力量……

（歌曲《黑色柳丁》）

主持人：人类从诞生的那一天起就要面对许多苦难。有自然界的浩劫，也有人类自身的浩劫。正是因为活得辛苦，我们才要加倍珍惜。一首歌、一场电影、一部文学作品，在如此巨大的灾难面前，到底能起多大作用，谁也说不准。但是，它能让我们怀念一些什么，记住一些什么，仇恨一些什么，爱护一些什么，哪怕只有短短几分钟，就足够了……①

这段广播音乐节目的构成要素其实是复杂的。从节目主旨来看，主持人其实是要用音乐来纪念"9·11"事件。为了达到这个目的，他将自己对"9·11"的感受、与"9·11"事件相关的歌曲、对"9·11"感触颇深的歌手以及这个歌手擅长的歌曲等内容串联了起来。这样既介绍了歌手和歌曲，同时也深化了歌曲的内涵，更加重要的是，主持人成功地运用这些元素表达了自己所设定的节目主题，这就是节目最后主持人对整档节目主题的提炼，当然这种提炼是在歌曲《黑色柳丁》中完成的：

你呢，收音机前的听众朋友，有没有什么规划？如果有的话，就赶紧去实现它啊。平安、健康地活着这么好，不要埋怨日子平淡，只要你想它有光泽，就一定会有的。你试试，从现在开始。②

至此，这档节目的主题真相大白，主持人用歌手和音乐纪念"9·11"事件，并不是要从政治、国际关系等方面反思"9·11"事件的本质，也不是单纯为了凭吊死难者，而是要用这样一个灾难性的事件告诉听众，生命宝贵，要珍惜今天，珍惜当下。于是，音乐、解说、访谈等诸多节目元素合在一起，进行了一场很个性化也是很人性化的叙事。

优秀的电台音乐节目主持人都是通过这种方式脱颖而出的。因为在节目中，主持人会用自己的语言和方式对音乐进行再解读，在解读过程中凸显自己的个性气质，以此来感染听众。广播音乐节目形成的这种路径也造就了节目本身的丰富多彩，因为主持人的个性、兴趣不同，故而他们的节目形式和内涵也不一样，这就为广播音乐节目的

---

① 李强：《DJ论道——音乐广播主持的理论与实践》，福建人民出版社2005年版，第104～105页。

② 同上书，第105页。

不断创新留下了巨大空间。

2. 音乐产业与广播媒介发展的互动

从体制和商业的角度来看，广播音乐节目还有一个不容忽视的推动力量，这就是音乐产业的发展。

音乐成为产业是流行音乐文化兴起后的产物。当胶木唱片、卡式录音带、CD 等音乐载体技术成熟以后，音乐就可以大规模地复制并且传播了，如此以唱片公司为代表的音乐产业就形成了。唱片公司一头联系着音乐制作者——词曲作者、乐队、歌手等等，组织他们生产歌曲，并制作成可批量生产的音乐产品；另一头，唱片公司联系着广泛的音乐消费者，是他们付费支撑了一个庞大的音乐产业。

音乐产业自诞生之日起就和音乐广播电台成为一损俱损、一荣俱荣的系统，它们之间的互动具体是这样的：唱片公司及时向广播电台介绍和推广自己新出版的音乐产品、包装推出的歌手等等，电台由此获得丰富且源源不断的音乐节目资源。我们所熟悉的很多音乐广播节目形式如果没有音乐产业的支持，是很难持续运作下去的。比如 DJ[①] 和歌手的访谈节目看似形式非常简单，但在商业化的体制下，一个歌手是否被允许在电台露面，他被唱片公司包装成什么样的风格，在市场期待等诸多元素的制约下，他面对 DJ 应该说什么等等，这些都离不开唱片公司的包装和设计，否则他走向市场可能会遭受意想不到的困难。著名歌手那英善于唱情歌，但为人却非常直爽。在一次接受台湾媒体的越洋采访过程中，说话口无遮拦，甚至有点大大咧咧。这与其所唱情歌的缠绵悱恻风格相距甚远，很多听众难以接受那英这样一种声音的形象，结果这次电话访问效果适得其反，以至于后来公司很长一段时间不安排那英接受电子媒介的访问，只是让她在报纸等平面媒介上曝光。可见，唱片公司的很多决策是直接影响到广播电台的节目内容的。再比如，电台“排行榜”类的音乐节目（比如美国“Top 40”——专门播出排名前 40 的歌曲音乐节目）则完全需要唱片公司的配合——提供销售排行数据和歌曲，否则这类节目将无以为继。可以说，正是因为有音乐产业的支持，音乐广播电台才拥有资源丰富的节目及其带来的滚滚的广告利润。

唱片公司的生存和发展同样也是离不开音乐广播的。广播是唱片产业最重要的广告媒体，离开了音乐广播，唱片公司的歌手和歌曲的推广都是无法进行的。虽然电视媒介也能通过“音乐电视”的方式帮助推广音乐产品，但是其效果远不如广播，因为音乐是纯粹听觉的艺术，音乐产品的核心竞争力——音乐艺术的魅力是需要听众凝神专注收听的，而电视因为视觉元素的干扰，这种魅力的发挥将会大打折扣。由于广播

---

① DJ 是“音乐节目主持人”司空见惯的称谓，它原本是“Disco Jockey”即“迪斯科舞厅的音乐主持人”的简称，这种主持人在迪斯科舞厅引领舞蹈的过程中必须根据自己的音乐感觉以及对现场的判断不断调整唱片的种类以及音响的播出状态，因此又被称为“唱片骑士”，意为驾驭唱片的意思，后来这种用法被延伸到广播音乐节目主持人身上。

是大众传媒，因此它拥有普遍的非特定的大众，这种传播格局有益于形成一个普遍的、大规模的音乐市场，或者说，音乐广播可以为唱片产业起到凝聚市场的作用。很多电台DJ由于节目主持风格、内容很受听众欢迎，因此他们在听众心目中是音乐鉴赏的专家，在很多时候，他们充当了人们购买音乐产品的“把关人”。因此，当唱片公司要想有效推广其歌手和音乐产品的话，说服DJ在其节目中进行重点推荐是必由之路。

音乐广播电台和音乐产业还经常通过共同举办公关活动，促进它们之间的这种休戚与共的关系。比如从1988年开始，香港电台每年都举办“叱咤乐坛流行榜颁奖典礼”。这场典礼是香港电台每年一度的盛事。在典礼上，它旗下所有DJ都倾巢而出，为颁奖礼担任司仪及其他台上台下的工作。在这样的活动中，电台在凝聚听众人气的同时，相关歌手的唱片公司其实也在凝聚自己的消费者。颁奖礼会在商业电台现场直播，然后也会在香港本地的电视台如翡翠台播出，进一步扩大影响。中国内地在这方面起步较晚，但活动也很多，最常见的是各种层次的“音乐节目主持人大赛”或“歌手大奖赛”，唱片公司通常是赞助机构，这种活动的举办对提高音乐广播的收听率和扩大音乐产品的销量都是有帮助的。

二、广播剧

广播剧是广播文艺节目类型中另外一种主流的节目形态。从电子媒介兼容性的角度考虑，我们可以将其理解成广播媒介兼容戏剧的产物。从戏剧的角度看，我们也可将其理解成戏剧在面对新的媒介环境时自我调整、更新的产物。从历史进程来看，广播剧的发展和广播媒介的发展是基本同步的，即无论是中国还是外国，广播发展的黄金时代也都是广播剧发展的辉煌时期，随着电视媒介的挑战，广播剧的发展空间也在一定程度上受到了电视剧的挤压，开始了拓展自己新空间的努力。今天，广播剧依旧是活跃在广播和戏剧舞台上重要的艺术品种，在一些特定的听众圈中，依旧受到持续的喜爱。

1. 中外广播剧发展的历程

(1)世界广播剧发展简史

广播诞生之初，戏剧作为一种古老的艺术形态已经发展得相当成熟了，当广播这种新型的传播媒介诞生之后，戏剧与之结合就迸发出新的活力。

从西方广播发展的历程来看，广播诞生不久，广播剧就出现了。一般认为，1924年1月，伦敦广播电台播出的广播剧《煤矿之中》是世界上第一部专门为广播电台创作的广播剧，这是一个关于矿难的故事。随后，广播剧在欧美等发达资本主义国家迅速发展起来。1938年10月30日晚8点，广播剧创造了自己的辉煌之作——《星际大战》，由美国哥伦比亚广播公司“空中水银剧场”节目播出。这是一个关于火星人入侵地球的故事。由于逼真的音响效果(宇宙飞船的呼啸声、火星人发出的尖叫声、警察与外星人的拼杀声、消防车救火的声音等)以及编导出色的叙事手段(用新闻播报的形式甚至在其中插播美国百姓非常熟悉的天气预报,演员模仿美国总统的"紧急动员令",记者的现场报道,广播员慌乱的声音),导致了很多听众对广播剧播出的故事信以为真:"很多人陷入了恐怖之中,因为他们相信入侵马上就要从广播的现场演播地转到他们的住处。许多人认为世界末日来临了,惊恐的人们哭泣、祈祷者躲藏到农村去了。"[①]这一事件的发生虽然具有偶然性的因素,如二战来临之前普遍的社会恐慌心理,但足以证明广播声音的感染力,同时也说明了广播是一种绝佳的叙事媒介。

在20世纪30～40年代,虽然有经济大萧条和二次世界大战等社会动荡因素的干扰,广播剧还是凭借着广播的黄金时代得到了飞速发展。除了美国之外,英国、法国、苏联等国家的广播剧事业同样发展得非常红火,尤其是英国BBC的广播剧,秉承BBC的严肃、高雅、重教育的传播理念,制作了一大批颇具水准的广播剧。BBC尤其注重广播剧中音响的运用,因为它是广播细节是否动人的关键因素。据战后的一次统计,BBC已经拥有了一万多件音响资料,还有用电子仪器制作各种音响的部门。

二战结束之后,世界各国的广播剧都进入了一个崭新的蓬勃发展时期。王雪梅在其著作《广播剧史论》中介绍了当时世界各国的一些经典之作[②]:比如联邦德国的《课堂作文》,通过讲述德国某城市的一个高中毕业班的七位同学从20世纪20年代末到二战结束后的命运沉浮,展现了德国30年代社会矛盾的发展变化;50年代,龚特·魏森堡还专门写过一部反映中国人民抗击洪水灾害的广播剧《扬子江》,展现了当代中国人民在新中国的开国气象中战天斗地的自信;冰岛的广播剧《天鹅湖畔》描写了冰岛儿童纯真活泼、富于幻想和勇敢坚强的精神面貌;苏联的广播剧《走向新岸》用声音展现拉脱维亚共和国革命者革命斗争的故事。

进入70年代以后,广播剧开始了自己更加细致和复杂的探索。比如BBC的广播剧名篇《古堡幽灵》被评为1978年英国最佳广播剧,该剧对一位女性的复仇心理进行了描绘,探索了如何用声音表达人物心理的技巧。同类型的还有美国的广播剧《翅膀》,该剧着重描写一位精神病患者混乱的内心世界,没有清晰的情节。BBC也在实验性的广播剧方面作出了自己的探索,于1978年推出了实验广播剧《复仇》,全剧没有任何对话,仅用音响和解说推进情节发展。实验广播剧有一个共同的特点,就是刻意模糊故事的情节和叙事的准确性,以此最大限度地激发听众听到声音的想象能力,以达到一种出人意料的艺术效果。这一阶段还出现了所谓的"原素材",即它的声音完全是现实生活中的原始录音,后经电台编辑后形成相应的叙事,其创作理念和宗旨有些

---

① 〔美〕希伦·A.洛厄里、梅尔文·L.德弗勒著,刘海龙等译:《大众传播学研究的里程碑》,中国人民大学出版社2003年版,第45页。

② 王雪梅:《广播剧史论》,中国传媒大学出版社2007年版,第4～9页。

类似影视媒介中的纪录片。

20世纪80年代，西方电视事业达到巅峰状态，电视剧的兴盛极大地冲击了广播剧的发展。尤其在英美等发达国家，广播剧受众流失严重。尽管广播剧一时并未退出历史舞台，但作为一种曾经的媒介艺术形式，已逐渐变成一种精英文化，一些著名的广播媒介如BBC、法国广播电台第二套节目等甚至将其作为衡量自身艺术文化水准的标志。相较以往，其题材的文化层次更高，制作也更为精良，更加追求音响效果的逼真性和震撼力，以及演员语言表达的感染力。

(2)中国广播剧发展简史

中国广播剧的发展是和中国现代历史紧密联系在一起的。它的发展大约经过了如下四个阶段①：

第一，直播时期。这段时期大约从1933～1952年。

之所以称这一时期的广播剧为“直播”，是因为这一时期的广播剧采用蜡片录制，蜡片的使用周期很短，所有的录制相当于直播形式的现场录音，表现手段也和直播差不多。所以，一些热播的广播剧往往要排演很多遍（要先后录很多张蜡片）以供播出。这一时期的广播剧在形式上具有典型的舞台剧的特色：使用单一场景的戏剧形式；不使用解说，完全通过对话推动剧情发展。解说直到40年代才在广播剧中得到普遍的使用。

这一时期在中国革命史上属于新民主主义革命时期——第一次国内革命战争、抗日战争、解放战争和抗美援朝战争贯穿始终。广播剧的发展自然也被烙上了鲜明的时代印记。中国第一部广播剧诞生在1933年7月，是由上海广播电台播出的《恐怖的记忆》。该剧描写在“一·二八”事变中，一个商人家庭是如何经历轰炸、逃难的，这是一部典型的爱国主义作品，其主旨是配合当时的对日作战。由于国内外的局势，这一时期的广播剧不可避免地要和政治斗争紧密联系在一起，各种政治势力都用广播剧这种新型的媒介艺术形式进行有利于自己的宣传。日伪电台播出的广播剧多是宣扬大东亚共荣圈的反动之作，国民党政府制作了大量的反共广播剧，如《胜利，进行曲》《兄弟行》等等，而解放区的广播剧则多内容革命，思想进步。1947年8月1日，延安新华广播电台播出了中共第一部广播剧《红军回来》，这是一部充满了革命浪漫主义气息的广播剧。自此之后，《留下他打老蒋吧》《血泪仇》等一系列优秀的革命题材广播剧被制作出来，这成为共产党广播剧事业的一个优良传统。

第二，成熟阶段。这一时期大约从1952～1966年。

新中国成立以后，广播剧进入了一个崭新的时期。首先，新中国的成立为广播事

① 本教材有关中国广播剧发展历史的分期参阅了王雪梅《广播剧史论》中的相关观点，王雪梅：《广播剧史论》，中国传媒大学出版社2007年版，第10页。

业的发展提供了巨大的政策和物质手段的支持，各地省市一级的电台纷纷建立起来，它们成为制作广播剧的主力。同时，在农村和偏远地区，有线广播网的建设也迅速完成，数亿农民成为了广播剧的潜在听众，由此奠定了广播剧的群众基础。在题材内容上，新中国的广播剧继承了延安新华广播电台的优良传统，以英雄人物事迹，新社会的新人、新风貌为主，具有强大的政治动员功能，塑造了如卓娅（儿童广播剧《卓娅》）、许云峰（广播剧《红岩》）、刘文学（广播剧《刘文学》）等一系列典型的人物形象。广播剧的艺术语言也有所创新，解说已经得到了普遍使用，音乐、音响等听觉因素的使用探索也在不断深化。比如上海电台录制的《两幅油画》是名噪一时的佳作，在这部作品中，音响和音乐被用来刻画人物的情绪，暗示他们的内心世界的变化。语言的使用也开始多元，不仅仅是叙事，而开始参与抒情等广播剧功能。比如在广播剧名作《杜十娘》的结尾：

杜十娘（呼喊）：苍天哪，苍天！让我杜十娘这一片真心、满腔痴情和我这无价的百宝箱，都随着这滚滚的江流一起去吧！

（浊浪滔天声，悲壮的音乐扬起）

解说（深沉的）：恶风恶语紧相逼，人世艰险少真情。十娘抱恨投江死，留得清白万世名。

最后四句如泣如诉，情感抒发得深沉真切，恰到好处，和音乐相得益彰，既有评论的意味，又有抒情，将全剧推向高潮。

“文革”时期，广播剧事业的发展同样遭受挫折。在那个全国只有八个样板戏的时代，广播剧要么围绕这几个样板戏做文章，要么只能在严格的政治约束下做一些有限的探索，艺术上没有什么新的发展。

第三，兴旺阶段。这一时期大约从 1978～1992 年。

广播剧在这一时期的发展丰富多彩，高歌猛进，造就了中国广播剧发展的繁盛状态。

“文革”结束后，经过拨乱反正，广播剧和其他艺术门类一样获得了新的生机。首先是相关主管部门的重视，这突出地反映在有关广播剧的各种会议的召开和评奖活动的举办。1980 年底，由中央人民广播电台和中国戏剧家协会倡导，在成都召开了全国广播剧交流会，成立了中国广播剧研究会，推选戴介南为总干事。研究会成立以后，连续三年举办了三次“全国优秀广播剧展播月”活动，每次评选出 30 个剧目，在全国各地电台同时播出。其他的一系列活动也随即展开，尤其是全国性的评奖活动，如 1982 年 4 月举行了第一次全国优秀广播剧评奖会议，有 15 部广播剧获奖。从 1984 年开始，中央人民广播电台连续举办了“丹桂杯”大奖赛，设有剧目综合奖、导演奖、演播、音乐、音响、录音合成、立体声效果、编辑等等单项奖。各地方台踊跃参加，黑龙江台的《序幕刚刚拉开》在首次“丹桂杯”大奖赛中名列前茅。

同时在相关部门的组织和安排下，中国广播剧也开始进行国际交流。《李自成闯石门寨》首次译成了外国语言，在联邦德国播出。1984 年我国首次参加在联邦德国举办的广播剧“未来奖”的评选；1987 年，广播剧《减去十岁》获该奖项的大奖。

其次，广播剧的创作取得了丰硕的成果。广播剧的生产数量逐年飞速攀升。据中央台统计，1981 年，全国生产广播剧 370 多部，1982 年达到了 600 多部，1983 年达到 500 多部。“文革”前全国能生产广播剧的电台限于部分省台和少数市台，而 80 年代前期全国已有 70 多家电台每年生产六七百部作品。

广播剧的内容和艺术水准也不断获得新的成就。这一时期，我国广播剧工作者一方面发扬中国共产党独特的广播文化传统，在革命题材、历史题材的广播剧等方面取得了不俗的成绩。比如广东人民广播电台的《一座雕像的诞生》，表现了和平时期的人们对战争年代的反思；《彭元帅故乡行》在展示彭德怀元帅传奇故事的同时，还对历史经验进行了总结。另一方面也有大量的优秀作品深刻地反映了现实生活，创造了新时代新的人物形象。比如中央人民广播电台《晶莹的心》表现一个同病魔作斗争的青年人的形象；《南宫玲霞》表现了一个出身不好，却在特殊的年代对党的事业非常忠诚的演员形象，尤其是用音乐和音响刻画人物的内心非常成功，这部剧甚至受到了著名剧作家夏衍的赞扬。

进入 80 年代以后，广播连续剧日益成熟并获得了听众的认可。一些优秀之作甚至成为那个时代的文化标记。比如，中央人民广播电台播出的 35 集广播连续剧《夜幕下的哈尔滨》，在当时社会上引起巨大轰动；上海广播电台播出的连续剧《特殊身份的警官》《W・P 行动》成为当地家喻户晓的节目；湖南台制作的 30 集广播连续剧《三国风云》被誉为湖南戏剧史上一部规模恢弘的成功之作。

第四，重新分化整合阶段。这一阶段大约从 1992 年至今。

进入 80 年代后期之后，另一种大众传媒的普及对中国广播剧的发展产生了重要影响，这就是电视。电视的出现，导致人们的娱乐方式进一步多元，尤其是电视剧，基本占据了人们晚间的休闲时间。这对广播剧的发展形成了很大的冲击。90 年代中期以后，互联网技术又异军突起，继续分流传统大众传媒的受众群。在这种情况下，通过广播剧来满足自己听故事需求的人越来越少。同时，90 年代是中国改革开放持续深化的年代，市场经济的持续发展，媒介商业化的步伐进一步加快。广播剧由于收听率下降，导致了广告商对其时段购买兴趣的丧失，很多电台甚至停播了广播剧。市场的不景气导致广播剧创作也日渐低迷，剧本创作稿费低，制作设备得不到及时更新，这些都导致了中国广播剧一度陷入低迷状态。

不过，作为一种曾经颇具生命力的艺术形态和媒介形式，广播剧还是拥有大量的潜在听众，关键在于广播媒体是否有能力开掘。随着广播改革的持续深化，广播剧领域也得到了相应的发展和更新。比如，在广播普遍发展自己夜间谈话节目的背景下，广播剧也成为该类节目的重要组成部分，而且配合夜间谈话节目的传播情境，情感故事、灵异故事成为广播剧题材的新宠。上海电台开发出直播广播剧，听众可以通过电话或互联网等方式参与广播剧的演播进程，吸引了很多人的参与。可以预见，广播剧节目更新的变革将持续相当长的一段时间。

广播剧发展的低迷也引起了我国相关政府主管部门的重视。近年来，广播剧被列入国家级政府奖和“五个一工程奖”的评奖范围，这些政策也将有力地推动广播剧的发展。

2. 广播剧的创作要旨

广播剧是声音的叙事艺术，即创作者要调动语言、音乐和音响把一个故事描述完整，同时赋予其艺术的表现力和感染力。在这一过程中，语言的作用最为突出，它是推动剧情发展的核心元素，谈广播剧的创作，我们先从语言谈起。

（1）用语言结构叙事

广播剧中的语言包括两大类别，一是阐释性的语言，二是对话性的语言。

阐释性的语言是在广播剧中使用第三者的叙事方式来展开故事情节，它尤其会使用在背景交代、转场叙事、现场情境解说方面。由于广播剧缺乏视觉形象，只能通过声音激发听众对故事的视觉场景产生联想，由此才能形成广播剧情节发展的外部结构。从这个意义上说，广播剧的解说不宜写得过于详细，而要“留白”，即给听众留下想象的空间，另一方面要尽可能地形象化，以激发听众的想象。比如广播剧《樱花与梅花》的开头：

（鸟叫、音乐）

解说：这是樱花盛开的春天，日本人民正在尽情地欢度这一年一次的佳节，啊，满园的樱花竞相开放。一眼望去，如团团彩云点染碧蓝的天际，走近一看，盛开的花朵团团簇簇押满枝头，那娇艳的、淡淡的、近似透明的粉红告诉人们，这就是可爱的充满生机的春天。在熙熙攘攘的人群中，有一位二十七八岁的青年搀扶着一位清瘦的老人在樱花林中漫步。这就是从京都迁到东京来的老画工钱田和他的徒弟志和一郎。

这段解说就非常能够调动听者的形象思维（通过声音在脑子里想象出相应的画面）：樱花如何开放，它是怎样的粉红，透明感是怎样的，这样的樱花映衬在蓝天下是个什么感觉，它们如何花团锦簇，簇拥着一老一少从远处漫步走来。这样的想象力的产生则会将听者尽快带入到广播剧的故事中去，同时，这种想象本身由于意象优美亦能给听者带来审美享受。

阐释性的语言中还有一种类型叫“独白”，“独白”是剧中人物直抒胸臆，自己解读自己的语言，它是广播剧塑造人物性格、心理状态的重要手段，也是剧中人物抒发情感的一种方式。比如苏联的广播剧《埋伏》中就大量运用“独白”的方式来展示人物性格，推动剧情发展。请看下面这两段独白：

耶里谢耶夫：外面下着雪，白茫茫的一片。情况很不妙，十分糟糕。我现在好比那钓钩上的诱饵，房子肯定被包围了，门厅里还有两个盖世太保……林子里还有一部电台，看来，他们不久前开始注意了。可在城里，我只和报务员联系，他们的情报到此也就断了线了。……难道彻底失败了，多么可怕的失败呀，几个月的辛苦将要毁于一旦。……只要窗帘拉上，就是不能进屋的暗号，可是怎么才能拉上呢？怎么才能做到呢？唉，束手无策，真烦人哪。

克留柯夫：他不说话，他在磨时间。他磨时间干吗？可也是啊，报务员说的没准是胡话，……要是这样，布洛赫上校是饶不了我的。不对，报务员说的不是胡话。哼哼，不能怀疑，所以耶里谢耶夫政委才这么镇静。哼，他镇静得过分了，他正在思索。

在这两段独白中，正面人物耶里谢耶夫内心的焦虑和煎熬通过独白的节奏和语气表露无遗，但语调坚定沉稳，同时这愈发能表现出他对党的事业的忠诚。与之相反的是法西斯走狗克留柯夫，他语言中的节奏和语气都显得卑琐，同时也不乏狡猾。更重要的是，通过这两段独白，听众听到了他们二人内心所想，拟采取的下一步行动，为剧情的进一步发展做了良好的铺垫。换言之，“独白”作为叙事的手段推动了情节的发展。

对话性的语言是广播剧中的核心元素。同解说一样，人物对话也可以激发听者的想象，进入广播剧的叙事情境中，尤其是它能够通过刺激想象塑造人物形象。比如《樱花与梅花》中有这样一段对话：

一郎：师傅，春都代小姐来游园了。

钱田：去看看。

一郎：未来，对不起，对不起，谢谢。

姑娘：啊，多漂亮的衣裳啊！

一郎：春都代小姐的舞姿优美极了。

女客：雅致的和服，配上洁白的羽毛扇，真好看。

男客：是啊，看那水墨一色的樱花，不浓不淡，和那一笔笔点上去的金色花蕊，显得富丽堂皇，画得真不错。

女客：是啊。

男客：不知是哪位名家的手笔啊？

女客:是啊,画得不错。

一郎:师傅,您的杰作得到了好评。

钱田:这是因为优美舞姿,服装也跟着沾光了。

在此,一郎、男客、女客们的对话其实是在替代听众的眼睛,帮助他们看广播剧中所展示的现场的场景。不过,这种"看"是通过想象来完成的。春都代小姐的舞姿究竟如何优美、和服和白色的羽毛扇究竟是什么形象,对话都能一一引导听众作出相应的想象。

好的对话还能够塑造人物性格并推动剧情发展,即听众可以通过理解对话判断说话人的性格特征以及剧情的发展方向,这些都需要在创作和欣赏中予以细心品味。

(2)用音乐和音响抒发情感和推进叙事

音乐和音响是广播声音中的两种类型,但在广播剧传播的功能方面却有重合之处,即它们都能够抒发情感和推进叙事。

在广播剧《牧神 2》中有这样一段音乐表现,它的功能是既抒情,又有叙事的暗示。这段音乐表现的是在拉萨的一个酒吧中,于捷和齐歌一起纵情演奏。前面的剧情已经交代,于捷喜欢齐歌,但齐歌对这段感情一直有点游离。但此时,二人在音乐的感染下感情日益热烈,享受着合奏时无比的契合所带来的快感。这暗示着两人的关系也从暧昧不清,开始明朗起来。西藏之行令他们终于看清楚真正渴望着的甜蜜而苦涩的爱情,而午夜的提琴表演就是将要揭开谜底的转折点。但让他们激情澎湃的这首乐曲却是圣・桑的《骷髅之歌》,这首乐曲中所谓欢快的节奏恰恰是万圣节中鬼魂的群魔乱舞,并且伴随着黎明到来,舞蹈必然终止。这其实就暗示着两个人的甜蜜生活也快到尽头了。剧中两人默契无比的小提琴表演把整个故事推向了最高潮。

音响同样可以抒情,因为不同的音响给予人们的情感激发是不一样的。曹禺在解释话剧《北京人》时说了类似的意思,在这部话剧中,时钟滴答、滴答的声音烘托出无聊的氛围,表征着生活的乏味;鸽子在天空飞翔时嘹亮的鸽哨声烘托的是青春的欢乐的情绪;乌鸦呱呱的叫声让人感觉焦躁;水车吱扭吱扭地响让人觉得烦闷;在男女主人公要离婚的时候,响起了瞎子算命时敲起的铜锣声,这让人倍觉凄凉,用曹禺的话来说就是"这时候天是凉了,人心也凉了"①。所以,和音乐一样,音响用得好,它可以直接将听众的情绪带入到特定的情境中去,有利于情节的进一步展开。

除了抒情以外,音响有一个特殊功能,它可以表征相应的空间和时间。比如公鸡叫的声音表征的是早晨,轮船汽笛声表征的是码头,雷声和雨声表征的是下雨的环境。

---

① 曹禺:《和剧作家们谈读书和写作——在中青年话剧作者读书会上的讲话》,取自 http://www.yifan.net/novels/mingjwx/caoyuzpj/1/cy73.html。

所以，音响可以在广播剧中代表相应的时间和空间。

音响运用得好，会表征出极为恰当的象征意蕴，即音响可以营造出一种理想意义上的象征空间。比如，反映著名的声学专家汪德昭院士生平的立体声广播剧《世纪钟声》，开头就是一段颇具象征意味的音响蒙太奇，这段蒙太奇由海浪、钟、音乐等等的声音构成。张贻力后来如此分析这组音响的意蕴①：

> 大海汹涌澎湃的浪涛声（代表现实）、凝重深沉悠远的古老钟声（代表历史）、不为常人所闻的自然界高频区的声呐声（反映主人公从事的特殊事业，这是在声学所采录的）和主题歌的音乐（表现剧本的主题）。如果肢解来听：海便是海，钟声便是钟声，声呐便是声呐；它们仅仅是单纯的声响，不会使人将海、钟声和声呐之间做什么内在的联系，而当我们共同策划、设计、磨合与实践使这三者有机结合构成音响语汇后便不同了，它营造了能揭示剧本主题与内涵的新的“声音织体”，给人一种气势，一种冲击，具有艺术的震撼力。而在全剧不同时期、不同环境所使用的声呐声是不同的，但全剧又是和谐、统一的。

正如上述的分析，这段音响的含义极为丰富，既在抒发一种崇高而浑厚的感情，又在展示一个理想化的空间，这个空间是由钟声、大海的浪涛声等等混合形成的，它是一个人类因为自己的努力充分利用科学的发展而能达到的理想化的未来。

第二节　电视文艺节目

和广播文艺类节目一样，电视文艺节目是电视技术兼容人类既有的文艺形式的产物。相对于电视新闻来说，电视文艺出现得更早，成熟得更快，原因是电视技术兼容现有的文艺节目要比自己独立地做新闻更方便和快捷。以我国电视发展史为例，中央电视台的前身北京电视台从1958年开播起，率先播出的就有文艺节目。从类别上看，电视文艺节目主要分为电视音乐节目、电视综艺节目、电视游戏类节目（真人秀节目）和电视剧及电影节目，这些节目分别是电视技术兼容音乐、曲艺杂耍、游戏和小说、电影的产物。

---

① 张贻力：《广播剧〈世纪钟声〉的音响艺术》，取自 http://www.66wen.com/05wx/xinwen/xinwen/20060907/20799.html。

一、电视音乐节目

电视诞生之后，对音乐形成了巨大冲击，它在音乐这种纯听觉的艺术中加入了视觉的元素，甚至在一些条件下直接将音乐变成了视觉艺术。一般认为，真正意义上的音乐电视起源于20世纪80年代的北美电视界。1981年，美国华纳公司开发了一个24小时播放流行歌曲的频道——音乐电视频道，这就是大名鼎鼎的Music Television，即MTV。而中国早期的音乐电视创作者则赋予这个名词以一种新的含义——电视艺术片的一种体裁，或者用电视表现音乐的一种手法。事实上，音乐电视更为准确的英文表达是Music Video，即MV，翻译成中文就是"音乐视频"的意思。正如著名词作家乔羽的定义："音乐电视就是将一首歌的演唱用电视的手段制作出来，使之有声有色成为一种新的艺术整体。"[①]

音乐电视是电视音乐节目构成的基本单元，对音乐电视不同的整合策略则能形成不同题材和体裁的电视音乐栏目。

1. 音乐电视的创作：声画关系的把握

电视传播的"声画关系"是把握音乐电视的关键因素。因为在一首音乐电视录制之前，通常是音乐创作已经完成，如此"声画关系"中的"声"已经确定，下面对于创作者来说考虑的问题就是制作或从其他资源采撷哪些画面来配合音乐即声音，如此就能完成一部电视音乐作品。

如前所述，电视传播的"声画关系"有两种：声画合一和声画对位，音乐电视的制作要采取哪一种声画方式将取决于这部音乐电视的制作目的。音乐电视的制作一般有两个目的：一是推广歌手，二是推广歌曲，在此基础上电视台也能获得相应的收视率。因此它的画面创意将遵循如下两个原则：一是一定要出现歌手的画面（展示歌手的风采），且这些画面能吸引观众注意，并引发他们的好感；二是一定要出现能够诠释音乐的画面，至于如何诠释，则视音乐的风格和内容而定。我们举两个例子，分别从声画合一和声画对位的角度来说明音乐电视的这一创作原则。

首先，我们来看声画合一的音乐电视的组合和传播效果。我们以下面的个案为例，这是电影《心动》主题歌的MV，在电影推广的过程中在电视台被频繁播出，它的声画组合如下：

---

① 刘晔原：《电视艺术批评》，中国广播电视出版社2008年版，第66页。

音乐/歌词	画　　面
音乐过门	“心动”的字幕、蓝天白云、主唱林晓蓓、电影《心动》主创张艾嘉形象
有多久没见你，以为你在哪里	林晓蓓演唱、《心动》男主角浩君沉思的画面、辗转反侧的画面
原来就住在我的心里，陪伴着我的呼吸	林晓蓓演唱、《心动》女主角小柔躺在床上看书的画面
有多远的距离	城铁呼啸而过、浩君坐在城铁里
以为闻不到你气息	小柔亲吻浩君，浩君离去、小柔哭泣
谁知道你背影这么长	林晓蓓演唱
回头就看到你	小柔的头不小心撞到玻璃上，浩君回头看见，暗自好笑
过去让它过去，来不及，从头喜欢你	林晓蓓演唱
白云缠绕着蓝天	蓝天白云
啊，如果不能够走在一起	浩君独自在天台思念小柔、浩君和小柔一起在雨中奔跑
也至少给我们怀念的勇气，拥抱的权力	林晓蓓演唱
好让你明白我心动的痕迹	浩君和小柔四目相对
过渡音乐	浩君小柔争吵、浩君在桌子旁边握住小柔的手、浩君小柔在车上船上依偎在一起、小柔和同伴陈莉的争吵、小柔在厕所里哭泣等
过去让它过去，来不及从头喜欢你	林晓蓓演唱、小柔奔跑
白云缠绕着蓝天，啊……	小柔奔跑
如果不能够永远走在一起	林晓蓓演唱、浩君赶上并叫住小柔
也至少给我们怀念的勇气，拥抱的权利	林晓蓓演唱、浩君用大衣拥抱小柔
好让你明白我心动的痕迹	小柔浩君激情拥抱亲吻
总是想再见你	林晓蓓演唱
还试着打探你消息	浩君读小柔写的信、陈莉拆看浩君的信
原来就住在我的身体，守护我的回忆	陈莉和小柔久别重逢，隔着玻璃橱窗四目相对
结束音乐	林晓蓓演唱、浩君用戒指向小柔求婚、浩君和小柔在街旁相拥，字幕“tempting heart”

这是典型的“声画合一”的音乐电视。它满足音乐电视创作的基本要求：推广音乐的创作者；用画面诠释并配合音乐，提升音乐的传播效果。同时，作为一首电影主题音乐，它还有推广和宣传电影的功效。

这首音乐电视中的声画合一有两种形式：一是画面就是音乐和歌曲的声源，这就是林晓蓓唱歌的视频展示，还有张艾嘉在片头伴和声的视频展示。这种声画组合的方式有利于对歌手和主创人员的推广，尤其有利于提升歌手的知名度；二是画面和音乐声音相互指示和印证。比如当歌曲唱到“有多远的距离”的时候，画面是呼啸而过的火车，而火车正是“距离”的表征；当歌曲唱到“好让你明白我心动的痕迹”的时候，画面就是浩君和小柔含情脉脉地四目相对。如此，同一种审美意象，画面和声音共同对其进行阐释和印证，这样能强化音乐和电视的传播效果。

其次，我们来看声画对位的音乐电视是如何结构和创意的。我们用张雨生的《大海》为例来说明这个命题。

《大海》可以看成是一首爱情歌曲，也可以理解为一首励志歌曲，但这首歌在推向市场的时候所拍摄的MV却和歌词关系不是很大。画面讲述了张雨生在大海边恋上一个女孩子并与一帮流氓发生冲突的故事，和歌词所表现的对爱的追求和执著没有直接的印证和阐释的关系。不过，二者在审美品位上却是相通的，这就是歌手张雨生是故事的主角——于是，歌词所表达的所有情感和意蕴都和他联系在一起，而他在故事中所表现出来的青春、朝气和顽皮与歌曲审美风格是完全相通的。于是，这首歌就有了多元化的理解：观众可以将其理解为一个爱情故事——张雨生勇斗流氓，追求自己的爱情就是歌中所唱的“不是梦的未来”；观众也可以将这首歌理解为一个励志的语言，即勇斗流氓、追求爱情其实是个人努力追求自己美好未来冲动的一个表征。无论怎样，画面和歌词并不完全一致，都是需要观众的主观思维活动才能将其联系在一起，并延伸出新的含义。

2. 音乐栏目的策划和结构

音乐栏目是在音乐电视逐渐丰富多彩的基础上发展起来的。在早期的电视音乐栏目中，单首音乐电视就能构成完整的节目。典型的如中央电视台20世纪90年代初期的《东方时空·金曲榜》，上海电视台的《欧美歌星录》《雀巢金曲榜》等等，但随着电视栏目化进程的加快，单纯的欣赏性的音乐节目已经无法满足观众需求，更无法满足音乐产业发展的需求，于是更为丰富的音乐专栏就出现了，这种栏目以“介绍音乐作品和歌手”为宗旨，引导观众进行相应的音乐赏析，并弘扬相应的音乐文化。

央视的老牌栏目《中国音乐电视》就是典型的例子。这档节目最大的特色就是板块设置。1999年改版之前，它的主打栏目是《新歌快送》（介绍最新的MTV）、《点唱机》（以观众来信为依据，播放他们想欣赏的歌曲）、《写真》（介绍歌手和乐坛的情况，是一档有关流行音乐的信息栏目）、《好歌回放》（回放一些曾经播出过的精彩中国音乐电视）。改版之后，创作者重新设置了板块：《音乐坛》（介绍中国民族音乐的MTV）、《流行风》（介绍最新的流行歌曲和歌手）、《点唱机》（播出观众点播的音乐节目）、《歌迷行》（组织、拍摄、播放歌手与歌迷见面的实况）等等。

通过这次改版的前后对比，我们能够看出，《中国音乐电视》这档音乐节目旨在全方位地反映流行音乐的状态。改版前的思路还相对狭窄，仅仅集中在中国音乐电视发展的全面介绍方面，其中包括歌曲的介绍、歌手的介绍、经典老歌的介绍等等。这样的栏目结构设计注重中国流行音乐界的信息传递，而与观众的互动不够（仅仅有《点唱机》板块部分担负起这一功能）。但这种设计信息量大，内容全面，通过这档节目，观众可以全面了解中国流行音乐界的相关信息。改版后的《中国音乐电视》显然注意到了与观众互动不足的问题，在保留《点唱机》的同时，还增加了《歌迷行》板块，其宗旨是“歌手与歌迷不见不散”，如此设置让歌迷也成为节目的主体之一。这样，《中国音乐电视》这档节目就成为了联系听众和流行音乐界的一个桥梁。

音乐的最大功能是通过旋律对听觉的刺激唤起听者内心相应的情感，在这样的情感体验中，听者似乎陷入了一个全新的时空中。就像苏珊·朗格所说的："音乐的最大作用就是把我们的情感概念组织成一个情感涌动的非偶然的认识，也就是使我们透彻地了解什么是真正的'情感生命'，了解作为主观整体的经验。"①所以人们听音乐是为了获得一种预设的情感体验，而不是接受信息。从总体上看，《中国音乐电视》之类的节目还是信息类的电视栏目，还是比较浅层次的电视音乐节目。随着音乐与电视媒介的联系加深，更加能够体现音乐传播本质的电视栏目必将应运而生。

最直接的办法就是将音乐演奏和歌曲演唱直接搬上电视屏幕。典型的如中央电视台《CCTV音乐厅》节目，这档节目就是将音乐厅的现场演奏实况用电视传播的手段表现出来。在视觉语言的表现方面，充分调动摄像机的各种功能，从不同的角度全方位展现音乐演奏的现场气氛和表现。而在声画关系方面主要采取声画对位的方式，即让观众及时了解每一个音符、每一句歌词的声源的情况。如此，闻其声，见其形，达到甚至连音乐厅的现场观众都获得不了的音乐审美效果。比如2008年4月17日的《CCTV音乐厅》节目中播出了歌剧《斗牛士之歌》。歌曲刚刚开始的时候，是小提琴奏出的节奏强劲的过门，此时镜头先给了指挥一个近景，然后展现的就是齐心协力正在拉琴的小提琴手们，此时的镜头是中景。随后画面切到演奏舞台的远景，给电视观众整体了解演奏状态的视野。然后镜头集中在演唱者身上，镜头由中景逐渐推进变成近景，以至于电视观众能够清晰地看见演唱者演唱时候的面部表情。这样的观看视角是现场的听众无法获得的，因为音乐厅现场观众的位置是固定的，他只能从一个视角去观看舞台、演奏厅、乐手和演唱者的情况。而电视机的镜头却是可以移动的，它可以作为观众眼睛的延伸，在演奏现场扫描，其效果就是全方位地打量并体会音乐声源的情况，从而给予观众全方位的音乐时空体验。这种体验不同于单纯地听音乐，因为有视觉形象配合；也不同于在音乐厅现场欣赏音乐，因为相对于音乐厅现场，观众的视野显然更为多元和宽阔。而观众也不必像在音乐厅现场那样被禁锢在椅子上，而是在家庭这样一个自由的空间里进行音乐欣赏，这是电视媒体带给人们的全新的音乐体验。

随着电视节目的整体发展和电视资源的不断拓宽，音乐节目也出现了很多颇有创意的形式，这些都显示了电视音乐节目创新的无穷活力。

这些创意有的是借助其他艺术或媒体资源。比如中央电视台音乐频道的《影视留声机》，就是用电影艺术滋养电视音乐节目的典范。这档节目的主干是音乐欣赏，只不过这些音乐都是影视作品中的音乐。除了欣赏以外，编导加入了相应的背景介绍和音乐评论，由此扩大观众欣赏音乐的背景和视野。比如在关于《红磨坊》的音乐欣赏中，

① 〔美〕苏珊·朗格著，刘大基等译：《情感与形式》，中国社会科学出版社1986年版，第146页。

主持人首先在片头介绍了该片的导演巴兹·鲁赫曼的简要生平、主要作品和艺术成就，拓展观众欣赏音乐的背景。随后，播放男主角向自己心爱的人求爱时候的演唱，此时，编导通过如下的滚动字幕配合画面介绍和这首歌曲相关的信息：

男主角克里斯丁演唱的这首艾尔顿·约翰的经典歌曲《你的歌》是贯穿全剧的主轴，在影片中多次以不同的形式出现。影片中将原作改变歌词，准确地表现出男主角作为一个情窦初开的少年对爱情的那种至上的纯真情感。约翰的扮演者伊万·迈克格雷格虽然不是职业歌手，但相当有天分，他的嗓音高亢嘹亮，演唱这首歌时所需要的激情非常到位，显示出不俗的音乐素养，而后平稳流畅的歌声更是一气呵成，表现得非常出色。

如此，观众一边欣赏歌曲，一边观看相应的画面，同时通过字幕了解和画面、歌曲相关的资料。这样的信息获取方式是立体的、全方位的。同样的效果也出现在语言解说的使用方面。比如，在另一段演唱的画面中，编导配上如下的解说：

这是影片引用的音乐中唯一的一段古典作曲家的作品，选自德国作曲家奥芬·巴赫 1858 年创作的同名歌剧《地狱中的奥菲歌·序曲》，影片配乐人克雷格·阿姆斯特朗将这段歌剧序曲重新谱写了歌词，使这首序曲被赋予了全新的活力。

这样的解说可以让观众在欣赏画面和音乐的同时被编导的思想和观念所引导，有利于增强电视的传播效果。

还有一些节目是将音乐的特性予以发挥从而延伸出相应的栏目，而不仅仅是电视技术兼容音乐的产物，比如央视音乐频道的《野性之歌》。《野性之歌》是对 BBC 所制作的一部大型纪录片《我们的地球》的音乐创作的赏析，这是一档描述地球动物生命片段的电视纪录片。从欣赏的角度来看，央视的这档栏目有一个隐含的主题——“节奏的奥秘”，即栏目编导非常注意揭示影片中所展示的动物生活的节奏和配乐节奏之间的关系，而音乐的本质正是在于通过节奏激发人们相应的情感。比如，编导在音乐和生命之间建立起了一种联系，这种联系引导人们从音乐的角度理解生命或者从生命的角度理解音乐。比如当画面展示北美驯鹿长途迁徙而捕猎它们的狼群如影随形并伺机捕猎的时候，伴随着相应的画面和音乐，解说如下：

但这些驯鹿并不是单独旅行，还有狼，狼成群行动，八到十只一群，它们的目标是那些刚出生的小驯鹿。低沉的管乐和打击乐表现着不安的感觉。狼群的节奏一触即发，急促的节奏营造着紧张的追逐场面（画面展现一头狼正在捕猎一头小驯鹿），而弦乐的悠长旋律则刻画出逃亡者与追击者的坚持不懈。……随着捕猎者和猎物之间的距离渐渐缩短，音乐的节奏骤然急迫，意味着这次追逐已经接近尾声。终于小驯鹿放弃了奔跑，成为狼的盘中餐，音乐也随之复归平静。

《我们的地球》原本是纪录片，但央视音乐频道却从音乐的角度巧妙地将其变成了一档音乐节目。在节目推进过程中，央视的著名节目主持人赵忠祥用自己独特的低沉的嗓音诠释不同音乐节奏和地球上的各种生命历程中的节奏的关系，如此观众就被引导到从节奏律动的角度理解生命，也就更加能够理解音乐的奥秘。

二、电视综艺节目

电视和广播媒介都具有“兼容性”的特色，但是电视的“兼容性”更强。原因在于电视拥有表现画面的功能，由此它更容易表现其他的媒介形式和艺术形式，而在兼容不同艺术形式方面，电视综艺节目是最典型的代表。

“综艺”顾名思义是“综合文艺”的意思。综艺节目最先出现在广播媒体中，1955年，美国NBC无线电台部门为了应对电视媒体的挑战，采纳了一位名叫罗伯特的专栏作家的建议：把各种短小的广播节目结合起来形成一档综合性的广播节目。这档名为*Monitor*的广播综艺节目包罗万象——爵士乐、新闻、书评、赞美诗、名人谈话等等，播出后大获成功。随后，NBC获得启发，决定在电视中采用这种形式，它网罗了大量的娱乐艺术界的明星，将他们的表演引入了电视，于是观众在电视屏幕上看到了电影、戏剧、歌舞、魔术、马戏等各种娱乐形式，耳目一新。进入20世纪60年代以后，综艺节目在欧美电视界获得了更为迅速的发展，《快餐俱乐部》等一批优秀的电视综艺节目取得了不菲的收视效果。中国台湾和香港地区也于70年代开办了自己的综艺节目。综艺节目成为电视媒介中重要的一种节目类型，随着时间的推移和社会风气的转变，被加入了越来越多的娱乐性的元素，终于从中分化出“电视游戏”节目，它也成为所有电视节目中最容易被精英知识分子诟病的电视节目类型。

中国大陆在电视刚刚诞生的时候就有了综艺节目。中国电视文艺第一次播出综艺晚会是1960年的春节，当时的节目有诗朗诵、相声、歌舞等，它是春节晚会和综艺晚会的开端。到1963年1月24日春节，春节晚会持续时间已经长达四个小时。中国电视文艺的第一次专题晚会是在1961年8月30日举办的以“笑”为主题的晚会，名称为《笑的晚会》，内容全部是相声。节目播出后收到100多封来信，产生了一定的反响，考虑到当时中国电视机极低的普及率，我们基本可以断定，《笑的晚会》取得了它可以获得的最大的社会效果。后来普遍认为，风靡全国近30年的《春节联欢晚会》和《笑的晚会》之间有着密切的传承关系。

开始于20世纪70年代末的改革开放，为中国电视综艺节目的发展提供了富饶的资源。从1983年开始，中央电视台每年一次的春节联欢晚会成为收视率最高、影响力最大的电视综艺节目。此外，其他类型的电视综艺节目也逐渐发展起来。80 年代，电视综艺节目以文艺节目汇编为主，在这方面，开山之作是 1985 年黄阿原主持的《金银场》节目，随后北京电视台的《荧屏连着我和你》以歌星演唱歌曲、主持人串联为主要的表现形态，引发了广大观众的好评。1990 年 4 月，中央电视台经过长期筹备，推出了《正大综艺》节目，这是国内第一个相当成熟的、完整意义上的综艺节目，而无论是前期的姜昆、杨澜搭档主持还是后期的赵忠祥、杨澜联袂主持，都获得了观众的认可，在很多地方甚至出现了观众每逢周末必看《正大综艺》的情形。同年，中央电视台的另一档大型综艺娱乐节目《综艺大观》也被隆重推出，王刚、成方圆和倪萍先后担任主持，经过一段时间的探索，《综艺大观》的节目质量直线上升，成为中央电视台的名牌栏目，并引发了全国各地电视台竞相模仿学习的浪潮。从 90 年代后期开始，随着电视媒介细分化的进程，综艺节目这种节目类型也走向细分，即由综合艺术类的节目编排转向专门类的文艺节目类型。《综艺大观》于 2005 年停止播出，而相应的，《同一首歌》《欢乐中国行》《激情广场》等专门类的电视文艺节目大行其道。不过，作为一种成熟的电视文艺节目形式，综艺节目依旧拥有旺盛的生命力，尤其是在一些仪式性的时刻，电视综艺节目主旋律的表达更是不可或缺。

我们可以从如下几个方面理解电视综艺节目：

1. 综合性：拼贴和整合的艺术

“综合性”是电视综艺节目最为突出的性质，也成为它相对于其他电视节目最为引人注目的优势。造成这种传播效果主要有两个原因：一是演出形式巨大的综合能力充分满足了观众多重欣赏要求的需要，观众能在一档节目中得到全方位的娱乐或者审美的满足。同时，不同社会阶层的观众也都能在其中找到适合自己的节目类型，这类节目是电视节目类型中为数不多的真正能达到雅俗共赏、老少咸宜的传播效果的节目。二是电视综艺节目直播效果造就的现场感，能给观众带来一种类似于在现场直接参与的幻觉，他们似乎是在面对面地欣赏明星的表演。[①] 从节目本身来看，我们可以从如下三个层面来理解电视综艺节目的传播优势：

(1)艺术类型的整合造就综艺节目的整体结构

电视综艺节目的综合性首先体现在它对于各种艺术形式的整合上，或者说，这类节目是最能体现电视媒介“兼容性”特色的栏目之一。以下是 1983 年中央电视台第一次春节联欢晚会的节目单，从中可以明显地看出“综合性”特色的体现：

---

① 苗棣：《读解电视——苗棣自选集》，北京广播学院出版社 2004 年版，第 121 页。

1983年春晚节目单

1. 赵忠祥致开幕词
2. 主持人介绍到场嘉宾
3. 相声大师侯宝林讲话
4. 主持人代表所在行业向全国人民拜年
5. 歌曲：《拜年歌》，演员：李谷一
6. 主持人介绍到场演员
7. 猜谜：(1)“从上至下，广为团结”(打一字)
8. 相声：《山村小景》，演员：马季、赵炎
9. 相声：《小小雷峰》，演员：马季、赵炎
9A. 相声：《说一不二》，演员：马季、赵炎
10. 诗朗诵：《每逢佳节倍思亲》，演员：林丽芳(中国台湾)
11. 黄梅戏：《夫妻双双把家还》，演员：索宝立、牟玄甫
12. 歌曲：《竹林沙沙响》，演员：索宝立、牟玄甫
13. 歌伴舞：《草原民歌》，演员：斯琴高娃、胡松华
14. 歌曲：《勤劳的比帕尔》，演员：胡松华
15. 歌曲：《马铃响，玉鸟唱》，演员：胡松华
16. 小品：《逛厂甸》，演员：斯琴高娃、严顺开
17. 舞蹈：《节日》，演员：赵青、徐川
18. 猜谜：(2)“年终算总账”(打一句唐诗)
19. 喜剧小品：《吃鸡》，演员：王景愚、姜昆
20. 京剧表演，演员：尹宏伟
21. 京剧：《坐寨盗马》，演员：袁世海
22. 相声：《错走了这一步》，演员：姜昆、李文华
23. 相声：《对口词》，演员：姜昆、李文华
24. 相声：《战士之歌》，演员：姜昆、李文华
25. 猜谜：(3)“制定人口政策”(打一成语)
26. 魔术表演：彩扇争艳，演员：姚金芬
27. 杂技表演，演出：上海杂技团
27A. 相声，表演者：侯耀文、石富宽
28. 京剧：《空城计》，演员：马长礼
29. 歌曲：《牧羊曲》，演员：郑绪岚
30. 歌曲：《大海啊，故乡》，演员：郑绪岚
31. 歌曲：《太阳岛上》，演员：郑绪岚

32. 京剧:《霸王别姬》,演员:李维康

33. 录像:《火烧圆明园》花絮

34. 录像:电影《垂帘听政》片段

35. 歌曲:《红花》,演员:刘晓庆

36. 歌曲:《盼红军》,演员:刘晓庆

37. 喜剧小品:《弹钢琴》,演员:严顺开

38. 猜谜:(4)“镜子里面照着人”(打一字)

39. 喜剧小品:《阿Q的独白》,演员:严顺开

40. 相声录像:《戏剧杂谈》,演员:侯宝林、郭全宝

41. 猜谜:(5)“晚会”(打一字)

42. 歌曲联唱:《春之歌》《问声祖国好》《一根竹竿》《年轻的朋友》《知音》《乡恋》,演员:李谷一

43. 歌曲对唱:《刘三姐》,演员:李谷一、袁世海、姜昆

44. 京剧对唱:《牛皋招亲》,演员:李谷一、袁世海

45. 电影《武林志》录像

46. 武术表演,演员:葛春燕、郝志华、王杰、李霞、王建军、于绍文

47. 魔术表演:《吉庆有余》,演员:秦明晓

1983年,中央电视台举办第一届春晚,一切尚在探索中,但创作者已经自觉不自觉地将电视媒介综合性的优势发挥出来。总体来看,这档综艺晚会节目包括歌曲演唱(独唱、联唱、重唱、对唱等多种形式)、戏剧(京剧、黄梅戏等)、魔术、武术表演、小品表演、猜谜、电影录像展示等等多种艺术形式,每一种形式给观众造就的感性愉悦是不一样的:歌曲让人放松,体会或优美或动感的节奏,京剧等中国传统戏曲能让人们进入一种古典的审美情境,相声通过让人感受生活的荒谬进而感到好笑再进而有所领悟等等。如此,观众只要看这一台综艺晚会,就能够得到全方位的审美或娱乐的享受。同时,这些节目所针对的人群也不同,比如京剧针对的是中老年观众,歌曲针对的是青年观众。而当时的相声、小品、电影片段等等则尽可能地做到兼顾所有年龄段的观众。如此,中国大陆几乎所有的电视观众都能够在这档节目中找到针对自己而设定的节目。这种节目编排策略也造就了春晚在中国大陆近30年极高的收视率。而事实证明,这种电视综艺晚会的模式具有极强的生命力,1983年之后,历年春晚在整体上基本延续了这一模式。

(2)艺术元素的整合造就新的电视节目类型

电视综艺节目既是舞台艺术，也是电视艺术。电视和舞台的配合可以充分整合各种艺术形式进而衍生出新的综艺晚会式的艺术形式，在此，电视艺术显示出其“拼贴”和“杂烩”的艺术特性。

在1983年的春晚中，这种“拼贴”已有雏形。喜剧小品《阿Q的独白》就有了将电影艺术和电视艺术结合的意蕴。电影《阿Q正传》拍摄于1981年，拍摄后产生了很大的社会反响。演员严顺开凭借此片获得第六届《大众电影》百花奖最佳男演员奖、在瑞士韦维举办的第二届国际喜剧电影节最佳男演员金手杖奖，一下成为全国家喻户晓的著名演员。1983年春晚编导借着严顺开扮演阿Q的知名度将其请上舞台，用阿Q的口吻把电影中阿Q的故事重新说了一遍，语气滑稽，内容调侃。看过电影《阿Q正传》的观众由于有了电影的基础，他们能顺利地将晚会现场和电影中相应的内容联系起来。从这个意义上说，电视的收视效果则是在电影传播效果叠加的基础上完成的。

随着电视媒介的发展和艺术领域的整体繁荣，电视综艺借鉴其他的文艺形式成为司空见惯的普遍现象。比如在电视综艺晚会中，所谓的“泛小品艺术”成为引人关注的形式，这是电视文艺创作者将小品、歌曲演唱、舞蹈等因素予以整合的结果，由此形成了戏曲小品、舞蹈小品和相声小品等等。其中，戏曲小品是用中国传统戏曲的形式推进小品故事情节的发展。最早出现的戏曲小品是1986年春节联欢晚会上的《断桥》，在这部小品中，许仙、白娘子和小青的扮演者分别用川剧、越剧和豫剧的唱腔来对话和抒发胸臆，让观众一边欣赏戏剧一边领会故事的内容。在随后的每年春晚中，《孙二娘开店》(1987年)、《清官难断家务事》(1988年)、《狗娃与黑妞》(1989年)、《烤红》(1990年)、《群丑争春》(1993年)等等逐渐将这一艺术形式推向成熟。第一个有影响的舞蹈小品是1988年春晚上播出的《看秧歌》，由山西歌舞剧院表演。随后，舞蹈小品也成为春晚舞台上的常客，如《背起那小妹妹》(1990年)、《踩鼓点》(1992年)等等。尤其是1993年周洁表演的《山妞与模特》，把舞蹈与时装表演结合起来，用戏剧表演来构成整个节目的结构，是典型的舞蹈和小品结合的电视艺术形式。此外还有相声小品的形式，比如1992年由侯耀文、石富宽表演的《小站联欢会》。这档节目既有相声的形式——参加表演的演员都是相声演员，在形体动作上以两人平行站立面向观众的相声语汇为主，但同时节目的推进又有小品的作用——侯耀文频繁地更换衣帽，扮演几个不同的角色，充分利用道具，并通过肢体语言表情达意，戏剧表演和语言艺术被紧密结合在一起。此外，还有魔术小品，比如1991年的《争先恐后》，1994年的《大变活人》等等，把魔术表演和小品的戏剧性结合在一起，也取得了一种特殊的杂耍性的艺术效果。

值得注意的是，并不是所有的艺术门类和小品结合都能够取得良好的艺术效果，比如戏曲小品“并未产生喜剧小品那样的轰动效应”，而舞蹈小品“并不能激起观众的接受热情便日渐退隐了”[①]。但相声小品却被逐渐发扬光大，相声的语言艺术，尤其是抖包袱的技巧，成为小品发展的一个方向，这其中的原因何在呢？

小品本是北京电影学院、中央戏剧学院等艺术院校在招生时考查考生表演技能的考试方式之一，它的特色是情节简单，但戏剧矛盾突出，化解也迅速，让观众在情绪起落中获得一种观戏的快感。正是因为小品具有这种故事“短（篇幅短）、平（叙事直接、言语通俗）、快（戏剧冲突激烈、矛盾化解快）”的特色，小品具有明显的大众性与亲和力，它特别适合表达简单而浓烈的情感和简单的人生道理。戏曲小品和舞蹈小品之所以不太被观众认可，和戏曲与舞蹈艺术的含义抽象复杂有关系。比如戏曲艺术中的扮相、唱腔、动作等等都有一定的讲究和规范，对一个动作或者一段唱腔需要去“细品”，而不仅仅是知道其表达的表面意思就完了，对此不了解就很难领会戏曲艺术的魅力，这和小品的情节简单、语言亲和的特性是相矛盾的。舞蹈小品存在同样的问题，即舞蹈的抽象性和小品内容的简单直接之间有时候会构成矛盾，在内容庞杂、快速流动的电视画面跟前（这是电视综艺节目的特色），电视观众很难静下心来去细品一幅画面的内涵和意蕴，他们更习惯的是简单明了的信息传播和接受。

所以，令观众喜爱的除了前文提到的“相声小品”外，典型的还有“歌舞小品”。不过，这里的歌是“民歌”和“流行歌曲”，而非“歌剧”或“古典音乐”；这里的“舞”也是含义简单的民间艺术的舞蹈或者节奏明快的大众舞蹈，而非高雅艺术的舞蹈。比如，1996年春晚上播出的小品《过河》就是典型的例子。这档作品具有小品的所有元素：典型人物、情节和戏剧冲突。它的戏剧性来自阎淑萍扮演的农村姑娘以貌取人，她撑船去河边接到村里来进行科技服务的农业技术人员高峰，却因不认识以至于出现各种误会，这样的故事结构轻松幽默，而误会的产生为这个小品增加了很多戏剧性和笑料。不过，仅仅如此还是不够的，这档小品的优秀之处还在于它塑造了活生生的人物形象——其貌不扬但对农业科技了如指掌的高峰、率直泼辣性情直爽的农村姑娘。而人物性格的塑造很大部分是通过歌舞表演来完成的。歌曲借鉴了民歌的节奏和曲调，简单上口，且表达的含义非常直接：

哥哥面前一条弯弯的河
妹妹对面唱着一支甜甜的歌
哥哥心中荡起层层的波
妹妹何时让我渡过你呀的河
哥哥你要把河过，先要对上妹妹的歌
不问花儿为谁开，不问蜂儿为谁落
问你可知我的心，为啥要过我的河

---

① 耿文婷：《中国的狂欢节：春节联欢晚会审美文化透视》，文化艺术出版社2003年版，第69～70页。

哥哥面前一条弯弯的河
妹妹对面唱着一支甜甜的歌
哥哥心中荡起层层的波
妹妹何时收下我的心河

这就是普通的情歌，直接表达情愫暗生的情怀，观众不需要动脑筋就能够轻易明白。该小品的舞蹈也是轻松明快的，是人物心声的直接传达，这样歌舞与小品的情节相互映衬，给了观众轻松愉悦的视听享受。1995年春节联欢上播出的小品《如此包装》也有类似的效果。小品最后，作为老年人的赵丽蓉穿上华丽的服装，随着动感的节奏用迪斯科的方式唱评戏，此时，小品故事发展到高潮，故事观众既看到这位老艺术家深厚的艺术功底，同时亦领悟了小品的主题——某些商业包装的荒谬，歌、舞、小品三者有机联系在一起。

电视综艺节目还在发展，人类的各种艺术形式也在不断创新中。舞台是一个"虚拟"的空间，而电视技术具有极强的"兼容性"，"兼容"+"虚拟"是电视综艺节目创新的理念之一。

2. 主旋律的确定和表达

电视综艺节目固然强调"综合"，但这种综合必须有一个依据，即任何晚会都需要一个主题，我们可以将其理解为贯穿整档节目的主旋律。比如，每一年春晚的主题都围绕着"欢乐、祥和、爱国、自强、团结、奋进、辉煌、盛世"等一系列关键词，这符合中国的现实，也符合老百姓大年三十过年的心态，同时也承载了相应的政治使命。围绕这样的主题，春晚都能紧扣当时的社会动向和政治动向来设计节目类型和细节，反映在每一年都试图展示这一年中国发生的重大事件：1986年展示了对越自卫反击战，1997年紧紧围绕着香港回归的主题，2008年的北京奥运会和"神七"发射等等。有了这样的主题，节目的创意、编排，乃至技术的使用就都具备了相应的方向。如此，电视节目可以和社会现实保持一致，在审美特性上保持和观众心理上的接近性。电视综艺节目也才能与时俱进，始终获得观众的喜欢。

除了春晚以外，任何综艺晚会都会有这样的主题作为支配性的理念而存在。比如2007年公安部春节文艺晚会的主题是"万家灯火平安夜"。主题背后有三个理念，每一个都是和当年的社会主题联系在一起的：第一，强调和谐，强调晚会通过营造和谐氛围，感受和谐，呈现和谐的成果，主要强化2007年中国和谐社会的总体要求（这是当年中共中央对全社会提出的整体要求）。第二，强调平安，这是公安部门的特色，体现了公安民警奉献的精神和以人为本的新的执法理念，这个平安和新的执法理念结合在一起，直接表达了奋战在公安战线的同志们对祖国的爱，对人民的情，同时也体现了全国公安民警是国泰民安的重要参与者。第三，强调年味。过年了，因为是大年初二的晚上，全国各地喜气洋洋，体现神州大地其乐融融的警民关系，塑造喜气洋洋的中国年味。[①] 有了这样的主题，该届晚会就增加了相当多的创新因素，比如为了突出“和谐”与“平安”，晚会增加了互动的环节，分别邀请青藏铁路拉萨公安局的民警和搞网络的民警，还有天安门派出所的民警和海地维和警察、黄河源头和入海口的警察以及荣获“十大人民警察”称号的警察等等分组参与节目，力图将警察和中国社会的关系全方位地表现出来。最后还有109对警察婚礼，他们盛装出席，既庄严又有人情味，成为晚会的高潮。

像《正大综艺》《综艺大观》《曲苑杂坛》等电视综艺节目虽然没有明确的、口号式的主题，但由于其栏目化的播出，观众也对其形成了较为固定的主题认知，比如《综艺大观》就是一台让人笑的晚会，《正大综艺》就是旅游节目加智力竞猜等等，这样的主题配合日常化的播出，有利于观众和节目之间形成约会意识——到播出时间观众就会形成相应的审美心理期待，这对于节目形成稳定的收视率是非常重要的。

3. 主持人

有一种说法是“综艺主持人是节目的灵魂和核心”。这种说法虽不甚全面，但有一定道理。对于一档电视综艺节目来说，主持人最大的作用首先在于他是节目的标志和象征，其次在于他是推进节目进程的关键力量。

首先，主持人决定了观众对相应节目的看法和理解。在很多时候，主持人甚至一开始就奠定了栏目的风格，我们以《正大综艺》为例。《正大综艺》在赵忠祥和杨澜搭档主持的时候达到了全盛的状态，他们之间的配合被认为是宽厚温和的长者与青春伶俐的少女之间的默契互动，以求力图达到的境界。可以说，赵杨的搭配和《正大综艺》节目风格、内涵是相互促进。《正大综艺》是一档融知识性与文艺娱乐性于一体的节目，即观众能从这个节目中获得人文、地理、历史等知识性趣味性的东西。在这种传播语境下，赵忠祥的长者形象易让观众产生信赖感，更加信任电视传播的信息。而杨澜清纯知性的少女形象既能使得整个现场环境轻松愉悦，而且在观众和知识之间建立一种联系。当赵忠祥离开《综艺大观》之后，继任者程前被认为“年龄气度不够，有点压不住阵势”[②]，主要指的就是程前稳重不足，和《正大综艺》知识性的定位不相符合，而事实证明，程前可能更适宜主持《快乐大本营》这样的游戏节目。直到换成张政，观众的感觉才算好些，原因也是因为从事过新闻节目主持工作的张政身上有着稳重知性的气质和素养与《正大综艺》的定位是一致的。相对于对《正大综艺》男主持人的苛刻要求，观众对杨澜的继任者却更为认同，无论是姜丰、王雪纯还是袁鸣，观众都平静地接受了，

---

① 参阅公安部春节文艺晚会的总策划朱海对该档晚会的总体介绍，见“公安部新闻发布会网站”，http://www.china.com.cn/zhibo/2007—01/12/content_8785118.htm。

② 张同道主编：《时尚拼贴：解析中国电视栏目》，安徽教育出版社2002年版，第61页。

原因之一可能是杨澜的那种少女般的青春可爱只要依靠女主持人的本色表演就可以了。

其次，主持人是综艺节目进程推进的主要力量。对于综艺节目主持人来说，他必备的能力就是“现场掌控能力”。综艺节目是由文艺演出作为主干构成的，文艺演出虽然在事前能够进行排练，但是却依赖主持人将其串成一个有机的节目整体。因此，主持人要善于承上启下，有能力用语言赋予每一个节目之间以联系，让观众的情绪能够自然过渡。同时，主持人要以饱满的情感来主持节目，这才能与综艺节目为观众提供审美享受的主旨相一致。综艺节目主持人还应当具有一种现场应对的机智，在必要的时候随时和嘉宾与现场演员保持互动，圆满顺畅地驾驭节目的进程。

三、电视游戏节目

进入20世纪90年代以后，中国的电视综艺节目发生了一次转型，即由原来的综艺节目转向更偏重娱乐的电视游戏节目，这种转型从湖南卫视的《快乐大本营》开始逐渐蔓延到全国，最后甚至影响到中央电视台，游戏节目正式成为了一种崭新的节目类型。在游戏节目身上，还有着综艺节目的影子，典型的就是游戏节目中也不乏各种文艺表演形式。但是，游戏节目从设立主旨到传播目标等等都与综艺节目大相径庭。

首先，电视综艺节目的传播主旨在于为观众提供艺术审美，而游戏节目则是提供娱乐，着力处理各种“形式”或者“符号”的产物。虽然，娱乐和审美都能够给人带来感性愉悦，让人体会到一种生活的美好，但这二者之间又有本质的差别：娱乐的定位是给人带来感性愉悦，但它也仅仅停止在感性愉悦的层面，娱乐的效果就是让人哈哈一笑，然后笑过就结束了；审美却力图给人们带来超越感性愉悦的体悟，“美”是指向乌托邦和彼岸世界的，除了感性愉悦以外，它力图表征着一个“完美世界”，就像阿诺德所说的古希腊艺术①：

> 希腊最优秀的艺术和诗歌是诗教合一的，关于美、关于人性全面达到完美的思想，结合着宗教的虔诚，成为其充满活力的运作的动因。

其次，电视综艺节目的演员表演要刻意和观众（现场观众和电视机前观众）保持距离，所有的演出都强调一种艺术的品位；而游戏节目则要缩短甚至取消观众和演员之间的距离，演员有时候作为现场嘉宾还必须“做游戏”，通过滑稽乃至出丑营造一种“玩笑空间”，给观众带来消遣。由于这种消遣简单，游戏节目具有较为坚实的观众基础。

从总体上来看，电视游戏节目的基本形态是以各类游戏的现场竞技为总体格局，以演艺界明星的文艺表演、协作单位的现场展示、观众的即时参与为依托，让观众通过

---

① 〔英〕马修·阿诺德著，韩敏中译：《文化与无政府状态》，生活·读书·新知三联书店2002年版，第17页。

看电视即可获得娱乐和消遣。它的基本框架如下：

1. 必须设置丰富多彩的游戏形式

游戏形式是游戏节目的主干，一档游戏节目的进程主要就是靠游戏的设置来完成的。在游戏节目中我们能大量地看到各种生活中游戏的电视化表现，比如脑袋顶气球看谁跑得更远，从水中捞漂浮物看谁在规定的时间捞得更多，用一大串钥匙开锁，看谁能开得更快等等。这些游戏节目大约可分为三种类型：

第一种是智力型游戏。这是以智力型答题、猜谜以及比反应、测感觉、判是非等内容为主，通过游戏主要考察人的智力和能力，在破题解题的过程中得到知识的启迪与身心的愉悦。需要说明的是，智力型游戏与知识竞赛有着本质的区别，知识竞赛有标准答案，参加者以力争答对为努力的目标，而智力型游戏则不强求这一点，有时候答错题目反而是游戏者渴望见到的结果，因为选手(有时候这些选手还是名人)因答错题而沮丧、懊恼或受到“惩罚”恰恰能给观众带来游戏的欢乐，这正是游戏最终极的目标。如安徽卫视的《剧风行动》。

第二种是体力竞技型游戏。这是通过竞技、比赛、比速度、比耐力、比高、比快、比远、比重、比准，或者反其道而行之——比慢、比近，通过人们体力的竞技，在进行的各种游戏中比出高低。同样，获胜者一帆风顺并不是编导和电视观众所期待的，失败者有趣的失误过程，比赛过程中意想不到的场面的出现才是人们愉悦期盼的目标，比如湖南卫视的《智勇大冲关》、浙江卫视的《冲关我最棒》等。

第三种是智力、体力综合型游戏，即在体力比赛的过程中增加智力型问答，在智力型比赛过后再进入体力型竞技，如中央电视台的《城市之间》等。

2. 文艺表演的独特作用

在游戏节目中，一般会穿插相应的文艺表演。和电视文艺节目中文艺演出作为节目主干的作用不同，游戏节目中的文艺演出更多的是为了调剂现场竞技气氛或者节奏。这些演出，有时是嘉宾表演，有时是观众献艺，有的时候是主题组合，有的时候是专门创作。这些表演既活跃了节目的气氛，同时也给节目主持人一些回旋的余地。

3. 重视观众参与

电视游戏节目的观众参与可分为两类，一类是节目现场的观众参与，一类是电视机前的观众参与。另外，节目对观众参与的设计也是多重的，以湖南卫视的《超级女声》为例，现场观众可以投票支持自己喜欢的选手，场外观众可以发送短信支持选手，还能参加现场抽奖等。

参与性是电视游戏节目获得成功的最为重要的因素。没有观众的参与，电视游戏节目便失去了它存在的基础。正是由于观众的积极参与，电视游戏节目才能有别于其他类型的娱乐方式，而受到观众的欢迎，因为他们感受到了一种参与电视节目进程的主动性。不管是上电视参加游戏的观众，还是电视机前观看节目的观众，都会觉得这样的节目是属于他们自己的。这样的节目设置使得观众觉得自己是参与者而不是旁观者，从而全身心地投入节目的全过程。

4. 节目的博弈特点突出

在节目进程中，游戏的紧张激烈、扣人心弦，很大程度上源于游戏的博弈性。游戏节目或是通过团体竞争，或是通过个体竞争，并通过大奖刺激充分调动游戏参与者与观众的博彩心理。这种博弈有智力和体力的竞争，更有运气的竞争，从而制造了游戏过程的种种悬念，吸引了观众的注意力，避免了观众在短时间内对节目产生厌烦心理，并使观众感觉参加节目有所回报，即经济上也构成了一定的诱惑力。

5. 节目主持人青春热情、活力四射

游戏节目的主持人多为青春热情、活力四射型。比如《快乐大本营》的快乐家族，虽然不能算是俊男靓女，但是年轻、热情，富有动感活力，这也正是游戏节目的特质。他们的个性自然、亲切，没有造作，从而使得整档节目都极易接近观众。

思考题：

1. 思考广播音乐节目和音乐产业之间的关系。
2. 举例说明广播剧的人物形象是如何被塑造出来的。
3. 电视综艺节目的“综”该如何理解？

第八章
广播电视媒介产品的市场营销

内容提要:本章主要介绍广播电视作为企业如何通过促销手段获得相应的经济利润。注意力是广播电视媒介销售给广告客户的主要产品。衡量广播电视媒介的注意力则有“视听率”“千人成本”等一系列指标,从经济效益的角度考虑,广播电视媒介会自然地扩大自己的受众规模,这形成了广播电视媒体的一系列市场策略,如节目推广、公共活动、信息促销等等。随着新传播技术的发展,广播电视的市场营销策略也在发生着相应的变化。

本章我们将分析广播电视媒介的经济属性,从总体上来看,其经济属性包括商业属性和资本属性。这两种属性蕴含着这样一个命题:广播电视媒介不仅仅能够作为信息传播的工具、舆论宣传的工具、娱乐消遣的工具等,它们还可以作为赚钱的工具和资本积累的工具。

首先,广播电视媒介和任何商业企业一样,具有市场营销的功能。广播电视媒介制作的各种节目可以作为一种信息商品而存在,通过信息商品的买卖可以获得相应的商业利润。同时,在信息传播的过程中,广播电视媒介还可以向广告客户出售它们所拥有的受众的注意力,因为这种注意力同样能够施加在广播电视的广告中,帮助广告客户促销他们的产品。广播电视媒介就此收取广告客户一定的广告费用,这同样能够成为媒介获取的利润,而且是广播电视媒介目前获取利润的主要方式。

其次,当广播电视媒介自身的资金积累到一定程度之后,它就可以进行相应的资本运作,如运作得当,那么同样可以获得可观的利润。

广播电视媒介的这两种属性其实是人类社会两种古老的取财之道的体现。亚里士多德对此曾有过明确的说明,他认为人类有两种获得货币增值的方式,一是为了满足使用价值或需要进行的交换;二是为追求交换价值的积累而进行的交换,即通过贷放货币而获取利息。具体体现在广播电视媒介中,前者就是广播电视媒介通过出售广告时段或自己生产的广播电视节目而获得利润的行为;而后者就是广播电视媒介通过资本运营而获得相应的利润。

值得注意的是，本章我们是在市场经济的环境下谈论广播电视媒介的经济属性的，换言之，我们主要是讨论商业机构型的广播电视媒介的市场运作和获取资金的模式，国营型和公共型的广播电视机构虽然也有如何获取资金的问题，但它们遵循的不是市场原则，而是宣传原则和教育原则，它们的资金获取方式也相应较为简单，主要是国家拨款、社会赞助和收取执照费等，和市场营销没有直接的关系。

第一节　广播电视媒介广告时段的市场营销

如果我们把广播电视媒介看成是生产企业和商业企业，那么它们就是生产信息和销售信息的机构，在这一过程中，商业原则将起到决定性的作用。

一、何为市场营销

所谓市场营销，通俗地说就是做买卖，是通过产品交换满足彼此的需要的一种活动。美国营销管理专家菲利普·科特勒这样界定市场营销的概念：

> 市场营销是个人和集体通过创造并同别人交换产品和价值以获得其所需欲之物的一种社会过程。这一定义包含下列一些核心概念：需要、欲望和需求；产品；价值和满足；交换和交易；市场；营销和营销者。[①]

在这里值得注意的是，人的需求和欲望是不断增长的，某种意义上这成为推动社会进步的力量所在，关于这一点，马斯洛的“需求理论”[②]表达得非常明确，这导致了人们会不断地生产新的产品和持续不断地扩充市场的规模。于是，需求和欲望是营销行为的起点，市场是营销行为的空间，需求的满足是营销行为的终点；而对于营销者来说，获取利润的回报是营销的目的。因为利润（货币）能够帮助营销者通过购买商品满足自身的需求。

下一个问题就是：如何才能取得市场营销的成功呢？这就涉及对营销行为内涵的分析。营销管理理论认为，一个成功的市场营销活动需要在四个方面取得相应的成绩，这就是市场营销的“4P”理论。

---

① 〔美〕菲利普·科特勒著，梅汝和等译：《营销管理：分析、计划和控制》，上海人民出版社1996年版，第7页。

② 马斯洛是美国著名的人本主义心理学家，他把人的需求分成五个层次：生理需求、安全需求、社交需求、尊重需求和自我实现需求，这五种需求是由低到高渐次排列的，人类将首先考虑满足自己低层次的需求，而低层次的需求一旦获得满足之后，一定会去追求高层次的需求。

其一，发明并生产一个卓有成效、能有效满足人们某一方面需求的产品（Production）。

关于"产品"，科特勒的定义是："任何能用以满足人类某种需要或欲望的东西都是产品。"①产品往往被理解为一种"物品"，比如一件衣服、一辆汽车或者是一幢房子等。这种"物品"有两个特性：其一，它存在的意义是为了满足人的需求，即是以人为目的而存在的。比如，自然界的水不是产品，但当它作为人们解渴的饮料而存在的时候就有可能成为产品了——它具有满足人们解渴需求的价值；其二，这种产品中凝结着人的劳动，即产品一定是经过人的劳作生产出来的。我们还是以水为例，在自然状态下存在的水，虽然具备解渴的功能，但是只有它被罐装、运输到人们需要的地方，即被生产为商品的水的时候，它才会变成产品。

正如马斯洛所揭示的那样，人们的欲望是不断升级的，因此对产品需求的欲望也是不断发展的。在现代社会，科学技术成为刺激商品生产的最重要的因素，技术甚至超越了人们自发的、本能的需求，开始创造人类新的需求，这同样被看成为推动人类进步的重要力量。所以，科特勒说："技术是确定新机会的主导力量。技术对于未来生活方式的形成将起关键的作用。"②的确，用技术发明创造出新的产品，以这种产品的功能激发人们新的需求是当代社会很多企业开拓市场的一种司空见惯的做法。在后面我们将会谈到，广播电视媒介作为信息产品的生产机构，技术革新同样是重要的市场拓展元素。

其二，为产品制定合适的价格（Price）。

价格是营销组合中唯一能够给营销者带来利润的因素，而其他因素在营销过程中只能产生和增加成本。比如要生产"产品"就必须购买设备和原料，并支付相应的工人工资。而价格如果制定合适，会给企业带来丰厚的利润。

价格策略的制定是商品营销过程中非常重要的环节，定价一般要遵循如下的策略：第一，追求利润的最大化；第二，不超过消费者的心理成本。

以上二者有的时候是不可兼得的，比如，当一种新产品刚刚上市的时候，消费者对于它的功能并不了解，因此也就没有消费它们的愿望，消费需求几乎为零。此时的价格策略就要考虑到消费者心理成本较高的因素，于是可以考虑以低价促销的方式来吸引消费者购买使用，以扩大产品的知名度。那么"追求利润最大化"的需求暂时就要先放在一边了。但是，低价定位这种策略从长远来看还是为了"利润最大化"。

其三，寻找合适的分销渠道（Place）。

即找到合适的产品销售的地点，或者说是要规划好产品销售的"物流渠道"。"营

---

① 〔美〕菲利普·科特勒著，梅汝和等译：《营销管理：分析、计划和控制》，上海人民出版社 1996 年版，第 9 页。

② 同上书，第 5 页。

销渠道执行的工作是把商品从生产者那里转移到消费者手里。它弥合了产品、服务和其使用者之间的缺口。”简单地说，建立商品的营销渠道就是找到合适的产品销售的地点，让商品货畅其流。

营销渠道的流程主要有三种类型：一是“实物流”，也就是实物产品从原材料到最终顾客的流程；二是所有权流，是指商品所有权从一个营销机构向另一个营销机构的实际转移；三是付款流，是指顾客通过银行和其他金融机构将货款付给经销商，再由经销商转交给制造商，而制造商把货款支付给不同的供应商。这其中，最重要的是“实物流”，也就是通常所说的“物流”。成功的“物流”强调以最低的成本，通过运输、保管、配送等方式，实现产品由商品的产地到商品的消费地的成功流动。随着消费社会的发展，企业主越来越注重迎合消费者接触商品的习惯，愈发强调让商品主动走向消费者，而不是让消费者自己去寻求商品。

其四，进行恰当的促销活动(Promotion)。

“促销”就是广义上的销售促进[①]。之所以要进行促销活动，简单地说就是现代社会的市场营销处在一个“酒香也怕巷子深”的态势中。现代社会是一个商品极大丰富的社会，消费者的选择余地越来越大，于是，他们是否购买某种产品很大程度上并不是依据产品本身品质的好坏，而是对这个产品的印象。在大多数情况下，这种印象的形成是依靠信息(话语)来建构的。我们可以设想一下如下的场景：一个人去商场里买牙膏。在日化用品的货架上，有几十甚至上百种牙膏，每一种牙膏品牌各异，优势各异，作为一个消费者，他根本没有能力通过感受每一种牙膏的品质来判断牙膏的好坏和他更适合用哪一种牌子。此时，支持他做出购买决策的依据是他脑子里对某些牙膏的品牌的印象，比如“高露洁牙膏可以防蛀牙”“上海防酸牙膏可以抗酸”“洁诺牙膏可以让牙齿更加美白”等。这些印象是靠电视广告、人员促销等方式进入消费者的脑海中的，而非他们对牙膏品质的亲身接触——比如通过刷牙试一试某种牙膏是不是真的有那种它所标榜的效果。在此，广告这种促销手段成为购买行为最终形成的最关键的因素。

销售促进的手段主要包括广告、(狭义上的)促销活动、公共关系、直销活动等。广告是通过信息的传播让消费者产生某种需求，进而刺激他们对某一种产品的购买欲望；(狭义上的)促销活动是以让利的方式让消费者立即产生购买某种产品的欲望；公共关系的促销效果比较隐蔽，它是通过提升产品品牌形象或者企业形象以增加自身美誉度的方式让消费者对自己的品牌产生信赖感，进而保证自己的产品销售持久而旺盛

---

① 狭义上的销售促进是指为了立即获得销售额的增长而采取的刺激消费者产生购买行为的举措，比如降价、折扣等，而广义上的促销是指为了获得利润而采取的所有的措施(有时为了长久的更为丰厚的利润要暂时牺牲当下的销售额的增长)，包括广告宣传、公关宣传、促销等。参阅〔美〕菲利普·科特勒著，梅汝和等译：《营销管理：分析、计划和控制》，上海人民出版社1996年版，第828～845页。

的生命力；直销活动是通过人员面对面促销的方式直接把产品卖到消费者手中，而不通过销售代理商的中介，口头的推销技巧，或者简单地说口才是直销活动得以成功的关键的因素。

在市场经济条件下，广播电视媒介也是商业企业，它们也要通过4P的方式使得自己生产的信息产品获得相应的市场效益。只不过，信息产品具有自身独特之处，它的4P也呈现出独特的性质。

二、广播电视媒介的广告经营：作为商品的“注意力”的4P分析

如果从“需求满足”的层面分析，广播电视媒介能够满足两类社会阶层的需求。

首先，广播电视媒介生产各种信息满足受众的信息需求。关于这一点，传播学的“使用满足论”[①]有精辟的分析；其次，广播电视媒介可以生产消费者的注意力，并将这种注意力出售给广告客户，由此实现它们传播商品信息的目的，而广播电视媒介也由此获得了广告费，于是广告费也就成为了媒介营销的利润。

如果我们把广播电视媒介的经营活动放到4P理论的框架下，将会看到相对于一般的产品，广播电视媒介所生产的营销产品的特殊性。

1. 产品：作为商品的观众“注意力”

广播电视媒介首先生产各种信息产品，即广播电视节目，这些节目能够在信息市场上获得一定的效益和利润，这是我们通常所说的节目营销（详见本章第二节），而对于广播电视机构来说，这一部分的收益不是主要的，更重要的是来自广告费的收入。那么，广告费的收入是如何挣得的呢？

广播电视媒介通过传播各种信息，以此吸引受众的注意力，这种注意力是广告商所看重的，因为它能够帮助广告商有效地传播商品广告，进而产生相应的促销效果。于是，“注意力”也成为广播电视媒介生产的产品，它被出售给广告商，进而获取丰厚的广告利润。从这个意义上说，广播电视媒介的营销是一种“注意力”的营销。

对广播电视媒介运作的这一本质，加拿大传播学者达拉斯·斯麦兹有精彩分析，他从政治经济学的角度对此做了解读。他认为，如果从政治经济学的角度来看，新闻、电视剧、音乐等广播电视媒介的节目并不是广播电视机构最重要的节目，广告才是。就像一些提供面包等“免费午餐”的酒馆一样，其真正目的是为了卖酒，面包是吸引人们喝酒的一个幌子。广播电视媒介的节目就是作为免费午餐的“面包”，广告就是

---

① “使用满足”理论建构了一种以“受众”为中心的传播模式。这一理论认为，受众的行为，很大程度上是由个人兴趣和需求来加以解释的。比如赫佐格于1944年研究了听众收听广播连续剧的动机，认为收听这一类型的广播节目受众能够满足自己对理想生活想象的需求。参阅〔英〕丹尼斯·麦奎尔等著，崔保国、李琨译：《大众传播模式论》，上海译文出版社1997年版，第102～104页。

“酒”，通过“卖酒”获得利润才是最终的目的。于是，广播电视媒介的营销行为就这么完成了：

> 以广告费支持的电视媒介提供的“免费午餐”是喜剧、音乐、新闻、游戏和戏剧，目的是引诱受众来到生产现场——电视机前。此时，测量受众数量的公司便能够计算他们的多寡，并区分各色人等的类别，然后将这些数据出售给广告者。媒介则根据“产品”（受众）的多寡和质量（年龄、性别、文化程度、收入等人口指标）的高低（也就是购买力的强弱）向广告客户收取费用。所以，媒介公司的使命其实是将受众集合打包，以便出售。①

在此，广告机构和广播电视机构的工作者都认同一个前提：当一档节目收视率（收听率）高的时候，它的广告的收视率（收听率）也会高，反之亦然。② 于是，节目的收视（听）率就成为衡量受众“注意力”的标准，这也是商业型受众测量机构存在的理由。

衡量广播电视传播效果的指标是收视（听）率。广播收听率是指在特定时段内收听了广播（或某频率）的听众数占被调查听众总数的比值。收视率的计算方法几乎是一样的，即收看一个特定电视节目的人口数占拥有电视人口总数的比值。

收听率和收视率是评估某一广播或电视时段价值的标杆。高收听率和收视率意味着广播电视机构拥有的受众数量众多。所以，在广播电视节目中，提高节目质量吸引更多的受众是媒介的不二选择。这也说明，提高收视（听）率是广播电视机构开发自身的“产品策略”的主要方向，我们以电视为例来看看提高收视率的主要办法有哪些。

（1）内容为王，通过提高节目质量来提升收视率

一般认为，把节目做好，观众自然爱看，收视率就提升了，广告客户也就被吸引了，广告收入也就提高了，这似乎是个常识。但是，对于广播电视工作者来说，“提高节目质量”往往是不可控的。这是因为：

第一，“节目质量”内涵的复杂。美国学者苏珊、道格拉斯等人在《电子媒介节目设计与运营》一书中谈到了电视工作者对节目质量的困惑：

> 在谈及节目“质量”时，观众总认为他们知道其中的含义。实际如此吗？“质量”经常暗含很强的制作价值（大量的场景、著名演员、引人入胜的剧本和精湛的技术）和评论界的赞誉。那些想使节目具有高质量的人都在其中看到

---

① 郭镇之：《传播政治经济学理论泰斗达拉斯·斯麦兹》，载《国际新闻界》2001年第3期。

② 这种假设不是百分之百的准确，比如历史上著名的“抽水马桶效应”的故事。20世纪50年代，美国哥伦比亚广播公司播出情景喜剧《我爱露西》，该剧播出后引发了巨大轰动。在美国某一城市的水厂，一位工作人员惊讶地发现每天晚上在几乎同一个时刻，水厂蓄水池的水位都会忽然下降，这说明在这一时间段，全市居民在集中大量用水。后通过调查发现，这一时段正是电视台播送两集《我爱露西》之间插播广告的时间。这一现象引起了广告界和电视界的共同反思，即搭载高收视率电视节目的广告是否同样拥有高收视率。

了重要的社会价值。那么，为什么大多数的电视节目都缺乏高质量呢？……也许质量仅仅代表观众的主观评判，而不是客观标准。如果我们无法在质量的标准问题上达成一致，那么它果真存在吗？使用“高质量电视节目”一词的人，恐怕实际上是想说“我喜欢的节目”。①

这种现象在现实生活中的确是司空见惯的，因为对节目质量好坏的判断有着多重标准。知识分子可能要求节目有教育意义，政府官员要求节目能够反映主流文化，普通市民要求节目能够给他们提供消遣和休闲等。即便是同一类需求中，其内涵也是多元的。比如普通观众大都要求广播电视节目能给他们带来娱乐和休闲的效用，但是，何为“娱乐和休闲”，不同的人就有不同的认知。就性格气质来看，胆汁质的人也许觉得听摇滚音乐和观赏动作片是娱乐和休闲，而黏液质的人会更倾向于收看言情剧和收听轻音乐。不同的人意味着不同的价值取向的存在，这样，对节目质量的评判就具有很强的主观性。于是，这就带来了第二个命题——受众口味的难以把握。

第二，受众的口味难以把握。电视工作者喜欢把节目单比喻成餐馆的菜单，频道就像餐馆，节目就像食物。一个餐馆要办得好，首先要食物质量高，要符合顾客的口味。但是，对于广播电视媒介来说，顾客的口味是什么，他们自己也说不清楚。关于这一点，苏珊等人同样看得很清楚，他们说：

仅仅询问电视观众他们想要什么是很困难的。观众经常在看到节目时才知道他们想要什么，过一段时间后他们又厌倦了这样的节目，然后又产生新的需求。节目设计与运营人员必须要熟练应对善变的受众。节目设计与运营人员能够把握的只是发现受众如何在收看节目时做选择。②

广播电视受众的这种状况和他们信息接收的被动性有很大关系。我们知道，人们接受广播电视媒介的心态是放松的、被动的，这已经被很多理论家以及诸多的试验证明了。面对广播电视媒介，人们习惯于等着广播电视的信息送到自己跟前然后自己被动接受。在接受信息之前，受众自己根本不会去思考他们究竟喜欢、愿意接受何种类型的信息。这说明，相对于受众的反应，广播电视节目创作者的研究和反思是具有相当的滞后性的。在大多数情况下，广播电视受众的需求处于一种未开发的状态，需要新节目对他们进行刺激他们才会有所反应——“哦，原来我是需要看这样的节目，这样的节目才是好看的”。

这种情况导致了广播电视节目创新的无序和风险，为了规避这种风险，在广播电

---

① 〔美〕苏珊·泰勒·伊斯特曼等著，谢新州等译：《电子媒介节目设计与运营：战略与实践》，北京大学出版社2005年版，第6页。

② 同上书，第9页。

视实务界所采取的最常见的一种办法是“通过模仿策划新的节目”，即通常意义上所说的栏目克隆。

已故的美国学者斯尼·W.海德曾经描述过美国电视界这方面的状况：

> 人们经常犯这样的错误：大量可行的新节目创意和由新生作家创作的无数有用的剧本都在等待着被发现；只有那些违背常理的目光短浅的节目执行人员才会对这些新兴的宝贵财富不屑一顾。但是电视执行人员不敢轻易冒险将大量的制作成本投在未经试用的人身上和未经检测过的创意上。即使愿意，结果也不会有很大不同，因为大众娱乐始终保持着一个目标。即使是在像美国这样大的国家内（做一些肤浅和模仿性的节目），国家人才资源也不是非常丰富。非天赋异秉，是无法制作出能够吸引成百上千万人夜以继日关注的节目的。①

于是，在广播电视界我们很容易发现，成功的节目形式会不断被模仿，成功的广播电视明星会不断地在各种节目中露脸，因为这些都是收（听）视率的保证。我们国家的广播电视节目的发展也是如此，以我国电视改革为例。最早进行改革的早间新闻节目《东方时空》的创办，在我国电视界虽属首创，但是策划这档节目的人明显受到美国电视界早间电视新闻杂志的影响。首先是当时的央视台长杨伟光，他到国外考察了一圈回来以后说：“真的不好意思和外国同行说，我们一个泱泱大国的国家电视台居然没有早间节目。”于是他下决心要改变现状。② “别人有且成功了，那么我也得有，估计也会成功”，这是广播电视节目策划的一个主流思路。后来，受我国台湾综艺节目《玫瑰之约》、英国电视节目《谁成为了百万富翁》、美国电视节目《美国偶像》等的影响，大陆电视界先后兴起了电视婚配节目（如上海电视台的《相约星期六》）、电视益智类节目（如央视的《幸运52》和《开心辞典》）、真人选秀节目（如湖南卫视的《超级女声》）。

克隆已经成功的电视节目形式，使用已经走红的明星（广播电视节目主持人），这是广播电视机构策划节目风险最小的一种模式。策划广播电视节目如果完全追求原创，那就需要对受众的信息接收口味进行准确的预测，这种预测是一定会有风险的，因为无论什么方法都无法完全掌握受众的心态，节目策划者只能依据现有的市场资料对受众心态做出相应的揣测。所以，苏珊等人对于如何策划能有效传播的电视节目的结论竟是如下“揭秘”：

> 将节目设计与运营作为一个严肃的主题来研究并非易事。尽管实用研

---

① 〔美〕苏珊·泰勒·伊斯特曼等著，谢新州等译：《电子媒介节目设计与运营：战略与实践》，北京大学出版社2005年版，第8页。

② 孙玉胜：《十年：从改变电视的语态开始》，生活·读书·新知三联书店2003年版，第11页。

究(视听率)是必需的,但是电视网和其他一些节目供应商是不会赞助太多理论研究的。虽然创意和样片都要经过测试,但是节目设计与运营始终就像是一场赌博,在这里直觉比科学更重要。①

这意味着,最原创的节目设计往往更接近一种艺术创作或者创意,这是广播电视节目策划的第二种模型。在广播电视界,成功的节目类型有很多,但始终没有一条通用、固定的法则。这是因为真正原创的节目的成功往往来自不断地试验和调整,比如《东方时空·生活空间》,其节目理念就历经了从"为您服务"到"讲述老百姓自己的故事"的转变,这就是一种创意。

更典型的应该是江苏电视台城市频道的《南京零距离》的成功推出,这档节目的成功其根本原因是重新诠释了新闻价值元素,《南京零距离》把新闻价值中"接近性"元素提到了首要位置,而所谓"显著性""重要性"的新闻因素被放到了相对次要的位置,典型的标志就是政府活动、会议新闻经常被压缩在屏幕下方以滚动字幕的形式出现。它第一次在电视媒体中以"新闻"的形式报道普通市民最感兴趣的问题,同时反映他们的喜怒哀乐,这是新闻报道内容方面的一个完全的创新,但它却是直觉的产物,不断尝试的产物。因为《南京零距离》的创办是一种尝试,不是经过市场调查、受众研究、专家访谈之后有了充分的把握才进行的举措。创始人之一景志刚在后来回忆《南京零距离》初创时这样说道:"2001 年冬天来临的时候,在南京市北京东路四号的一间办公室里,一群深陷困局的电视人开始了一次前途未卜的突围"②,所谓的"深陷困局"是指当时的江苏电视台城市频道整体节目收视率低迷的状态,从这个意义上说,《南京零距离》是被逼出来的,但是这种"逼"的前途如何,是不知道的,这意味着没有任何理性的分析可以化解节目运作可能带来的风险。景志刚后来在自己的一篇论文里更加详细地描述了当时的状态:

去年的这个时候,我们正忙着《南京零距离》的推出,当时的心情兴奋而又忐忑,兴奋的是在一个辞旧迎新的时刻,我们开始了一次全新的电视尝试,制作一档每天 60 分钟的完全自采并且形式别样的新闻节目,并雄心勃勃地打出了这样的宣传口号:打造中国电视新闻新模式,忐忑的我们不知道这次尝试的成与败。③

一种"冒险"的心态在这里呼之欲出。从中我们可以看出,成功节目的策划实施很大程度上依据的是直觉,是对观众接受口味的一种感觉上的预测,从这个意义上说,一

① 〔美〕苏珊·泰勒·伊斯特曼等著,谢新州等译:《电子媒介节目设计与运营:战略与实践》,北京大学出版社 2005 年版,第 9 页。

② 陈正荣:《电视的第三次浪潮——解析"南京现象"》,中国传媒大学出版社 2006 年版,第 155～156 页。

③ 景志刚:《我们改变了什么》,载《视听界》2004 年第 1 期。

个成功的电视决策者在理解了所有的诸如收视率、观众欣赏指数等一系列数字的含义之后，最后作为点睛之笔而存在的更可能是一种类似艺术创作的直觉。唯有此，他们才能创作出观众喜欢但绝对意想不到的节目形式。

(2)采取有效的节目编排策略，以保持和提升收视率

同时，广播电视机构还会采取可以想到的各种方法提高和保持收听率和收视率。我们以电视为例，所谓的电视节目编排技巧，其实就是提升或者保持收视率的技巧。编排方式同样成为广播电视生产的“注意力”商品的一个重要的组成部分，我们还是以电视为例来说明这个问题。

电视节目编排所依据的原则是观众的收视习惯，而决定收视习惯的是人们的生活方式。不同的生活方式决定了人们选择什么样的时段作为自己收看电视的时间。而电视节目编排策略就是将自己的节目编排在目标观众收看节目的时段，以获得有效的电视传播效果。

我们知道，晚上19:00～22:00是所谓的黄金时段，在这一段时间，电视的开机率[①]是最高的。在高开机率的前提下，才有可能获得高收视率(《东方时空》刚刚开播的时候，它面临的最大问题就是中国早间的开机率太低，即打开电视机看电视的人太少，如此创造收视率根本谈不上)。之所以在这一时段大家都会打开电视机看电视，这是和大部分中国城市居民的生活方式联系在一起的。晚上19:00前后，是一般城市居民吃晚饭的时间，他们结束了一天的工作，即将面临一个相对休闲的晚间，此时心态很放松，正好适合看电视这种被动的信息接收形式。所以，如果可能，一般节目都愿意被安排在黄金时段播出，尤其是诸如社会新闻专栏或电视剧这样针对普通公众的节目，更是备受青睐。黄金时段意味着最大电视机构有可能生产最大规模的“注意力”，因此黄金时段的广告费也往往是最高的，中国电视界广告费最高的时段——央视《新闻联播》和《天气预报》之间的广告时段，就是出现在黄金时间段——19:30前后。

黄金时段是针对普通观众群而言的，所以它考虑的是大多数人的“生活方式”，而相对于某些针对性很强的电视节目，在进行节目的编排的时候就要考虑特定人群的生活习惯和方式。比如中央电视台10套节目的编排策略——一种类型化的板块式编排：它由《百家讲坛》《人与社会》《希望－英语杂志》等组成的午间“教育板块”，和由《讲述》《家庭》《人与社会》等组成的傍晚“情感板块”，以及由《走进科学》《讲述》《探索·发现》《人物》《大家》等组成的晚间“精品板块”，使频道的常规播出呈现出午间、傍晚和晚间三个收视高峰。

CCTV－10是央视的科教频道，其专栏所针对的人群是受过一定教育，对教育类

---

① 所谓开机率是指在特定的时间段里，暴露于任何电视频道的家庭或人口和所有有电视机的家庭或人口的比率，它能显示在特定的时段里，究竟有多少人在看电视，从市场营销的角度来看，它反映的是电视品类市场的大小，显示的是电视媒介作为一个传媒类别和报纸、广播等其他大众传媒之间竞争的优劣关系。

信息感兴趣的电视观众。那么，上述的节目编排也是根据这类人群的生活方式而确定的。比如中午时间，一些现代都市中的白领，或者一些大学生都是不午休的，他们工作学习了一个上午，此时心情略微有些放松，此时的心情是观看新闻过于严肃，观看影视剧、娱乐节目又没有心情且时间也不够，那么像《希望英语杂志》这样体量的具有趣味性的教育类节目，就非常适合这类人群观看。而到了节假日，这类人群有了整块的时间看电视，所以在春节、五一、十一、暑假等长假期间往往会采取一些特别编排。比如CCTV－10在2006年的假日特别编排中，面对激烈的收视竞争，推出了多档大型教科文专题，如《神秘的自然》《电影过节》《灭绝动物大揭秘》等系列特别节目，这些节目的收视率都屡创新高，成为专业频道的假日收视新亮点。

除了迎合收视习惯以外，合适的电视节目编排还有可能起到保持和拉动电视节目收视率的功效，比如下面的模式：

● 接龙模式。所谓电视编排的“接龙模式”，是指让新推出的电视节目紧跟在另一部收视率颇高的节目后面，让高收视率的节目带动新推出的电视节目。电视台新老电视连续剧交替的过程，经常会采用接龙模式来进行电视连续剧的过渡。

例如，2007年4月，江苏电视台城市频道开播反腐题材大剧《高纬度战栗》，该剧在江苏电视台城市频道热播两周，成为江苏地区2007年收视率最高的电视剧，最高收视率竟然冲到8.4%，在江苏地区引起一阵“高纬度旋风”，受到观众的热烈追捧。[①] 5月江苏影视频道重播此剧，收视率依旧不俗，江苏影视频道每晚播出该剧3集，时间大约是在晚间的19:00～22:00。5月15日，影视频道按计划应该播出该剧包括《高纬度战栗·大结局》的最后3集。但是当晚观众普遍期待的《高纬度战栗·大结局》并未出现，在播出完倒数第二集《高纬度战栗》以后，紧跟着播出的是另一部电视剧《秦始皇》的第一集，《高纬度战栗·大结局》被放到了5月16日的19:00播出，随后播出的是《秦始皇》的第二、三集。这就是典型的电视连续剧编排的“接龙模式”，第一集《秦始皇》乘《高纬度战栗》的东风，收视率亦会不俗，而原来《高纬度战栗》的忠实观众因为要看大结局，在5月16日的19:00一定会锁定江苏影视频道，而这其中，相当一部分观众因为在15日晚观看了《秦始皇》第一集，也有可能被该剧吸引，在16日晚上接着看这部电视连续剧。这样，江苏影视频道就以“接龙模式”成功地实现了新旧电视剧播出的交接，减少了因旧剧播完而造成的观众流失。

● 板块效应。在春节、五一等节假日乃至周末双休日，我们会经常发现一些省市地方台会以“周末大放送”等形式一口气在很短的时间内将一部电视连续剧播完，这就是所谓的电视播出的“板块效应”。之所以会有这样一种电视编排形式，是因为在某一个时间段，人们可能会有大量的时间集中看电视，比如春节期间或者周六周日等，这些

---

① 参阅 http://ent.sina.com.cn/v/m/2007－04－13/15261518289.html。

时段的开机率都是能够得到保证的，电视频道若想获得高收视率，就必须提升自己的观众占有率[①]。那么，在开机率一定的情况下，下一步要做的就是尽可能将观众锁定在自己的频道面前。此时，用大体量的电视板块吸引观众是很有效的一种方法，长篇电视剧就是大体量电视节目的典型。作为电视观众可能都有这样的经验，即观众开始进入一部电视连续剧的叙事情节以后，一般是不愿意停顿并转换频道的，他很容易成为这部电视连续剧的忠实观众，直至这部电视剧播完。那么，对于节假日的观众来说，当他锁定了一部电视剧以后，由于这部电视剧体量庞大、集数众多，他其实就是等于在长时间内锁定了播放这一电视剧的频道。

板块效应在西方电视界也被称为“花车”效应，它的意思是说电视节目像节日的花车巡游一样，一辆接着一辆在观众面前驶过，每一辆花车都很漂亮，令人忍不住要观看，直至花车游行结束，就像观众在电视机前一集一集看长篇电视剧一样——直到这部长篇电视剧被看完。

● 插花模式。插花模式即在两档收视率都颇高的电视节目中间插入一档新电视节目，这样让三档电视节目在一起共同拉动一个时段的收视率，在电视广告的编排中，“插花模式”是采用最多的。我们以央视的《新闻联播》《天气预报》之间的广告插播为例。

央视的《新闻联播》和《天气预报》收视率都是很高的，尤其是后者，被称为中国收视率最高的电视节目[②]，故而，它们之间插播的广告的收视率也是很高的。原因非常简单，当观众看完《新闻联播》以后会期待下一个高收视率的节目《天气预报》，此时不会换台，甚至不会转移注意力，可以说，央视在这一时段生产出了价值最高的“注意力”。

为了延长这段注意力，也就是尽量扩大作为商品的“注意力”的价值，央视在广告编排过程中可谓煞费苦心。《新闻联播》完成以后，立刻插入广告，然后出现冠名产品的广告字幕，然后出现《天气预报》的“预报——”，再出现《天气预报》的题头。

广告主之所以如此在意收视率，是因为收视率的高低直接与其投资的成本相关联，这就涉及广告效果评估的一个概念——千人成本。所谓千人成本是指一种媒体或媒体排期表（scheduling）送达1000人或家庭的成本计算单位。这可用于计算任何媒体，任何人口统计群体及任何总成本。它便利地说明一种媒体与另一种媒体、一个媒体排期表与另一媒体排期表相对的成本。如果用计算公式表达就是：

千人成本＝（广告费用/到达人数）×1000

就电视广告来说，所谓的“到达人数”和“收视率”是紧密结合在一起的，收视率越

---

① 观众占有率是指各频道在特定的时段中所占有的观众占拥有电视机总人口的比率，观众占有率的大小反映出一个频道在整个电视播放市场中的优势大小。

② 参阅“中国广告网”，http://www.cnad.com/html/Article/2006/1213/20061213170022793.shtml。

高，广告的到达人数就越高，相应的千人成本就越低，对于广告主来说，这是一个显而易见的好处。于是，收视率也就成为了衡量“注意力”这一商品的标准。

值得注意的是，“注意力”的价值不仅仅体现在广播电视节目的收听（视）率上，广告商之所以出钱购买相应的广告时段其根本原因是要追求电视观众对广告的“注意力”，同时，广告商还会要求这种“注意力”对产品宣传乃至促进消费者的购买真实有效。比如2003年央视《新闻联播》前的广告体量由3条5秒调整为4条15秒，之所以做出这种调整，当时的央视广告部主任郭振玺是这么解释的：“因为中国市场的环境已逐渐超越单纯打品牌知名度的时代，越来越多的企业更加注重传达产品的独特功能点，而5秒广告涵盖的信息量明显太少。”[①]也就是说，随着中国市场环境的逐渐成熟，越来越多的企业家追求广告的深度传播，他们更需要15秒乃至30秒的广告时长来更详细地宣传他们的企业和产品。从学理上看，央视此举是试图重新塑造广告观众注意力的结果——试图拉长观众对这一时段电视广告的注意力。

2. 价格：以注意力的多寡为准绳

一个广播电视机构如何通过注意力获得最大的利润，还取决于广告时段的价格策略该如何制定。一般看来，广告时段的价格和相应时段的收视率之间是水涨船高的关系。比如央视的《东方时空》创办伊始，因为对早间电视节目的播出缺乏信心，该栏目自带的5分钟广告也卖不出好价钱，甚至广告业务填不满广告时段。1993年5月1日，《东方时空》刚刚开播时，每30秒的广告价格为2500元，而且当时所有的广告业务加起来也不到3分钟，无奈剩下的2分钟的广告时间只能依赖临时延长的其他节目来确保整档《东方时空》的完整。但随着收视率的提升，在一个月之内栏目组不但迅速填满了广告时间，而且30秒的广告价格也不断攀升：从5月中旬到7月中旬，每30秒的广告费由2500元提升到3500元，在以后的时间里，《东方时空》的广告费随着收视率不断攀升，一年内广告价格竟增长了十几倍，让栏目组“充分体验了广告与栏目互动的快乐”。[②]

一定水准的收视（听）率只是广播电视机构制定有效价格策略的基础，当收视（听）率相对固定的时候，价格策略的有效性还有可能通过其他方式来予以进一步促进。比如，央视在自己的广告黄金时段的招标策略。

20世纪90年代，央视因为自己得天独厚的优势获得了巨大的广告资源，按照中华传媒网前首席执行官刘国基的测算，在中国大概4亿户家庭总数中，电视机的拥有率超过了90％；每天晚上19:00前后，电视的开机率约80％，也就是说大约有3亿台左右的电视机会同时打开，而中央电视台第一套节目——无论是直接收看央视一套的

---

① 张志安、柳剑能著：《媒介营销案例分析》，华夏出版社2004年版，第98页。

② 孙玉胜：《十年——从改变电视的语态开始》，生活·读书·新知三联书店2003年版，第38～39页。

节目还是通过强制转播的地方台收看，都将有大约8亿人在收看央视的新闻与气象报道[①]，收视率之高是惊人的。所以，央视《新闻联播》这一独特的收视垄断地位导致了这一时段的广告含金量也大大提高，《新闻联播》前后的广告时段成为众多企业家竞相争夺的宝贵资源。

由于广告时段（其本质为高注意力的商品）的供给与市场需求之间的差距太大，央视在为这段广告时段定价的时候完全占有主动地位。于是时任央视广告部主任的谭希松想出了招标的主意，即把这一黄金时段拿出来拍卖，谁最后出价高就给谁，这一举措造就了中国广告史上诸如秦池、爱多等一系列标王。央视凭借自己的垄断地位制定的这种价格策略虽然符合水（收视率）涨船（广告费）高的广告市场的法则，但是一些企业为了获得这一时段的广告，必须付出高昂的代价，这又从根本上违背了价格策略。比如，吴小波在《大败局》一书中如此描述秦池酒厂是如何在激烈的投标竞争中获得胜利的：

……生产空调器的江苏春兰报出1.6888亿元……然而仅仅几分钟，广东乐百氏以1.9978亿元一冲而出。

……乐百氏之后，一家名不见经传的山东白酒金贵酒厂……一声喊出2.0099亿元……接下来，又一家从未闻名的山东齐民思酒厂更上一层楼，开出2.19999999999亿元的“天王级”报价。

这时候，终于轮到秦池了。当主持人念到“秦池酒厂”的时候，已如沸水般狂腾的全场顿时鸦雀无声。人们似乎预感到有奇迹发生，谁也说不清此刻的心情，期待，忌妒，憎恨，渴望……猛然，主持人声嘶力竭地叫道：

“秦池酒，投标金额为，3.212118亿元！”

……

有记者问及，“秦池这个数字是怎么计算出来的？”

姬长孔回答：“这是我的手机号码。”[②]

可以说，秦池投标越疯狂，央视越高兴。从事实上来看，“标王”的这一价格策略完全达到了“利润最大化”目的。但企业的这种行为无疑是非理性的——用电话号码来作为广告投标的数字如果说不是黑色幽默的话，那则更像一个儿戏。秦池酒厂随后遭遇的危机正是从“标王”开始的。按照企业运作的规律，如果要支付这么多的广告费，秦池必须生产出15亿元销售额的白酒，一个县级小厂，如何能生产这么多白酒呢？循着这个疑问，北京《经济参考报》的四位记者开始了自己的明察暗访，最后揭发出秦池

① 张志安、柳剑能著：《媒介营销案例分析》，华夏出版社2004年版，第92页。

② 吴小波：《大败局》，浙江人民出版社2001年版，第49页。

酒系四川白酒勾兑产物的结论，尽管白酒勾兑是白酒生产过程中常见的一种工艺，但秦池还是迅速陷入了一场信誉危机中，最终走向没落。

如今反思央视“标王”的价格策略，有两点值得注意：

其一，当时中国市场经济的发展还不规范，消费市场呈现不理性的状态。在这种情况下，所谓的“眼球经济”往往可能取得巨大效益，因此产品和企业的名气（知名度）成为企业家们最关心的事情。秦池酒厂的前任“标王”“孔府宴酒”就因为没有持续获得“标王”进而销售额直线下滑。

其二，以招标的方式对广告时段进行定价，“只有在非完全竞争的媒介市场结构中才可以出现”，而在完全竞争的媒介市场中，单个媒介的广告价格只能是市场的价格，任何高于市场价格的广告价格将导致需求为零。① 可以说，央视独特的垄断地位造就了“标王”这样独特的广告价格，因为在这一时段，央视没有任何竞争对手。而在当时，各地方台被行政力量强制转播《新闻联播》，是这一时期央视足以形成自己垄断地位的基础。

总之，像广播电视节目这样的信息产品所能拉动的是一种“注意力经济”，它的核心是“注意力”，即人们的心理指向和心理认同，这是相应的信息产品和广告时段定价的基础。

3.销售渠道：广播电视媒介与广告客户的博弈场所

1960 年，杰瑞·麦卡锡（Jerry McCarthy）教授在其著作《营销学》中，对他的导师理查德·克鲁维（Richard Clewett）的营销理论做了一点改动，理查德认为营销的四要素是：产品（Product）、定价（Price）、分销（Distribution）、促销（Promotion），杰瑞把其中的“分销”换成“地点”（Place），这就是所谓的销售渠道理论的来源。1990 年，美国学者劳朋特（Lauteborn）教授从消费者角度出发，提出了与传统营销的 4P 相对应的 4C 理论。在 4C 理论中，“地点”又被“方便”（Convenience）所替代，也就是说，销售渠道的制定是要为消费者提供方便的。但从本质上来看，这二者说的还是同一个命题，就是如何将产品通过最合适的方式送到消费者手中。② 这是商品销售成功的一个重要环节。

那么，广播电视媒介该如何为自己所拥有的“注意力”商品找到合适的销售渠道呢？

首先，广播电视媒介所拥有的“注意力”商品的多少不是由媒介自己说了算的，而

---

① 赵曙光：《媒介经济学案例分析》，华夏出版社 2004 年版，第 56、66 页。

② 营销培训师郝志强提出了一个观点：企业应该用 4C 来思考，用 4P 来行动。4C 是站在消费者的角度上来看营销，决定了企业的未来；4P 是站在企业的角度来看营销，把握着企业的现在。而牛海鹏则认为：不管是 4P 还是 4C，只是看问题的角度不同，企业的竞争立足点也不同了。其实营销要素没变，4P 有什么 4C 就有什么，只是对这些营销要素的归类不同了，整合这些要素的联系点也不同了。《4P 理论的延伸与颠覆》，参阅慧聪网，http://info.news.hc360.com/html/001/002/009/018/79608.htm。

是要依赖第三方——收视（听）率的调查公司通过调查来完成的。目前在中国，主要有两家收视率的调查公司在从事这方面的工作——央视－索福瑞公司和尼尔森公司。这两家公司通过日记法、访谈法、收视（听）记录仪的方法给予调查评估，这个评估成为广播电视机构自身节目价值的体现。在央视－索福瑞公司网站“公司简介”一栏中有一段话颇为耐人寻味：

> ……作为电视、广播节目和广告交易的“通用货币”，CSM 拥有世界上最大的电视观众收视调查网络，推及全中国大陆11亿9千万和香港640万4岁以上的收视人口。……①

视听率调查的结果是节目交易市场上的“通用货币”，拥有这一“货币”，广播电视机构就能够在市场上与广告公司、企业等进行交易，获得“真实货币”的利润。

从一般情况来看，广播电视机构的高视听率会吸引广告客户主动上门洽谈业务。从这个意义上说，对于强势的广播电视机构来说，建立“注意力”的销售渠道是不需要的，因为它们的“客户”——广告公司和企业主会主动上门找媒介要求购买广告时段。

中国广播电视媒介的发展经历了一个有效媒介资源稀缺的阶段。这一阶段从20世纪70年代末开始持续了近20年的时间。在这一时间段，由于我国持续高速的经济发展，广告发布的需求大大超越了媒介的增长速度，尤其造成了有效电视广告媒介资源的稀缺。这里就形成了一个悖论：一方面由于“四级策略”的有效实施，导致中国广播电视机构的数量极度膨胀；另一方面，由于“四级策略”是纯粹的行政力量的产物，大量出现的广播电视机构并不符合市场的需求，尤其是一些经济不发达地区的县级广播电视机构，几乎无法获得有效的广告资源支持，也缺乏有效的节目资源支持，更有甚者，有些电视机构沦为播放盗版录像的平台。于是广告商和企业往往会将目光集中在少数优势电子传媒身上，央视就是其中最大的代表。众多企业和广告资源会自己汇聚到央视这个平台上，不需要任何中间的销售渠道，“标王现象”就是典型的例子。

但是，随着媒介数量的增多，媒介竞争的加剧，广告代理公司和企业主的媒介选择余地也越来越大，在广告策略制定中，选择媒介组合策略的可能性也越来越大，换言之，媒介资源的稀缺性越来越不明显，此时建立相应的“销售渠道”就非常重要了。从目前情况来看，广播电视机构主要是通过代理公司建立自己的“销售渠道”，即委托广告代理公司统一经营自身的广告业务。

广告代理制是国际上通行的广告经营体制。

> 所谓广告代理制就是在广告活动中，广告客户、广告公司和广告媒介之间明确分工，广告客户委托广告公司实施广告宣传计划，广告媒介通过广告

---

① http://www.csm.com.cn/about/index.html.

公司承揽广告业务。广告公司处于中间地位，为广告客户和广告媒介双向提供服务，起主导作用。[①]

比如北京未来广告公司就代理着中央电视台相当一部分栏目的广告业务：CCTV－5体育频道、CCTV－8电视剧频道、CCTV－12社会与法频道，CCTV－1《东方时空》《今日说法》栏目，CCTV－2《健康之路》栏目，央视国际网站等，它的经营收入占到CCTV年度总收入的20％。未来广告公司是央视和众多企业之间的桥梁。

对于广播电视媒介机构来说，将自己的广告业务委托给相应的广告公司之后就可以更加专业化地制作电视节目，而不必分出一部分精力去做广告业务的推广；企业从代理公司那里获得关于广播电视机构的相关信息，通过代理公司完成自己的广告传播，如此，企业免去了亲身考察媒介效果，或者与广播电视机构进行讨价还价的麻烦，代理公司以更加专业的服务帮助它解决了这个事情，当然代理公司通过提供这种服务获得相应的佣金。在一个健全的媒介系统中，这三者的发展是良性互动的。

对于很多业务不是很景气的媒介机构来说，“拉广告”不是一个陌生的概念。所谓“拉广告”是传媒机构主动去企业或者广告代理公司推广自身的信息产品以及这些产品所拥有的“注意力”，从营销理论来看，“拉广告”其实也就是媒介机构主动开拓“销售渠道”的一种方式。从一般情况来看，广播电视机构营销渠道的开拓有赖于媒介自身良好的信息质量和观众“注意力”，当媒介缺乏这两种品质的时候，“拉广告”一般是不会成功的。所以，“拉广告”在业界一般是个贬义词，但是它蕴含的“开掘广播电视媒介营销渠道”的思路却是正确的。

在传媒数量不是很多的市场上，一个媒介的传播品质和拥有的受众质量如何是不需要媒介机构主动上门推销的。比如在20世纪80年代，央视的传播效果口碑一定是“桃李不言，下自成蹊”。但是，当广播电视机构数量日渐增多，它们之间的竞争逐渐激烈的时候，广告客户面对众多的广告媒介资源，往往会投资分散，或者被竞争对手拉走。在这种情况下，“拉广告”这种开拓广播电视媒介营销渠道的方法也是势在必行。

从目前中国广播电视界来看，成熟的广播电视机构一般以“广告客户联谊会”的方式起到“拉广告”的效果，即不是到广告客户那里去“拉”广告，而是将广告客户请到媒介来“推”广告。比如，央视一般是将“广告招标会”与“客户联谊会”放在一起进行，“广告招标会”本身就是央视的新闻事件，其过程和结果会在央视的诸多频道播出；“客户联谊会”形式不拘，有的时候是对广告客户的宴请，有的时候是为广告客户举办一场文艺晚会，其目的都是为了加深央视和广告客户之间的“组织关系”和相关人员之间的“感情”。对于一般的地方广播电台和电视台来说，岁末同样是一个重要的“广告客户联谊”的机会，因为在这一时间，大多数广告客户都会规划自己下一年的广告计划，包

---

① 丁俊杰：《现代广告通论》，中国物价出版社1997年版，第221～222页。

括媒体计划，此时进行媒介时段的推广是最合适不过的。安徽人民广播电台在2007年1月29日举办了“2007年广告客户联谊会”，联谊会以文艺演出和安徽电台各频道的推荐为内容交互进行，拉进和客户的感情，更重要的是要让客户了解安徽人民广播电台在2007年的时段优势，①为自己在新一年的时段推广奠定基础。

4.促销手段：最大限度地吸引广告客户和目标受众的注意力

广播电视的促销手段实施的原理和一般的商品是一样的，都是通过劝服、承诺、让利等方式刺激消费者产生购买行为，对于广播电视机构来说，促销手段有如下几种：

（1）广告

为自己的节目或频道品牌做广告宣传是电视机构促销手段中最为常见的方法。广播电视机构自身的广告一般有两种类型：

一是针对自己的目标受众，广告传播的内容主要是自己节目的质量和吸引力。比如江苏电视台城市频道曾经在南京市的市中心鼓楼广场旁边发布了自己的一条户外广告，广告内容为城市频道的所有主持人形象，口号是“节日您放假，我们不休息”，广告尺寸巨大，色彩艳丽，在传播城市频道的主持人形象、暗示该频道的实力、表达节目理念等方面具有非常好的效果，这样能够引发城市频道的目标观众——南京市民对该频道的好感和兴趣，进而收看城市频道的节目。

电视机构在推出新栏目或者新电视剧之前，往往都会推出相应的广告予以宣传。在很多城市频道中，在播出一部新电视剧之前，往往会制作相应的海报或者标语在城市的主要街道和小区张贴、悬挂以吸引电视观众的注意。

二是针对自己的广告客户。在这方面，广告传播的重点是广播电视机构的传播效果，即所拥有的受众的数量以及他们对媒介的“注意力”的质量，比如央视十套的广告是这样做的：

> CCTV-10 唯一全国覆盖的科学教育频道；
> CCTV-10 开播以来，收视份额以50%的均幅快速成长；
> CCTV-10 近三年全天时段竞争力在全国卫视的排名提升12位；
> CCTV-10 拥有多个品质优异的栏目；
> CCTV-10 观众中高知人群比例位居央视众频道之首。②

在这条广告中，传播重点是“传播覆盖”“收视份额”“与同类频道的竞争力”“观众满意度排名”“目标受众的质量”，所有的这些元素综合在一起，形成该频道良好的观众

① 安徽人民广播广播网，“2007广告客户联谊会”视频，http://www.ahradio.com.cn/photo/system/2007/01/31/000009339.shtml。

② http://www.jizhezhan.com/meitihtml/zydststsdjlmgg/index.htm.

基础和高质量的“注意力”，这一点对于广告商来说是颇具吸引力的。

(2)面对广告代理公司筹办的公关活动推广自身的广告时段

这是指广播电视机构面对广告代理公司和企业举办的广告时段推广活动，我们可以将其看成是一种广播电视系统内部的公共关系活动。在中国，这种活动一般出现在每年的岁末。此时，包括中央电视台在内的各级电视台，往往会举办各种规模和类型的活动，以此与广告代理公司沟通，向它们推广自己的时段。

(3)通过让利的销售促进

“让利”是促销活动中一种最常见的手法，它是以让消费者获得额外的资金刺激进而直接产生购买商品的冲动。在让利促销策略中，“降价”和“折扣”是最常见的两种方法，也是最有效的方法，原因很简单，消费者在购买某一商品的同时，可以少花若干钱，这在大多数消费者心目中，就是自己节省了这么多钱，所以，消费不是花钱而是省钱。这种心态可以直接刺激他们掏钱买东西。这就是促销的过程。在针对广告客户的促销活动中，“折扣”是经常采用的做法。

在针对电视观众的促销活动中，“让利”是以“奖励”的方式完成的。“有奖收视”就是最常见的一种方法。所谓“有奖收视”就是电视机构奖励那些观看自己频道的电视观众一定的钱或物，以此进一步激励他们收看自己的电视节目，这可以以很多种形式表现出来，我们以下面两个例子来说明这个问题：

● 竞猜获奖。“有奖竞猜”现在成为电视机构刺激观众收看自身电视节目的常用手段之一。有奖竞猜的方式有很多种，最常见的一种是在节目结束的时候，向观众询问与节目相关的问题，观众通过电话或者发送手机短信回答问题，前若干名回答正确的观众就能获得奖品或者奖金。

有奖竞猜的核心并不在于题目的难度和观众的智慧，事实上，竞猜题目都非常容易。比如，当一集电视剧播完以后，主持人会出这样的题目问观众：“这部电视剧的男主人公是谁？”“电视剧最后女主人公是死了，还是出国了？”这样的题目只要是看了电视剧都能够轻易回答出来。电视机构如此设计题目是符合有奖竞猜的促销效应的：首先有奖竞猜是为了促进观众收看电视节目，而不是去思考回答问题，所以这些题目只要看就能回答出来，这容易调动大多数观众的积极性；其次，竞猜成功不在于观众的智慧(题目很容易)，而在于观众参与的热情大小。竞猜成功的关键是抢时间，即观众能否在第一时间将答案传回电视台，这就要求观众积极主动地参与，而这种参与将促进他们更加有兴趣收看电视节目。

● 送奖上门。这种方式在中国城市电视台的电视剧和地方新闻的节目播出经常被采用。江苏电视台影视频道在2004年11月每天下午17:00～19:00播出香港电视连续剧《射雕英雄传》，在节目播出的时间段，电视台工作人员随机敲开某小区南京市民家的大门，如果该住户正在收看影视频道，那么这一家人就获奖了。整个过程被电视台全程录制播出，用他人获大奖的示范效应来刺激其他的电视观众也采取同样的收视行为。

(4)大型活动

大型活动是广播电视机构公共关系的一种主要活动形式。公共关系是以社会组织为主体，社会公众为客体，通过各种传播活动建构起来的。各种社会组织总是在社会中尽可能地在公众心目中建构自己的良好形象，良好形象的建立就意味着公共关系的成功。所以，在公关理论中，所谓的公关三要素是"组织、公众和媒介"。

公关活动同样也有一定的"促销效应"。因为公关活动提升的是自身整体的组织形象，即在公众心目中的美誉度。当公众对一个组织有良好印象的时候，自然会更容易接受它提供的服务或者购买其产品。

广播电视机构既是社会组织，同时又是大众传播媒介，在公共关系活动中，它们身兼二职。所以在实际操作过程中，比起一般的社会组织，广播电视机构要更有条件获得良好的公关效果。我们以湖南卫视的"超级女声"活动为例，这既是一次典型的广播电视机构的大型公关活动，给湖南卫视带来了极高的知名度和美誉度，同时又具有良好的营销效果——电视台、赞助商、广告投资商等皆大欢喜。

大型公关活动成功的一个核心因素是要将自己的公关理念(公关主题)通过大众传媒尽可能地让最多的受众知晓。所以，在一般的公关活动中都有一个媒介策略运作的问题，但电视机构的公关活动相应就比较简单，因为它本身就是媒介。"超级女声"公关活动的最大成功之处在于它通过"海选"以及"短信"投票的方式建立了一种有效的"公众沟通"，最大限度地将目标电视观众的积极性调动起来，进而把电视台的活动变成了一场社会活动。

第二节　广播电视媒介节目的市场营销

一、节目流通市场

1. 广播电视节目的市场效应

广播电视机构除了出卖自己的广告时段以获取利润以外，还有另外一项获取利润的方式，即向市场出售自己所制作的音频和视频节目。换言之，除了注意力市场以外，广播电视机构还拥有一个节目流通市场。我们以中国电视机构为例来说明这个问题。

中国电视节目的市场营销从20世纪80年代就开始了，率先取得巨大的营销效果的是古典名著改编的电视剧。众所周知，中国四大名著都在80年代被改编成电视剧播出，电视机构除了播映这些电视剧获得了相应的广告收入以外，还热销自己的播映权，获得了不菲的销售业绩。比如1994年，《三国演义》以8000美元一集的价格将播映权卖给了香港亚视，由于《三国演义》的热播，香港亚视在收视率上第一次超过了香港无线。这让香港无线的老板邵逸夫大为恼火，责问自己的购片经理为何没有获得播映权。所以当《水浒传》尚在拍摄阶段，香港无线就以每集12000美元的价格争抢到《水浒传》在香港的播映权。这开启了《水浒传》在整个东南亚热卖的历程。其他两部由古典名著改编的电视剧《西游记》和《红楼梦》同样在节目市场上取得了不菲的销售业绩。

四大名著都是由中央电视台投资拍摄的，其实从80年代以来，在很长一段时间内电视机构一直是节目制作的主要力量。在这种情况下，电视节目市场不能得到充分良好的发育，因为一家电视台投资拍摄电视剧主要是为了满足自身播出的需要，在电视节目市场上是否能赚钱是次要的事情。这一切，等到“制播分离”制度出现后发生了根本的转变。

2.“制播分离”体制对广播电视节目市场发展的促进作用

所谓的制播分离，是指电视节目制作和播出机构的分离。制播分离的概念来自于英文“commission”，即“委托”的意思，最早起源于英国，原意是指电视播出机构将部分节目委托给独立制片人或独立制片公司来制作，而电视台仅仅负责节目编排播出的职能。“制播分离”是现代社会生产细分的产物，通过“制播分离”，“制”和“播”都由一个专家系统来完成，业务更精当，效率也更高。

在西方社会，制播分离的制度得到认可和广泛使用经过了一段试验的过程。1982年，随着英国第四频道的出现，委托制片制度开始建立。电视公司使用独立节目制作公司制作的节目可以降低成本，并能增加节目的多样性。1986年，匹考克调查委员会就英国广播公司的财政问题提出了报告，在报告中建议英国广播公司和独立电视委员会增加使用委托独立制片人制作的节目。

1990年英国广播法要求所有第三频道、第四频道、第五频道的持照人，每年使用委托独立制片人的节目数量不少于播出总量的25%。1996年广播法还就数字地面电视播出作出规定，使用委托制作的数字节目不得少于数字播出总量的10%。通过委托制作部分节目，电视台在众多节目公司的节目中比较容易得到价格相对便宜且质量较好的节目。买方市场的出现也使电视台在短期内受益。从长远看，众多的节目公司经过优胜劣汰的市场过程，涌现出一批较著名的节目公司，成为资金雄厚、技术强劲的企业实体，这对英国广播电视的发展将会产生良好的影响。

美国电视机构的“制播分离”实施得更加条理清晰。通常情况下，新闻节目以电视台自制为主，比如人们所熟知的四大台，即ABC、CBC、NBC、FOX，它们的新闻节目都是通过自制来完成的，而娱乐节目主要是通过专门的节目公司制作完成的，这其中比较著名的有维亚康姆（Viacom）、时代华纳（Time Warner）、迪士尼（Disney）、新闻集团（Newscorp）、维旺迪（Vivendi/Seagram）、发现频道（Discovery）等。

由此可见，并没有完全意义上的制播分离。我国的情况也类似，一般来说，电视台的新闻节目是通过自制完成的，新闻节目普遍成为一个电视机构的招牌，而电视剧和娱乐节目，尤其是电视剧则可考虑通过购买专业的电视剧制作公司出售的电视节目来填补播出时段。比如目前在我国较为知名的娱乐类电视节目制作公司中，北京光线传媒有限公司是成长最为迅速的一家，光线传媒的定位是“中国最大的多媒体视频内容提供商和发行商”。自1999年以来，它先后制作了娱乐类电视栏目《中国娱乐报道》（后改名为《娱乐现场》）、《世界娱乐报道》（后改名为《海外娱乐现场》）、《中国网络报道》（后改名为《网络天下》）、《中国音乐风云榜》（后改名为《音乐风云榜》），其内容涵盖了中国整个娱乐界。光线传媒号称自己“拥有中国最大的电视节目发行网，节目总计发行达600个频道，每日多次交叉覆盖中国10亿观众。光线的节目已经实现了工业化流水线生产和经营，在节目的策划、制作、包装、发行、广告和增值业务等各个环节都位于行业之首，使其可以不断扩大生产规模并保持稳定的节目质量。光线的节目产量、经营收入和利润都远远领先于竞争对手”。[①] 而所谓“拥有中国最大的电视节目发行网”，意味着它的节目的播映权能顺利地出售给全国大量的电视台，尤其是大部分的城市电视台，以此获得巨额的电视节目销售的利润。在上述格局中，光线传媒有限公司是制作方，各家电视台是播出方，二者各司其职。

在电视节目播映权的市场中，首播权是最具市场价值的。因为对于一档电视节目或者一部电视剧来说，第一轮播映能够获得最大的观众注意力，从理论上来说，重播则意味着注意力的衰减。首播权的获得主要以参与拍摄和重金购买两种方式获得，电视机构往往会以投资的方式进入一些预期有良好收视效果的电视节目拍摄的流程，以期在日后的播出过程中能分得利润的一杯羹。比如，江苏省广播电视总台近年来参与了一系列由金庸小说改编的电视剧的制作拍摄，如《天龙八部》《神雕侠侣》等，参与方式主要以“资金投入”为主。当电视剧拍摄完毕投入市场的时候，江苏广电总台首先获得了“首播权”，同时，当电视剧资金市场回笼以后，作为投资方的江苏广电总台也获得了相应的受益。当然，我们也可以把江苏台的这种行为看成是一种投资行为。

二、收费频道的市场营销

随着广播电视事业的发展，媒介细分和受众细分越来越深入，直接结果就是有

---

① “光线传媒有限公司”网页，http://home.netandtv.com/renshi/subpage_renshi_jj1.html。

线收费频道的崛起。收费频道原则上是不播广告的，它通过向用户收取收视费用来获得节目制作的资金和利润。收费电视在西方非常普及，比如在美国收费电视用户占全体电视观众数量的80%左右，而在欧洲这个数字也达到了60%。

我国电视观众长期习惯收看免费电视，一方面是因为我国广播电视事业起步较晚，电视节目的市场细分一直没有开展起来，同时，收费电视所需要的硬件设施的发展比较慢也是一个重要原因；另一方面和我国的电视体制有关系。我国实施的是国营体制和商业体制相结合的广播电视体制，"国营"的特色要求电视机构只能为国家所拥有，个人无法拥有和创办电视机构，这从某个方面来说也限制了机制更加灵活、内容更加丰富的收费电视的崛起。但随着我国市场经济的整体腾飞，收费电视的发展也水到渠成。从2003年开始，首先从北京、上海等大城市开始，收费电视的建设逐渐在中国铺开，目前已初具规模。其中，央视作为中国电视界的龙头老大，收费频道办得尤为红火，目前央视拥有"风云剧场""风云体育""怀旧频道""军事频道"等收费频道。各地方台也开办了自己独具特色的收费频道，比如上海台的"电视剧频道"，上海东方电视台的"戏曲频道"，江苏台的"靓妆频道"等。而在北京、上海、广州、南京、佛山等地，收费电视经营的格局也基本形成。

收费电视系统的格局主要是由"频道—运营商（在我国内地包括节目运营商和网络运营商）—订户"三者构成的。

收费频道的市场营销理念和免费频道是完全不一样的。免费频道的盈利模式是将自己所拥有的观众注意力出售给广告商，以此获得利润。收费频道原则上是不播送广告的，它通过运营商直接把自己的节目出售给观众，即所谓收费频道的订户以获得相应的利润，运营商也从中获得相应的佣金。于是，它的市场策略的核心必然聚焦于"产品策略"上，"内容为王"也是收费电视经营的不二法门。

1."分众传播"视野下的收费电视"产品策略"

收费电视市场盈利的关键是是否能够吸引到足够订户，订户的规模意味着它所拥有的市场的大小。吸引订户最核心的因素是能否为订户提供他们感兴趣的信息服务。与免费频道的观众策略——追求最大的收视率不同的是，收费频道的订户策略是强化自身的针对性，是用"定制"的信息服务最大限度地满足自己的目标受众。从传播模式上来看，这是"大众传播"与"分众传播"的区别。

如前所述，免费频道的市场策略是追求最大的收视率，故而它的传播基本模式是"大众传播"。所谓大众传播是专业化的媒介组织运用先进的传播技术和产业化手段，以社会上一般大众为对象而进行的大规模的信息生产和传播活动。"[①]"一般大众"是和经过明确定位的"特殊受众"有所区分的，只有尽可能地吸引"一般大众"

---

① 郭庆光：《传播学教程》，中国人民大学出版社1999年版，第111页。

的收看兴趣，收视率才有可能获得最大程度的提高。中央电视台春节联欢晚会是最典型的“大众传播”的案例了。“春晚”的收视率之所以能一直保持在一个很高的水平，和它的“大众传播”的定位是分不开的。“春晚”的信息传播针对的是全世界的华人，尽可能地想囊括包括不同年龄、不同地域、不同职业所有华人的收视品位，唯有此，它才有可能获得如此大规模的收视率。而收费频道的市场定位是完全不同的。

收费频道实施的是“分众传播”的策略。所谓“分众传播”是指对传播对象进行明确的定位，不是针对非特定的大众群体，而是针对特定的观众群的传播。如果说，大众传播针对的是“总体收视率”的话，那么分众传播针对的就是“对象收视率”①。因此，收费频道的节目信息一定是为了特定观众群量身定做的，这也是收费频道信息策略的核心内涵。主要包括两方面的内容：

（1）电视节目信息制作的针对性

“收费电视”在设计之初就必须考虑到自己所传播的目标市场的规模问题，即目标市场是否足够大以至于它能够回报相应的利润。因此，收费频道是针对这样的目标市场进行有针对性的传播，任何一家收费电视频道在创办的时候都会有一个明确基于目标观众特性的频道定位，其细分观众的特性非常明显。比如“高尔夫频道”，是专门针对高端人群从事高尔夫运动的技巧提高而设立的，“孕育指南”频道是专门针对“生孩子”而设立的，“中华美食”频道的内容是专门弘扬中国饮食文化的。

独特的内容定位背后是电视机构圈定好的“受众群”。在此，有共同信息兴趣指向的受众群被收费频道凝聚起来，他们将共同购买该频道的信息产品，从而给该频道带来相应的市场利润。比如央视“国防军事频道”能够凝聚起来的目标观众是“军事迷”，他们为了了解军事动态、武器装备的知识、军事题材文学作品更深层次的意蕴而共同购买“国防军事频道”的收看权；“梨园频道”凝聚起来的目标观众是“戏曲迷”，喜欢观赏中国传统戏曲的观众会共同购买这一频道的收看权。收费频道正是通过这种方式获得相应的利润。从这个意义上说，收费频道的市场营销其核心观念依旧是“内容为王”，只不过这一“内容”针对的是特殊的受众群落。

随着社会的发展，特定受众群的收视心理和习惯也会发生变化，此时，收费频道往往会随机调整，否则将会丧失市场。比如，美国 HBO 电视台原本是专门播映电影的收费频道。进入 20 世纪 90 年代以后，随着电影频道的增多以及家庭录像机、数码影碟机的普及，HBO 的电影节目供应，已经无法支持它保有有效的订户，直接

---

① 从广告传播的角度来看，所谓“对象收视率”（Target Audience）是指确定的商品的对象消费群众，暴露于一个特定电视节目的人口数。对象收视率首先是用于电视专栏节目的效果评估，因为电视专栏具有自己较为明确的受众定位，比如女性节目定位为女性电视观众。收费频道的观众定位与此类似，即收费频道强调自己对目标观众数量的占有。

的后果就是订户增长趋势放缓。1995年，时任董事长兼CEO的阿尔布雷希特开始掌管HBO的原创部门，他根据市场走势判断，单靠播放新近电影来吸引订户，这并不是一种可以支持频道持续发展的模式。于是HBO又制定了新的发展战略——靠热门剧集使自己变成一个订户"经常使用"服务。因为"电影服务"已经不足以凝聚一个独立有效的受众群。在阿尔布雷希特的指导下，HBO开始开辟自己独特的电视连续剧服务，这受到了当时市场的极大欢迎。HBO制作的《黑道家族》《欲望都市》《兄弟连》等系列剧集已成为美国电视史上最受欢迎的剧集，"HBO制作"作为一个收费电视传播推广的品牌得到了广泛的认同。

(2)收费频道的"套餐策略"：频道组合的针对性

所谓"套餐策略"又称收费频道的"组合策略"，这一策略主要是由收费频道的运营商来实施的。对于某一个观众来说，他的收视兴趣往往是多元的。比如，一个大都市的男性青年很可能同时是军事迷、足球迷和影视迷，那么他有可能同时订购国防军事频道、风云足球频道和风云剧场频道，基于此，收费电视运营商也许会把这三个频道组合成一个套餐专门针对大都市的男性青年。同样的，一个刚刚当了母亲的女性可能会同时订购"孕育指南""中华美食"和"靓妆"频道，那么，这三个频道的组合就是最适合青年母亲的收费电视的收费套餐。

比如香港有线的各种套餐就分别有如下的定位方向：

家庭套餐主要针对普通香港市民日常娱乐休闲的需要；新闻套餐主要提供的是资讯服务，满足人们工作和日常生活中的信息需求；电影套餐是为了发挥电视"小电影"的功能；寰宇生活套餐主要针对在香港的外国订户；有线成人影院主要针对成年人播放成人电影。每一个套餐都由若干类型相近的频道构成。典型的如新闻套餐、电影套餐和有线成人影院，新闻信息、电影资源、成人电影资源被集纳在一起，最大程度地满足特定用户群的信息需求。①

在中国大陆地区，套餐的设定主要是由网络运营商完成的，套餐设定的标准往往是结合特定的社会阶层特性，换言之，"社会分层"往往成为网络运营商设定收视套餐的依据。比如：

- 以观众收视年龄段为依据分成不同的套餐组合：

少儿：动漫、基础教育

青少年：基础教育、邮件、电视图书、体育

中年人（上班族）：影视、新闻、汽车、财经、房产

老年人：健康、旅游、饮食

① 赵曙光：《媒介经济学案例分析》，华夏出版社2004年版，第33～34页。

● 以兴趣爱好为依据的套餐组合：

股民：股市、财经、新闻

游戏玩家：游戏展播、网络游戏、动漫信息等

● 针对某一社会行为的套餐组合：

女性时尚包：化妆、时装、健身、旅游

企业管理者：财经、股市、经济管理

目前，全国各网络运营商基本都以“套餐”的形式在推广自己拥有的收费频道。“社会阶层细分”是现代社会发展的一个显著趋势，也就是说，社会越是发达，社会阶层细分越细致，社会群体的数量也就越多，于是市场继续细分，社会需求更加多元。在此基础上，整个社会的宽容度则会越来越高。中国都市社会正在逐渐形成这一态势，正是因为有这一发展趋势，中国收费频道的发展前景才不可限量。关于这一点，西方发达国家的电视发展已经给我们提供了良好的例证。

2. 丰富多元的收费频道产品策略

除了播放电视节目以外，收费频道还可以成为多元的信息交流的平台。从技术上看，收费频道的节目是通过电缆传播的。通过电缆，除了可以传播流动的视频图像以外，图片、文字、声音等信息都可以传播。而且，通过电缆，可以实现电视传播者与接受者之间的互动，这使得收费电视可提供的产品服务不仅仅是在电视节目方面。从目前情况来看，收费电视提供的增值服务还在不断探索中，其产品策略的方向主要集中在通过开掘网络传播“交互性”的特点提供新的信息服务，比如以下的收费电视频道已经在这方面作出了很好的探索：

● 美国 Discovery 增强电视交互频道：该频道采用视频与文字图片内容相结合的方式来增强节目收视效果，带给观众崭新的收视效果和体验。由于 Discovery 频道主要播出纪录片，尤其是一些具有解密性质的纪录片，其节目在叙事过程中，有效的阐释是最主要的方式之一，视频、文字、图片多媒体的信息阐释方式能更加全方位地传播信息。

● MTV Hits 互动音乐应用：该频道除了常规播出音乐电视以外，还提供在线聊天、游戏、竞猜、投票等服务；在开播后 4 个星期内，频道的受欢迎程度上升了 50%；而且通过在线竞猜，运营商获得了可观的额外利润。

● QVC 互动购物频道：在开通的短期内，其销售量已经超过开通了数年的 QVC 网站；在通过回传实现直接购买方式后 6 个月，QVC 在 BSkyB 平台上有 20% 的交易是通过互动电视应用完成的；目前的业务上升势头明显。

在我国，类似的探索也在一些收费频道很好地展开，比如从 2004 年 4 月 1 日开始，上海东方 CJ 家庭购物电视节目开始在东方电视台戏曲频道每晚 8 点到凌晨 1 点播出。目前，电视购物的日销售额突破 120 万元，2005 年收入达到 3 亿多元，相

当于一个优质的全国覆盖的卫星频道的广告收入。

总之，有线电视的光缆是一个可以传播“多媒体信息”的平台，而且也具有很好的互动性。这使得收费电视除了在节目创意、制作方面天地广阔、大有作为以外，利用这一平台和观众直接互动也是一个拓展自身业务的方向。电视购物是使用得比较成熟的方式了，除此以外，动漫游戏的互动、视频点播、政府的政务服务、股票金融服务、家政服务等都有可能成为今后收费频道在自身频道定位方面的发展方向。

思考题：

1. 如何评价一档广播或电视节目的传播效果？
2. 思考并描述电视节目的市场推广策略和适用情境。

第九章

广播电视传播伦理

内容提要：广播电视媒介在传播过程中除了要追求良好的传播效果以外，还应该且必须遵循相应的传播伦理，以此形成所谓“善”的广播电视媒介，这才有利于人类社会的健康发展。从总体上看，广播电视媒介的传播伦理包括“传播内容必须真实”“必须保护当事人和受众”等方面的内容。同时，“善”的传播伦理有利于广播电视建立和谐高雅的媒介文化生态。

广播电视媒介发展到一定层面一定是和伦理紧密联系在一起的，即我们不仅要生产广播电视媒介的信息，建构广播电视文化，还应该以“善”的理念来做这一切，进而为人类社会实现自己正确和美好的目标而服务。于是，在本教材的最后，我们将分析一种“善”的广播电视媒介伦理形成的可能，这是本书建构的广播电视理论体系的终点。

广播电视工作者是广播电视文化建构的主体，因此，广播电视媒介文化的品质如何取决于他们如何制作和传播信息。从理想的境界上来看，广播电视媒介应该是真、善、美的统一，即广播电视媒介的信息要真实、客观地反映社会的状况和发展，要给受众以动人的感性愉悦。这两点是广播电视媒介自然而然的追求，或者说，这二者是广播电视媒介存在的合法性依据：作为新闻媒介的广播电视机构要发挥自己社会雷达的功效，这意味着如果它不表达社会的真实就会被社会淘汰；作为“娱乐工具”的广播电视媒介必须给受众带来感性愉悦的享受，否则它也没有存在的必要。任何阻碍广播电视媒介这两类功能发挥的力量都会受到广播电视从业人员的抵制。但是，当涉及善的问题的时候，情况就变得复杂起来，即在很多时候，广播电视传播行为中的“真”与“美”是和“善”相矛盾的①。甚至在某些情况下，广播电视媒介的专业发挥得越好，它们对“善”的伤害就越大，进而对社会的伤害也就越大。如何建构“善”的广播电视媒介，是现代社会不能回避的问题。这就涉及广播电视媒介的传播伦理。

第一节　伦理的含义

所谓伦理，顾名思义是“人伦之理”的意思。“伦”的本意是“关系”和“条理”，人伦所说的就是人与人之间的关系。比如儒家所谓的“人伦”，强调的是人的秩序，或者说是人际间的正常关系，它把夫妇、父子、兄弟、君臣、朋友五种最具典型性的人际关系归纳为“五伦”，对这“五伦”做出了种种的道德规范。由于“五伦”的主体是亲属关系，所以中国人认为享受亲情的快乐是“天伦之乐”，这是符合道德规范的，也是最“善”的。而破坏这些关系的罪行则被称为“乱伦”。英语中的伦理——ethic 来自希腊文的 ethos 一词，其本义是“本质”“人格”，也与“风俗”“习惯”等意思相联系，在《朗文当代英语词典》中，其含义是“帮助人们确定什么是正确或者错误的道德律令和行为准则”，伦理在这里更强调的是一种外部的力量对人行为的约束，是一种“人之所以为人”的优秀品质，从这个意义上说，伦理问题的关键是给出“善恶正邪”的划分依据。

“善恶正邪”无疑是针对人类社会所言的，所以伦理的核心问题是“人与人之间的关系”。在中国传统文化中，有一个概念可以直接切入这个命题，这就是“仁”，我们可以由此入手，考查“伦理”更深层次的含义。

首先“仁”的字形为“二人”，这意味着伦理道德一定是在二人以上的关系中发生的，伦理道德规范一定是在对他人有影响的行为中体现的。这意味着，伦理和道德绝对不仅仅是自我的事情，它一定关涉到他人，进而关系到社会，好的伦理一定是有利于人类社会整体发展的。再者“仁”的音为“人”，于是对“仁”的一个基本解释就是要让“人成为人”，也就是所谓的“仁者人也”，这就要求要以合乎人的身份、人的本性、人

---

① 真、美和善的冲突在中西方的思想史上都是一个重要命题。比如柏拉图主张应该将诗人逐出它的“理想国”，因为他认为诗歌之美是一种幻象，会让人丧失意志，而意志是善之源头。孔子也有所谓“武乐”是“尽美而不尽善”的说法——因为“武乐”虽有雄壮之美，但它表现的却是杀伐之道，这也是与善之理念相违背的。现代媒介发展起来之后，这个命题被不断深化。20 世纪对这一命题最典型的表现莫过于德国纳粹著名的女导演莱妮・里芬斯塔尔的电影实践——她用无可挑剔的电影技术制造了美轮美奂的纳粹幻象，以及希特勒、戈培尔等纳粹魁首的光辉形象，对德国走上法西斯的罪恶之路起到了推波助澜的作用，她因此被称为“有毒的玫瑰”。广播电视媒介崛起之后，其声画魅惑的负面作用也一直是人们关注的重要话题。参见〔英〕托比・克拉克著，吴霈恩译：《艺术与宣传》，台湾远流出版事业有限公司，2003 年版。

的道义的方式对待人，这意味着相对于其他的动物，人在生存品质和境界上应当体现出自我的优越性和崇高感。所以，伦理道德一定是指向人的终极价值理性的。

一、伦理的社会功能

伦理的这种特性形成了它两方面的社会功能：

第一，建构伦理价值规范有助于人类社会的健康发展。一个没有伦理的社会是没有未来的社会。比如，尊老爱幼是一般社会的伦理规范，甚至会被看成为美德，但是这种伦理在任何社会都是必需的。我们知道，一个社会中的中流砥柱往往是中青年，他们是对社会作出最大贡献的人，相反儿童和老人不会创造多少社会财富，且处于社会的弱势地位。但是，任何中青年都是从孩童时代过来的，任何中青年都有变成老年人的一天，一个社会呵护儿童和老人，其实就是在呵护这个社会中的每一个人，一个幼有所爱、老有所养的社会，是一个安全感极高的社会，伦理在此显示出它极高的社会功利层面的意义。

第二，伦理构成一个社会中价值理性的核心组成部分之一，它用一种“应该”意义上的感召引导人们去从事某些高尚的行为，从这个意义上说，伦理是和幸福联系在一起的，它是人们精神世界的重要组成部分。比如古希腊哲学家亚里士多德认为，人类的所有活动和技术都抱有某种目的，这个目的就是“善”，实现这个目的也就意味着达到了幸福，而善或者幸福也就是合于人的德性的现实活动。到了中世纪，基督教哲学家将伦理发展出一套宗教的含义：上帝是全知、全能、全善的存在，人生是一段奔赴上帝的旅程。孟子认为，“恻隐之心、羞恶之心、恭敬之心、是非之心”都是“人皆有之”的，而且是“非由外铄我也，我固有之也，弗思耳矣”。这些观念无一不是强调人之所以为人的、应该具有的品性，这些品性超越了人的现实（肉体）生存，而指向了一个更为崇高的精神世界。在这种伦理精神的感召下，人们的思想会超越现实凡俗的生活，在日常生活中获得一种更加高品质的精神享受，在生命的尽头也能找到一种对抗死亡恐惧的工具。

人类社会有一些普遍的社会规范，比如不偷盗、尊老爱幼等等。但是伦理同样也具有强烈的时代感和地域性。比如，中国封建社会所谓的“三纲五常”在现代社会就不被提倡。美国社会中孩子长到18岁一定离开父母自力更生，有时候吃顿饭都和父母实行AA制度，这种伦理观念在大多数的中国家庭也很难被接受。

二、广播电视传播伦理的宏观背景——现代性伦理

当广播电视媒介普及的时候，人类正在进入一个现代社会，而且由于交通工具和媒介技术的进步，全球化的浪潮越来越猛烈，这导致了所谓的“现代性”成为一个席卷

全球的幽灵。于是,现代性伦理就成为我们思考广播电视伦理的基础。

现代性伦理当然也服膺于人类普遍意义上的伦理,但是它更加强调所谓“现代”的特质。现代意味着科学、理性、进步、自由。而这些概念在两个层次上得到体现,一是国家和民族的层面,二是个人主体的层面。从国家的层面来说,国家(政府)将把“现代性”的理念作为施政的一种意识形态,“进步、科学、自由”等理念成为任何一个现代国家对自己治下国民的一种道德允诺。比如,改革开放后的中国就是这样。从20世纪70年代末开始,中国摒弃了“读书无用论”“知识越多越反动”的错误思想,开始了自己的现代化进程,尤其是邓小平提出的“实现四个现代化”的治国蓝图,是典型的现代国家的叙事。1991年,邓小平发表南行讲话,其核心观点——“发展才是硬道理”“改革开放的路线100年不动摇”等也都是现代性的叙事,这种叙事的核心就是强调国家的进步。同时,现代性的国家叙事也更加强调“民族”的概念,因为现代性伴随着全球化的浪潮,在这一浪潮中,传统意义上国家的形象如何体现,国民的凝聚力如何形成,“民族主义”是其中一个关键的力量。所以,越是在现代性的语境中,“民族化”的差别就愈发被强调。从个人的层面来看,现代性的伦理鼓励个人发展自己独立的理性,肯定个人感觉的重要和合法性,尊重甚至鼓励个性自由(正是因为这种尊重,造就了后现代的产生——个体自由到一定程度以后,就容易演变成“怎么都行”的虚无主义。所以,哈贝马斯说后现代是未完成的现代,而卡林奈斯库认为后现代性是现代性的“第五副面孔”)。这是现代和古典的最大差别。

从伦理的层面上说,传播包括广播电视传播的现代性也体现在这两个方面:一是国家和民族的层面,二是个人层面。前者要求传播要服从国家和民族的利益,而后者则强调尊重和满足个人传播和接受信息的能力和权力。如果我们将“传播”理解成“叙事”,那么,刘小枫的观点对这个问题可能描述得更为感性和准确。他认为:

> 现代的叙事有两种:人民伦理的大叙事和自由伦理的个体叙事。在人民叙事的大伦理中,历史的沉重脚步夹带个人生命,叙事呢喃看起来围绕个人命运,实际让民族、国家、历史目的变得比个人命运更为重要。自由伦理的个体叙事只是个体生命的叹息或想象,是某一个人活过的生命痕迹或经历的人生变故。自由伦理不是某些历史圣哲设立的戒律或某个国家化的道德宪法设定的生存规范构成的,而是由一个个具体的偶在个体的生活事件构成的。①

简言之,在现代性的语境下,一种传播(叙事)的伦理,一是以国家民族利益为指

① 刘小枫:《沉重的肉身——现代性伦理的叙事纬语》,华夏出版社2004年版,第6页。

向的，这是由现代社会的国家特性所决定的——全球化的浪潮使得“国民身份认同”成为一个重要的问题。二是以个人的生存为价值导向的，即传播应该符合个人生命的感觉。正是因为如此，现代性的伦理是特别强调认可“差异性”存在的，正如何怀宏所说的：

> 时代面临的问题就不是以一种价值观念战胜其他的价值观念，以一种生活方式统一其他的生活方式，而是首先使人们不打架，使我们大家都能活着，彼此相安无事，甚至还达到某种客观上的互补和主观上的沟通。而这种能够使我们和平共处的规则就是我们首先要寻求的道德共识。①

那么，伦理规范就不具备普遍社会意义上的霸权，而仅仅具有一种区域效应乃至个体性。

从理想的层面上来看，现代性伦理的这两个层面应该是相互统一的，即国家和民族的价值指向应该和个人的价值观念是一致的。但在实际情况下，这两者之间有的时候会发生矛盾和冲突。为了化解这些矛盾，传播等意识形态的任务就尤其重要。如此，广播电视等媒介伦理的建构在任何现代社会都是不容忽视的。或者说，广播电视媒介的传播必须同时满足这两个层面的需求：一方面它要兼顾到每一个合法的个体，没有理由以任何宏大的叙事如国家、民族、历史进步等等为借口伤害到任何一个合法的个体。另一方面，它也必须顾及国家和民族的利益，这个利益其实是和个人息息相关的，只不过在某些情况下它们之间的关系较为复杂。这两点是广播电视媒介传播伦理建构的基础。

第二节　现代社会中广播电视传播伦理的内涵

循着伦理的本义我们不难发现，广播电视的传播首先要遵循人类社会的普遍伦理价值观念，同时在现代性的语境下，它又必须是现代性伦理的一部分，具体地说，它所涉及的主题是现代性传播的伦理。同时，广播电视伦理的发展还有另外一个现象值得注意，这就是广播电视伦理和报纸等印刷媒介的伦理关系密切，有的时候甚至完全一致，这是因为它们共同的媒介特性所造就的，但广播电视媒介声画传播的特性又使得它们的伦理具有自己鲜明的特性。总的看来，广播电视媒介伦理的内容包括如下方面。

---

① 何怀宏：《伦理学是什么》，北京大学出版社2002年版，第85页。

一、传播内容的真实

"信息不真实"意味着对个人理性的蔑视,进而是对主体存在的不尊重。这是反现代精神的。信息的不真实,直接损伤的是受众的"知情权",误导他们对社会的正确理解,同时也一样损伤国家的利益,严重时甚至会触犯法律。我们以如下的案例来说明这个问题。

北京电视台摄制者:名利驱动造出"纸包子"新闻①

来源:《新京报》 作者:耿小勇 廖爱玲 白杰戈 王贵彬

北京电视台聘用记者訾某等6人已被公安机关刑事拘留。据訾北佳供述,由于选题已上报,压力很大,加之刚到北京电视台,既想出名,又想挣钱,结果导致了假新闻的出炉。

訾某称邀请朋友假扮工地老板

今年6月初,訾某在《透明度》栏目组选题会上提出,曾接到过群众电话反映"包子有掺碎纸"的问题,引起栏目制片人的兴趣,遂被确定为报道专题。此后訾某先后在北京四环路一带进行调查。

按照訾北佳供述,十几天里,他每天早晨都买包子吃,从西四环到东四环,走访了许多卖包子的场所,每到一处,就购买一元钱的包子,但始终没有发现包子的质量问题。由于选题已上报,压力很大,加之刚到北京电视台,既想出名,又想挣钱,而他本人调查的结果令其十分失望。

期间,栏目主编以时限为由,催促其抓紧拍摄专题节目。

于是,他化名"胡月",找到朝阳区太阳宫乡十字口村13号院,并以为民工购买早点的名义,要求来自陕西省华阴市的卫全峰、赵晓彦、赵江波、杨春玲等人为其制作包子。

6月底的一天,訾某携带秘密拍摄设备,邀请其朋友、无业人员张沄江假扮工地老板,在朝阳区康家沟市场购买了肉馅、面粉等物后前往13号院,要求卫全峰等四人做包子。拍摄过程中,訾某要求卫全峰等人将其捡来的纸箱经水浸泡剁碎掺入肉馅中,制成包子喂狗。因效果不佳,便随机找到一名农民工,授意其编造了有关"肉和纸比例关系"的谎话,并编造使用火碱的台词,以增加视觉、听觉效果。

---

① http://news.eastday.com/s/20070724/u1a2993680.html,2007—7—24,引用有删节。

> 对于訾某造假新闻一事，有知情人士分析，现在电视台栏目每做出一个专题，至少能拿到5000元左右的稿费。

这是2007年中国最著名的电视假新闻事件。在这一事件中，记者訾某为了完成采访任务以获得声誉和金钱，不惜以诱骗的方式诱使做早点的摊贩制作用硬纸板做馅的包子，以此制作假新闻。从表面上看，这条假新闻所产生的社会危害似乎并不严重，不过是几个制作早点的商贩的生活受到影响，但仔细看来，情况并非如此，电视新闻记者伦理的缺失使得这条短新闻的社会危害尤为深远。

首先是损伤了整个社会的信任机制。现代新闻事业是社会分工的产物，记者被社会定位为职业的信息采集和发布者，电视新闻记者则被定位得更加明确，他是职业的图像信息的采集和发布者。因为他们用图像传递信息，而图像具有真实性的特征，故而人们对电视传播的信息的信赖感更强。而訾某等人恰恰是利用了受众的这种信任，用造假的方法制作电视新闻画面。这一方面取消了电视媒介的社会雷达功能，向观众传递错误的社会信息，误导他们对社会的理解；另一方面，这损伤了公众的知情权。社会之所以赋予电视新闻记者用画面制作和传递信息的能力，就是要依赖他们获得对社会的理解，"假新闻"与这样的目标当然是南辕北辙的。

其次，这种行为损伤了社会和谐。在这场新闻事件中，直接受到伤害的是卫某等几位被诱骗制作纸馅包子的商贩，因为记者的这种行为，他们的正常生活遭到了破坏，进而他们的声誉也遭到了损伤，这是一种典型的损人利己的行为，这和人类的基本伦理是相违背的。

在吉登斯看来，所谓"信任"体制的建立是现代社会得以有效运作的基本前提。因为现代社会的运作是依赖专家系统和专业知识各司其职而完成的。比如我们每天敢于安然地过马路，是因为我们信任道路的修建者、司机的驾驶技术、生产汽车工人的能力和技术、汽车设计者的专业知识、交通警察的业务素养等等，如果没有这些信任，我们过马路的时候就会有危险感。公众和广播电视媒体之间的关系也是一样的，正是因为我们相信广播电视的工作者会准确公正地传播真实的社会信息，我们才会去看电视和听广播。如果广播电视工作者缺乏这方面的伦理规范，就是辜负了社会的信任，取消了自身存在的合法性不说，还埋下了很多社会危机的种子。正因为如此，"纸馅包子事件"的当事人被严肃处理，是完全必要的。①

---

① 北京市有关部门分别对北京电视台相关责任人做出了严肃处理：给予北京电视台台长通报批评，给予北京电视台总编辑行政警告处分，给予北京电视台主管副总编辑记过处分，三人分别做出深刻检查；给予北京电视台生活节目中心主持工作的副主任（无正职主任）、分管《透明度》栏目的副主任、《透明度》栏目制片人等三人撤职处分；解除《透明度》栏目有关编辑与北京电视台的劳务关系；鉴于北京电视台生活频道《透明度》栏目组临时人员訾北佳涉嫌违法，司法机关将依法严肃处理。

二、对传播当事人的保护

任何一个人，只要得到大众传媒的广泛报道，便会迅速成为被社会关注的热点人物。尤其是电视，由于画面的真实性特点，他身上所有的一切都会被迅速地放大并传播。当优点被如此运作之后，这个人就会成为明星。但如果被放大和传播的是缺点或不愿意公开的隐私，那么这对于当事人来说就是一场灾难，他将迅速失去自己作为一个人应该具有的权益和权力，极端的时候甚至会引发剧烈的冲突。所以，对有些传播当事人必须予以保护，这是广播电视传播伦理的重要内涵。我们以下面的例子来说明这个命题：

惨！西班牙电视求婚真人秀引发血腥谋杀①

据西班牙《世界报》11 月 22 日报道，西班牙 30 岁男子里卡多·纳瓦罗希望通过一个浪漫方式挽回 30 岁前女友的芳心，于是在 11 月 14 日参加电视真人秀节目时突然单腿跪在女友面前，当着 200 万电视观众向她含泪求婚。但里卡多万万没有想到，女友居然丝毫未被他的诚意打动，反而当众拒绝了他。可怕的是，节目结束 5 天后，无地自容的里卡多竟然一怒之下将女友残忍谋杀。这起电视求婚引发的情杀案震惊了西班牙，里卡多已被警方逮捕。

电视求婚遭拒绝

里卡多和俄罗斯裔前女友斯威特兰娜·欧罗瓦同居多年。里卡多脾气火暴，此前就曾有过对斯威特兰娜施行家庭暴力的前科。法庭曾下令他 2 年之内不得以任何方式接近斯威特兰娜。但里卡多不死心。11 月 14 日，斯威特兰娜应邀参加西班牙"安特纳电视 3 台"著名的真人秀《帕特丽夏的日记》，在电视上讲述她坎坷的感情遭遇。当得知这消息后，里卡多立即和电视台取得联系。里卡多的计划是，在电视上突然向前女友求婚，从而彻底感动前女友。节目中，里卡多突然出现，并走到斯威特兰娜面前单腿跪下，接着饱含眼泪地递上一个订婚戒指，称希望斯威特兰娜能回心转意，接受他的求婚。然而，这感人的场面却只换来一阵难堪的沉默。不知所措的斯威特兰娜足足有半分钟没开口说话。直到主持人一再表示她必须明确表态时，斯威特兰娜才吐出一个"不"字。

---

① http://news.shangdu.com/category/10002/2007/11/23/2007－11－23_832941_10002.shtml，2007－11－23.

前女友遭割喉管

被前女友拒绝后，里卡多当场脸色变得煞白。这戏剧性的一幕被电视台拍摄下来，并继续向全西班牙观众现场直播，里卡多顿时成了西班牙人的笑柄。节目结束后，里卡多越想越窝火，他计划报复前女友。19日下午，里卡多怒气冲冲地闯进前女友家中，和前女友发生激烈争执。最终，他彻底失去了理智，用一把匕首割断了对方的喉管，将其谋杀。

电视台推卸责任

目前，这起求婚引发的谋杀案震惊了整个西班牙。许多人指责称，《帕特丽夏的日记》故意制造戏剧性的煽情效果，无疑是这场谋杀案的重要导火索。但电视台发言人21日出面否认称："二者之间并无联系，节目当时的场面十分浪漫。我们一直以为他们是因为财务问题分手的。"

在这一事件中，电视台的做法当然没有触犯任何法律，甚至还符合媒介专业主义的精神——制作了真实的、且有爆炸效应的信息并传递给了观众。但是，这部电视作品对于传播当事人来说是一场灾难，这是因为电视将当事人不愿意公开的隐私曝光了，当事人被迫将自己不愿意公开的窘迫面对公众的审视乃至嘲笑，如此，电视间接地造成了对当事人的伤害。可惜的是里卡多并没有明白这个道理，他将自己的遭遇归罪于自己无辜的女友。其实在现实恋爱、婚姻生活中，争吵、分手、拒绝、窘迫等是司空见惯的事情，问题是这些都应该属于隐私，是当事人不愿意告诉别人的事情，对这些事情的保密，是个人做人尊严的体现。里卡多恼羞成怒的根本原因无疑是让全国电视观众看到了他的窘迫，电视台将这种窘迫公之于众，是不道德的，这种不道德是导致这场悲剧的根源。

近年来，我国类似的电视节目也越来越多。这些节目大多以平民百姓为访谈对象，以表述他们个人生活与情感为内容的访谈节目，都获得了不俗的收视率。这类访谈节目大量触及个人隐私，其中不乏有损个人人格与尊严的隐私，这些隐私包括家庭邻里不和、情感纠葛、不正常性关系、有悖常理的态度和言行等。令人不解的是这些节目至今却未引发诉讼，其中隐含的法律及媒体职业道德问题令人深思。

比如，很多当事人并不愿意到电视台接受采访，但出于种种考虑被迫为之。如有一场名为《毁容之后》的电视访谈节目，被访谈者是夫妻两人。妻子花了十几万块钱，在一家美容院做了美容手术，但手术失败，术后面部发炎、红肿，多日不愈。夫妻俩为此发生争吵，以至关系很紧张。丈夫出于挽救婚姻的目的求助于某电视台，但妻子拒绝记者的采访，丈夫以"你不去（到电视台做访谈）就和你离婚"相威胁，妻子只好接受了节目的访谈。[①]

而在节目内容方面，电视台出于收视率等方面的考虑，往往更加喜欢关注一些煽情、火爆、刺激的细节，比如在《毁容之后》的访谈节目中，妻子美容手术失败，身心受到严重伤害，多次找美容院，美容院千方百计地回避、推诿。作为媒体应该关注的是这位妻子美容失败的原因以及问题的解决，而节目对此却一提而过，对夫妻两个因美容失败而引起的感情纠葛却进行了细致的访谈。这是把社会矛盾降格为家庭矛盾，突出了节目的煽情性，却弱化了大众媒介的社会批判作用。问题的根源没有得到充分阐释，却用曝光家庭矛盾这种隐私性的传播获取了较高的收视率。电视台的这些做法当然不违法，但却是反伦理的。

对传播当事人保护的方法其实是容易的，比如用马赛克等电视特技的方式对当事人的脸部进行处理，不要让当事人的形象曝光于社会，这就是对他的最大的保护。而像《帕特丽夏的日记》这样的现场直播节目，可以考虑中断直播。即便不如此，电视台在事后也要关注里卡多的情绪和态度，甚至要找心理医生对其进行心理疏导，这样的电视媒介才是有责任心的媒介，在完成了自己传播使命的同时，还坚守了媒介的善意，弘扬了媒介伦理。

三、对受众尤其是特殊受众的保护

这里所说的特殊受众主要是指一些弱势的社会群体，由于种种原因，他们容易受到伤害而没有能力有效地保护自己。其中，最具代表性的就是儿童。

由于儿童缺乏自控能力且模仿能力极强，所以广播电视媒介针对儿童的节目尤其需要谨慎。当然，电视领域不乏优秀的儿童电视作品，比如美国 PBS 的《芝麻街》、英国 BBC 的《天线宝宝》等等。但是，这些有限的优秀的儿童电视作品不是电视节目的主流。尤其是商业体制下的电视节目会在不经意间伤害到儿童。关于这一点，美国传播学者尼尔·波兹曼在其著作《童年的消逝》中有精彩论述。

波兹曼认为，由于印刷文字要通过长久学习才能运用，这使成人与儿童之间的生活空间有明显界限，于是“童年”产生。但在现代传播技术尤其是电视机面前，儿童能看到、看懂几乎所有原来归成人拥有的内容，二者之间的界限消失了，于是“童年”消逝了。

“童年消逝”对儿童的伤害是巨大的，因为儿童的模仿力强，对电视所表达的成人世界的模仿使得他们的天真无邪、可塑性和好奇心逐渐退化，然后扭曲成“伪成人”化。之所以是“伪成人化”，是因为儿童由于身体和心智的原因，事实上是不可

---

① 陈惠娟：《电视访谈节目与公众隐私问题》，载《中国新闻传播学评论》，http://www.zjol.com.cn/05cjr/system/2007/09/12/008794685.shtml，2007－9－13。

能真正驾驭成人世界的。比如，在世界上多数的文化中，“色情”和“性”的信息都被认为是“少儿不宜”的。这是因为儿童无论是从心理还是生理上都不适宜过早地进入男女的情爱世界。“性意识”和“性能力”并不意味着就可以有“性行为”。因为“性行为”不仅仅是感性驱动的结果，还应当遵循相应的社会规范和伦理道德，在一个文明社会中，它是和“家庭”“日常生活”等社会责任联系在一起的，不理解这些责任，“性行为”变成了纯感性的结果，或者是一种与现实脱节的幼稚的浪漫主义情感的结果，这样的性行为往往会为社会所不容。换而言之，儿童尽管有性意识，甚至有性能力，但没有承担性行为后果的能力，所以，他们不能过早恋爱，更不能过早地同居和结婚，直到他们有了承担责任的能力以后才能从事这些事情。

儿童是不应当过早地接触一些成人化的信息的，因为他们不具备担负这些成人行为的相应责任，但是电视媒介往往不管这些，出于收视率等因素的考虑，电视工作者往往把一些儿童不宜的信息传递给了儿童，其中最突出的就是“性”和“暴力”。而这些信息营造了一个“儿童不宜”的儿童世界。就像在世界的大部分国家，电视是不分级的，儿童可以轻易地看到男女之间谈情说爱甚至亲吻等直接与性有关的行为。所以，教育工作者一般都坚持要让家长陪伴孩子看电视，用父母、老师的力量来控制孩子不接触性信息，但这种控制是不严密的，有时候甚至是漏洞百出。因为看电视是太容易的行为，尤其是当电视工作者出于利益的驱动，他们主动让性和儿童水乳交融地糅合在一起。波兹曼发现：“十二三岁的少女正是美国收入最丰厚的模特儿。在所有的视觉媒介的广告里，她们被设计成像是非常懂事、性感无比的成年人出现在大众面前，仿佛全然陶醉在色情的环境里。”①我国的电视虽然没有这么过分，但是成人化的倾向也是普遍存在的，尤其是在地方台的一些节目中，儿童被装扮成成年人的形象，突出性别特征甚至有相应的性暗示。比如小女孩化浓妆，穿着与成年女性类似。尤其是她们的表演越是接近成年人，就越会得到大人们的赞赏。而这些表演很多时候包含着“性”元素的暗示，比如小孩唱情歌。这样屏幕上煞有介事的小孩往往会得到大人的赞赏和喜欢，进而他们会给现实中的孩子们提供示范作用。过早地接触“性”的信息会触发孩子在不恰当的时间被激发出“性意识”和“性感觉”。按照弗洛伊德的观点，“性”是人与生俱来的本能意识，随着生理的成熟就会被自然激发出来。在这方面，电视对儿童的伤害在于：儿童接触性信息会被过早地激发出相应的性意识，之所以说过早是因为他们此时并不具备把控自己关于“性”的行为能力，也就是说他们不懂得足够的社会规范和知识，不知道该如何顺应社会的要求去处理他们的性方式和与性相关的行为，如此他们的举措是幼稚而危险的，比如早恋对儿童的危害。

---

① 〔美〕尼尔·波兹曼著，吴燕莛译：《童年的消逝》，广西师范大学出版社2004年版，第3页。

电视对儿童早恋的影响无疑是巨大的。20世纪80年代，日本电视剧《血疑》风靡中国大陆，自电视剧播出以来，儿童早恋的数量猛增，导致那个时候家长连同报纸等大众传媒一起发出了"救救孩子"的呼声。时至今日，这种情况依旧是屡见不鲜的。现在，儿童只要看电视，不仅仅可以无遮拦地看到成人世界的恋爱场景，而且在很多儿童电视节目中，也都有情爱因素的渗透。比如前面我们提到的日本卡通片《机器猫》，这部片子里面贯穿的一个主题就是主人公大雄喜欢一个小女孩静香，然后衍生出一系列的故事，每当大雄在机器猫的帮助下获得了某些成功以后，静香往往会开心地说道："我好喜欢大雄啊！"恋爱的意识表露无遗。类似的情景我们在美国著名的卡通片《米老鼠与唐老鸭》中也能经常看到，米老鼠、唐老鸭还有那只名叫柏拉图的狗，他们都是儿童喜欢的形象，但都是"色鬼"，每当看到相应的异性出现，无不兴致勃勃，奋不顾身要谈情说爱；在另一部著名的动画片《大力水手》中，大力水手总和一个叫布鲁诺的坏蛋争夺一个叫奥丽弗的姑娘，他吃了菠菜就会有力量，英雄救美干脆就是这部动画片的主题。还有，在另外一些风靡一时的卡通片比如《美少女战士》《灌篮高手》当中，人物形象尤其是女性人物形象的设计，是完全成人化的，这里面的女孩子长了一张儿童的脸，却是完全成熟女人的身体，而且甚至会特别突出胸脯、大腿这样的敏感部位，当儿童观看这些画面的时候，会自然受到性的视觉的刺激，这些都容易刺激他们出现性早熟甚至早恋。但是他们真正早恋了又会怎样呢？在现代文明社会中，恋爱往往是伴随着一定规范的，性爱就更是如此。儿童无论是生存能力还是情感能力都很弱小，是需要大人关照的，他们根本无力承担社会关于"情爱"与"性爱"的规范，也无力遵守相应的社会法则，那么他们谈恋爱的行为就是一种反社会的行为。举个极端的例子，文明社会是不会允许未成年少女做母亲的，如果她不慎成了未成年的母亲，社会不会提供给她相应的资源，她也就无力承担一个母亲的责任。对于社会来说，这是社会结构的不稳定因素，是社会系统要予以清除的。对于个人来说，这无疑会酿成悲剧。

四、对社会进步的责任

如前文所述，所谓"伦理"，关注的是人与人之间的和谐关系。那么，广播电视媒介的伦理其实就是要通过传播促进人与人之间良好的、和谐的关系。这种"和谐关系"是社会文明程度的一个标志，促进这种关系，是广播电视媒介伦理最终极的责任。而在当下中国的广播电视文化中，这种责任在很大程度上是缺失的。我们以下面的这一电视事件为例来说明这个问题。

杨二暴怒柯以敏痛哭：女评委玩出位风头盖选手

信报讯（记者：大鸣） 重庆卫视《第一次心动》堪称目前选秀节目的奇异话题和不靠谱事件源发地，刘晓庆的“知识门事件”还未完全平息，在刚刚过去的上周末直播中，首次加盟的评委、“红花女”杨二车娜姆又与柯以敏争风吃醋，直争到柯以敏当场失声痛哭方才收场。

事情发生在男生组15进10的比赛中，在“心动才艺”环节时，选手代闯突然冲出表演区向柯以敏跪求礼物，说要送给一个最想送的人。谁知，当柯以敏无奈地把戒指送给代闯后，代闯居然把这个戒指戴到了杨二的手上，这为后面的杨柯反目埋下了伏笔。

比赛进入IN/OUT环节后，代闯再次出场，柯以敏开始了一连串的发问刁难：

柯：代闯，现在我和杨二如果做你的女朋友，你会选谁？

代：（很圆滑）我选择刘晓庆。

柯：不包括刘老师，在我们之间选。

代：我选择柯老师吧，她比较年轻。

柯：杨老师跟我不同的地方在哪里？

代：杨老师很笨，柯老师很聪明。

……

对话进行至此，杨二显然被激怒，她立即指责代闯不真诚，刚才把戒指送给了她，现在又出言侮辱，她说：“你把这个戒指拿回去！你拿回去！我不要！”杨二的怒火也瞬间点燃了柯以敏，因为自己心爱戒指的一送一还，仿佛自尊心受到了很大的伤害，开始哭泣起来。这下子，场面有些混乱了，杨二不顾镜头走过去劝慰柯以敏，但柯以敏悲愤难当，现场发誓要立即退出这个选秀活动。正在纠缠不清时，评委会主席刘晓庆以老大姐的身份出面熄火，事件才暂告段落，节目继续进行，当晚的直播进行到00:30才结束。

事实上，这一事件成为国家广电总局出台关于选秀节目限制条令的重要导火线。国家广电总局出台禁令的方式是否恰当可以讨论，但非常明确的是，电视台制作播出这样的画面在两个地方是“反伦理”的。

第一，是选手代闯的投机行为。代闯在比赛中，用“求戒指/送戒指”这样的行为力图引起评委对自己注意，以获得比赛的成功。对于一个人来说，情感这种最宝贵的东西蜕变成一个可以随意捏造、利用的工具（在比赛中，代闯在后来杨和柯的逼问下，无奈地承认自己这么做只是为了炒作自己，最终获得评委的关注），是可以通过信口雌黄的语言来骗人的。作为大众媒体，传播这样的信息而不加以指责，是完全不负责任的。幸亏此事一出，代闯无缘选秀的桂冠，否则，对社会伦理的负面引导效果就太强了。

第二，是柯以敏刁难式发问的心态。柯以敏一定要代闯在她自己和杨二之间作一个选择，其实就是要代闯公然表示自己更加不喜欢谁。代闯力图回避这一问题，但是又被无情地扳了过来，也就是说柯以敏一定要代闯面对一种不和谐的人际关系。类似的情况也发生在中央电视台：在"白象杯 CCTV 电视节目主持人大赛"的复赛中，一位现场观众向某位选手发问："在现场的评委中，你最不喜欢谁?"当时现场的评委是张越、王志和白岩松。这个问题让选手非常为难，因为他和代闯一样将被迫进入一种不和谐的人际关系中，一种"反伦理"的窘境中。他力图不做正面回答，毋宁说，他说的是实话，"他们三个有不同，但没有最讨厌的"。但这样的回答显然没有令发问者满意，他评价选手不真诚，一定要他回答，最终选手被逼得满头大汗。

当然，我们可以说这是发问者的权力，或者即便这其中有伦理问题的存在，也是个人的品德问题。但事实上，这类电视节目竞赛环节的设置，对收视率的追求是导致这种场景发生的真正原因。换言之，选秀节目弘扬的是一种"PK 文化"。"PK"即"Player Kill"，是伴随着电视选秀节目逐渐火爆的一个词汇，它意味着残酷的优胜劣汰，失败者必须退出比赛，即"Be killed"。在这种电视营造的环境中，人与人之间一定是对手，或者说是敌人。评委也在这样的游戏规则中不自觉地陷入了一个不和谐的、讲究你死我活的、反伦理的交流情境中，这是颇值得反思的。

广播电视传播的反伦理倾向是和它们追求高"收听/视率"紧密联系在一起的。我们知道，商业化的广播电视传播是将受众认可作为自己的最高目标，是间接地将广播电视的内容控制权交予受众。这是一个貌似合理的策略，甚至可以假"以受众为中心"的说法大行其道。但事实上，如果策略和操作不当，这就是一个不负责任、将受众商品化的行为。因为，受众需求并不全是合理、健康的。如果我们认可受众的信息需求是来自人性的话，那么人性本身就是个非常复杂的东西，就像作家王蒙所说的[①]：

> 人性绝对不是一个单一的东西，也不都是善良的东西，人性本身就充满着悖谬与分裂，……三妻四妾是人性，终身不娶直到自宫也是人性。纵欲是人性，禁欲也是人性。救世主背十字架是人性，对不起，杀人也是人性，变态，疯狂，都有人性的依据。或者我们可以说，病理也是生理的一个组成部分。我们的奋斗，人类的文明，正是要理解、疏导和克服病态与变

---

① 《革命与爱情——与王蒙谈〈骑兵军〉》，《南方周末》2005 年 1 月 13 日。

态，或者是整合与超越它们，使人性往文明往合理方向走。

可以说，恶的、病态的信息也是人性需求的一部分，而且这部分信息因为破坏力强、具有叛逆性、能带来最直接的感官刺激和情感刺激，它们有时候反而更加能够吸引受众的注意力和兴趣，如煽情、色情、媚俗等等性质的节目内容。这些内容无疑会带来收视率，进而可以为媒介带来相应的广告收入，但却是和人类社会的整体发展相悖逆的，这需要广播电视节目的创作者控制这类信息的传播，这种控制可能是违背广播电视媒介的市场原则的，但却是伦理的。

总之，广播电视作为大众传播媒介，它们应当担负起推动社会进步、文明发展的责任。在伦理上，它们应该促进人与人之间温暖、和谐的关系。社会赋予了广播电视媒介制作和传递信息的权力，它们同样有回馈社会的义务和责任，而维护一种伦理的责任，是这种回馈最重要的内容。而伦理地传播广播电视信息，最终的结果则是建构起一种和谐高雅的广播电视文化，这将是广播电视媒介运作的最高境界，也是广播电视传播的最高级的目标。

思考题：

1. 何谓伦理？广播电视传播的伦理内涵是什么？
2. 思考在我国广播电视文化建设中，传播伦理和文化建设之间的关系。

结　语

走向未来的广播电视媒介

内容提要：未来广播电视媒介发展的新动态和方向有两条思路可以遵循，一是传播技术的发展变化；二是社会文化的整体变迁。进入20世纪90年代，广播电视媒介面临互联网、手机等新媒体的挑战，正在努力调整自己的发展策略。

广播电视媒介诞生发展于现代社会，因此其发展也呈现出典型的流动性特色。如果说，关于广播电视的理论具有一个学理的框架的话，那么，这个框架也必然呈现为一种开放的结构。从整体上来看，作为社会文化的一个亚文化系统，广播电视文化也是随着时代的发展不断变化。因此，我们理解广播电视媒介，必须在一个变化的总体前提下进行，我们应当始终以一个开放的、与时俱进的态度对广播电视进行审视，及时刷新它们内部的文化内涵。换而言之，广播电视媒介变迁的内涵是流动的，恒定不变的是这两种媒介发展的流动性。自20世纪70年代末以来，由于改革开放的不断深入，我国社会也逐渐进入了一个颇具现代性特质的时代。当然，由于政治体制的不同，中国社会的现代表征和西方有很大差别，但是，在社会变迁迅捷这一点上，却是和西方社会异曲同工的。我国广播电视的发展正是在这种流动性的总体特色下展开的，因此如果以社会变迁的动态视角来看，广播电视目前正在不断刷新着自己的理论内涵。因此，在本书即将结束的时候，我们有必要从未来发展的角度来梳理一下广播电视媒介发展的新动态和方向。这将有两条思路可以遵循：一是传播技术的发展变化；二是社会文化的整体变迁。

一、人类传播技术的发展

广播电视作为大众传播媒介，首先要遵循技术发展逻辑。从人类的角度来看，技术的发展是要不断满足人们的需要。在这种需要的前提下，技术发展本身逐渐形成了自己的独特逻辑。美国传播学家保罗·莱文森发现，新旧媒介技术的发展之间具有一定的"补偿作用"，也就是说新媒介的出现是在功能上对旧媒体进行所谓的"补偿"，因为旧媒介不能完全满足人们的需求，或者说人们在某个方面的满足还有可拓展的空间，于是新媒介应运而生了，这就是所谓的"补偿理论"。从目前状况来看，广播电视媒介的发展也遇到了类似的"补偿性"的冲击。具体说来，有两种新技术对广播电视传播影响巨大——互联网和移动通讯，它们分别从移动性和伴随性方面刷新了广播电视传播的景观。

1.互联网技术对广播电视传播的影响

互联网的普及改变了人们信息接收的方式，同样也能够改变人们听广播和看电视的方式。因为在现代社会中，人们既是广播电视的受众，又是互联网的网民，他们会自然地将听广播、看电视和上网这些行为方式结合起来，使得接触广播电视媒介不再是一种纯粹的被动的信息接收行为，而变得越来越主动。这样的技术也经历了一个进步的过程：比如刚开始的时候是在计算机里安装电视卡——一种硬件设备，这样计算机就可以通过有线电视光缆直接接收电视节目；随着宽带技术的日益完善，可支持的数字信息的传播流量越来越大，通过互联网宽带也可以直接收看电视节目了。比如，在央视网中就可以直接收看中央电视台的所有节目。网络在线收听广播的技术也已经成熟并得到了普遍的使用，一方面，各家广播电台都将自己的广播节目上网，这意味着即便没有收音机，观众也可以在互联网中收听到自己喜欢听的节目；另一方面，众多的网络在线收听广播的网站纷纷涌现。

网络技术首先改变的是广播电视媒介接受行为。比如人们在上网的时候同时可以收看电视，电视屏幕成为人们操作计算机时新开的一个窗口而已。这样可以使得人们上网和看电视同步进行。这是一种崭新的三心二意式的看电视（上网）的方式。电视传播在这里往往会成为上网的一个背景，人们会一边听着电视播出的声音，一边在网络上浏览自己感兴趣的信息，当听到觉得有意思的地方的时候，会点开播放电视节目的窗口看看，然后再接着浏览网页。这种行为和传统的收看电视是完全不一样的。在此，电视变成了一个伴随性接收的媒介。所以，随着人们接收信息方式的多元，看电视的重要性正在人们的生活中逐渐降低，其功能在被其他媒介逐渐分流，作为一种日常生活方式，它的随意性正在增强。互联网的出现无疑更加增强了这种随意性。

电视行为和网络行为的并行，还可以增强电视传播的互动性。看电视往往是家庭行为，有的时候干脆是个人行为，没有互动或者互动有限。但是，在网络上看电视就不一样了，正在播出的电视节目如果涉及公共事件和公共议题的话，很容易就在各种网络平台比如各大BBS当中成为一个被大家热炒的议题。由于网络的公开性和民主性，单个个体很容易加入这种交流和互动中去。这种表现形态就是，观众一边开一个电视窗口观赏电视节目，一边打开网络浏览器的窗口和别的网民进行互动,交换彼此的观点和看法,这样在一个虚拟的空间里,各种虚拟的主体通过在线沟通共同完成一项电视观赏的仪式。通过互联网,电视文化正在变成民主性更强的文化。

互联网对听众广播接收行为的影响也是巨大的。一方面和电视一样,人们可以一边上网一边收听广播,如此听广播成为听众上网的伴随性行为,广播信息的接受可以脱离收音机来完成;另一方面,更重要的是,互联网移置了广播的社区功能,使得广播成为凝聚社会人群的有效媒介。相对于报纸和电视来说,广播原本就更具有凝聚虚拟社区的功能。即同样喜欢某一档广播节目,尤其是喜欢节目主持人的听众会在真实生活中自己汇聚起来成为社区,通过组织活动、交流等方式成为一个社会共同体。在互联网普及之前,广播社区的活动需要人为地组织,运作起来较为麻烦。但互联网加入后就使得这一切变得非常简单,因为网络的聚会交流比在现实中进行这一切要简单得多。如此,广播和互联网将能够相互促进发展。比如,南京地区的音乐广播一直是比较发达的,江苏文艺台、江苏音乐台、南京音乐台等诸多电台媒体在传播流行音乐方面一直走在全国同行的前列。1998 年,"西祠胡同"社区在南京成立,成为南京人汇聚的网络虚拟社区。该社区成立没多久,电台的诸多音乐节目相应的讨论版就在"西祠胡同"纷纷成立。这些论坛的创办者往往是该档节目的忠实听众,使用这样的论坛轻易就能将这档节目的听众聚集起来。平时在网络上交流互动,若要组织什么活动,使用网络动员也非常容易。广播节目的影响就大大超出节目之外——在节目播出的时段之外依旧和自己的受众保持着良好的关系。

如此,广播的功能就被互联网大大拓展了,广播真正实现了由一种单向度的传播(主持人——大量的听众)变成了一种互动式的传播:一方面主持人可以上网参与受众之间的互动;另一方面,受众与受众之间也能自由交流。广播媒体和网络媒体水乳交融地糅合在一起。

同时,我们也应当看到,互联网的崛起对于广播和电视发展来说又有争夺和分流受众资源和信息资源等负面的作用。比如,互联网的发展对音乐广播节目的干扰作用。在 1998 年(该年被认为是中国互联网普及的转折年)以前,城市中,尤其是大城市中的广播流行音乐节目有一个公认的黄金时间段,即晚间的 20:00～24:00。在这段时间中,广播音乐节目的一个重要的受众群体是在校学生,因为电视机在中国的大中专院校中并没有获得普及。学生们晚间能接触到的主要的大众媒介就是广播,因此在 20 世纪 90 年代,在中国的一些发达地区如北京、上海、南京、长沙等地区的广播媒介中,兴起了一批深受青年学生欢迎的音乐节目,随之走红的是这些节目的主持人。但互联网在校园里普及之后,其影响迅速扩大,很快成为替代广播媒介的、大学生们晚间接触的主要媒介之一,这造成了广播晚间节目受众的流失,直接导致了世纪之交中国很多音乐广播电台纷纷改版。

互联网对原有的电视媒介的发展也有负面的阻碍作用。比如，网络普及之后，很多经常上网的人发展出一种新的观看电视剧的方法——网络下载或者网络在线收看。目前在中国内地的互联网上用“下载”和“在线收看”的方式看电视剧的人越来越多。这种收看相比通过电视收看电视剧有一些明显的好处，比如收看自由，不受广告传播的干扰等，深受广大网民的喜爱，但毋庸置疑的是，这种电视剧的收看方式将影响到电视台播放电视剧时的收视率。这些都是广播电视媒介发展过程中遇到的状况。

近年来，越来越兴旺的视频网站对传统电视台的冲击也越来越大。视频网站在完成由单一的“平台提供方”到“平台提供方＋内容出品方”的转型中，网络自制剧以其播放灵活、互动性强、契合碎片化收视习惯的优势，在受众、内容、广告资源方面都对传统电视行业产生了巨大的冲击与影响。从受众来看，网络自制剧的出现适应了当前受众碎片化收视的趋势，受众可以选择在不同时空条件下分时段灵活观看剧集，这无疑增加了受众对剧集本身的粘连性。从内容上来说，互联网自制剧在题材设定上更为自主宽泛，许多在传统电视剧受到限制和约束的题材，在互联网自制剧中找到了新的生存空间：如灵异玄幻题材、悬疑题材、穿越题材等。而在广告资源的争夺上，当前传统媒体产业与新媒体产业之间的竞争也日趋白热化，与传统电视剧相比，网络自制剧的广告投入形式更为多样，如植入广告、贴片广告、页面广告等。由于在题材选择和内容设计上具有更强的灵活性，因此可以更好地将产品功能信息与视听符号相结合，实现直观而有效的植入品牌传播。但传统电视行业也具有不可比拟的自身优势，如何结合行业自身特点，更好地释放产业潜能，提升产业整体竞争力，成为摆在传统电视行业面前的重要议题。

2. 通讯技术对广播电视媒介的影响

通讯的发展对于广播电视媒介来说也有革故鼎新的意义，我们首先来看电视。

（1）现代通讯技术对电视媒介传播的影响

现代通讯技术，尤其是移动通讯技术的成熟使得电视有可能变成一种移动性的媒体，电视媒介切入现实生活的力度也就更为深刻。

随着电视数字化、通讯无线化、网络宽带化的日益发展成熟，电视、电脑和手机的融合似乎成为大势所趋。如果按照莱文森的理论逻辑，我们会发现电视技术和现代通讯技术各自拓展自身传播力的两种努力，即两种媒体互相补偿的结果。对于电视来说，它必须要改进自身“收看场所固定”的劣势，使得电视收看行为更加自由和方便；而对于手机等其他通讯媒介来说，要强化自身“视觉化”的特色，因为视觉化能够带来全息性、逼真性的人机界面，这一方面给人带来更加便捷的信息服务，另一方面，也能够给人们在接受信息的时候带来相应的感官愉悦，使得人们能够更愿意接受相应的通讯媒介。

随着手机4G技术的成熟和无线网络传输速度的提高，看电视就不需要一定待在电视机前，只要随身携带手机就完全可以了。电视文化由一种家庭文化变成一种人们日常生活的移动文化。看电视成为一种伴随性的信息接收行为，它可能渗透到生活的任何一个层面。

手机技术的发展甚至还进入电视节目的制作中。比如手机短信在电视节目运作过程中的巨大作用。手机短信在我国风行，大概始于2000年，如今已经成为很多中国人进行日常交流的主要手段。据信息产业部统计，2007年中国手机短信发送量达到5921亿条，处于全球之冠。在很多类型的电视节目中，手机短信参与是被普遍采用的一种方法。最知名的莫过于湖南卫视创办的《超级女声》节目。据统计，在2006年的超女比赛中，总共能获得约3000万元的短信收入。今天我们能够看到，用短信参与电视节目的传播进程成为很多电视节目吸引观众的常规手段，甚至在严肃的新闻节目中，我们也能看到手机短信的影子。比如很多电视台的民生新闻节目都开通手机短信平台吸引普通观众提供新闻线索。如此，手机短信成为新闻资源流动的重要通道。

(2)现代通讯技术对广播传播的影响

现代通讯技术和广播一直是互动发展的。时至今日，电话依旧在广播媒介的运作中扮演着重要角色。手机作为一种媒体也是能够和广播结合在一起使用的，这就是所谓的"手机广播"。"手机广播"，就是利用具有收音和上网功能的智能手机收听广播，它依托于移动通讯网络和互联网络，用手机上网的方式实时收听或点播网络广播节目。在我国，由于"手机广播"受众资源极其丰富——拥有手机的人数逐年猛增，因此引发了电台和手机运营商的共同兴趣。比如，2005年4月，北京人民广播电台试播数字音频广播节目。据其领导介绍，这种广播技术不但可以实现CD般的音质，还可以承载电视节目的播出和各种数据资讯服务。很明显，数字广播技术的出现肯定会给手机运营商的相关业务带来冲击。与此同时，能够接受数字广播的手机在技术上也趋于完善，LG和三星公司都已经开发出了这样的手机。"手机广播"成为广电部门、电信运营商全力争相开发的目标市场。那么，一个全新的广播传播格局有望出现，在这个格局中有着全新的节目提供者、信息传播通道，以及崭新的广播节目的收听行为。

随着智能手机的普及，人类进入移动媒体时代。以微博、微信、博客等为代表的自媒体的出现变更了信息传播的方式，使得每个人都可能成为信息的生产者，同时又成为消费者。从新闻传播的领域来看，世界上突然涌现出了无数的"记者"，形成了"140个字的革命"(微博)，"草根阶层"发出了很大的声音(微信和播客等)。越来越多的人群、特别是年轻一代正在从收音机和电视机前离开，转向电脑、智能手机或者平板移动终端。在以微信为代表的自媒体时代，人们建立了一个个圈子，看着网上视频，听着网络音乐和歌曲，进行着自娱自乐，相互之间聊得热火朝天，完全冷落了广播电视。以传输速度高、通信服务多元化、智能程度高为特点的第四代移动通信及技术（简称4G）的成熟和不断发展普及，更使得传统报业、出版业和广播电视业加速向移动终端汇聚，手机媒体必将步入快速发展的新阶段。

从2G到3G到4G，从有线互联到移动互联，互联网犹如一辆快速行驶的汽车，从普通公路驶入了一级省道再变道高速公路，不断创新的信息通信技术已经深刻影响着传统广播电视媒体的传播方式、传播理念和传播规律。一是媒体终端的移动化趋势：智能化手机已开始成为未来主要媒介，移动媒体从工具化时代进入娱乐化时代；二是媒体内容生产的新变化，视频业务成为主流应用，即采即播成为新闻制作的重要流程，新闻可以更多地在现场完成，采编效率有些有效提升；三是用户价值成为运营核心，以个性化传播为特征的传播方式不仅要向用户提供独特的个性内容和推送渠道，更重要的是生产能够满足用户选择和定制需求的信息与服务，同时注重对用户、潜在用户的信息资源以及隐藏其后的社交网络、人脉圈子资源进行开发与利用。大量4G应用APP也应运而生，促进了手机购物、移动媒体、智能家电、位置服务、手机理财、远程医疗、移动商务、可穿戴智能设备等各行业的产业升级。有些传统行业甚至面临着不转型、不变革就将被淘汰的命运。

面对新媒体和移动媒体的冲击，各地广电媒体都在创新发展媒体融合之道，推动传统媒体和新兴媒体在内容、渠道、平台、经营、管理等方面的深度融合。唯有积极应对，以用户为中心导向，充分利用新媒体和移动媒体为传统主流媒体服务，并自觉转型，传统媒体才能够继续站立在现代传媒的主要位置。

最后值得一提的是，在现代社会中还有一种技术的普及对广播的发展起到了至关重要的作用，这就是家用汽车。由于广播是唯一一种可以进行伴随性接受的大众传媒，故而它也成为人们开汽车的时候唯一可以接触的媒介。在现代社会中，汽车越是普及，广播也就越发达，正因为如此，随着中国都市现代化的进程，交通台成为一个城市须臾不可分割的部分。其实，世界上的一些发达国家早已经过了这样一个阶段。比如美国的广播业被誉为是“装在轱辘上的媒介”，就是因为广播业的发展和汽车业是紧密联系在一起的。在我国，广播业的发展也因为汽车的逐渐普及而出现新的发展内涵，所谓的交通广播“为移动人群办有用的广播”显示了强大的竞争力。

技术发展的动力是无限的，对于未来有什么样新的技术出现，现在我们还无法清晰地揣度。我们必须注意到的是，一种新的技术，尤其是传播技术的普及，它很有可能影响到人们接受媒介的行为方式，按照狭义的文化观念的含义，文化就是一种生活方式，那么只要人们听广播和看电视的行为方式改变了，那么相应的文化就改变了，这意味着环绕着我们的社会生态发生了重要变化。因此，随时关注新技术对人们信息接收行为的影响，是完整把握不断变迁的广播电视媒介的必要思路。

二、社会文化的变迁

广播电视发展另一个动力性因素是社会文化的变迁，文化对广播电视媒介的性质形成具有决定性的影响，对广播电视媒介的深入了解离不开对当代中国社会变迁的把握。

中国社会目前正在经历风云际会和社会转型。社会转型使人们看到了新的角度和新的景观，同时使得人们产生新的可能和希望。于是，从人到社会主观能动性都大大增强，社会变得生机勃勃，同时也动荡不安。这是 20 世纪末 21 世纪初这一时代的中国命运。

只要社会文化发生了变化，广播电视媒介的内容和相应的文化也就应当出现相应的变化。这种变化有的时候是对社会现实的直接反映，比如政治透明会直接导致电视现场直播的增多；政府重视公共关系，会导致政府新闻发言人答记者问成为新闻节目的重要组成部分；而有的时候反映是间接的，比如，我国电视屏幕上一度国外动画片的数量减少，其根本原因则是政府保护国产动画产业政策所致，这一政策要通过一定的过程才逐渐影响到电视台对动画栏目的制作和编排。但无论如何，广播电视媒介的纪实功能是毋庸置疑的，这两种媒介将不断发挥它们的社会雷达作用。同时，广播电视技术的进步也在不断完善它们的这一能力。比如，电视必然会从深度和广度两个方面记录正在变动的现实世界，无论是影响历史进程的天下大事，还是普通百姓的喜怒哀乐，无论是发生在遥远地域的重大新闻，还是发生在身边的民生新闻，电视镜头都能够将这一切记录下来，帮助人们更好地认知客观世界；但同时，广播电视将继续发展自己技术上的优势，比如直播的优势，做到现在发生的新闻现在传播，以此扩张人们的视野，也就是扩张人们把握客观现实的能力。从中国目前情况来看，电视转播车已经在地市级的电视台普及了，在区域范围内，重大新闻事件的转播完全可能。而作为中国第一大台的中央电视台，从 20 世纪 90 年代开始，已经完成了诸如香港回归、三峡大坝合龙等一系列重大新闻事件的现场直播，目前现场直播已经成为央视的一个日常性的工作任务。从世界范围来看，一个新闻传输网络已经形成。一个新闻事件发生以后，一个有效的新闻制作传输网络就开始运作，在这个网络覆盖下的任何地方的观众都能在第一时间看到新闻的内容，海湾战争、“9·11”事件、阿富汗战争、奥运会等对人类发展意义重大的事件，电视观众都有可能在第一时间接收到。总之，电子传媒一定是人们了解社会变迁的最重要的窗口。

广播电视媒介对我们的社会具有超前性质的观照，或者说广播电视文化所表现的还是我们的社会文化应该有的样子，是人们的理想和奋斗方向。换言之，在很大程度上，广播电视媒介不仅要告诉人们这个世界是什么样子，而且还要告诉他们这个世界应该是什么样子。这样，广播电视文化对于社会文化就形成了一种感召作用。所以，透过社会现实理解广播电视媒介，不能仅仅着眼于“认识论”的意义，还要有“伦理学”的眼光和思路。德国著名思想家本雅明曾经说过，电影作为一种新的视觉媒介，它的最大成功不是在于对日常生活的反映，而主要得力于它创造出像米老鼠这类体现了人们普遍梦想的形象，这些形象已经风靡了世界。[①] 米老鼠当然不是社会真实的价值，但是它是社会中人们头脑思维的产物，是一种普遍精神的象征。这个说法完全可以套用在广播和电视媒介上。也就是说，有相当一部分的广播电视声画信息也是人们想象出来的，是人们按照自己的意愿和理想虚构的形象。因此，我们不仅仅要能够透过社会现实的变化去理解广播电视媒介相应的变化，我们还应当能真正理解社会现实变化的动因和内涵，进而理解观众的理想和梦想。唯有此，我们才能理解一些虚构的广播电视节目的真正意义。

随着广播电视技术的日益发达，它们越来越能够凭借自己的技术手段制造出各种虚拟的图像和音响效果；各种新的电子特技不断推陈出新并且日益完善，使得电视画面愈发能够脱离人们常规的视觉经验而获得一种视觉震惊。多媒体技术的完善，也使得电视画面的虚拟性和逼真性越来越强，广播声音的感染力也越来越强。从这种发展趋势来看，梦想有多大，广播电视媒介可施展的空间就有多大。人类的所有梦想，无论能够实现与否，广播和电视都有能力先用电子信息将它们表征出来，这可能是广播电视专业工作最激动人心的部分。

---

① 〔美〕林赛·沃斯特著，昂智慧译：《美学权威主义批判》，北京大学出版社 2000 年版，第 295 页。

后 记

正如在第1版中我们提到的，本书从开始酝酿到成稿经历了将近十年的时间。而从出版到二版，又经历了近五年的时间，虽不敢说“十年磨一剑”，但十五年的时间，世界的广播电视事业发生了巨大的变化。从某种程度上来说，这种变化在中国尤甚，因为中国一切都在发生着巨变，广播电视事业何尝不是剧变。尤其是近五年间，广播电视领域的版图被不断修正，甚至有彻底转型的趋势。这为本书的写作带来了很大的挑战，包括后续的修订甚至大规模地重写。但正如黑格尔说的“涅米瓦的猫头鹰总是黄昏才起飞”——理论总结的快乐正在于此，现实的变化越是丰富和充分，在时间上相对滞后的理论总结的力度也就会越深入和全面。尽管本书远未达到深入与全面。本书寄托着我们一个小小的野心——希望能相对完整、稳定地建构一个广播电视媒介发展研究的理论框架。这，正是我们着力在书中孜孜以求的一种发现，一种构建：广播电视媒介从技术发明到传播伦理，有着不断完善的一条脉络。

本书的写作得到许多学者尤其是青年学者的支持。特别是南京大学新闻传播学院的祁林副教授在诸多方面，特别是第五章贡献了他的学术积累；江苏广播电视总台的李强总监对梳理中国广播发展的历史提供了很好的资料；南京大学哲学系的副教授夏凡凭借其出色的学术功底对本书的理论总结提出了他的学术见第；上海文广新闻传媒集团(SMG)百视通新媒体原创节目中心主任赵元柯在新媒体方面给予了他的若干研究成果；复旦大学新闻学院的陈欣钢博士在电视节目形态方面奉献了他的研究心得……在此，我们深表谢意！我们也要衷心感谢本书的编辑赵欣女士，为了此书的出版，她倾注了许多心血！

正如本书最后的总结所言：技术的发展和社会的变迁是左右广播电视发展的两大基本元素。而这二者，中国都经历着快速变革。所以本书的理论总结也必然会随着时代的变化而需要再度修正——这也是我们内心的忐忑之处。所以，这本教材如能成为中国广播电视事业发展历程中的一个小小驿站，为那些有志在这条道路上奋勇前行的莘莘学子或广电从业人员提供一点点营养，我们将甚感欣慰。

孟建　黄灿

2016年春于复旦大学

图书在版编目(CIP)数据

当代广播电视概论/孟建，黄灿著. --2 版. --北京：中国传媒大学出版社，2016.12
(2024.5 重印)
(新闻传播专业“十三五”规划教材)
ISBN 978-7-5657-1849-6

Ⅰ. ①当… Ⅱ. ①孟… ②黄… Ⅲ. ①广播工作—高等学校—教材
②电视工作—高等学校—教材 Ⅳ. ①G22

中国版本图书馆 CIP 数据核字（2016）第 238586 号

当代广播电视概论(第 2 版)
DANGDAI GUANGBO DIANSHI GAILUN(DI-ER BAN)

作　　者　孟　建　黄　灿
责任编辑　赵　欣
责任印制　李志鹏
封面设计　魏　东

出版发行　中国传媒大学出版社
社　　址　北京市朝阳区定福庄东街 1 号　　**邮　　编**　100024
电　　话　86-10-65450528　65450532　　**传　　真**　65779405
网　　址　http://cucp.cuc.edu.cn
经　　销　全国新华书店

印　　刷　北京中科印刷有限公司
开　　本　787mm×1092mm　1/16
印　　张　18
字　　数　372 千字
版　　次　2016 年 12 月第 2 版
印　　次　2024 年 5 月第 9 次印刷

书　　号　ISBN 978-7-5657-1849-6/G・1849　　**定　　价**　45.00 元

本社法律顾问：北京嘉润律师事务所　郭建平